Jugend – Glaube – Religion II

Glaube – Wertebildung – Interreligiosität
Berufsorientierte Religionspädagogik

herausgegeben von

Reinhold Boschki

KIBOR – Katholisches Institut für
Berufsorientierte Religionspädagogik Tübingen

Michael Meyer-Blanck

bibor – Bonner evangelisches Institut für
berufsorientierte Religionspädagogik

Friedrich Schweitzer

EIBOR – Evangelisches Institut für
Berufsorientierte Religionspädagogik Tübingen

Band 18

Golde Wissner, Rebecca Nowack, Friedrich Schweitzer,
Reinhold Boschki, Matthias Gronover (Hrsg.)

Jugend – Glaube – Religion II

Neue Befunde – vertiefende Analysen – didaktische Konsequenzen

Waxmann 2020
Münster · New York

Bibliografische Information der Deutschen Nationalbibliothek
Die Deutsche Nationalbibliothek verzeichnet diese Publikation in der Deutschen Nationalbibliografie; detaillierte bibliografische Daten sind im Internet über http://dnb.dnb.de abrufbar.

Glaube – Wertebildung – Interreligiosität
Berufsorientierte Religionspädagogik, Band 18
ISSN 2195-3023
ISBN 978-3-8309-4155-2
E-Book-ISBN 978-3-8309-9155-7

Steinfurter Straße 555, 48159 Münster

www.waxmann.com
info@waxmann.com

Umschlaggestaltung: Pleßmann Design, Ascheberg
Umschlagabbildung: © EIBOR – Evangelisches Institut für Berufsorientierte Religionspädagogik Tübingen; KIBOR – Katholisches Institut für Berufsorientierte Religionspädagogik Tübingen
Satz: satz&sonders GmbH, Dülmen
Druck: Hubert & Co., Göttingen
Gedruckt auf alterungsbeständigem Papier gemäß ISO 9706

FSC www.fsc.org MIX Papier aus verantwortungsvollen Quellen FSC® C016439

Printed in Germany

Inhalt

Teil 1 Die Befunde im Überblick

Friedrich Schweitzer, Reinhold Boschki, Matthias Gronover und Golde Wissner

(Religions-)Pädagogische Einordnung – didaktische Perspektiven 11

1. Neue Befunde – Religion im Jugendalter in längsschnittlicher Perspektive 11
2. Vertiefende Analysen: „religiös“ und „gläubig“ – Schülerinnen und Schüler ohne Religionszugehörigkeit und weitere religionspädagogische Herausforderungen 19
3. Einordnung in die religionspädagogische Diskussion 23
4. Didaktische Konsequenzen 28
5. Einführung zur Studie 29
   - 5.1 Fragestellungen 29
   - 5.2 Methodik der Untersuchung 30
   - 5.3 Hinweise zur Darstellung und Auswertung der Daten 31
   - 5.4 Hinweise zur Lektüre 38

Teil 2 Neue Befunde

Golde Wissner

Über die Schulzeit hinaus: Entwicklung und Konstanz religiöser Haltungen 43

1. Das Sample bei der dritten Befragung 43
2. „Glaube“ und „Religion“ 45
3. Leben nach dem Tod 55
4. Gottesvorstellungen 58
5. Schöpfungsglaube versus Naturwissenschaft 64
6. Verhältnis zur Kirche 66
7. Religiöses Interesse und Glaubensfragen 72
8. Einstellungen gegenüber anderen Religionen 76
9. Religions- und Ethikunterricht im Rückblick 79
10. Entwicklungen über die Zeit – Diskussion der wichtigsten Befunde ... 87

Teil 3 Vertiefende Analysen

Golde Wissner
Auswertungen zu besonderen Gruppen und Fragestellungen 95
1. Was Jugendliche ohne Religionszugehörigkeit über Religion denken .. 96
2. „Gläubig“ oder „religiös“ – was Jugendliche unter den Begriffen verstehen 104
3. Religion und Ethik – Unterschiedliche Wahrnehmungen 110
4. Judentums- und islamfeindliche Haltungen bei Muslimen 116
5. Bedeutung der Theodizee-Frage 121

Teil 4 „Jugend – Glaube – Religion“ – Die Studie in der Diskussion

Kommentare und Deutungen aus wissenschaftlicher Sicht

Ulrich Kropač
Ungebundene Religiosität und Konfessionslosigkeit im Religions- und Ethikunterricht 129

Fahimah Ulfat
Stellungnahme aus islamisch-religionspädagogischer Perspektive 138

Elisabeth Naurath
Ethische Bildung im Religionsunterricht 145

Ulrich Riegel
Die Befunde im Kontext der empirischen Religionspädagogik 154

Werner Helsper
Kommentar aus der Perspektive erziehungswissenschaftlicher Jugendforschung 162

Konsequenzen für die Praxis

Bernhard Riesch-Clausecker
„Dass man auch Sachen lernt fürs Leben“. Zu möglichen Konsequenzen aus der Studie für den BRU 175

Uta Martina Hauf
„Religionsunterricht, na klar! Da gehe ich gerne hin, weil ich etwas für mich und mein Leben lerne!?“. Anfragen an und Herausforderungen für den Religionsunterricht und die Religionslehrerausbildung am Gymnasium 185

Peter Kliemann
Bedeutung der Befunde für den Religionsunterricht und die Aus- und Fortbildung von Religionslehrkräften ... 195

Christof Schilling
Überlegungen zu möglichen Konsequenzen aus der Studie für den Ethikunterricht ... 205

Teil 5 Didaktische Analysen

Übergreifende Themen

Reinhold Boschki und Matthias Gronover
Religion und Glaube, „religiös“ und „gläubig“ ... 219

Friedrich Schweitzer
Schülerwahrnehmungen zum Religions- und zum Ethikunterricht: Religionsdidaktische Herausforderungen und Perspektiven ... 229

Matthias Gronover
Leben nach dem Tod als Thema im Religionsunterricht ... 237

Friedrich Schweitzer
Schöpfung, Bibel und Naturwissenschaft ... 245

Friedrich Schweitzer
Gott, Gottesbilder und Gottesfrage ... 255

Rebecca Nowack
Umgang mit Kritik an der Institution Kirche ... 264

Reinhold Boschki und Matthias Gronover
Offenheit für andere Religionen und Kulturen versus Feindlichkeit gegenüber Fremden, Juden und Muslimen? ... 271

Golde Wissner
Theodizee – noch ein Thema für den Unterricht? ... 279

Golde Wissner
Religion und Glaube in meinem Leben ... 285

Anhang

Fragebogen t_3 295
Deskriptive Daten t_1 bis t_3 302
Skalen und Faktorenanalyse 309
Weitere Tabellen zur Auswertung 317

Tabellenverzeichnis 319
Abbildungsverzeichnis 320

Dank 323
Verzeichnis der Autorinnen und Autoren 324
Literatur 325

Teil 1
Die Befunde im Überblick

(Religions-)Pädagogische Einordnung – didaktische Perspektiven

Friedrich Schweitzer, Reinhold Boschki, Matthias Gronover und Golde Wissner

Der vorliegende Band schließt an die im Jahr 2018 erschienene Untersuchung „Jugend – Glaube – Religion" (Schweitzer et al., 2018) an und führt diese weiter. Dazu gehören insbesondere vier Schwerpunkte:

- Aus einer dritten Befragungswelle kommen *neue Befunde zu Religion im Jugendalter*. Besonders interessant sind diese Befunde, weil sie auf einem echten Längsschnitt beruhen, wie er im deutschsprachigen Raum zu diesem Thema bislang nirgends verfügbar war.
- *Vertiefende Analysen* nehmen verschiedene Fragestellungen auf, die bei der Rezeption der Befunde aus den ersten beiden Befragungszeitpunkten resultieren, beispielsweise im Blick auf konfessionslose Jugendliche, Muslime, den Unterschied zwischen „religiös" und „gläubig" sowie das Verhältnis zwischen Religions- und Ethikunterricht.
- Der *(religions-)pädagogischen Einordnung* dienen verschiedene Beiträge zum einen aus der Jugendforschung sowie der wissenschaftlichen Religionspädagogik, zum anderen aus Lehrerbildung und Schulpraxis. In beiden Hinsichten bieten die Befunde aus „Jugend – Glaube – Religion" neue Impulse, die hier auf die entsprechenden Diskussionen bezogen werden.
- Der Frage nach *didaktischen Konsequenzen* im Anschluss an Befunde aus „Jugend – Glaube – Religion" wird in einer Reihe weiterer Beiträge jeweils mit dem Schwerpunkt auf einer bestimmten Frage- oder Themenstellung im Religionsunterricht genauer nachgegangen. Die Auswahl der Themen erfolgt dabei wiederum auf der Grundlage der Befunde aus „Jugend – Glaube – Religion", indem solche Themen aufgenommen werden, die sich von den Jugendlichen her als besonders bedeutsam erweisen.

1. Neue Befunde – Religion im Jugendalter in längsschnittlicher Perspektive

Bislang arbeiten die allermeisten Jugendstudien in Deutschland und Europa auch beim Thema „Jugend und Religion" mit Einmalbefragungen. Wie am Beispiel der Shell-Jugendstudien leicht zu erkennen ist, bieten sie damit Einblicke in die momentane Situation oder die zu einem bestimmten Zeitpunkt bedeutsamen Einstellungen junger Menschen (vgl. zuletzt Shell Deutschland Holding, 2019). Wie sich diese jeweils weiterentwickeln, wird aber in aller Regel nur mithilfe unechter Längsschnitte beurteilt, sofern es nicht überhaupt bei bloßen Vermutungen bleibt. Spätestens seit in dieser Hinsicht bahnbrechenden Untersuchungen von Christian Smith in den USA ist aber bekannt, dass ein längsschnittliches (longitudinales) Vorgehen zu weit verlässlicheren und zum Teil auch durchaus überraschenden Befunden führt (vgl. Smith, 2005; Smith, 2009). Ein solches Vorgehen ist allerdings aufwändig und stellt an die entsprechende Forschungsgruppe weit höhere Anforderungen als eine bloß einmalige Befragung.

Um über bloße Momentaufnahmen hinauszugelangen, wurde bei der Studie „Jugend – Glaube – Religion“ dasselbe Sample zu drei Zeitpunkten befragt (Ende 2015, Anfang 2017, Ende 2018). Dabei war die Befragung so angelegt, dass die Antworten aus den verschiedenen Befragungszeitpunkten einander auch auf der individuellen Ebene zugeordnet werden können. Mit anderen Worten ist es bei dieser Untersuchung möglich, jeden und jede einzelne in der Befragung über den Zeitraum von drei Jahren hinweg zu verfolgen. Auf diese Weise können dann Veränderungen auf der individuellen Ebene erfasst und abgebildet werden (sog. *Individualverschiebungen*). Ein erstes übergreifendes Ergebnis, das auf diese Weise erzielt werden konnte, soll schon vorab festgehalten werden: In vielen Fällen folgen die einzelnen Jugendlichen nicht einfach den allgemeinen Trends, die auf der *Gruppenebene* bestimmend sind, sondern ein Teil der Jugendlichen weist auch Veränderungen auf, die dem Gesamttrend widersprechen. Auch auf solche Effekte wurde bei der quantitativen Forschung zur Jugend und Religion in der Vergangenheit nicht geachtet, schon weil dies bei Einmalbefragungen von vornherein nicht möglich ist. Veränderungen lassen sich ohne Mehrfachbefragung nicht erfassen. Pädagogisch und religionspädagogisch sind die genannten Individualverschiebungen aber besonders interessant, weshalb am Ende dieses Abschnitts darauf noch gesondert eingegangen werden soll.

Ein weiteres Qualitätsmerkmal der Studie „Jugend – Glaube – Religion“ ergibt sich aus dem *differenzierten Religionsverständnis*, das der Studie zugrunde liegt. In dieser Hinsicht ist vor allem auf die bewusst große Anzahl unterschiedlicher Fragen etwa zum Gottesbild und Gottesverständnis hinzuweisen, die auf eine möglichst genaue und differenzierte Erfassung unterschiedlicher Vorstellungen zielen. Andere Untersuchungen, wofür wiederum die Shell-Jugendstudien als Beispiel dienen können, begnügen sich mit sehr wenigen religionsbezogenen Items. In dieser Hinsicht zeigen die Befunde aus „Jugend – Glaube – Religion“, dass bei einem Einsatz nur weniger Items nicht nur sehr abstrakt-allgemeine Befunde zu erwarten stehen, sondern dass sich in bestimmten Hinsichten fast zwangsläufig Fehlurteile einstellen. Beispielsweise verlaufen die Entwicklungslinien bei unterschiedlichen Aspekten im Gottesbild keineswegs parallel, sondern in einer geradezu als widersprüchlich zu bezeichnenden Art und Weise: Jugendliche können Gott offenbar zugleich als unpersönliche Größe wahrnehmen und doch als jemand, zu dem man sprechen kann. Begnügt man sich nun mit der Untersuchung nur eines dieser Aspekte und versucht gleichwohl, auf dieser schmalen Grundlage zu allgemeinen Tendenzbeschreibungen zu gelangen, kann kaum von validen Befunden gesprochen werden. Widersprüchliche Entwicklungstendenzen können unter diesen Voraussetzungen gar nicht in den Blick kommen. Auch darauf ist die Forschung zu Jugend und Religion bislang kaum eingestellt.

Bewusst bleiben muss allerdings, dass keine empirische Zugangsweise einfach als ideal bezeichnet werden kann. Auch Längsschnittuntersuchungen haben mit bestimmten Problemen zu kämpfen. Das gilt besonders für die bei solchen Untersuchungen immer rückläufige Beteiligung an den späteren Befragungszeitpunkten. Im Falle der Studie „Jugend – Glaube – Religion" beteiligten sich bei t_1 7.246 Schülerinnen und Schüler, bei t_2 waren es 3001 und bei t_3 893. Der Rückgang der Beteiligungszahlen besonders bei t_3 erklärt sich dabei unter anderem daraus, dass die Jugendlichen zu diesem Zeitpunkt nicht mehr über die Schule erreichbar waren, sondern über Smart-Phone u. ä. kontaktiert werden mussten. Darüber hinaus konnten, weil ausschließlich echte Longitudinal-Befunde als Grundlage der Auswertung dienen sollten, nur diejenigen Fragebögen einbezogen werden, die zu allen drei Befragungszeitpunkten ausgefüllt wurden und dann auch einander zugeordnet werden konnten. So waren es am Ende 559 Befragte, die über alle drei Befragungszeitpunkte hinweg betrachtet werden können. Die daraus resultierenden Einschränkungen hinsichtlich der Verallgemeinerbarkeit der Befunde sowie der eingeschränkten Möglichkeit, noch nach speziellen Untergruppen zu unterscheiden, wurden bei der Auswertung durchweg berücksichtigt. Der Wert der longitudinalen Befunde liegt darin, dass hier tatsächliche Entwicklungsverläufe abgebildet werden können. Repräsentative Befunde hingegen ergaben sich aus der ersten Befragung (t_1). Echte Längsschnitte auf quantitativer Grundlage sind im Bereich von Jugend und Religion noch immer eine Seltenheit.

Hinzuweisen ist schließlich noch darauf, dass im vorliegenden Band versucht wurde, auch den Interessen an einer spezialisierten statistischen Auswertung stärker gerecht zu werden, beispielsweise indem auch faktorenanalytische Befunde und daran anschließende Auswertungen auf Skalen-Niveau nun im Einzelnen dargestellt werden. Bei der ersten Veröffentlichung zu „Jugend – Glaube – Religion" (Schweitzer et al., 2018) stand hingegen das Bemühen im Vordergrund, die Publikation möglichst über Fachkreise hinaus zugänglich zu halten, weshalb nicht allzu viele statistische Details dargestellt wurden. Die hier nun genauer beschriebenen Auswertungsformen lagen allerdings auch schon den Befunden im ersten Band zugrunde.

Vielfach wird sich jedoch das Interesse der Leserinnen und Leser vor allem auf die neuen Befunde aus der dritten Befragung richten, über die in diesem Band erstmals berichtet wird. Im Folgenden werden diese Befunde in knapper Form dargestellt. Einzelheiten sowie weitere Ausführungen dazu finden sich in den entsprechenden Teilen des Buches.

Jugendliche geben den Gottesglauben nicht einfach auf, aber ihr Glaube verändert sich.

Insgesamt ist der Gottesglaube bei der Strichprobe des dritten Befragungszeitpunkts nicht rückläufig, sondern nimmt sogar zu. Gleichwohl fällt die Zustimmung bei einzelnen Aussagen wie *„ich glaube an Gott“* (t_1: 65 %, t_3: 58 %) oder *„die Beziehung zu Gott ist mir wichtig“* (t_1: 48 %, t_3: 44 %) geringer aus. Schon dieser Befund verweist auf den spannungsvollen und dynamischen Charakter des Gottesglaubens im Jugendalter. Die Zustimmung steigt nämlich bei anderen Aussagen, oder sie bleibt konstant, etwa bei der Aussage *„in schwierigen Situationen hilft mir mein Glaube“*.

Weitere Aufschlüsse ergeben die Befunde zu verschiedenen Gottesvorstellungen. Denn hier wird besonders sichtbar, dass die Zustimmung zu unpersönlichen und abstrakten Gottesvorstellungen deutlich zunimmt (etwa Gott als „Energie“, t_1: 34 %, t_3: 55 %, als „höhere Macht“, t_1: 39 %, t_3: 68 %, Gott als die „Natur“, t_1: 32 %, t_3: 50 %). Zugleich aber – und das ist das eigentlich Überraschende – gibt es gerade auch bei den auf unterschiedliche Gottesbilder bezogenen Items deutliche Zunahmen bei solchen Antworten, die für eine persönliche Gottesvorstellung sprechen (vor allem: Gott als *„jemand, zu dem man sprechen kann“*, t_1: 56 %, t_3: 65 %). Es sind also, jedenfalls von außen betrachtet, durchaus widersprüchliche Entwicklungen zu konstatieren.

In diesem Zusammenhang kann auch an das Gebetsverhalten gedacht werden:

Auch im höheren Jugendalter beten die meisten Jugendlichen zumindest gelegentlich.

Beim Gebetsverhalten tritt der schon bei im ersten Band hervorgehobene Befund, dass die allermeisten Jugendlichen zumindest gelegentlich beten, noch einmal deutlicher hervor. Beim t_3-Sample waren es in t_1 84 %, die zumindest gelegentlich beten, und auch bei t_3 waren es noch 77 %. Die Gebetshäufigkeit fällt also im höheren Jugendalter geringer aus, bewegt sich aber nach wie vor auf einem sehr hohen Niveau. Auch hier ist bemerkenswert, dass sowohl das Gebet in schwierigen Situationen häufiger wird – gleichsam nach dem bekannten Motto „Not lehrt beten“ – mit einer Zunahme von t_1: 63 % auf t_3: 72 %, aber eben auch das Beten *„weil es mir besonders gut geht“*, von t_1: 39 % auf t_3: 44 %.

Das Leben nach dem Tod bleibt von zentralem Interesse.

Allen Befunden aus „Jugend – Glaube – Religion“ ist zu entnehmen, dass Fragen, die sich auf das Leben nach dem Tod, oder allgemeiner formuliert, auf ein Jenseits beziehen, für die Jugendlichen von großem Interesse sind. Das gilt auch für die älteren Jugendlichen in t_3. Bei diesem Thema ist kein Rückgang zwischen den verschiedenen Befragungszeitpunkten zu konstatieren. Vielmehr kommt es bei einzelnen Untergruppen oder einzelnen Fragestellungen (höhere oder niedrige religiöse Sozialisation in der Kindheit, Weiterleben der Seele und Begegnung mit Gott) zu teilweise deutlichen Zunahmen in der Zustimmung.

Die Spannung zwischen dem Schöpfungsglauben und naturwissenschaftlichen Welterklärungen nimmt weiter zu.

Die Spannung zwischen dem Schöpfungsglauben und naturwissenschaftlichen Erklärungen der Weltentstehung trat schon bei der ersten Befragung hervor. Im t_3-Sample war eine stärkere Zustimmung zu der Aussage *„Die Welt ist durch den Urknall entstanden"* zu konstatieren (t_1: 75%, t_3: 79%) sowie eine – angesichts der Befunde anderer Studien (vgl. etwa Schweitzer at al., 2016) erwartbare – komplementäre Abnahme bei der Zustimmung bei dem Item *„Die Welt ist von Gott erschaffen"* (t_1: 37%, t_3: 34%). Ebenso wird die Existenz der Welt zunehmend auf „Zufallsprozesse" zurückgeführt (t_1: 42%, t_3: 53%). Sehr gering fällt auch in t_3 der Anteil derer aus, denen das einfach „egal" ist: Lediglich 6% der Befragten entscheiden sich für diese Option, was anzeigt, dass die Frage nach Glaube und Naturwissenschaft virulent bleibt.

Und wie steht es mit einem Denken in Komplementarität, das beides, Glaube und Naturwissenschaft, miteinander verbinden kann? Bei t_1 votierte etwa ein Viertel der Befragten in diesem Sinne, bei t_3 waren es 21%. Demnach wird ein komplementäres Denken nur im Ausnahmefall erreicht. Weder der schulische Unterricht noch andere Einflüsse etwa aus den Medien scheinen ein solches komplementäres Denken zu unterstützen.

Die Unterscheidung zwischen „religiös" und „gläubig" spitzt sich weiter zu.

Dass die Unterscheidung zwischen „religiös" und „gläubig" für die Selbsteinschätzung Jugendlicher eine zentrale Rolle spielt, war ein zentrales Ergebnis der ersten Befragung. Diese Unterscheidung spielt auch im späteren Jugendalter eine zentrale Rolle: Die Selbsteinschätzung als „gläubig" bleibt stabil (ca. 49% in t_3), während die Zustimmung zu der Beschreibung als „religiös" deutlich absinkt (t_1: 29%, t_3: 18%).

In dem Maße, in dem die Unterscheidung zwischen „religiös" und „gläubig" im Blick auf die eigene Zuordnung an Gewicht gewinnt, nimmt die Bedeutung individualisierter Formen von Religion oder Religiosität weiter zu. Da Jugendliche bei „religiös" häufig an institutionelle Formen von Religion denken sowie an bekenntnishafte Vorgaben aus der Tradition, verweist die Selbstbezeichnung als „gläubig" mit ihrer Zunahme auf eine wachsende Distanzierung von Kirche. Auch dazu liegen eigene Befunde vor:

Das positive Image der Kirche bleibt bestehen, aber die Kritik an der Kirche nimmt ebenfalls zu.

Dass die Kirche *„viel Gutes für die Menschen"* tut, steht den Befragten im t_3-Sample von Anfang an vor Augen und hält sich auch später durch: t_1: 67%, t_3: 67%. Die positive Sicht dazu, *„dass es die Kirche gibt"*, nimmt sogar zu (t_1: 64%, t_3: 68%), gleichwohl fallen die Zuwächse bei kirchenkritischen Fragestellungen markant aus, was sich auch auf die Austrittsneigung auswirkt: *„Die Kirche muss sich ändern, wenn sie eine Zukunft haben will"* (t_1: 66%, t_3: 84%), *„Ich möchte* *aus der Kirche austreten*“ (t_1: 20%, t_3: 29% – diese Werte gelten nur für die Kirchenmitglieder). Sehr eindrücklich ist auch die wachsende Zustimmung zu einem individualisierten, von der Kirche distanzierten Glauben: „*Mein Glaube hat nichts mit der Kirche zu tun*“ (t_1: 46%, t_3: 66%).

Das Interesse an Glaubensfragen und die religionsbezogene Kommunikation in der Gruppe der Gleichaltrigen nehmen deutlich zu.

Da es als ausgemacht gilt, dass das Interesse an Religion und Kirche im Jugendalter beständig abnimmt, gehört die Zunahme des Interesses an Glaubensfragen und an religionsbezogener Kommunikation in der Gruppe der Gleichaltrigen sicher zu den am meisten überraschenden Befunden aus der Studie „Jugend – Glaube – Religion“. Abzulesen ist das zunehmende Interesse beispielsweise daran, dass deutlich mehr Jugendliche sich selbst auf der „*Suche nach dem eigenen Glauben*“ sehen (t_1: 17%, t_3: 22%). Auch wird von anderen stärker betont, dass sie nun den „*eigenen Glauben gefunden*“ hätten (t_1: 32%, t_3: 44%). In beiden Fällen steht die Frage, welchen Glauben man für sich selbst übernehmen kann und will, im Zentrum.

Auch die Annahme einer immer weiterreichenden Privatisierung von Religion in der Gestalt, dass über Glaubensfragen mit anderen nicht mehr kommuniziert werde, bestätigt sich eher nicht. Vor allem die Zustimmung zu der Aussage „*Ich spreche mit meinen Freunden über Glaubensfragen*“ nimmt in markanter Weise zu (t_1: 38%, t_3: 52%). Und selbst im Elternhaus wird der Glaube häufiger zum Thema (t_1: 40%, t_3: 43%). Hingegen nimmt das Gefühl, sich bei solchen Fragen vielleicht lächerlich zu machen, deutlich ab („*Wenn man über Glauben spricht, wird man bloß ausgelacht*“, t_1: 16%, t_3: 10%).

Die Offenheit für religiöse Vielfalt bleibt erhalten, aber auch die religionsbezogenen Ängste nehmen zu.

Beide Aussagen, die sich als konstant erweisende Offenheit für religiöse Vielfalt wie auch die Zunahme der Fremdenfeindlichkeit, lassen sich anhand der entsprechenden Faktorenwerte gut belegen. Die Offenheit ist in t_3 nach wie vor sehr ausgeprägt. Auch die Fremdenfeindlichkeit bleibt – allerdings auf niedrigerem Niveau – konstant, aber in einzelnen Hinsichten sind zugleich Zunahmen zu beobachten.

Nach wie vor gehen mehr als 70% der Befragten davon aus, dass in jeder Religion „Wahrheit“ liegen kann, und die Zustimmung zu der Aussage „*Man sollte sich aus jeder Religion das Passende heraussuchen*“ nimmt zu (t_1: 32%, t_3: 37%). Sehr ausgeprägt ist auch das Interesse an der anderen Religion von Mitschülerinnen und -schülern (t_1: 73%, t_3: 79%).

Rückläufig ist die Zustimmung zu der Aussage „*Es gibt zu viele Muslime in Deutschland*“ (t_1: 20%, t_3: 16%), und die Ablehnung von Juden bleibt in diesem Sample gering („*Es gibt zu viele Juden in Deutschland*“, t_1: 2%, t_3: 2%). Doch wächst auch die Angst vor bestimmten muslimischen Gruppen („*Manche muslimische Gruppen machen mir Angst*“, t_1: 65%, t_3: 71%), was ähnlich aber auch im Blick auf „*manche christliche Gruppen*“ gilt (t_1: 41%, t_3: 54%).

Am stärksten freilich bleibt bei alldem die Überzeugung, dass niemand zu einem bestimmten Glauben „überredet“ werden sollte (t_1: 91 %, t_3: 93 %). In Glaubensfragen soll offenbar jeder für sich selbst und möglichst frei entscheiden können. Das steht für die Jugendlichen fest.

Auch im Rückblick bleibt die Einschätzung von Religions- und Ethikunterricht positiv oder wird sogar noch besser, aber auch die Unterschiede bei der Wertschätzung der Fächer bleiben.

Im Rückblick werden die Themen im Religions- oder Ethikunterricht als „spannender“ eingeschätzt als während der Schulzeit selbst (t_1: 62 %, t_3: 79 %). Insofern ist eine zunehmende Wertschätzung zu konstatieren. Kritische Einschätzungen sind demgegenüber rückläufig, während der Beitrag der beiden Unterrichtsangebote als Hilfe bei „schwierigen Lebensfragen“ im Rückblick wiederum positiver wahrgenommen wird als während der Schulzeit (t_1: 19 %, t_3: 27 %). Ähnliches gilt für die Denkanstöße, die man im Unterricht aufnehmen konnte (t_1: 61 %, t_3: 75 %). Verstärkt wird im Rückblick auch wahrgenommen, dass das im Religions- oder Ethikunterricht Gelernte im Beruf wichtig sein kann (t_1: 18 %, t_3: 28 %).

Die Verschiebungen hin zu einer positiveren Einschätzung gelten gleichermaßen für den Religionsunterricht wie für den Ethikunterricht, d. h. beide Fächer werden im Rückblick mehr wertgeschätzt als während der Schulzeit. Zugleich bleibt aber der Unterschied in der Einschätzung durch Schülerinnen und Schüler im Religionsunterricht auf der einen und durch Schülerinnen und Schüler im Ethikunterricht auf der anderen Seite erhalten: Auch im Rückblick fällt das Urteil zum Ethikunterricht positiver aus als im Falle des Religionsunterrichts.

Bei weitem nicht alle Jugendliche entwickeln sich in gleicher Weise – die Beachtung von Individualverschiebungen ist unerlässlich.

Zu den innovativen Elementen der Studie „Jugend – Glaube – Religion“ gehört es, wie gesagt, dass nicht nur Gesamttendenzen erfasst wurden, sondern auch die Entwicklung jeder und jedes einzelnen Jugendlichen auf der Individualebene abgebildet werden kann. Erst auf diese Weise konnte sichtbar gemacht werden, dass gleichsam unterhalb der übergreifenden Tendenzen auf der Gruppenebene immer auch Verschiebungen in einem gegenläufigen Sinne zu beobachten sind.

Im vorliegenden Band werden die Individualverschiebungen deshalb im Einzelnen dokumentiert (vgl. S. 48–78). Auf diese Weise kann deutlich werden, dass solche Veränderungen durchaus beachtlich sind. So ändert beispielsweise fast ein Drittel der Befragten (32 %) im Blick auf die Aussage, dass der Religions- oder Ethikunterricht einem persönlich wenig bringe, seine Auffassung, so dass nun doch ein positiver Effekt gesehen wird, während es nur 15 % sind, die zum dritten Befragungszeitpunkt skeptischer urteilen. Beim häufigen Nachdenken über Gott sind es 57 % der Befragten, die dies nun bejahen, während keiner der Befragten sagt, dass dieses Nachdenken seltener geworden sei.

Der Einbezug von Individualveränderungen, der im Übrigen ebenfalls dem amerikanischen Vorbild folgt (vgl. Smith, 2005; Smith, 2009), ist zunächst für die Weiterentwicklung der Forschung zu Jugend und Religion bedeutsam. Einmal mehr verweist sie auf den problematischen Charakter von Momentaufnahmen, die lediglich auf Einmalbefragungen beruhen. Erst die mindestens zweimalige Befragung kann Aufschluss über Veränderungen geben. Es wäre sehr wünschenswert, wenn sich auch die Forschung zu Jugend und Religion im deutschsprachigen Bereich stärker auf Mehrfach-Befragungen beziehen könnte.

Darüber hinaus verweisen Individualverschiebungen auch auf mögliche pädagogische Handlungschancen. Auch wenn aus den vorliegenden Befunden nicht weiter erhellt werden kann, auf welche Einflussfaktoren größere oder kleinere Individualverschiebungen zurückzuführen sind, erscheint es doch zumindest als denkbar oder sogar plausibel, dass zu diesen Faktoren auch (religions-)pädagogische Angebote zählen könnten. Insofern erwächst aus diesen Befunden der Wunsch, solche Voraussetzungen im Sinne der Wirksamkeit pädagogischer Programme in weiteren Untersuchungen zu klären, aber zugleich auch eine allgemeine Ermutigung in dem Sinne, dass Gesamttendenzen den Einzelfall jedenfalls nicht einfach determinieren. Anders ausgedrückt: Im Einzelfall bestehen Entwicklungs- und insofern Handlungsspielräume, die es als nicht angemessen erscheinen lassen, sich einfach von mitunter als entmutigend wahrgenommenen Gesamttendenzen bestimmen zu lassen.

Zusammenfassung

Immer wieder verweisen die Befunde darauf, dass es falsch wäre, Glaube oder Religion im Jugendalter auf einen einfachen Nenner bringen zu wollen. Die häufig zu hörende, auch in der sozialwissenschaftlichen Literatur anzutreffende Auffassung, dass Religion im höheren Jugendalter rückläufig sei, kann nicht ohne Weiteres und vor allem nicht ohne weitere Differenzierungen bejaht werden. Die Befunde aus dem – allerdings nicht repräsentativen – Sample beim dritten Befragungszeitpunkt zeigen vielmehr sehr unterschiedliche Entwicklungen. Bei den Individualverschiebungen tritt dies besonders deutlich vor Augen: Es gibt zwar immer Gesamttendenzen, aber eben auch zahlreiche Jugendliche, die sich gleichsam gegen den Trend entwickeln. Diese Beobachtung, die auf das innovative Design der Studie „Jugend – Glaube – Religion" mit der Befragung zu drei Zeitpunkten über mehrere Jahre hinweg zurückgeht, ist nicht zuletzt in (religions-)pädagogischer Hinsicht von großem Interesse. Wenn die Gesamttendenzen nicht einfach alle Entwicklungen auf der Individualebene determinieren, so ist daraus zumindest prinzipiell zu schließen, dass auch pädagogische Angebote wie der Religionsunterricht einen Unterschied machen können. Diese Beobachtung stellt auch klar, dass es keinen Grund für (religions-)pädagogische Entmutigung gibt. Auf der Individualebene bestehen offenbar Entwicklungsspielräume, die sich als pädagogische Einflussmöglichkeiten deuten lassen. Diese Möglichkeiten müssten allerdings genauer untersucht werden – in dieser Hinsicht bietet die Studie „Jugend – Glaube – Religion" einen Einstieg, kann die daraus resultierenden Fragen aber noch nicht beantworten. Dafür wären beispielsweise Untersuchungen mit einem Interventionsdesign erforderlich.

Allerdings kann auch im Blick auf die erfassten Gesamttendenzen nicht einfach uneingeschränkt von einem Rückgang von Glaube und Religion im Jugendalter gesprochen werden. Vielmehr bewährt sich, was aus der amerikanischen Forschung zu Jugend und Religion bekannt ist: Der Glaube an Gott im Jugendalter verändert sich, wobei solche Klärungsprozesse, wie es in diesen Veröffentlichungen genannt wird, nicht einfach als Religionsverlust gedeutet werden dürfen (vgl. Pearce & Denton, 2011). Während bei den amerikanischen Jugendlichen vor allem von Klärungsprozessen zu sprechen war, treten bei der Studie „Jugend – Glaube – Religion“ besonders die innere Komplexität sowie – aus Erwachsenensicht formuliert – die Widersprüchlichkeit von Glaubensweisen im Jugendalter hervor. Mehr Jugendliche sehen sich als „gläubig“ an denn als „religiös“, viele Jugendliche, die sich weder als „religiös“ noch als „gläubig“ bezeichnen wollen, glauben nach eigener Aussage an Gott, und noch mehr Jugendliche, die nicht an Gott glauben, beten zumindest gelegentlich. Ähnlich widersprüchlich scheint auch die Zunahme bei abstrakten, also unpersönlichen Gottesvorstellungen auf der einen und der Überzeugung, dass man „mit Gott sprechen kann“, auf der anderen Seite. Nur wer sich auf solche spannungsvollen Aussagen einzulassen bereit ist, wird ein angemessenes Bild vom (Gottes-)Glauben im Jugendalter beschreiben können.

2. Vertiefende Analysen: „religiös“ und „gläubig“ – Schülerinnen und Schüler ohne Religionszugehörigkeit und weitere religionspädagogische Herausforderungen

Die Befunde aus der Studie „Jugend – Glaube – Religion“ wurden bei diversen Gelegenheiten sowohl im wissenschaftlichen Bereich als auch bei Veranstaltungen mit Religionslehrkräften vorgestellt. Dabei kristallisierte sich eine Reihe von Fragen und Wünschen nach Klärung heraus, die bei der weiteren Auswertung der Befunde aufgenommen werden konnten. Auf diese Weise war es möglich, sowohl Fragen aus der wissenschaftlichen Diskussion als auch aus praxisbezogenen Zusammenhängen zu berücksichtigen.

Jugendliche ohne Religionszugehörigkeit weisen eine geringer ausgeprägte religiöse Sozialisation auf, streben stärker nach Unabhängigkeit, nehmen sich als weniger „religiös“ wahr, allerdings oft als „gläubig“.

Konfessionslose Schülerinnen und Schüler, so ein erster Befund, finden sich nicht nur im Ethikunterricht, sondern auch im Religionsunterricht. Insofern sind Befunde zur genaueren Beschreibung dieser Schülergruppe im Blick auf beide Fächer interessant.

Worin unterscheiden sich die konfessionslosen Schülerinnen und Schüler von anderen Jugendlichen? Ein erstes Merkmal kann in der deutlich weniger ausgeprägten religiösen Sozialisation gesehen werden: Nur 11 % der Befragten ohne Religionszugehörigkeit berichten von einer religiösen Erziehung im Elternhaus, während es bei denen mit Religionszugehörigkeit 42 % sind. Gleichwohl berichten beide Gruppen zu einem ähnlichen Prozentsatz davon, dass sie mit den Eltern im Gespräch über Glaubensfragen seien. Darin liegt ein Hinweis darauf, dass die Unterschiede zwischen Jugendlichen mit und ohne Religionszugehörigkeit durchaus fließend sind.

Markant ausgeprägt ist bei den Jugendlichen ohne Religionszugehörigkeit jedoch der Wunsch nach Autonomie und Unabhängigkeit in Glaubensfragen. Darauf weisen verschiedene Einzelbefunde hin, die sich in einem Faktor „eigenständige Glaubenssuche“ zusammenfassen lassen.

Erwartbar ist der Befund, dass sich Jugendliche ohne Religionszugehörigkeit als weniger „religiös“ einschätzen als andere Jugendliche, aber auch sie sehen sich zum Teil als „gläubig“ an (22 %), wobei auch dieser Wert hinter den Jugendlichen mit Religionszugehörigkeit zurückbleibt. Deutlich schwächer ausgeprägt ist bei den Konfessionslosen auch der Glaube an Gott. Die erfragten Gottesvorstellungen finden bei konfessionslosen Jugendlichen insgesamt weniger Zustimmung. Relativ gesehen findet die Vorstellung von Gott als „Natur“ noch die größte Zustimmung (24 %). Eindrücklich ist der hohe Anteil der Konfessionslosen, die mit mehr als zwei Drittel angeben, nie zu beten (67 %).

Auch wenn die Unterschiede zwischen Jugendlichen mit und ohne Religionszugehörigkeit in manchen Hinsichten als fließend zu bezeichnen sind, gibt es also doch deutliche Unterschiede. Die Unterschiede treten besonders stark bei der religiösen Sozialisation, im Verhältnis zur Kirche sowie in der persönlichen religiösen Praxis hervor.

Wenn Jugendliche sich nicht als „religiös“, aber als „gläubig“ wahrnehmen, geht es ihnen um die Unabhängigkeit von kirchlichen und familiären Bezügen.

Ein überraschender und entsprechend bei der Rezeption der Studie stark beachteter Befund besteht darin, dass sich nur ein gutes Fünftel der Jugendlichen als „religiös“ bezeichnet (22 %), während sich fast doppelt so viele (41 %) als „gläubig“ beschreiben. Daraus resultiert die Frage, was die Jugendlichen hier genau unter „religiös“ oder „gläubig“ verstehen.

Zunächst ist festzuhalten, dass sich die beiden Beschreibungen im Antwortverhalten der Jugendlichen durchaus auch überlappen, d. h. es gibt Jugendliche, die beiden Bezeichnungen im Blick auf ihre eigene Person zustimmen. Es ist also nicht möglich, von zwei klar getrennten Gruppen zu sprechen.

Die Selbsteinschätzung als „gläubig“ lässt sich anhand der Befunde jedoch noch genauer explorieren: Sie geht bei den Jugendlichen mit einem leicht höheren Gottesglauben, weniger kirchlicher Verbundenheit und etwas weniger religiöser Sozialisation einher als die Selbsteinschätzung als „religiös“. So lässt sich sagen, dass die Bezeichnung als „gläubig“ eine Haltung meint, die sich als eher unabhängig von kirchlichen und familiären Bezügen versteht.

Vergleicht man im Einzelnen das Antworterhalten von Jugendlichen, die sich entweder als „religiös“ oder „gläubig“ bezeichnen, zeigen sich weitere Unterschiede: Die Gruppe der „gläubigen“ Jugendlichen stimmt bestimmten Gottesvorstellungen (*„Gott ist jemand, zu dem man sprechen kann“, „Gott ist eine höhere Macht“, „Gott ist etwas, auf das ich mich verlassen kann“*) mehr zu als die Gruppe der „religiösen“. Auch der Jenseitsglaube ist in dieser Gruppe stärker vertreten. Im Blick auf die Wahrnehmung der Kirche sind die Unterschiede zwischen den „religiösen“ und den „gläubigen“ Jugendlichen weniger auffällig. Die familiäre religiöse Sozialisation ist bei den „Religiösen“ jedoch etwas stärker ausgeprägt.

Zusammenfassend kann festgehalten werden, dass Jugendliche die Begriffe „gläubig“ und „religiös“ anders verstehen, als es bei Erwachsenen und wohl auch bei Religionslehrkräften oder in der Theologie der Fall ist. Ein scharfer und konsistenter Begriffsgebrauch kann im Blick auf die Jugendlichen dabei allerdings nicht vorausgesetzt werden.

„Religiös“ geht als Selbstbezeichnung mit einer stärkeren familiären religiösen Sozialisation sowie einer stärkeren kirchlichen Verbundenheit einher. Für die „Gläubigen“ hat der Gottesglaube hingegen eine größere Bedeutung im Alltag sowie in schwierigen Zeiten. Damit besteht die Unterscheidung zwischen „religiös“ und „gläubig“, wie sie von den befragten Jugendlichen getroffen wird, in einer deutlichen Nähe zu der in der wissenschaftlichen Diskussion verbreiteten Unterscheidung zwischen institutionell gebundener Religiosität auf der einen und individualisierter Religiosität auf der anderen, auch wenn diese Kennzeichnung nur eine allgemeine Tendenz angibt.

Der Ethikunterricht spricht eine andere, weniger religiöse Gruppe von Schülerinnen und Schülern an als der Religionsunterricht – für den Religionsunterricht erwächst daraus die Frage, ob er für fragende und zweifelnde sowie für kirchlich distanzierte Schülerinnen und Schüler genügend offen ist.

Drei Fragen stehen hier im Zentrum: Wie unterscheidet sich der Glaube der Ethikschülerinnen und -schüler von dem der Jugendlichen im Religionsunterricht? Woher kommt die bessere Bewertung des Faches Ethik im Vergleich zum Fach Religion? Welche Jugendlichen wechseln von Religion nach Ethik und aus welchen Gründen?

Die Schülerinnen und Schüler im Ethikunterricht sind insgesamt weniger religiös, stimmen dem Gottesglauben weniger zu und sind weniger religiös sozialisiert und kirchlich verbunden als die Schülerinnen und Schüler im Religionsunterricht. Insofern spricht der Ethikunterricht eine deutlich andere Gruppe von Schülerinnen und Schülern an als der Religionsunterricht. Darin kann eine grundlegende Legitimation für dieses alternative Fach von den Jugendlichen her gesehen werden.

Wenn der Ethikunterricht von den Schülerinnen und Schülern besser bewertet wird als der Religionsunterricht von den Schülerinnen und Schülern in diesem Fach, so muss dies insbesondere für den Religionsunterricht zu denken geben.

Besonders die qualitativen Befunde weisen darauf hin, dass der Ethikunterricht das Image hat, offener auch für fragende und zweifelnde Einstellungen zu sein und eine insgesamt bessere Diskussionskultur zu pflegen. Insofern ist er für Schülerinnen und Schüler attraktiv, die zur eigenen religiösen Herkunft sowie zur kirchlichen Tradition auf Distanz gehen oder die sich nie in der Nähe solcher Traditionen und institutioneller Bindungen sahen. Für den Religionsunterricht liegt darin die Frage, ob er – ungewollt – als Angebot wahrgenommen wird, das sich nur an kirchlich Verbundene oder „religiöse" Schülerinnen und Schüler wendet.

Dabei sind auch die evangelischen und katholischen Schülerinnen und Schüler im Ethikunterricht zu bedenken. Trotz ihrer aufrechterhaltenen Kirchenmitgliedschaft zeichnen auch sie sich dadurch aus, dass sie zentralen christlichen Glaubensaussagen weniger deutlich zustimmen als die evangelischen und katholischen Schülerinnen und Schüler im Religionsunterricht. In der entsprechenden Auswertung zeigt sich das auch auf Faktorenebene, wo die evangelischen und katholischen Schülerinnen und Schüler im Religionsunterricht durchweg höhere Werte erreichen. Diejenigen, die von Religion zu Ethik wechseln, bestätigen insofern mit ihrer Wahlentscheidung das religionspädagogisch als problematisch zu bezeichnende Image des Religionsunterrichts als eines Angebots, das als zu wenig offen wahrgenommen wird.

Bei den Befragten zeigen sich zum Teil judentums- und islamfeindliche Einstellungen, die in bestimmten Hinsichten bei manchen muslimischen Schülerinnen und Schülern – auch bedingt durch einen aktuellen Migrationshintergrund – stärker ausgeprägt sind.

Zu den bedenklich stimmenden Befunden zählt die Beobachtung, dass judentumsfeindliche Einstellungen bei muslimischen Jugendlichen stärker verbreitet sind als bei anderen Gruppen. 14 % der muslimischen Jugendlichen stimmt der Aussage zu *„Es gibt zu viele Juden in Deutschland"* (Stichprobe ohne Muslime 6 %). Gleichzeitig verwundert das Ergebnis, dass noch mehr, nämlich 18 % der muslimischen Jugendlichen angeben, dass es *„zu viele Muslime in Deutschland"* gebe.

Betrachtet man den Zusammenhang beider Aussagen, so zeigt sich kein einheitliches Antwortmuster. Die größte Gruppe der muslimischen Jugendlichen lehnt beide Aussagen ab (etwa die Hälfte der befragten muslimischen Jugendlichen). Der Anteil derer, die bei den muslimischen Jugendlichen beiden Aussagen zustimmen, ist auffallend klein – wobei hier und an anderer Stelle bewusst bleiben muss, dass das muslimische Teilsample in der Untersuchung insgesamt vergleichsweise klein ausfiel, so dass solche Differenzierungen im Blick auf ihre Verallgemeinerbarkeit mit großer Vorsicht zu behandeln sind.

Judentumsfeindliche Aussagen finden sich ebenso bei männlichen wie weiblichen muslimischen Jugendlichen. Auch in weiteren Hinsichten unterscheiden sich die Jugendlichen nicht von anderen. Deutlich ist allerdings ein Zusammenhang mit der Schulart, weil besonders muslimische Jugendliche in beruflichen Schulen der Aussage *„Es gibt zu viele Juden in Deutschland"* zustimmen.

Auch der Migrationshintergrund spielt eine Rolle. Besonders hoch ist die Zustimmung zu judentumsfeindlichen Aussagen bei muslimischen Jugendlichen, die nicht in Deutschland geboren sind (25 %).

Ähnlich wirkt sich der Migrationshintergrund auch bei den muslimischen Jugendlichen aus, die *„zu viele Muslime in Deutschland"* wahrnehmen. Die nicht in Deutschland geborenen Muslime tendieren weit stärker zu einer Ablehnung auch der Muslime, obwohl sie selbst zu dieser Religionsgruppe gehören.

Geringer ausgeprägt ist bei den muslimischen Jugendlichen auch die Offenheit für die religiöse Vielfalt, obwohl auch das Interesse an anderen Kulturen und der Religiosität der Mitschülerinnen und -schüler groß ist. Eine Rolle spielt im Hintergrund die Zustimmung zu der Aussage, dass *„nur eine Religion wahr"* sei.

Die Theodizee-Frage – „Wie kann Gott das zulassen?" – wird nicht von allen Jugendlichen gestellt, hat aber insgesamt ihre Bedeutung nicht verloren.

In der Religionspädagogik wird mitunter angenommen, dass die Theodizee-Frage automatisch an Bedeutung verliere, je weniger ein traditioneller („theistischer") Gottesglaube vorausgesetzt werden kann. Die Befunde der Studie „Jugend – Glaube – Religion" führen hier die Notwendigkeit vor Augen, differenziertere Einschätzungen zu treffen. Es muss genauer gefragt werden, wer die Theodizee-Frage stellt und wer nicht.

Bei der direkten Frage nach der Situation einer tödlichen Erkrankung eines kleinen Jungen waren es 36 % in t_1, die die Frage *„Wie kann Gott das zulassen?"* stellen würden. Bei den evangelischen und katholischen Jugendlichen ist es die Mehrheit der Befragten. Gerade die stärker religiös sozialisierten Jugendlichen votieren in dieser Richtung. Dem entspricht es, dass Jugendliche mit einem stärkeren Gottesglauben auch eher die Theodizee-Frage stellen würden. Die anderen neigen mehr zu der Deutung „Zufall".

Diesen Befunden zufolge kann zwar nicht uneingeschränkt behauptet werden, dass die Theodizee-Frage in allen Fällen eine „Einbruchstelle für den Glauben" sei (vgl. dazu Nipkow, 1987), aber die entgegengesetzte Auffassung, die Theodizee-Frage habe bei heutigen Jugendlichen überhaupt ihre Bedeutung verloren, trifft ebenfalls nicht zu. Allerdings ist einschränkend darauf hinzuweisen, dass die vorliegende Studie keine Spezialuntersuchung zur Theodizee-Frage war.

3. Einordnung in die religionspädagogische Diskussion

Eine der Hauptmotivationen, eine solche umfangreiche und zeitlich auf drei Messzeitpunkte ausgedehnte Studie zur Religiosität und zum Glaubensverständnis von Jugendlichen zu unternehmen, lag, wie in Band I ausgeführt (Schweitzer et al., 2018, S. 40–52), darin, einen differenzierten Blick auf die Bereiche Religion, Glaube, Glaubensleben, Gottesfrage, Gebetsverständnis, Bindung an religiöse Gemeinschaften und Glaubensentwicklung im Lebenslauf bei jungen Menschen zu ermöglichen. Daraus resultierte die Anlage der Studie mit einem relativ großen Sample, der Streuung auf verschiedene Schularten, Unterrichtsfächer (Religions- und Ethikunterricht), Messzeitpunkte, Konfessions- und Religionszugehörigkeiten etc. Denn ein Hauptproblem bei der Erfassung jugendlicher Religiosität ist das Religionsverständnis. Das gilt nicht nur für die Religionspädagogik, sondern für die Jugendforschung überhaupt (vgl. den Beitrag von Helsper in diesem Band). Religionspädagogisch ist ein *differenziertes Religions- und Glaubensverständnis* notwendig, um der jugendlichen Religiosität möglichst nahe zu kommen. Vor diesem Hintergrund erfolgten die Erarbeitung der Forschungsfrage und die methodische Erschließung des Feldes. Die religionspädagogische Jugendforschung weist zu Recht schon lange darauf hin, dass Religionsverständnisse, die sich zu sehr auf einen kirchlichen oder anders institutionalisierten Rahmen beziehen, zu kurz greifen (ebd.). Zwar bewähren sich solche Verständnisse dann, wenn explizit nach der Beziehung der Jugendlichen zu Kirche oder auch zu Moschee-Gemeinden bzw. zur muslimischen Community gefragt wird. Die in der Studie „Jugend – Glaube – Religion" erforschten Fragen aber gehen weit darüber hinaus, weil sie sich auf die Jugendlichen selbst sowie auf den kontextuellen Rahmen der Schule beziehen und damit viel weiter gefasst sind, als die Selbstverständnisse der Kirchen oder die Überlieferungen im Islam es nahe legen. Nicht zuletzt deswegen wurden sowohl quantitative als auch qualitative Daten erhoben.

Neben der Frage des adäquaten Religionsverständnisses tritt die Frage in den Vordergrund, welche Bedeutung Religion und Glaube im Leben der Jugendlichen haben. Die neueste Shell-Jugendstudie bietet hier einige Hinweise. Beispielsweise zeigt sie auf, dass 46 % der Jugendlichen in Westdeutschland dem Glauben eine unwichtige Bedeutung zumessen. In Ostdeutschland sind es 65 % (Shell Deutschland Holding, 2019, S. 155). Allerdings wird in der Shell-Studie die Fragestellung nach der Wichtigkeit des Glaubens – zuspitzend, aber auch einengend – daran geknüpft, was der Jugendliche in seinem „Leben eigentlich anstrebt" (ebd.). An diesem Beispiel wird deutlich, dass hier nicht nach der Beziehung zu etwas Unbestimmten, Transzendenten gefragt wird. Vielmehr steht von vornherein die Funktion des Glaubens im Horizont der eigenen Lebensziele im Vordergrund. Demgegenüber geht die Studie „Jugend – Glaube – Religion" sehr viel differenzierter vor, weil Jugendliche, wie schon in Band I aufgewiesen werden konnte, sehr viel differenziertere Glaubensvorstellungen haben.

Das zeigt sich beispielsweise bei den Vorstellungen, wie man sich ein Leben nach dem Tod vorstellen könne. Die Befunde der vorliegenden Studie zeigen, dass es eine jugendliche (Glaubens-)Praxis gibt, die weit über die Vorstellungen der Kirchen und des traditionellen Islam hinausgehen. Dadurch kommen Aspekte zum Vorschein, die in den herkömmlichen religiösen Selbstverständnissen kaum eine Rolle spielen: Prominent sind hier etwa Gottesbilder, die jenseits der personalen Vorstellungen und jenseits von Offenbarungszeugnissen funktionieren, indem Gott als Energie oder Kraftquelle beschrieben wird. Dabei ergeben sich für verschiedene Dimensionen im Gottesbild auch unterschiedliche Entwicklungsverläufe, die übersehen werden, wenn nur eine dieser Dimensionen – wie in der Jugendforschung häufig der Fall – erfasst wird.

Insgesamt gehen die Ergebnisse der Studie „Jugend – Glaube – Religion“ in die Richtung, sowohl Glaubensvorstellungen als auch das Religionsverständnis tiefer zu verstehen und besser zu differenzieren. Solche Forderungen stehen schon seit der Studie „Appsolutely Smart“ im Raum und werden hier eingelöst (vgl. Maschke et al., 2013). Insbesondere muslimische Jugendliche mit Migrationshintergrund fordern mit ihren Einstellungen dazu heraus, religiöse Orientierungen muslimischer, aber auch christlicher und konfessionsloser Jugendlicher präziser zu erfassen.

Innerhalb der Religionspädagogik muss vor dem Hintergrund der Befunde aus „Jugend – Glaube – Religion“ auch der sogenannte „Traditionsabbruch“ neu diskutiert werden. Aus der Sicht der Jugendlichen, so zeigen die longitudinal erhobenen Daten, gibt es diesen Abbruch so nicht. Wo religiöse Sozialisation erfahren wird, ist diese ein bedeutsamer Faktor für die Beantwortung religiöser Fragen. Zugleich wird religiöse Sozialisation dort, wo sie fehlt bzw. nicht vorhanden war, auch nicht vermisst. Aus kirchlicher Sicht würde ein Traditionsabbruch dort diagnostiziert, wo kirchliche Vorstellungen nicht länger Orientierung bieten. Aus religionspädagogischer Sicht allerdings zeigt sich eher ein in theoretischer wie praktischer Hinsicht spannendes und spannungsvolles Feld religiöser Indifferenz oder religiöser Unentschiedenheit. Dieser Befund wird umso sichtbarer, je näher man die Vorstellungen der Jugendlichen ins Zentrum der Aufmerksamkeit stellt (vgl. Ziebertz & Kay, 2005; Ziebertz et al., 2003). Dabei spielt religionspädagogisch immer auch eine Rolle, dass die christliche Tradition einen reichen Fundus an Vorstellungen transportiert, die konzeptionell eingebunden werden können (Angel, 2006; Kropač, Meier & König, 2015). Nicht zuletzt deswegen rücken auch konfessionslose junge Menschen verstärkt in den Fokus religionspädagogischer Reflexionen.

Um die Ergebnisse aus allen Teilen der vorliegenden Studie noch stärker in die religionspädagogische Diskussion, den Horizont der Jugendforschung und in die Frage nach der Praxisrelevanz stellen zu können, wurden Wissenschaftlerinnen und Wissenschaftler sowie Verantwortliche für den Religionsunterricht und Personen aus der Ausbildung von Religions- bzw. Ethiklehrkräften gebeten, die Resultate aus ihrer Sicht zu bewerten und nötige Konsequenzen zu ziehen. *Ulrich Kropač* analysiert die Resultate der Tübinger Studie „Jugend – Glaube – Religion“ unter zwei Perspektiven, nämlich unter dem Stichwort der „ungebundenen Religiosität“ und der Konfessionslosigkeit. Er vermutet, dass personale Gottesverständnisse bei Jugendlichen weit ausgeprägter vorhanden sind als weithin vermutet, allerdings bewegen sie sich in „ungebundenen“ Formen, sind also nicht direkt an institutionelle Vorgaben oder tradierte Muster orientiert. Es werden in Bezug auf den Glauben eher implizite Anleihen an die Tradition gemacht und indirekte Bezüge hergestellt. Des Weiteren plädiert Kropač für einen differenzierten Blick auf das Phänomen der sogenannten „konfessionslosen“ jungen Menschen, die nicht unter einem einheitlichen Interpretationsschema subsumiert werden dürfen. Als Konsequenz müssten die religionskulturellen Aspekte religiöser Bildung in Zukunft weit mehr profiliert werden.

Wie *Fahimah Ulfat* aufzeigt, brauchen auch muslimische Jugendliche eine verstärkte Aufmerksamkeit und in erster Linie eine differenzierte Sichtweise ihrer Religiosität. Auch hier gilt, dass es nicht *die* muslimischen Jugendlichen gibt. Aus der Perspektive der derzeitigen Forschungslage muss die Pluralität muslimischer Identitätskonstruktionen konstatiert werden, wobei noch schwierig zu beurteilen ist, welchen Transformationsprozessen sich muslimische Jugendliche im Blick auf ihre Gottes- und Glaubensvorstellungen ausgesetzt sehen. Außerdem ist noch weitgehend unbekannt, inwieweit soziale Kontexte Einfluss auf solche Vorstellungen haben, was dann nicht mehr nur muslimische Jugendliche betreffen würde. Augenscheinlich besteht aber eine Herausforderung darin, eine gelingende Integration zu bewerkstelligen (vgl. auch Toprak, 2019) und die Prozesse vor dem Hintergrund der Globalisierung und der Pluralisierung innerhalb des Islam zu deuten.

Elisabeth Naurath analysiert als Religionspädagogin die Ergebnisse der Studie in Hinsicht ihrer Relevanz für ethische Fragestellungen. Denn nicht nur die Religion, auch Ethik betrifft die gesamte Lebenswirklichkeit des Menschen als eine Perspektive, die menschliches Verhalten in seiner Komplexität in den Blick zu bekommen sucht. Religionspädagogik müsse angesichts der Präferenz vieler Schülerinnen und Schüler für den Ethik- vor dem Religionsunterricht viel stärker als bisher nicht nur religiöse Mündigkeit als Bildungsziel anstreben, sondern auch die „ethische Mündigkeit" der jungen Menschen. Für ethische Bildung sind allerdings emotionale Bildungsprozesse zentral, was beide Unterrichtsfächer gleichermaßen betrifft. Vor dem Hintergrund, dass sich auch im Ethikunterricht Jugendliche mit religiösen und glaubensbezogenen Vorstellungen finden sowie angesichts gesellschaftlicher Herausforderungen (Friedensethik, Bekämpfung von Antisemitismus und Intoleranz) sollten Religions- und Ethikunterricht viel stärker kooperieren als bisher.

Einen kritisch-konstruktiven Blick auf die Methodologie der vorliegenden Studie und die Ergebnisse werfen *Ulrich Riegel* aus religionspädagogischer Sicht und *Werner Helsper* aus der Perspektive der Jugendforschung. Beide konstatieren, dass trotz des beachtlichen Samples von über 7000 Befragten Repräsentativität nur für die baden-württembergischen Jugendlichen, nicht bundesweit gelten könne – ein Anspruch, der von der Studie „Jugend – Glaube – Religion" allerdings auch nicht erhoben wird.[1] Eine leichte Verschiebung hin zu gymnasialer Wahrnehmung der Schülerinnen und Schüler sieht Helsper angesichts der Zusammensetzung des

1 Riegels Hinweis auf den geringen Anteil Konfessionsloser in dieser Studie (in diesem Band S. 96) wäre allerdings vor dem Hintergrund der aktuellen Shell-Studie noch einmal kritisch zu diskutieren. Anders als er anzunehmen scheint, liegt der Anteil der Konfessionslosen bei Jugendlichen und jungen Erwachsenen offenbar deutlich unter dem der älteren Jahrgänge und zeichnet sich hier auch bundesweit eine Rückläufigkeit des Anteils der Konfessionslosen in Deutschland ab (vgl. Shell Deutschland Holding, 2019, S. 150–152).

Samples. Riegel würdigt die qualitativen Daten, die eindrücklich die Vielfalt und Vielgestaltigkeit individueller Religiosität und religiöser Vollzüge Jugendlicher belegen, ebenso das Panel-Design der Tübinger Studie, das Aussagen zu Veränderungen in der Religiosität Jugendlicher auf der Individualebene ermöglicht, was einen Meilenstein in der religionspädagogischen empirischen Jugendforschung darstelle. Allerdings kritisiert er wie Helsper die eher lose Zuordnung von quantitativen und qualitativen Daten. Letzterer sieht darin unausgeschöpfte Potentiale und ist der Auffassung, dass aufgrund des sehr hohen Panelverlusts zum dritten Befragungszeitpunkt die Ergebnisse von t_3 nur äußerst vorsichtig interpretiert werden könnten. Dennoch sieht Helsper die entscheidende Bedeutung der vorliegenden Längsschnittstudie in einer Ausdifferenzierung und Detaillierung des Religionsverständnisses, was einen wichtigen Beitrag zur Jugendforschung insgesamt darstelle. Gerade diese beiden Beiträge zeigen allerdings auch, dass der Appetit mit dem Essen kommt – ein durchaus erwünschter Effekt. Beide beschreiben zahlreiche Forschungsperspektiven und mahnen weitere Auswertungen an, die umso deutlicher beispielsweise über das bislang etwa in den Shell-Studien realisierte methodische Maß hinausgehen. Es wäre höchst erfreulich, wenn die Jugend- und Religionsforschung in Deutschland sich in Zukunft stärker an solchen Perspektiven orientieren würde. Die Studie „Jugend – Glaube – Religion" versteht sich in dieser Hinsicht als ein erster Schritt, bei dem vor allem nachgewiesen werden sollte, dass bei der Jugend- und Religionsforschung auch anspruchsvollere Forschungsdesigns realisiert werden können als bislang üblich. Dieses Ziel wird vor allem mit dem vorliegenden zweiten Band der Studie mit seinen Befunden aus dem dritten Befragungszeitpunkt sowie den vertiefenden Analysen zu den Befunden zumindest weitgehend erreicht.

Der Befund, dass sich Vorstellungen von Religion und Glaube bei Jugendlichen nur noch zum Teil aus religiösen Traditionen heraus speisen, ist religionspädagogisch breit reflektiert. Allerdings ergeben sich daraus in praktischer Hinsicht neue Herausforderungen. So sieht *Bernhard Riesch-Clausecker* die Ergebnisse, wonach bei Jugendlichen über alle drei Befragungszeitpunkte hinweg eine innere Auseinandersetzung über religiöse Fragen sowie das Nachdenken über den Sinn des Lebens und über Gott auf einem durchgehend hohen Niveau bleiben, als bedenkenswert und als Aufgabe für religiöse Bildung, die jungen Menschen hierin kompetent zu begleiten. Dies kann seiner Meinung nach nur in einem ansprechenden und anspruchsvollen Religionsunterricht erfolgen, der das Nachdenken und vernünftige Durchdringen des Glaubens auf Seiten der Lernenden provoziert. Unter anderem ist, wie die Ergebnisse zeigen, die Theodizeefrage für Jugendliche und junge Erwachsene keineswegs einfach obsolet und sollte im Religionsunterricht markant aufgegriffen werden, ebenso Fragen der Persönlichkeitsentwicklung, Identitätsfindung und Einstellungen der Jugendlichen und jungen Erwachsenen, was sich von den Ergebnissen der Studie unbedingt nahe lege.

Ein solcher Religionsunterricht benötige, so *Uta Hauf*, in erster Line kompetente und professionell agierende Religionslehrkräfte. Sie müssten bereits in der

Ausbildung die Fähigkeit zur reflektierten Positionalität erwerben, damit sie auch in der Lage sind, bei den Schülerinnen und Schülern begründete (Glaubens-)Positionen zuzulassen und Einseitigkeit und Beliebigkeit in Glaubensaussagen zurückzuweisen. Sie fordert, dass im Religionsunterricht mehr miteinander reflektiert und diskursiv über Gott und den Glauben gesprochen wird. Nur so erlaube religiöse Bildung mehr Orientierungskompetenz, was sie an einem Praxisbeispiel eindrücklich illustriert.

Peter Kliemann zeigt die Relevanz der Studie „Jugend – Glaube – Religion“ für die Weiterentwicklung des Religionsunterrichts an drei Bereichen auf: Reflexionen zur verstärkten konfessionellen Kooperation, zum Verhältnis zum Ethikunterricht und zur Curriculumentwicklung. In allen drei Bereichen bestehen seiner Meinung nach Entwicklungspotenziale, wobei das Ziel der Entwicklung von Pluralitätskompetenz auf Seiten der jungen Menschen maßgebend sein sollte. Kliemann fordert wie Hauf, dass sowohl Ethik- wie auch Religionslehrkräfte ihre eigene Religiosität bzw. Nicht-Religiosität im Kontext der eigenen Bildungsgeschichte kompetent reflektieren, blinde Flecken und Schatten in ihrer Position sowie implizite Stereotypen und Feindbilder wahrnehmen lernen – in der Ausbildung wie auch in der späteren Berufsgeschichte, etwa durch Fortbildungen mit supervisorischen Elementen.

Als Ausbilder für angehende Ethiklehrkräfte sieht *Christof Schilling* die Tatsache kritisch, dass, so die Ergebnisse der Studie, im Ethikunterricht viele Schülerinnen und Schüler sitzen, die sich durchaus als religiös oder gläubig verstehen. Diese müssten, wie es die rechtlichen Regelungen vorsehen, den Religionsunterricht aufgrund erheblicher Glaubens- und Gewissensgründe verlassen haben, was aber offensichtlich nicht der Fall sei. Er plädiert dafür, die Regelungen zur Teilnahme am Ethikunterricht in Baden-Württemberg grundsätzlich zu revidieren, da sie sowohl juristisch als auch pädagogisch und ethisch bedenklich seien. Offenbar weisen die rechtlichen Vorgaben hier in eine andere Richtung als die derzeitige Entwicklung des Ethikunterrichts und wird diese Divergenz durch die Befunde der Studie weiter verdeutlicht. Allerdings beruhen rechtliche Vorgaben nicht einfach auf empirischen Daten, so dass insofern eher von einer Problemanzeige gesprochen werden sollte sowie von einem weiteren Klärungsbedarf.

4. Didaktische Konsequenzen

Im letzten Teil des vorliegenden Bandes werden religionsdidaktische Konsequenzen aufgezeigt, die sich aus den Ergebnissen der Studie für den Religionsunterricht nahelegen. Auch die Diskussionen, die im Kontext von Symposien und Lehrerfortbildungen, bei denen die Studie „Jugend – Glaube – Religion“ thematisiert wurde, sind hier berücksichtigt. In diesen didaktisch orientierten Abschnitten werden jeweils zu Beginn die betreffenden Befunde nochmals knapp zusammengefasst, um darauf aufbauend Impulse für religionsdidaktisches Handeln zu geben.

Dabei geht es zunächst um übergreifende Themen wie die Frage nach der jugendlichen Unterscheidung bei der Selbstzuschreibungen als „religiös“ und „gläubig“, die es religionsdidaktisch unbedingt zu beachten gilt. Vorgeschlagen werden unter anderem biographieorientiertes Arbeiten im Religionsunterricht als Ermöglichung für ein stärker „standpunktbefähigendes Lernen“. Auch die Schülerwahrnehmungen zum Religions- und zum Ethikunterricht sind es wert, in religionsdidaktischer Hinsicht sorgfältig reflektiert und für den Religionsunterricht fruchtbar gemacht zu werden. Denn der Religionsunterricht wird auf Schülerseite offensichtlich im Horizont bestimmter Klischees und überkommender Vorstellungen wahrgenommen, was Religionslehrkräften als Herausforderung für eine grundsätzliche Reflexion dieses Unterrichts dienen kann. Diskurse im Religionsunterricht müssten offenbar viel offener und keinesfalls für bestimmte Positionen vereinnahmend geführt werden, damit die Lernenden in ihrer freien Entscheidungsfähigkeit angesprochen werden.

Weitere Themen, die, wie die Studie zeigt, den jungen Menschen wichtig sind, werden im Einzelnen in religionsdidaktischer Hinsicht diskutiert: Jugendliche Vorstellungen vom Leben nach dem Tod; das Verhältnis von Schöpfungsglaube, Bibel und Naturwissenschaft; die Frage nach Gott und den Vorstellungen von Gott; die Kritik der Jugendlichen an der Institution Kirche; die Offenheit für andere Religionen und Kulturen versus feindliche Einstellungen gegenüber Fremden, Juden und Muslimen; die Frage ob der Zusammenhang von Gott und dem Leiden, also die Theodizee-Frage, noch ein Thema für den Religionsunterricht von heute sein kann oder soll; und schließlich das Thema der Veränderung von Religiosität und Glaube im Lebenslauf junger Menschen.

Insgesamt verstehen sich die religionsdidaktischen Reflexionen als Impulse, eigene Konsequenzen aus den Ergebnissen der vorliegenden Studie zu ziehen und das Unterrichten im Fach Religion daraufhin neu zu reflektieren, gegebenenfalls auch neu auszurichten.

5. Einführung zur Studie

5.1 Fragestellungen

Ziel des Forschungsprojektes war es, Einstellungen, Interessen und Fragen von Jugendlichen und jungen Erwachsenen zu Religion(en), Glaube, Kirche und dem Religions- bzw. Ethikunterricht zu erfassen. Mit einer zweiten und dritten Befragung derselben Stichprobe und der damit verbundenen longitudinalen Auswertung ist es – für Deutschland gesprochen – erstmals möglich geworden, Veränderungen in der religiösen Entwicklung verlässlich zu erfassen. Frühere Untersuchungen dieser Art kamen entweder aus den USA oder waren auf gemeindepädagogische Zusammenhänge beschränkt, wie weiter unten noch näher erläutert wird. Es werden dadurch nicht nur „Momentaufnahmen“ dargestellt, wie es in vielen anderen

Befragungen im Bereich der Jugendforschung geschieht. Im folgenden Kapitel geht es nun darum, die Befunde der dritten Erhebung vorzustellen und aufzuzeigen, wo Unterschiede im Blick auf die religiöse Entwicklung der jungen Erwachsenen im Vergleich zur ersten Befragung liegen. Außerdem soll gezeigt werden, welche Einstellungen und Haltungen über die Zeit konstant bleiben.

Folgende Fragen waren bei der Auswertung der dritten Befragung – ausgehend von den Befunden der ersten und zweiten Erhebung – von besonderem Interesse:

- Wie entwickelt sich der Glaube an Gott über die Zeit? Wie verändern sich die Vorstellungen von Gott?
- Ist das Gebet auch bei der dritten Befragung für einen Großteil der Befragten bedeutsam? Oder gibt es einen Rückgang in der Bedeutung und der Gebetshäufigkeit?
- Ist die bei der ersten Befragung wahrgenommene Spannung zwischen Glauben und Naturwissenschaft nach wie vor bei den Befragten spürbar?
- Bleiben die Jugendlichen bei ihrer ambivalenten Haltung der Kirche gegenüber? Verstärkt sich die Kritik an der Kirche?
- Wie entwickeln sich die Einstellungen anderen Religionen und Kulturen gegenüber?
- Wie wird der Religions- und Ethikunterricht im Rückblick beurteilt? Hat der Besuch von Ethik- und Religionsunterricht eine Auswirkung auf die weitere religiöse Entwicklung?

5.2 Methodik der Untersuchung

Nachdem dieselbe Stichprobe von Schülerinnen und Schülern an berufsbildenden Schulen und allgemeinbildenden Gymnasien Ende 2015 (t_1) und Anfang 2017 (t_2) bereits mithilfe desselben, eigens dafür entwickelten Fragebogens[2] befragt wurde, fand im Dezember 2018 eine dritte Befragung (t_3) statt. In Abbildung 1 sind die einzelnen Schritte des Projektes im zeitlichen Verlauf in Gestalt einer Übersicht dargestellt. Ziel der mehrmaligen Befragungen war es, verschiedene Entwicklungen religiöser Einstellungen und Haltungen im jungen Erwachsenenalter realistisch feststellen und abbilden zu können.

Die dritte Befragung konnte nicht mehr im Rahmen des Unterrichts stattfinden, da die jungen Erwachsenen mittlerweile nicht mehr die Schule besuchten, sondern studierten oder berufstätig waren. Daher wurde eine Onlinebefragung durchgeführt, in welcher der gekürzte Fragebogen sowohl auf dem Smartphone als auch auf

2 Fragebogen der dritten Befragung – siehe Anhang, S. 295. Zur Entwicklung des Fragebogens siehe: Schweitzer, F., 2018, S. 62 f.

Abbildung 1: Darstellung des Forschungsprojekts im zeitlichen Verlauf

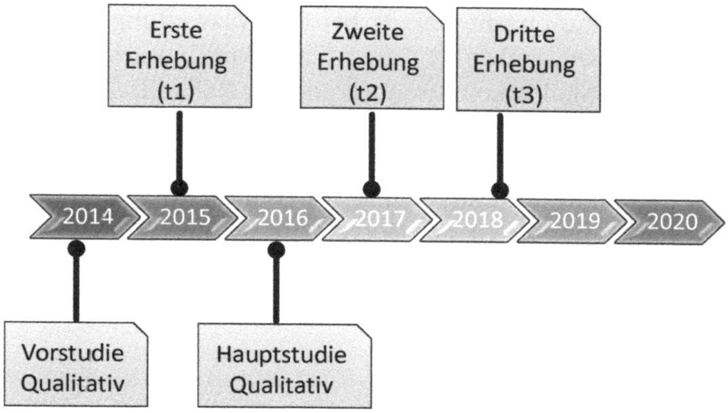

einem Tablet/PC dargestellt werden konnte.[3] Die Personen, die bei der zweiten Befragung ihre E-Mail-Adresse für diesen Zweck angegeben hatten, wurden per E-Mail kontaktiert und erhielten einen personalisierten Link für die Teilnahme. Von 893 Personen, die bei der dritten Befragung teilnahmen, konnten die Daten von 559 Befragten mithilfe eines individuellen Codes für alle drei Erhebungszeitpunkte zugeordnet werden. Bei der longitudinalen Auswertung können nur diese Befragten einbezogen werden.

5.3 Hinweise zur Darstellung und Auswertung der Daten

Faktorenanalyse und Skalen

Ziel der (explorativen) Faktorenanalyse ist es, eine größere Anzahl von Variablen anhand der gegebenen Fälle auf eine kleinere Anzahl von sogenannten Faktoren zurückzuführen. Dabei werden die Variablen bzw. Items, die untereinander stark korrelieren und somit inhaltlich zusammenhängen, zu einem Faktor zusammengefasst.[4] Diese Faktoren werden auch als Skalen bezeichnet. Für jede befragte Person kann zu jeder Skala ein Skalenwert berechnet werden, mit dessen Hilfe bestimmte statistische Analysen möglich sind (z. B. t-tests und andere Vergleiche,

---

3 Um die Teilnahmebereitschaft zu erhöhen, wurde der Fragebogen in der Onlineversion etwas gekürzt. Bspw. wurden Fragen zur religiösen Sozialisation weggelassen. Insgesamt umfasst der t_3-Fragebogen 96 Items im Vergleich zur Papierversion mit 122 Items (Anzahl jeweils ohne soziodemographische Angaben). Bei der Löschung der jeweiligen Items wurde darauf geachtet, dass die zentralen Skalen erhalten blieben. Hinzugefügt wurden im t_3 Fragebogen vier offene Fragen zum Ethik- bzw. Religionsunterricht, die unten ausführlicher besprochen werden.

4 Die Berechnungen wurden mit dem Statistikprogramm IBM SPSS 22 durchgeführt.

Korrelationen etc.). Ein solcher Skalenwert hat mehr statistisches „Gewicht“ als ein einzelnes Item.[5]

Die einzelnen Faktoren, die bereits bei der Auswertung der ersten Datenerhebung ermittelt wurden, sollen an dieser Stelle kurz vorgestellt werden.[6] Nicht alle bei t_1 gefundenen Skalen konnten aufgrund der Reliabilitätswerte in den Daten von t_2 und t_3 plausibel wiedergefunden werden. Bei den Skalen gibt es in Bezug auf die Anzahl der Items leichte Variationen zwischen den Befragungszeitpunkten. Dies ist ausführlicher in der Darstellung im Anhang (S. 310) nachzuvollziehen. Im Folgenden werden nur die Skalen vorgestellt, die auch für die Auswertung der t_3-Befunde in diesem Kapitel in Frage kommen.

Kurzbeschreibung der einzelnen Faktoren:

Gottesglaube:

Bei dem Faktor „Gottesglaube“ ist inhaltlich der Beziehungsaspekt im Glauben an einen zugewandten und liebenden Gott auffallend (etwa: Vertrauen zu Gott, Hilfe in schwierigen Situationen, Gebet). Die Reliabilitätsanalyse ergibt für diese Skala bei t_1 und bei t_3 einen sehr guten Wert (t_1: $\alpha = .949$, t_3: $\alpha = .951$).

Kirchenbindung:

Der Faktor „Kirchenbindung“, beschreibt eine positive Einstellung zur Institution Kirche mit persönlichem Bezug (Beispielitems: *„Es ist für mich wichtig, zur Kirche zu gehören“, „Ich finde es gut, dass es die Kirche gibt“*). Die Reliabilität ist bei t_1 und t_3 sehr gut (t_1: $\alpha = .885$, t_3: $\alpha = .868$).

Jenseitsglaube:

Der Faktor „Jenseitsglaube“ beschreibt verschiedene Jenseitsvorstellungen, wobei insgesamt der Glaube an ein Leben nach dem Tod bejaht wird. Bemerkenswert ist, dass die beiden darin enthaltenen Items *„Es gibt ein Leben nach dem Tod“* und *„Meine Seele lebt weiter“* ebenfalls relativ eng mit dem Faktor „Gottesglauben“ in Beziehung stehen. Dies zeigt die Verbundenheit bestimmter Jenseitsvorstellungen mit dem Glauben an einen persönlich zugewandten Gott. Die Reliabilität liegt bei t_1 bei einem guten Wert von $\alpha = .769$. Bei t_3 ist die Reliabilität sogar noch etwas höher ($\alpha = .811$).

Unterrichtsinteresse:

Der Faktor „Unterrichtsinteresse“ verweist auf eine positive Einstellung zum Religions- bzw. Ethikunterricht. Beispielhafte Items: *„Der Religions-/Ethikunterricht hilft mir bei schwierigen Lebensfragen“, „Der Religions-/Ethikunterricht gibt mir*

---

5 Trotzdem werden in diesem Kapitel neben den Skalenwerten auch etliche Entwicklungen auf Itemebene untersucht, die bei einer reinen Skalenanalyse übersehen werden würden.

6 Eine ausführliche Darstellung der Faktorenanalysen der Daten aller drei Messzeitpunkte, der Faktoren mit den zugehörigen Items und Kennwerten findet sich im Anhang (S. 309–316).

Denkanstöße", „Es ist wichtig, dass die Lehrkraft in Religion/Ethik weiß, was uns beschäftigt". Die Reliabilität für diese Skala liegt jeweils bei einem guten Wert (t_1: $\alpha=.804$, t_3: $\alpha=.823$).

Religionspluralität:

Der Faktor „Religionspluralität" drückt eine offene, interessierte Haltung gegenüber verschiedenen Religionen aus. Gleichzeitig beschreibt er ein „Sich-nicht-festlegen-Wollen" bzw. eine Abwehr gegen ein „Festgelegt-Werden" von außen hinsichtlich einer religiösen Position. Die Reliabilität ist mit $\alpha=.645$ bei t_1 und $\alpha=.688$ bei t_3 jeweils akzeptabel.

Xenophobie:

Der Faktor „Xenophobie" fasst im Gegensatz zur „Religionspluralität" eine kritische Haltung gegenüber (fremden) Religionen und Kulturen zusammen. Zudem spielt die Vorstellung, dass Religion mit Gewalt zusammenhängt, eine Rolle. Die Reliabilität ist mit $\alpha=.693$ bei t_1 und $\alpha=.662$ bei t_3 noch akzeptabel.

Zusammenhänge zwischen den Skalen:

Da anzunehmen war, dass die durch den Fragebogen identifizierbaren Faktoren nicht unabhängig voneinander sind, sondern mehr oder weniger miteinander zusammenhängen, wurde bei der Berechnung der Faktorenanalyse eine schiefwinklige Rotation gewählt (Promax). In Tabelle 1 sind die Korrelationen zwischen den Faktoren für die t_1-Daten und für die t_3-Daten angegeben. Die Werte unterscheiden sich zwischen den Erhebungszeitpunkten erwartungsgemäß nicht auffallend. Dennoch sind Tendenzen der Entwicklung (höhere oder niedrigere Korrelation von t_1 zu t_3) ablesbar. An dieser Stelle soll primär ausgeführt werden, was die Korrelationen zur Beschreibung der beiden zentralen Skalen „Gottesglaube" und „Kirchenbindung" beitragen können.

Für die Skala „Gottesglaube" zeigt sich ein hoher Zusammenhang mit der Skala „Kirchenbindung" ($r(t_1)=.730$, $r(t_3)=.665$) und der Skala „Jenseitsglaube" ($r(t_1)=.651$, $r(t_3)=.585$). Dies lässt sich so deuten, dass einige Personen, die hohe Werte auf der Skala „Gottesglaube" haben, auch auf den anderen beiden Skalen eher höhere Zustimmungswerte erzielen. Gottesglaube und Kirchenbindung können also durchaus bei den Befragten miteinander einhergehen (sie tun es allerdings nicht bei allen Befragten, wie im Folgenden deutlich werden wird). Die negative Korrelation mit der Skala „Religionspluralität" lässt sich damit erklären, dass zu dieser Skala gehörende Items wie *„in jeder Religion liegt Wahrheit"* von Personen mit ausgeprägterem Glauben abgelehnt werden. Mit der Skala „Xenophobie" gibt es ebenfalls einen negativen Zusammenhang. Personen mit höheren Werten auf der Skala „Gottesglaube" erreichen niedrigere Werte auf der Skala „Xenophobie", die Vorbehalte gegenüber anderen Religionen und Religion insgesamt ausdrückt. Die Skala „Gottesglaube" und die Skala „Kirchenbindung" korrelieren positiv mit dem „Unterrichtsinteresse": Personen, die an Gott glauben bzw. kirchlich verbunden sind, interessieren sich mehr für den Religionsunterricht.[7] Insgesamt verhalten sich die Skalen „Kirchenbindung“ und „Gottesglaube“ im Vergleich zu den weiteren Skalen ähnlich: Auch beim Faktor „Kirchenbindung“ gibt es negative Zusammenhänge mit „Religionspluralität“ und „Xenophobie“ und einen positiven Zusammenhang mit dem „Jenseitsglauben“. Insgesamt sind diese Korrelationen jedoch eher etwas niedriger als bei der Skala „Gottesglaube“. So liegt bei t_3 die Korrelation des Faktors „Gottesglaube“ mit dem Faktor „Jenseitsglaube“ bei $r=.585$ und des Faktors „Kirchenbindung“ mit dem Faktor „Jenseitsglaube“ bei $r=.399$. Der Jenseitsglaube hängt also etwas stärker mit dem Gottesglauben als mit der kirchlichen Bindung zusammen.

Tabelle 1: Korrelationen zwischen den Faktoren (t_1- und t_3- Daten)

	Gottesglaube	**Kirchenbindung**	**Unterrichts-Interesse**	**Religionspluralität**	**Xenophobie**	**Jenseitsglaube**
Gottesglaube	$r(t1)=1$ $r(t3)=1$					
Kirchenbindung	$r(t1)=.730$ $r(t3)=.665$	$r(t1)=1$ $r(t3)=1$				
Unterrichtsinteresse	$r(t1)=.315$ $r(t3)=.264$	$r(t1)=.281$ $r(t3)=.327$	$r(t1)=1$ $r(t3)=1$			
Religionspluralität	$r(t1)=-.434$ $r(t3)=-.405$	$r(t1)=-.290$ $r(t3)=-.243$	$r(t1)=.044$ $r(t3)=.066$	$r(t1)=1$ $r(t3)=1$		
Xenophobie	$r(t1)=-.260$ $r(t3)=-.254$	$r(t1)=-.228$ $r(t3)=-.367$	$r(t1)=-.276$ $r(t3)=-.221$	$r(t1)=.075$ $r(t3)=-.009$	$r(t1)=1$ $r(t3)=1$	
Jenseitsglaube	$r(t1)=.651$ $r(t3)=.585$	$r(t1)=.410$ $r(t3)=.399$	$r(t1)=.221$ $r(t3)=.129$	$r(t1)=-.264$ $r(t3)=-.070$	$r(t1)=-.166$ $r(t3)=-.134$	$r(t1)=1$ $r(t3)=1$

N = 395–559

Gruppenvergleiche

Im Rahmen der ersten Auswertungen wurden mit dem repräsentativen t_1-Sample systematisch umfangreiche Gruppenvergleiche auf Skalen- und Itemebene berechnet. Durch die Größe des Gesamtsamples war es möglich, im Blick auf zentrale Themen ganz unterschiedliche Gruppen zu untersuchen und zu vergleichen: In verschiedenen Analysen spielten beispielsweise Geschlecht, Alter, Migrationshintergrund, Schulart, Religionszugehörigkeit, religiöse Sozialisation und Unterrichtsfach eine Rolle (Schweitzer et al., 2018, insb. S. 70–145). Das t_3-Sample ist für solche Gruppenvergleiche in den meisten Fällen zu klein. Aber die Gruppen der männlichen und weiblichen Befragten, ebenso wie die Personen mit höherer und niedrigerer religiöser Sozialisierung, eignen sich in diesem Sample für Gruppen-

7 Es muss davon ausgegangen werden, dass die Ethikschülerinnen und -schüler in diesen Berechnungen nicht ins Gewicht fallen, da ihre Gruppe im t_3-Sample vergleichsweise klein war.

vergleiche, so dass Signifikanztests der Mittelwertunterschiede zwischen diesen Gruppen systematisch berechnet werden können. Es wird außerdem auf die Unterschiede zwischen den Schularten eingegangen, wo es bereits in früheren Analysen Auffälligkeiten gab. Die Unterschiede zwischen Ethik- und Religionsschülerinnen und -schülern werden in einem gesonderten Abschnitt am Ende des Kapitels dargestellt. Auch wenn die Gruppenvergleiche mit dem kleineren t_3-Sample keine repräsentative Aussagekraft haben, lassen sich doch bedeutsame Tendenzen in der Entwicklung und im Vergleich ablesen.

Religiöse Typen

Auf profilierte Typenbildungen im Blick auf die Religiosität Jugendlicher wurde im Forschungsprojekt verzichtet. Die Gründe für diesen Verzicht waren vor allem methodischer Natur: Eine explorative Clusteranalyse mit dem repräsentativen t_1-Sample ergab, dass höchstens drei inhaltlich nachvollziehbare Cluster zu bilden waren, die letztlich jedoch wenig Aussagekraft gehabt hätten. Zudem wäre es den über 7000 Befragten in ihrer Vielstimmigkeit nicht gerecht geworden, wenn sich die Auswertung darauf konzentriert hätte, sie in wenige Typen zu stecken, aus denen allzu leicht Schubladen werden. Im Vergleich dazu war es sinnvoller, gezielt nach bestimmten Merkmalen wie religiöse Sozialisation, Religionszugehörigkeit, Geschlecht etc. auszuwerten (s. o.).

Die Theorien und Forschungen zu religiösen Typen sind in den letzten Jahrzehnten sehr beliebt geworden (zum Beispiel angeregt durch die SINUS-Studien: Calmbach, 2016) und erscheinen in ihrer praktischen Anwendbarkeit attraktiv. Allerdings gibt es bislang weder in der Jugendforschung noch in der religionspädagogischen Forschungslandschaft einen Konsens zu einer einheitlichen Typenbildung. Im Gegenteil tauchen immer wieder neue Vorschläge und Ansätze auf, worin eine grundlegende Anfrage an bislang verfügbare Typologien in diesem Bereich gesehen werden kann. Diese Unklarheit bewog das Forschungsteam, zusätzlich von einer Typenbildung abzusehen.

Veränderungsmessungen und Individualverschiebungen

Veränderungen in der Religiosität Jugendlicher auf verschiedenen Ebenen festzustellen ist ein zentrales Ziel des Forschungsprojektes und ist auch insgesamt in der Religionspädagogik zunehmend von Interesse (Höger, 2016; Schweitzer et al., 2018). Schließlich ist es möglich, anders als bei den weithin üblichen Querschnittsuntersuchungen, mit verschiedenen Stichproben tatsächliche Entwicklungen festzuhalten. Zum Longitudinal-Design zu Religion im Jugendalter gibt es im deutschsprachigen Bereich bislang kaum Vorbilder. Eine Ausnahme bildet eine bundesweite Studie zur Konfirmation (Ilg et al., 2018). Im US-amerikanischen Bereich hat die Forschung um Christian Smith bereits vor 10 Jahren Pionierarbeit geleistet (Pearce et al., 2011) und war mit Anregung und Vorbild für die vorliegende Untersuchung.

Wenn auf der deskriptiven Ebene nur das Gesamtergebnis der jeweiligen Befunde des t_1-Samples mit dem Gesamtergebnis der Befunde der t_3-Stichprobe verglichen werden würde, würden individuelle Entwicklungen nicht differenziert sichtbar werden. Wie viele Personen sich in Bezug auf eine bestimmte Einstellung nicht über die Zeit verändern oder sich von einer ablehnenden zu einer zustimmenden Haltung bewegen (und umgekehrt), bleibt dabei beispielsweise unerkannt. Um diese Bewegungen im zeitlichen Verlauf zu veranschaulichen, wurde eine besondere Form der Abbildung entworfen. Diese Abbildungen wurden entsprechend der Items ausgewählt, die besonders auffällige Individualverschiebungen zeigen und somit die Darstellung der Befunde ergänzen.

Da bereits kleine Mittelwertunterschiede signifikant werden können, gilt in der Einschätzung der Unterschiede (t_1 bis t_3) und der Darstellung der Befunde nicht nur die Signifikanz als Richtwert, sondern zusätzlich auch die „Faustregel", dass ein Unterschied ab drei Prozentpunkten bei den Zustimmungswerten (z. B. t_1: 40 %, t_3: 43 %) als bedeutsam erachtet wird.

Darstellung der Veränderung in den Zustimmungswerten

Um darstellen zu können, bei welchen Items es die größten Veränderungen in der Zustimmung von t_1 bis t_3 gibt, wurde jeweils für jedes Item der prozentuale Anteil der befragten Personen ermittelt, der eine Zustimmungszunahme über die Zeit oder eine Zustimmungsabnahme über die Zeit darstellt. Ebenso wurde der Anteil von Personen zu jedem Item ermittelt, der über die Zeit eine gleichbleibende Zustimmung anzeigt. Beispielsweise gibt es bei der Aussage *„Gott liebt jeden Menschen und kümmert sich um uns"* einen Rückgang in der Zustimmung bei 21 % der Befragten, eine Zunahme in der Zustimmung bei 13 %, und 66 % bleiben bei ihren Zustimmungswerten über den Befragungszeitraum. Im Vergleich zu den oben erläuterten Individualverschiebungen ist dabei nicht ersichtlich, ob die 13 % der Befragten, die der Aussage bei t_3 mehr zustimmen als bei t_1, von einer ablehnenden oder unentschiedenen Haltung bei t_1 zu einer zustimmenderen Haltung wechseln. Es geht in dieser Darstellung darum, zu zeigen, bei welchen Aussagen viel oder wenig Bewegung in Bezug auf die Zustimmungswerte ist. In den folgenden drei Abbildungen 2–4 werden jeweils vier Items dargestellt. Dabei wurden solche Aussagen ausgewählt, bei denen eine besondere Zustimmungszunahme (Abbildung 3) bzw. eine besondere Zustimmungsabnahme (Abbildung 2) zu verzeichnen ist, sowie solche Items, die auffällig gleichbleibende Zustimmungswerte (Abbildung 4) über die Zeit aufweisen.

Die dargestellten Items in den Abbildungen sind inhaltlich „bunt gemischt", da es in dieser Form der Veranschaulichung vorranging um die Stärke und Richtung der Veränderungen von t_1 bis t_3 in den Zustimmungswerten geht. Dies macht eine inhaltliche Interpretation der Darstellungen (Abbildungen 2 bis 4) an dieser Stelle schwierig, wenn auch bei der genaueren Betrachtung schon interessante Ergebnisse angedeutet werden, die im weiteren Verlauf der Darstellung der Befunde des t_1–t_3 Vergleichs an geeigneter Stelle im Detail erläutert werden – beispielsweise,

Abbildung 2: Items mit großer Zustimmungsabnahme (t_1–t_3)

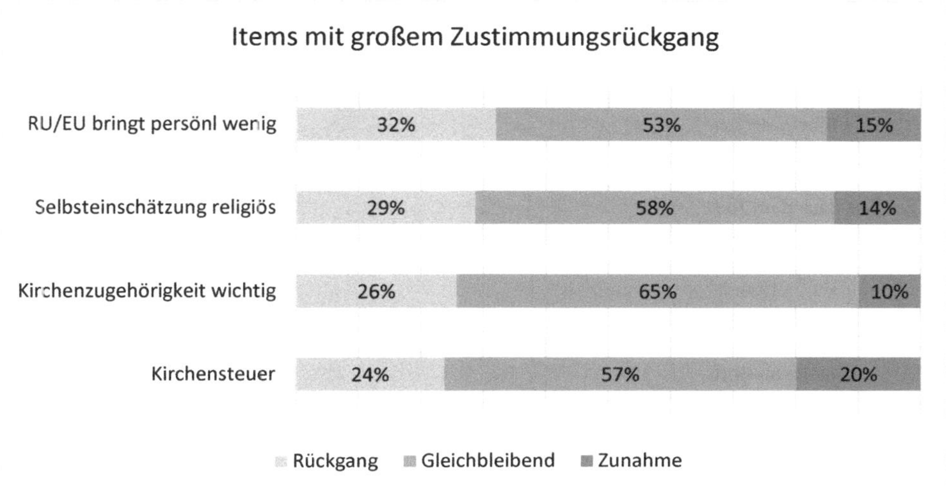

Abbildung 3: Items mit großer Zustimmungszunahme (t_1–t_3)

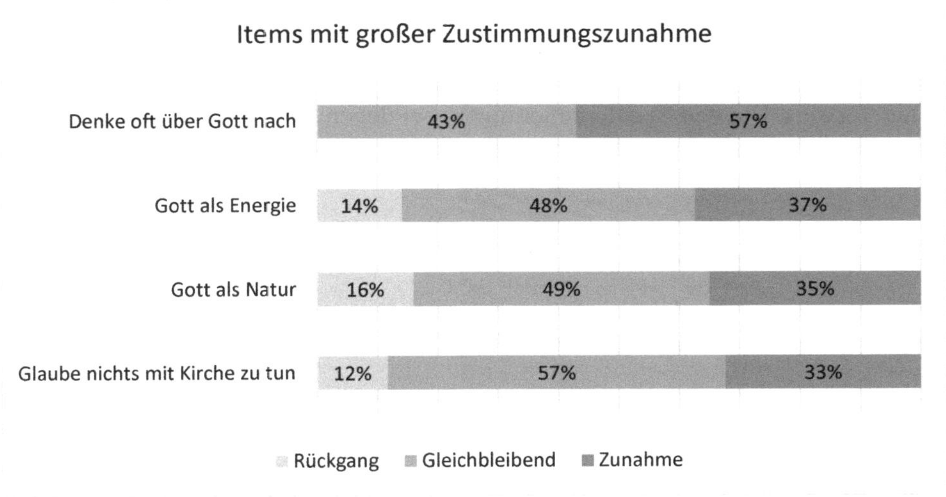

dass der Glaube an Gott relativ konstant bleibt oder dass die Zustimmung dazu, religiös zu sein, abnimmt oder auch dass die Zustimmung zu „unpersönlichen" Gottesvorstellungen zunimmt.

Hinweis zu den Schüleräußerungen:

Die zitierten Schüleräußerungen stammen vornehmlich aus der ersten Fragebogenerhebung und sind Antworten auf die offene Frage *„Wie und warum hat sich Ihr*

Abbildung 4: Items mit wenig Zustimmungszunahme oder -rückgang

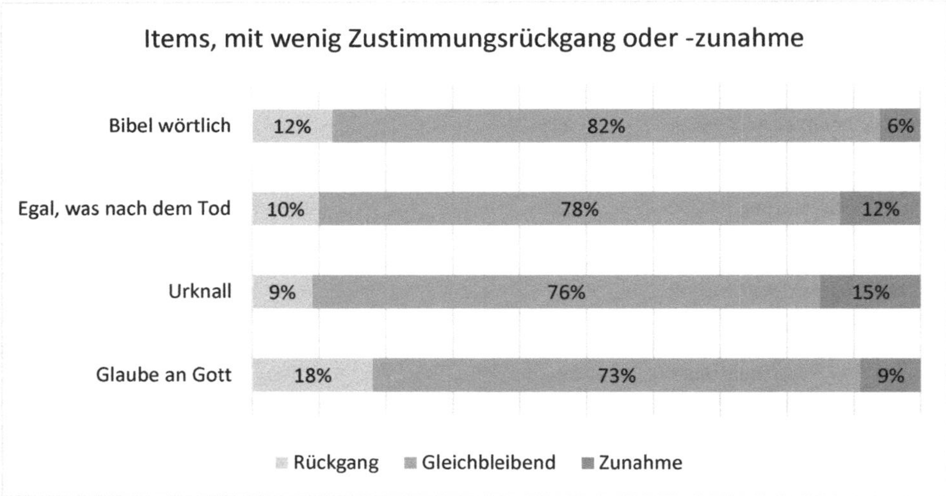

Glaube verändert?". Teilweise kamen diese Äußerungen bereits in Band I der Studie „Jugend – Glaube – Religion" vor – dann wird jeweils darauf verwiesen. Andere Zitate sind in einer Broschüre enthalten, die thematisch verschiedene Schüleräußerungen zusammenfasst (Bohner et al., 2019) – auch hierzu gibt es jeweils einen Verweis. Bei den Schüleräußerungen, bei denen keine solche Quellenangabe steht, handelt es sich um bisher unveröffentlichte Zitate aus der ersten Befragung.

5.4 Hinweise zur Lektüre

Zum besseren Verständnis werden an dieser Stelle zentrale Abkürzungen und Erklärungen zur Darstellung der Befunde gegeben.

- *t_1, t_2, t_3:* Die Abkürzung t steht für den Befragungszeitpunkt, die dahinter stehende Zahl gibt an, welche Befragung gemeint ist (t_1 = erste Befragung, t_2 = zweite Befragung, t_3 = dritte Befragung).
- *Item:* Bezeichnung der einzelnen Fragen/Aussagen im Fragebogen.
- *Antwortskala:* Die Befragten gaben im Fragebogen den Grad ihrer Zustimmung zu verschiedenen Items in der Regel auf einer siebenstufigen Skala an. Sie wurden dabei folgendermaßen instruiert: *„Inwieweit treffen Ihrer Meinung nach folgende Aussagen zu? (1 = trifft gar nicht zu, 7 = trifft voll zu)"*. Ergebnisse, die nicht auf dieser Skala beruhen, werden gesondert berichtet.
- *Tendenzielle Zustimmung (TZ):* Der Übersichtlichkeit halber werden die Antwortstufen (Skalenwerte) 5, 6 und 7 als tendenzielle Zustimmung (TZ) zusammengefasst und um der Anschaulichkeit willen in Prozent berichtet. Wenn im

Text von „Zustimmung" die Rede ist, ist damit die tendenzielle Zustimmung gemeint.

- *Stichprobenumfang (N):* Bezeichnet die Anzahl der gültigen Daten der Befragten bzw. Untersuchungseinheiten (Fälle). Je nach Frage kann N variieren, abhängig von der Anzahl der Personen, die diese Frage beantwortet haben.
- *„Gematchte" Stichprobe:* Bezeichnet die Anzahl der gültigen Daten der Befragten, von denen zu allen drei Befragungszeitpunkten Daten vorliegen und mit Hilfe eines persönlichen Codes zugeordnet werden konnten.
- *Arithmetisches Mittel (M):* Das arithmetische Mittel bzw. Mittelwert wird als Durchschnittswert aller Antworten berechnet. Dabei werden alle Skalenwerte addiert und durch die Gesamtzahl der Fälle (befragte Personen) geteilt.
- *Standardabweichung (SD):* ein Maß für die Streuung der einzelnen Antworten in der Stichprobe. Je größer die Standardabweichung ist, desto unterschiedlicher sind die Antworten, die auf eine Frage gegeben wurden.
- *Prozentangaben (%):* beziehen sich stets auf die Zahl gültiger Antworten und werden in der Regel auf ganze Zahlen gerundet angegeben. Rundungsdifferenzen sind der Grund, warum die Summe der Prozentwerte von 100% abweichen kann.
- *Signifikanz:* Ein statistisches Ergebnis wird als signifikant bezeichnet, wenn die Wahrscheinlichkeit für dessen zufälliges Zustandekommen unter einer definierten Grenze (i. d. R. $p < 0.05$) liegt. Hier werden auf die Ergebnisse sogenannter t-tests verwiesen, die Mittelwertunterschiede (t_1 vs. t_3) auf Signifikanz untersuchen.
- *Korrelation (r):* zeigt die Stärke des Zusammenhangs zwischen zwei Items. Der Korrelationskoeffizient *r* kann einen Wert zwischen -1 und +1 annehmen. Bei einem Wert zwischen -0.1 und +0.1 liegt kein Zusammenhang vor. Liegt der Wert zwischen -0.1 und -0.3 bzw. +0.1 und +0.3, weist er auf einen schwachen Zusammenhang hin. Ab einem Wert von -0.3 bzw. 0.3 liegt ein bedeutsamer Zusammenhang vor.
- *Faktor:* Ergebnis einer Faktorenanalyse. Dabei werden Items, die untereinander stark korrelieren, zu einem Konstrukt (Faktor) zusammengefasst, das durch die inhaltliche Interpretation der zugehörigen Items eine Bezeichnung bekommt.
- *Reliabilität (α):* Mithilfe von Cronbachs Alpha (α) wird die interne Konsistenz einer Skala gemessen. Ein Wert von mindestens $\alpha = 0.7$ weist auf eine gute interne Konsistenz hin.

Teil 2
Neue Befunde

Über die Schulzeit hinaus: Entwicklung und Konstanz religiöser Haltungen

Golde Wissner

1. Das Sample bei der dritten Befragung

Im Vergleich zu der ersten Befragung, bei der ein für Baden-Württemberg repräsentatives Sample von 7246 Schülerinnen und Schülern befragt werden konnte, ist die Stichprobe bei t_3 aus verschiedenen Gründen deutlich kleiner.[1] Wenn es mithilfe des Codes einer Person möglich ist, Fragebögen aller drei Erhebungszeitpunkte zuzuordnen, wird von einem sogenannten „Match" gesprochen. Zu betonen ist, dass im Bereich der Forschung zu Jugend und Religion noch kaum longitudinale Daten für die Entwicklung jugendlicher Religiosität im deutschsprachigen Bereich vorliegen und die Befunde somit ein wichtiger Meilenstein für weitere Forschungen sind. In diesem Kapitel liegt der Fokus auf der Darstellung solcher Entwicklungslinien in Bezug auf die religiösen Haltungen und Einstellungen auf Gruppenebene sowie auf individueller Ebene.

In Abbildung 5 ist die Größe der einzelnen Samples mit dem jeweiligen Befragungszeitpunkt dargestellt, wobei für die zweite und dritte Befragung nur die Matches, d. h. die Daten der Personen berücksichtigt sind, die jeweils mithilfe des Codes zuzuordnen waren.

Nicht nur die Größe der Stichprobe hat sich über die Zeit verändert, sondern auch die Zusammensetzung des Samples im Blick auf bestimmte Merkmale, wie in Abbildung 6 veranschaulicht wird. Am deutlichsten ist die Verschiebung hinsichtlich des Geschlechts und der Schulartzugehörigkeit: Das Sample war bei t_1 zu 55 % und bei t_3 zu 66 % weiblich, bei t_1 besuchten 43 % das allgemeinbildende Gymnasium und bei t_3 geben 63 % an, dass sie auf dem allgemeinbildenden Gymnasium waren. Auffällig ist auch, dass die Zustimmung zum Gottes- und Jenseitsglauben bei t_3 höher ist. Die Stichprobe ist demnach bei t_3 nicht nur kleiner, sondern auch

1 Der Rückgang in der Stichprobengröße ist bei Langzeitstudien normal und wurde im Projekt einkalkuliert: Schon bei t_2 konnten wesentlich weniger Daten als bei t_1 ausgewertet werden, nämlich die Befunde von 3001 Jugendlichen. Bei t_3 sind es 559 Befragte. Die Gründe für diese „Sample-Mortalität" über die Messzeitpunkte sind vielschichtig: Bspw. war die Motivation für die eigenständige Teilnahme bei der Onlinebefragung (t_3) vermutlich bei einigen der jungen Leute geringer als in der Unterrichtssituation (t_1 und t_2), in der das Setting für die Teilnahme vorgegeben war. Ein weiterer Grund, der das t_3-Sample kleiner ausfallen lässt, ist, dass das Zuordnen des persönlichen Codes in einigen Fällen nicht möglich war, da zu viele gleiche Codes existierten.

Abbildung 5: Befragungszeitraum und Samples t_1, t_2 und t_3 in der quantitativen Erhebung (Fragebogenstudie)

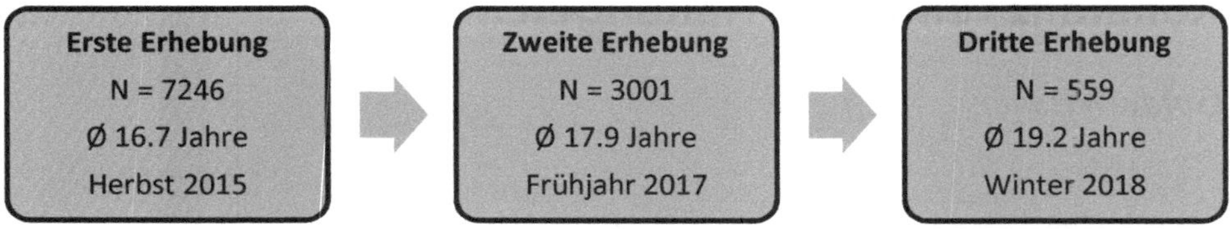

Für t_2 und t_3 ist der Stichprobenumfang nur für die Fälle angegeben, die jeweils mithilfe des Codes der vorherigen Befragung(en) zuzuordnen waren.

Abbildung 6: Das Sample t_1, t_2 und t_3 im Vergleich: Eigenschaften und Zustimmungswerte

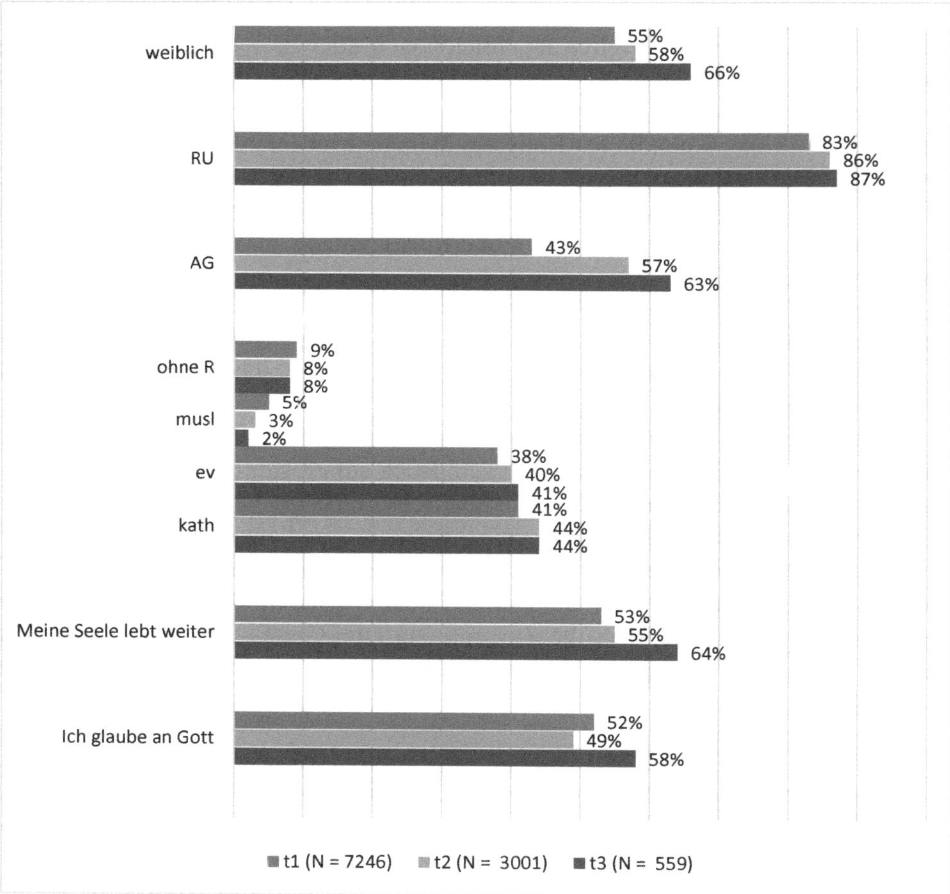

Die Angaben zu den Items *„Meine Seele lebt weiter"* und *„Ich glaube an Gott"* sind jeweils tendenzielle Zustimmungswerte, Skala: 1 = trifft gar nicht zu, 7 = trifft voll zu. TZ = tendenzielle Zustimmung (Stufen 5/6/7).

„weiblicher, gebildeter und wohl etwas religiöser". Dies gilt es bei der Interpretation der weiteren Ergebnisse zu berücksichtigen.

Die in diesem Kapitel dargestellten Befunde beziehen sich ausschließlich auf die 559 Personen, die zu allen drei Messzeitpunkten geantwortet haben.[2]

2. „Glaube" und „Religion"

Die Religiosität junger Menschen zu beschreiben und dabei auch Veränderungen über die Zeit zu erfassen, ist das zentrale Ziel der Untersuchung. Im Folgenden wird auf Befunde hinsichtlich der Entwicklung der Selbsteinschätzung als „religiös" und „gläubig" eingegangen. Bereits während der Auswertungen der ersten Interviewbefragung wurde deutlich, dass die jungen Menschen zwischen ihrem persönlichen Glauben und „der Religion" deutlich unterscheiden: Mit dem Begriff Religion bzw. mit der (Selbst-)Beschreibung als „religiös" können die Befragten offensichtlich weniger anfangen, wenn sie für sich das beschreiben, was gemeinhin in der Religionspädagogik unter Religiosität verstanden wird. Für ihren individuellen Gottesbezug verwendeten die Jugendlichen eher die Begriffe „Glaube" bzw. „gläubig". Aus diesem Grund wurde bei der Fragebogenkonstruktion darauf Wert gelegt, sowohl die Frage *„für wie ‚religiös' halten Sie sich?"* als auch *„für wie ‚gläubig' halten Sie sich?"* aufzunehmen. Zudem wird thematisiert, wie sich die Relevanz des Gottesglaubens, beispielsweise im Alltag und in schwierigen Situationen, über die Zeit verändert. Schließlich wird auf das Gebet eingegangen, das für die überwiegende Mehrheit der Befragten einen bleibend hohen Stellenwert hat und eine wichtige Ergänzung bietet, um die Bedeutung des Gottesglaubens für sie zu erfassen.

In Abbildung 7 ist dargestellt, wie sich die Zustimmung der Befragten zu einzelnen zentralen „Glaubensaussagen" über die Zeit verändert. Dabei werden einige der wichtigsten Ergebnisse der Längsschnittuntersuchung bereits angedeutet: Der Jenseitsglaube bzw. die Zustimmung zur Aussage *„es gibt ein Leben nach dem Tod"* bleibt relativ konstant (t_1: 61 %, t_3: 62 %), während die Zustimmung zu der Aussage *„die Welt ist von Gott erschaffen"* sinkt (t_1: 37 %, t_3: 34 %). Die Zustimmung zu der Aussage *„Gott ist eine höhere Macht"* steigt auffallend über die Zeit (t_1: 39 %, t_3: 68 %) – gleichzeitig gibt es auch einen Anstieg bei der Aussage *„Gott ist jemand, zu dem man sprechen kann"* (t_1: 56 %, t_3: 65 %). Auf diese Befunde wird im Folgenden an entsprechender Stelle noch detaillierter eingegangen.

2 Daher kann bspw. ein Zustimmungswert zu einem bestimmten Item von t_1 von der Angabe zu demselben Item bei der ersten Befragung in Band I abweichen, wo sich die Zustimmungswerte auf das gesamte Sample von über 7000 Schülerinnen und Schülern bezogen haben.

Abbildung 7: Zustimmung zu zentralen „Glaubens-Items“ im zeitlichen Verlauf

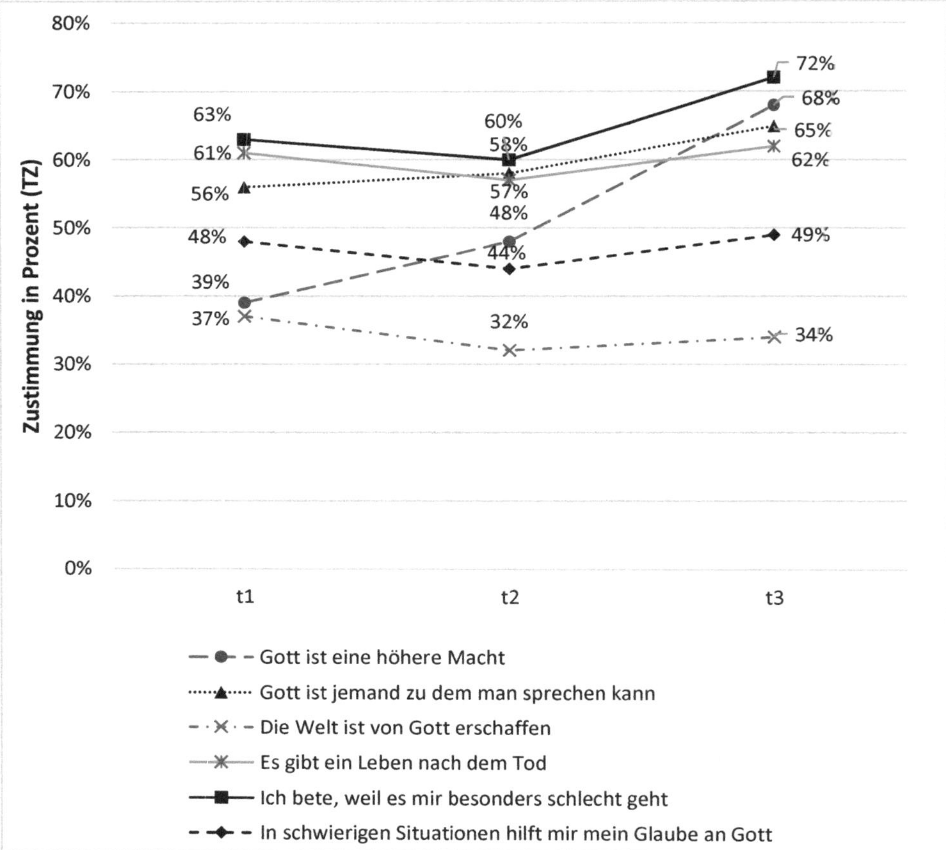

Zustimmung der gematchten Stichprobe (N = 446–555) zu zentralen Items im zeitlichen Verlauf. Skala: 1 = trifft gar nicht zu, 7 = trifft voll zu. TZ = tendenzielle Zustimmung (Stufen 5/6/7).

2.1 Bedeutung des Gottesglaubens

Die mittleren Faktorenwerte des Faktors „Gottesglaube“[3] steigen für die gesamte Stichprobe betrachtet über die Zeit geringfügig an: von $M(t_1) = 3.89$ auf $M(t_3) = 4.36$. Dieser Unterschied ist signifikant ($p < .001$). Nimmt man diese Skala als bedeutsamen Anhaltspunkt, ist also nicht von einem Rückgang des Glaubens bei den Befragten zu sprechen.

Männliche und weibliche Befragte unterscheiden sich bei der dritten Befragung in Bezug auf den Faktor „Gottesglaube“ nicht signifikant. Das heißt, es gibt über die Zeit eine Annäherung der Geschlechter in Bezug auf den Gottesglau-

3 Weitere Informationen zu diesem Faktor und zur Faktorenanalyse ab S. 309–316.

Abbildung 8: Faktor Gottesglaube (t_1 bis t_3) – Personen mit hoher und niedriger religiöser Sozialisation

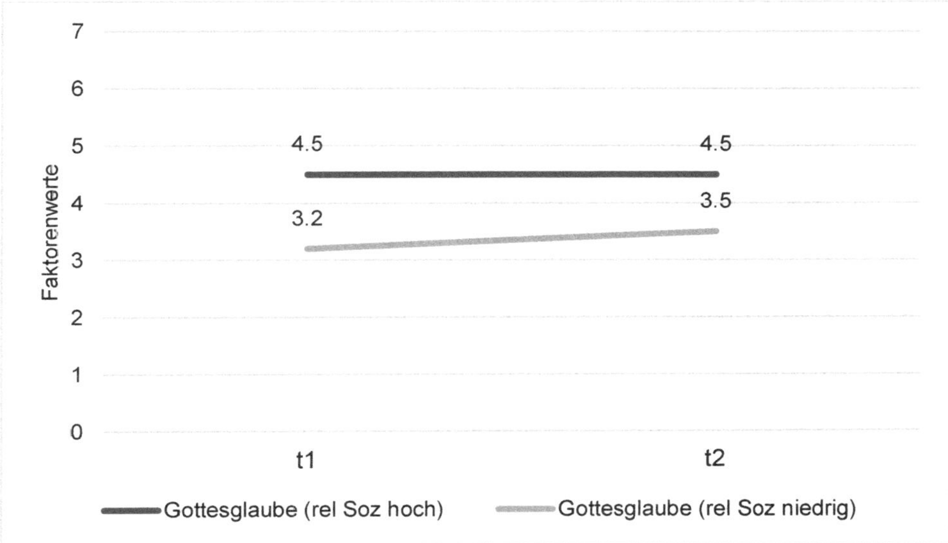

Abgebildet sind die Faktorenwerte des Faktors „Gottesglaube“ für die Personen mit höherer religiöser Sozialisation (N = 286) und die Personen mit niedrigerer religiöser Sozialisation (N = 267). Trennwert für die beiden Gruppen ist der Mittelwert (M = 4.1) des Faktors „familiäre religiöse Sozialisation“.

ben. Bei t_1 hatten die männlichen Befragten etwas niedrigere Werte erreicht (vgl. Schweitzer et al., 2018, S. 76).

Personen mit geringerer religiöser Sozialisation erreichen bei der dritten Befragung einen signifikant niedrigeren Faktorenwert bei dem Faktor „Gottesglaube“ als Personen mit höherer religiöser Sozialisation. Dennoch wird in Abbildung 8 ersichtlich, dass es eine leichte Annäherung zwischen den Gruppen in Bezug auf die Faktorenwerte bei der dritten Befragung zu geben scheint. Bei Personen mit hoher religiöser Sozialisation bleibt der Wert des Faktors „Gottesglaube“ über die Zeit gleich hoch ($M(t_1) = 4.5$, $M(t_2) = 4.5$), bei den Befragten mit niedriger religiöser Sozialisation gibt es unerwarteterweise einen leichten Anstieg ($M(t_1) = 3.2$, $M(t_3) = 3.5$).

Während der Faktorwert „Gottesglaube“ insgesamt leicht ansteigt und die Selbsteinschätzung „gläubig“ über den Befragungszeitraum relativ konstant bleibt (s. u.), ist die Zustimmung zu der Aussage *„ich glaube an Gott“* (t_1: 65 %, t_3: 58 %) und zu der Aussage *„die Beziehung zu Gott ist mir wichtig“* (t_1: 48 %, t_3: 44 %) über die Zeit rückläufig. Diese Diskrepanz in den Befunden lässt sich wohl im Blick auf den Faktor „Gottesglaube“ dadurch erklären, dass auch Items wie *„in schwierigen Situationen hilft mir mein Glaube“* und Aussagen zum Gebet zu diesem Faktor gehören, die auch bei der dritten Befragung deutliche Zustimmung fanden (s. u.).

Abbildung 9: Zustimmung zu der Aussage *„Ich glaube an Gott"* – Individualverschiebung t_1–t_3

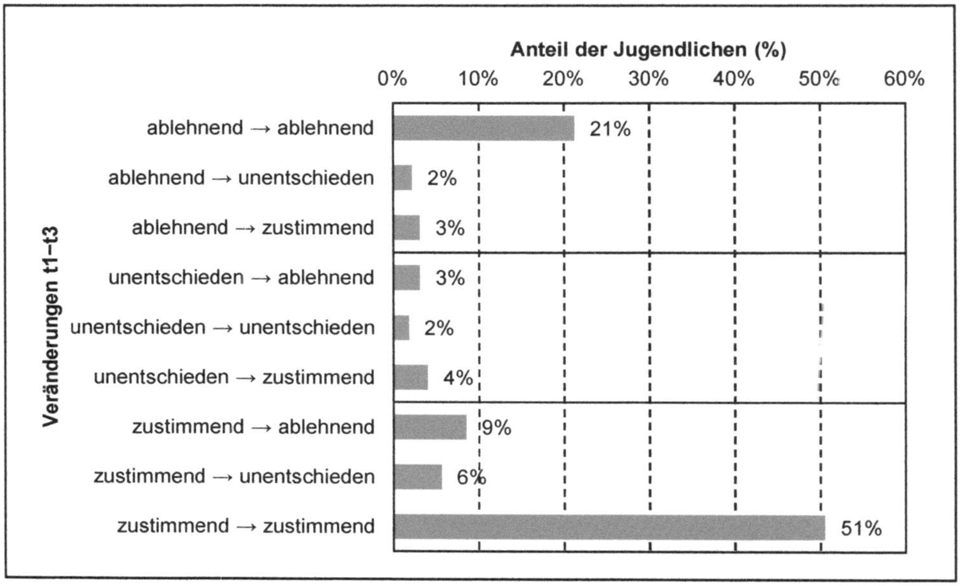

Abgebildet ist der prozentuale Anteil des Samples, der jeweils von einer ablehnenden, einer unentschiedenen oder einer zustimmenden Haltung bei t_1 zu einer ablehnenden, einer unentschiedenen oder einer zustimmenden Haltung bei t_3 gewechselt ist oder bei der Haltung von t_1 geblieben ist, N = 552.

Jedenfalls ist festzuhalten, dass nach wie vor über die Hälfte des t_3-Samples angibt, an Gott zu glauben. Die detailliertere Betrachtung der Individualverschiebungen über die Zeit zu der Aussage *„ich glaube an Gott"* (s. Abbildung 9) ergibt, dass 51 % der Befragten bei einer zustimmenden Haltung, 2 % bei einer unentschiedenen und 21 % bei einer ablehnenden Haltung bleiben. Die verbleibenden 26 % der Befragten verändern ihre Einstellung über die Zeit: Beispielsweise wechseln 9 % von einer zustimmenden zu einer ablehnenden Haltung.

In Tabelle 2 sind weitere Werte zu verschiedenen Aussagen, die den Gottesglauben betreffen, abgebildet. Auffallend ist, dass der größere Rückgang der Zustimmung zu diesen Items jeweils von t_1 zu t_2 zu beobachten ist, während von t_2 zu t_3 die Zustimmung eher konstant bleibt. Auch die Alltagsrelevanz des Glaubens nimmt ab. Mit dem Ergebnis der rückläufigen Zustimmung zu der Aussage *„ich glaube an Gott"* geht einher, dass die Zustimmung zu der Aussage *„Gott oder das Göttliche ist für mich persönlich nur von Menschen ausgedacht"* steigt: von 27 % Zustimmung bei t_1 auf 36 % Zustimmung bei t_3.

Im Gegensatz zu diesen rückläufigen Tendenzen bleibt die Zustimmung zu der Aussage *„in schwierigen Situationen hilft mir mein Glaube an Gott"* relativ konstant: Etwa die Hälfte der Befragten stimmt bei der ersten und bei der dritten Befragung zu.

Tabelle 2: Aussagen zum Gottesglauben (t_1 bis t_3)

Glaube für Sie persönlich. Inwieweit treffen folgende Aussagen zu?	**N t1**	**M t1**	**SD t1**	**TZ t1**	**N t2**	**M t2**	**SD t2**	**TZ t2**	**N t3**	**M t3**	**SD t3**	**TZ t3**
Ich kann mit dem Glauben an Gott nichts anfangen.	553	2.89	2.01	**23 %**	552	3.02	1.99	**24 %**	558	3.09	2.04	**28 %**
Ich glaube an Gott.	555	4.84	2.1	**65 %**	553	4.59	2.15	**58 %**	556	4.51	2.14	**58 %**
Die Beziehung zu Gott ist mir wichtig.	555	4.17	2.05	**48 %**	554	4	2.07	**45 %**	558	3.97	2.11	**44 %**
Über das, was ich glaube, entscheide ich selbst.	553	6.44	0.96	**95 %**	553	6.4	1	**95 %**	557	6.48	0.91	**95 %**
In meinem Alltag spielt Glaube keine Rolle.	554	3.76	2.08	**38 %**	554	3.85	2.03	**39 %**	558	3.91	2.05	**43 %**
Ich versuche, mich an die Regeln meiner Religionsgemeinschaft zu halten.	553	3.45	1.86	**33 %**	551	3.47	1.86	**29 %**	556	3.37	1.81	**30 %**
In schwierigen Situationen hilft mir mein Glaube an Gott.	552	4.09	2.18	**48 %**	554	3.96	2.15	**44 %**	557	4.08	2.24	**49 %**

Skala: 1 = trifft gar nicht zu, 7 = trifft voll zu. TZ = tendenzielle Zustimmung (Stufen 5/6/7).

Die Individualverschiebungen zu der Aussage *„Gott liebt jeden Menschen und kümmert sich um uns“* sind in Abbildung 10 dargestellt: 44 % der Befragten bleiben über die Zeit bei einer zustimmenden Haltung, und 19 % lehnen die Aussagen sowohl bei t_1 als auch bei t_3 ab, 4 % bleiben bei einer unentschiedenen Haltung.

2.2 Selbsteinschätzung als *„religiös“* und *„gläubig“*

Ein zentrales Ergebnis der t_1 Befragung war, dass die Schülerinnen und Schüler bei der Beschreibung ihrer Religiosität deutlich mehr mit der Selbstzuschreibung „gläubig“ anfangen konnten als mit der Bezeichnung „religiös“ (vgl. Schweitzer et al., 2018, S. 70–72). Dieser Befund wird durch die t_3 Daten unterstrichen und vertieft: Während die Selbstzuschreibung „gläubig“ über die Zeit bei einer konstanten Zustimmung von etwa 49 % bleibt, sinkt die Zustimmung zu der Selbstzuschreibung „religiös“ von 29 % bei t_1 auf 18 % bei t_3 (s. Abbildung 11). Der Effekt wird über die Zeit also noch verstärkt, was sich auch an der im Vergleich zu t_1 sinkenden Korrelation zwischen den beiden Selbstzuschreibungen ausdrückt: Bei t_1 lag die Korrelation zwischen den beiden Aussagen bei $r = .654$, bei t_3 liegt sie bei $r = .557$. Die Hälfte des t_3-Samples sieht sich als „gläubig“, aber deutlich weniger als ein Viertel als „religiös“.

Abbildung 10: Zustimmung zu der Aussage *„Gott liebt jeden Menschen und kümmert sich um uns"* Individualverschiebung t_1–t_3

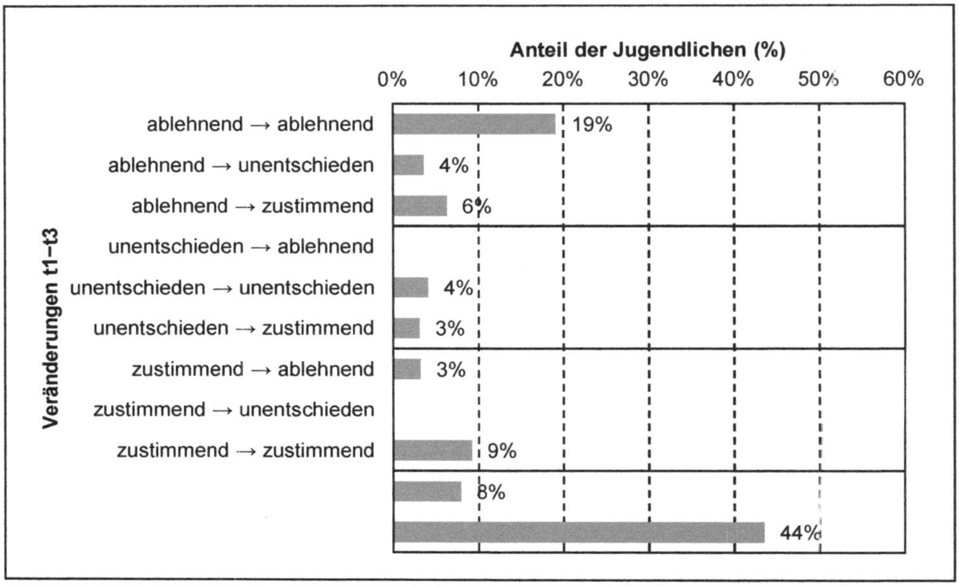

Abgebildet ist der prozentuale Anteil des Samples, der jeweils von einer ablehnenden, einer unentschiedenen oder einer zustimmenden Haltung bei t_1 zu einer ablehnenden, einer unentschiedenen oder einer zustimmenden Haltung bei t_3 gewechselt ist oder bei der Haltung von t_1 geblieben ist, N = 556.

Abbildung 11: „Gläubig" und „religiös" (t_1 bis t_3)

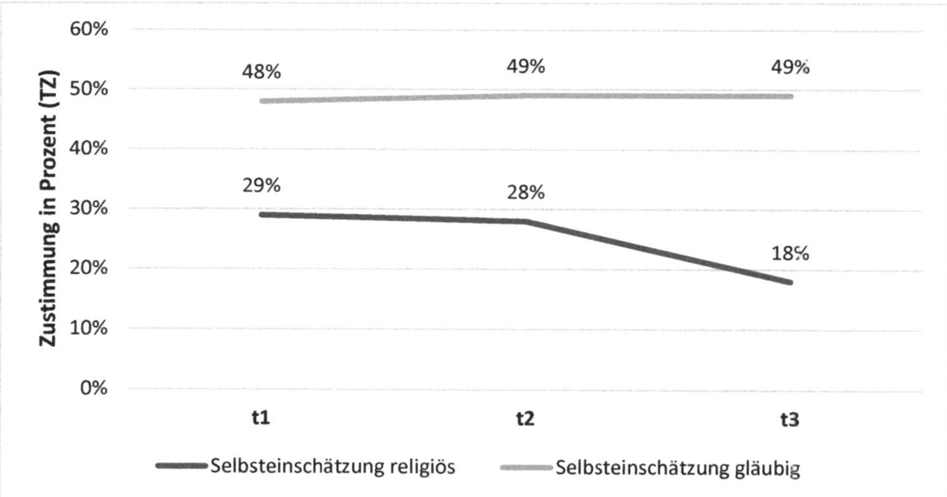

Abgebildet sind die tendenziellen Zustimmungswerte (TZ) in Prozent zu den Fragen *„Für wie „religiös"/„gläubig" halten Sie sich?"* (Stufen 5/6/7 der Skala: 1 = gar nicht; 7 = sehr). N = 552–557.

Abbildung 12: Zustimmung zu der Aussage *„Für wie „religiös“ halten Sie sich?“* – Individualverschiebung t_1–t_3

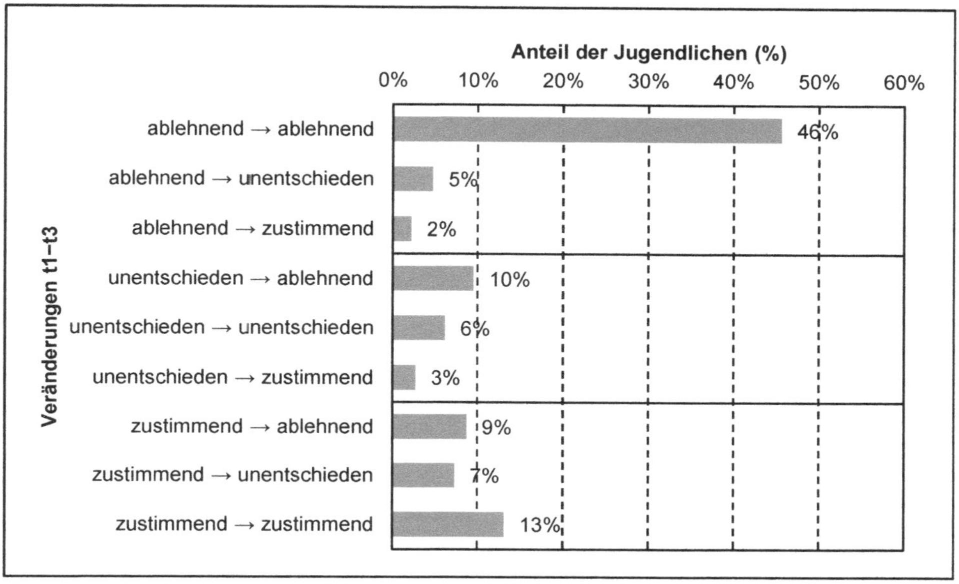

Abgebildet ist der prozentuale Anteil des Samples, der jeweils von einer ablehnenden, einer unentschiedenen oder einer zustimmenden Haltung bei t_1 zu einer ablehnenden, einer unentschiedenen oder einer zustimmenden Haltung bei t_3 gewechselt ist oder bei der Haltung von t_1 geblieben ist, N = 550.

Die Individualverschiebungen (s. Abbildung 12) zeigen, dass 10 % der Befragten, die bei t_1 noch unentschieden waren, und 9 %, die zugestimmt hatten, *„religiös“* zu sein, bei t_3 die Bezeichnung für sich nun ablehnen.

Männliche und weibliche Befragte unterscheiden sich nicht signifikant bei der Selbsteinschätzung „religiös“ oder „gläubig“.

Die Befragten mit niedrigerer familiärer religiöser Sozialisation stimmen sowohl bei der ersten als auch bei der dritten Befragung signifikant seltener zu, „religiös“ oder „gläubig“ zu sein, als die Befragten mit höherer religiöser Sozialisation[4]. Auffallend ist, dass die Jugendlichen mit niedriger religiöser Sozialisation einen Anstieg bei der Selbstzuschreibung „gläubig“ aufweisen (von 31 % auf 34 %), während die Jugendlichen mit höherer religiöser Sozialisation bei diesem Item eher konstant auf einem höheren Level bleiben (64 % bzw. 62 % Zustimmung, vgl. Abbildung 13). Bei der Gruppe der Befragten mit höherer religiöser Sozialisation ist dafür die Abnahme bei der Aussage „religiös“ umso deutlicher: Die Zustimmung sinkt von 45 % bei der ersten Befragung auf 27 % bei der dritten Befragung.

---

4 Trennwert für die beiden Gruppen ist der Mittelwert ($M(t_1) = 4.1$) des Faktors „familiäre religiöse Sozialisation“. Nähere Informationen zu diesem Faktor und der Faktorenanalyse ab S. 309–316.

Abbildung 13: „Religiös" und „gläubig" – Vergleich der Befragten mit hoher und niedriger religiöser Sozialisation (t_1 bis t_3)

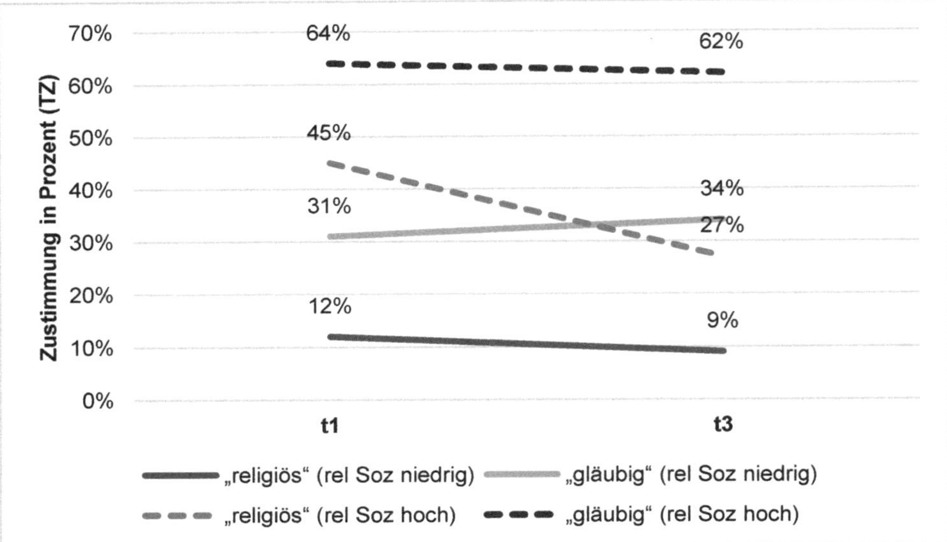

Abgebildet sind die tendenziellen Zustimmungswerte (TZ) in Prozent zu den *Fragen „Für wie ‚religiös'/‚gläubig' halten Sie sich?"* (Stufen 5/6/7 der Skala: 1 = gar nicht; 7 = sehr) für t_1 und t_3 für die Personen mit höherer religiöser Sozialisation (N = 286) und die Personen mit niedrigerer religiöser Sozialisation (N = 267). Trennwert für die beiden Gruppen ist der Mittelwert (M = 4.1) des Faktors „familiäre religiöse Sozialisation".

2.3 Gebet – Häufigkeit und Situationen, in denen gebetet wird

Die Häufigkeit des Betens nimmt über die Zeit leicht ab (s. Abbildung 14). Bei t_1 gaben 16 % der Befragten an „nie" zu beten, bei t_3 sind es 23 % derselben Stichprobe. Im Umkehrschluss bedeutet dies, dass 77 % der Befragten in der t_3-Stichprobe gelegentlich oder häufig beten. Oft sind es schwierige Situationen, in denen gebetet wird. Dafür sprechen die hohen Zustimmungswerte bei den Gebetsanlässen *„wenn es mir schlecht geht"* und *„wenn ich Gott um etwas bitte"* (s. u.).

Weibliche Befragte beten auch bei der dritten Erhebung etwas häufiger als die männlichen Befragten: 21 % der weiblichen Befragten geben an, nie zu beten, während dem 27 % der männlichen Befragten zustimmen.

Von den Befragten mit niedrigerer religiöser Sozialisation geben bei der dritten Befragung 35 % an, nie zu beten.[5] Bei Personen mit höherer religiöser Sozialisation sind es deutlich weniger, die nie beten, nämlich 12 %. Im Umkehrschluss beten in dieser Gruppe 88 % gelegentlich oder häufig.

---

5 Trennwert für die beiden Gruppen ist der Mittelwert (M = 4.1) des Faktors „familiäre religiöse Sozialisation".

Abbildung 14: Häufigkeit Gebet (t_1 bis t_3)

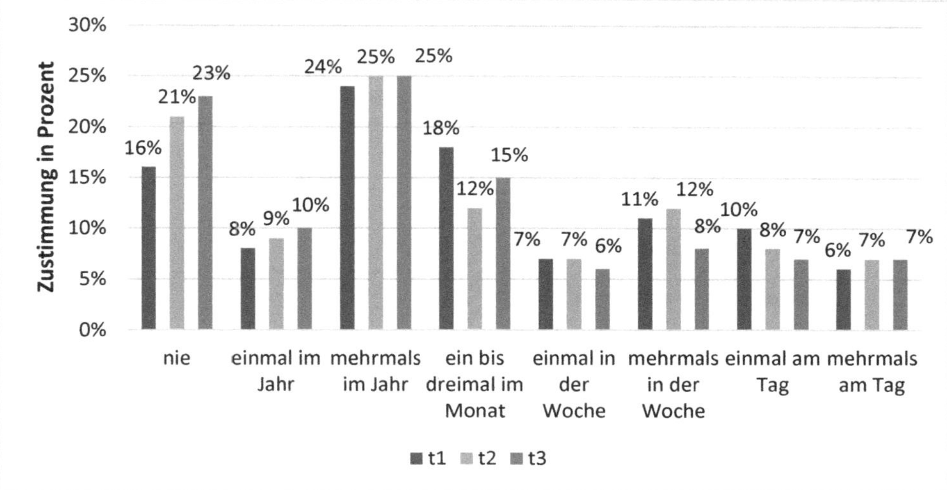

Abgebildet ist die absolute Antworthäufigkeit zu den Antwortmöglichkeiten zu der Frage *„Wie oft beten Sie?"* für die drei Erhebungszeitpunkte (t_1–t_3), N = 549–558.

Die Zustimmung zu den erfragten Gründen bzw. Anlässen für das Beten bleibt über die Zeit meist auf einem jeweils ähnlichen Niveau (s. Tabelle 3). Einen sichtlichen Anstieg gibt es bei der Zustimmung zu der Aussage *„weil es mir besonders schlecht geht"* (t_1: 63 %, t_3: 72 %). Eine vergleichsweise ebenfalls recht hohe Zustimmung bekommt die in t_3 neu aufgenommene Situation: *„weil ich Gott um etwas bitte"* mit 75 %.[6]

Die Individualverschiebungen zur Zustimmung *„Ich bete, weil es mir besonders schlecht geht"* (s. Abbildung 15) zeigen, dass 11 % der Befragten, die bei der ersten Befragung ablehnend waren, und 6 % derer, die unentschieden waren, bei der dritten Befragung zustimmen. Eventuell haben diese jungen Erwachsenen in der Zwischenzeit die Erfahrung gemacht, dass das Gebet in einer schwierigen Situation hilfreich war.

6 Dieses Item wurde auf Anregungen der Befragten selbst als auch von Lehrerseite aufgenommen.

Abbildung 15: Zustimmung zu der Aussage „*Ich bete, weil es mir besonders schlecht geht.*“ – Individualverschiebung t_1–t_3

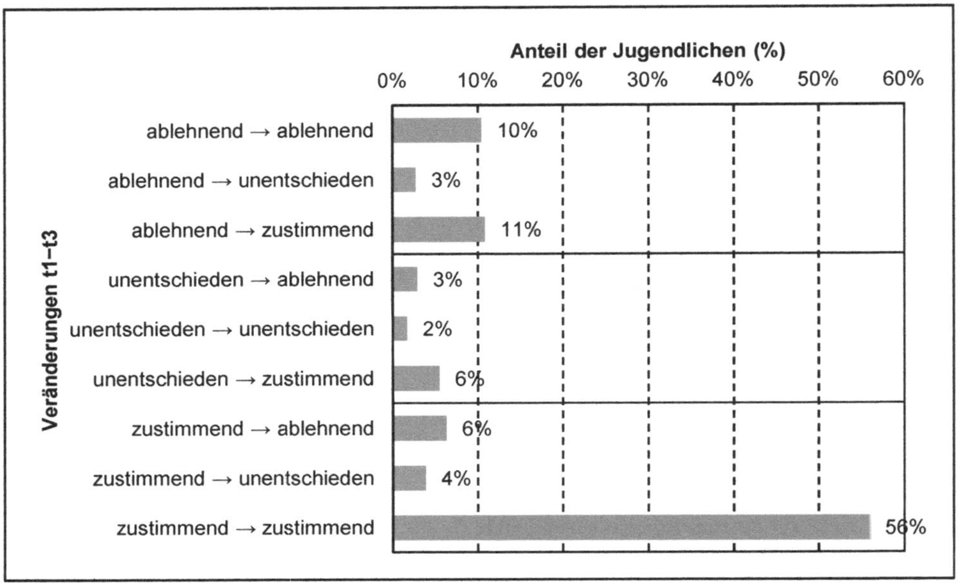

Abgebildet ist der prozentuale Anteil des Samples, der jeweils von einer ablehnenden, einer unentschiedenen oder einer zustimmenden Haltung bei t_1 zu einer ablehnenden, einer unentschiedenen oder einer zustimmenden Haltung bei t_3 gewechselt ist oder bei der Haltung von t_1 geblieben ist, N = 415.

Tabelle 3: Anlass für Gebet (t_1 bis t_3)

Warum beten Sie?	**N t1**	**M t1**	**SD t1**	**TZ t1**	**N t2**	**M t2**	**SD t2**	**TZ t2**	**N t3**	**M t3**	**SD t3**	**TZ t3**
…, weil es mir besonders gut geht.	469	3,8	1,94	**39** %	444	4,06	1,88	**45** %	450	3,93	1,99	**44** %
…, weil es mir besonders schlecht geht.	470	4,66	1,97	**63** %	446	4,64	1,83	**60** %	442	5,01	1,81	**72** %
…, weil ich dankbar bin.	475	4,87	1,85	**65** %	444	4,98	1,69	**69** %	443	4,87	1,83	**68** %
…, weil ich auf Gott vertraue.	470	4,47	1,95	**50** %	444	4,48	1,94	**54** %	441	4,28	1,96	**48** %
…, weil ich Gott um etwas bitte.									443	5,26	1,75	**75** %

Skala: 1 = trifft gar nicht zu, 7 = trifft voll zu. TZ = tendenzielle Zustimmung (Stufen 5/6/7). Die Antwortmöglichkeit „*…, weil ich Gott um etwas bitte*“ wurde bei t_3 neu aufgenommen, daher liegen keine Daten hierzu bei t_1 und t_2 vor.

3. Leben nach dem Tod

Der „Jenseitsglaube“ verändert sich auf Faktorenebene für die gesamte Stichprobe betrachtet nicht gravierend über die Zeit ($M(t_1) = 4.6$, $M(t_3) = 4.5$). Das heißt, die Zustimmung zu den Items, die mit Jenseitsvorstellungen zu tun haben und mit diesem Faktor zusammenhängen, bleiben insgesamt mehr oder weniger auf demselben Niveau.

Bereits bei der Analyse der t_1- und t_2-Daten im Blick auf die Entwicklung des Faktors „Jenseitsglaube“ zeigte sich, dass insbesondere weibliche Befragte und Personen mit stärkerer religiöser Sozialisation höhere Werte bei dem Faktor „Jenseitsglaube“ haben (vgl. Schweitzer et al., 2018, S. 127–128). Dieser Effekt ist auch bei der dritten Erhebung für besagte Gruppen signifikant.

Personen, die in ihrer Familie eine höhere religiöse Sozialisation erlebt haben, bleiben bei zentralen Aussagen in Bezug auf den Jenseitsglauben stabil auf einem relativ hohen Niveau, Personen mit niedrigerer religiöser Sozialisation bleiben zu allen drei Befragungszeitpunkten unter den Zustimmungswerten der Personen mit höherer religiöser Sozialisation. Allerdings zeigt sich zugleich bei zentralen Aussagen jeweils ein Anstieg der Zustimmung in der Gruppe der Befragten mit niedrigerer religiöser Sozialisation bei t_3 im Vergleich zu t_2 (s. Abbildung 16).

Abbildung 16: Entwicklung Jenseitsglaube bei hoher und niedriger religiöser Sozialisation (t_1 bis t_3)

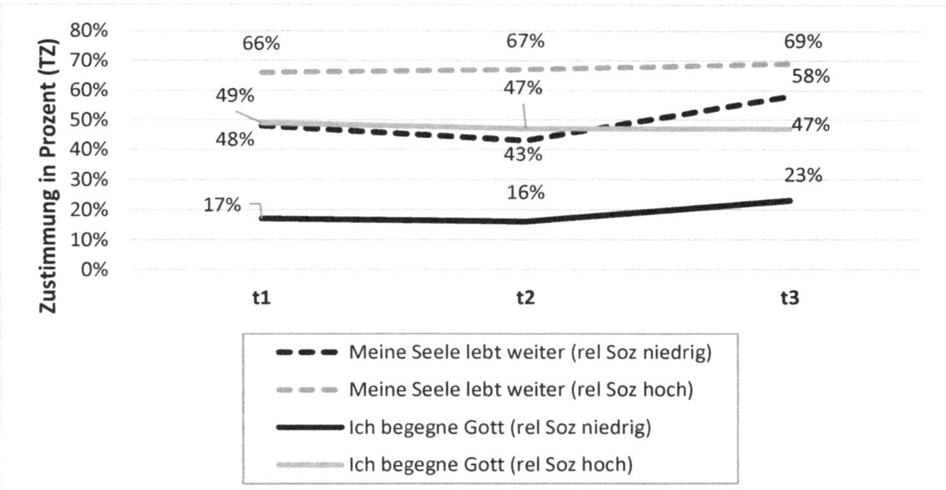

Abgebildet sind die tendenziellen Zustimmungswerte zu den Aussagen „*Meine Seele lebt weiter*“ und „*ich begegne Gott*“ (nach dem Tod) in Prozent (Stufen 5/6/7 der Skala: 1 = trifft gar nicht zu; 7 = trifft voll zu) über die drei Messzeitpunkte für die Personen mit höherer religiöser Sozialisation (N = 286) und die Personen mit niedrigerer religiöser Sozialisation (N = 267). Trennwert für die beiden Gruppen ist der Mittelwert ($M(t_1) = 4.1$) des Faktors „familiäre religiöse Sozialisation“.

Die Zustimmung zu den Items, die sich auf Jenseitsvorstellungen beziehen, ändert sich in den meisten Fällen über die Zeit nicht gravierend, wobei es einzelne Ausnahmen gibt (s. Tabelle 4). Der Aussage *„Es gibt ein Leben nach dem Tod“* stimmen bei t_1 61 % und bei t_3 62 % der Befragten zu. Gleichzeitig steigt die Überzeugung, dass man nicht wissen könne, was nach dem Tod geschehe: von 70 % (t_1) auf 78 % (t_3).

Tabelle 4: Jenseitsvorstellungen (t_1 bis t_3)

Was meinen Sie: Was kommt nach dem Tod?	**N t1**	**M t1**	**SD t1**	**TZ t1**	**N t2**	**M t2**	**SD t2**	**TZ t2**	**N t3**	**M t3**	**SD t3**	**TZ t3**
Es gibt ein Leben nach dem Tod.	557	4.85	1.88	**61 %**	554	4.65	1.91	**57 %**	558	4.81	1.8	**62 %**
Ich werde wiedergeboren.	555	2.75	1.76	**17 %**	554	2.69	1.7	**16 %**	558	2.99	1.8	**23 %**
Mich gibt es dann nicht mehr.	551	3.62	2.12	**35 %**	553	3.83	2.13	**41 %**	558	3.79	2.08	**39 %**
Ich bin im Paradies.	554	3.74	1.93	**36 %**	555	3.54	1.93	**32 %**	556	3.51	1.87	**30 %**
Ich begegne Gott.	556	3.6	2.08	**33 %**	555	3.5	2.06	**32 %**	558	3.67	2.02	**36 %**
Gläubige kommen in den Himmel.	553	3.18	2.14	**29 %**	552	3.07	2.12	**28 %**	557	3.04	2.1	**25 %**
Ungläubige kommen in die Hölle.	553	1.96	1.61	**8 %**	555	1.89	1.49	**7 %**	556	1.83	1.46	**6 %**
Meine Seele lebt weiter.	555	4.72	1.96	**58 %**	554	4.71	1.89	**58 %**	556	4.89	1.88	**64 %**
Ich sehe alle wieder, die ich kenne.	555	4.11	1.96	**53 %**	550	3.92	1.93	**40 %**	557	3.95	1.86	**40 %**
Das kann man nicht wissen.	558	5.5	1.95	**70 %**	556	5.65	1.84	**77 %**	555	5.78	1.7	**78 %**
Das ist mir egal.	558	1,81	1,44	**7 %**	555	1,87	1,5	**7 %**	556	2,12	1,57	**10 %**

Skala: 1 = trifft gar nicht zu, 7 = trifft voll zu. TZ = tendenzielle Zustimmung (Stufen 5/6/7).

Bei der Betrachtung der Zustimmungswerte zu der Aussage *„Es gibt ein Leben nach dem Tod“* bei t_1 (61 %) und bei t_3 (62 %) wird kein merklicher Unterschied erkennbar. Erst die Beobachtungen auf der Individualebene (s. Abbildung 17) zeigen durchaus eine Bewegung in der Einstellung der Befragten hinsichtlich dieser Haltung über die Zeit: 6 % wechseln von einer ablehnenden und 9 % von einer unentschiedenen zu einer zustimmenden Haltung. Gleichzeitig wechseln 7 % der jungen Erwachsenen von einer zustimmenden zu einer ablehnenden Haltung. 47 % der Befragten bleiben bei einer zustimmenden Haltung über die Zeit, 10 % bleiben ablehnend, 5 % sind weiterhin unentschieden.

Die Zustimmung zu der Aussage *„meine Seele lebt weiter“* steigt deutlich von 58 % auf 64 %. Jeweils 9 % der Befragten wechseln von einer ablehnenden bzw. unentschiedenen Haltung zu einer zustimmenden Haltung (s. Abbildung 18). Diese

Abbildung 17: Zustimmung zu der Aussage *„Es gibt ein Leben nach dem Tod“* – Individualverschiebung t_1–t_3

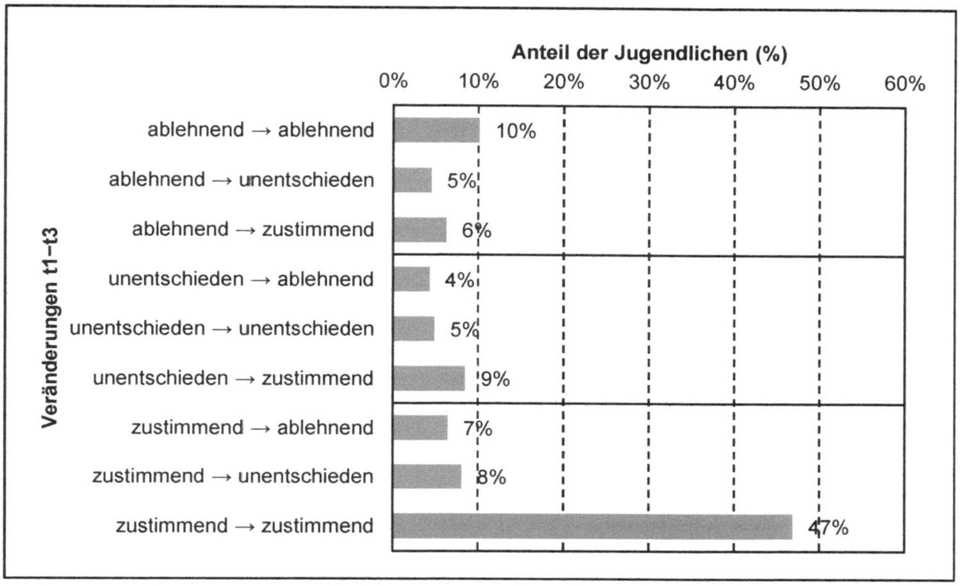

Abgebildet ist der prozentuale Anteil des Samples, der jeweils von einer ablehnenden, einer unentschiedenen oder einer zustimmenden Haltung bei t_1 zu einer ablehnenden, einer unentschiedenen oder einer zustimmenden Haltung bei t_3 gewechselt ist oder bei der Haltung von t_1 geblieben ist, N = 556.

Ergebnisse erwecken den Eindruck, dass die Befragten mit der Jenseitsvorstellung, nach der die Seele (in irgendeiner Form) weiterlebt, am ehesten etwas anfangen können.

Abbildung 18: Zustimmung zu der Aussage *„Meine Seele lebt weiter“* – Individualverschiebung t_1–t_3

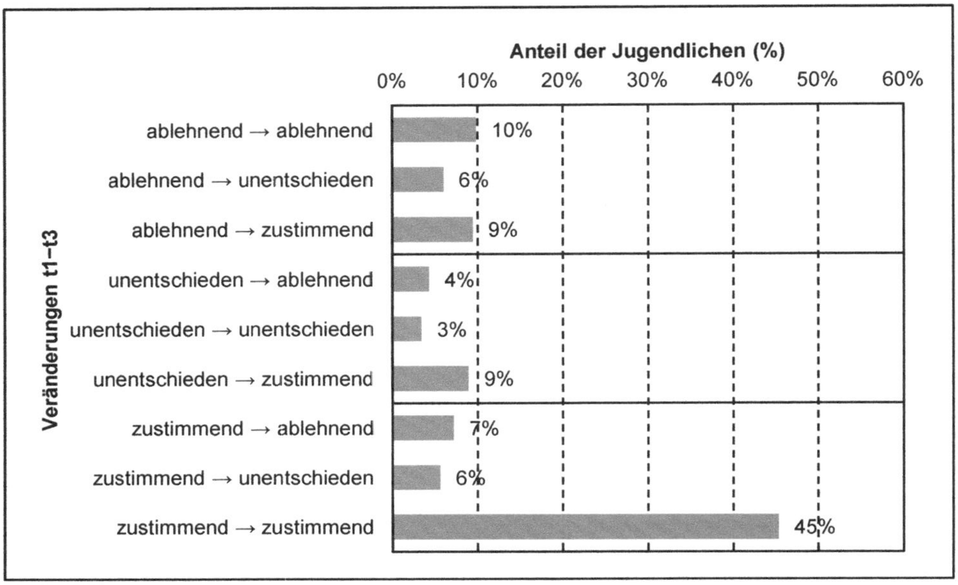

Abgebildet ist der prozentuale Anteil des Samples, der jeweils von einer ablehnenden, einer unentschiedenen oder einer zustimmenden Haltung bei t_1 zu einer ablehnenden, einer unentschiedenen oder einer zustimmenden Haltung bei t_3 gewechselt ist oder bei der Haltung von t_1 geblieben ist, N = 552.

4. Gottesvorstellungen

Es gibt teilweise bemerkenswerte Veränderungen im Blick auf die Gottesvorstellungen über die Zeit, die in Tabelle 5 im Einzelnen abgebildet sind. In Abbildung 19 ist die Entwicklung der Zustimmung zu zwei zentralen Aussagen dargestellt: *„Gott ist eine höhere Macht“* und *„Gott ist jemand, zu dem man sprechen kann“*. Bei beiden Items steigt die Zustimmung über die Zeit deutlich an. Diesen Aussagen stimmt die Mehrheit der Befragten bei der dritten Befragung zu. Bei t_3 ist die Zustimmung zu der Aussage *„Gott ist eine höhere Macht“* etwas höher (t_3: 68 %) als zu der Aussage *„Gott ist jemand, zu dem man sprechen kann“* (65 %).

Insgesamt steigt die Zustimmung zu der Aussage *„Gott oder das Göttliche ist für mich persönlich eine Energie“* von 34 % (t_1) auf 55 % (t_3). Diese abstrakte Gottesvorstellung sagt den jungen Erwachsenen bei der dritten Befragung also deutlich mehr zu als noch drei Jahre zuvor. Bei der Betrachtung im Detail (s. Abbildung 20) wird ersichtlich, dass 21 % derer, die diese Aussage bei t_1 abgelehnt hatten, und 10 % der Befragten, die bei t_1 unsicher waren, der Aussage nun bei t_3 zustimmen. 6 % bewegen sich von einer ablehnenden zu einer unentschiedenen Haltung. Es gibt daneben allerdings auch 22 %, die bei einer ablehnenden Haltung bleiben, 4 %,

Abbildung 19: Entwicklung der Zustimmung zu Gottesvorstellungen (t_1 bis t_3)

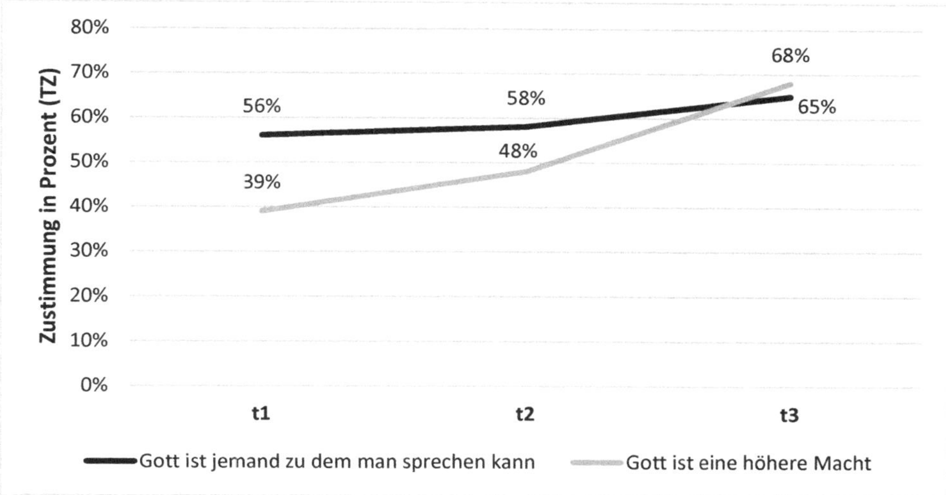

Abgebildet sind die tendenziellen Zustimmungswerte (TZ) in Prozent (Stufen 5/6/7 der Skala: 1 = trifft gar nicht zu; 7 = trifft voll zu) über die drei Messzeitpunkte, N = 549–558.

die von unentschieden und 7 %, die von einer zustimmenden zu einer ablehnenden Haltung wechseln. Für eine kleinere Gruppe ist die Vorstellung von Gott als Energie bei t_3 nicht zutreffend.

Tabelle 5: Gottesvorstellungen (t_1 bis t_3)

Was meinen Sie: Gott oder das Göttliche ist für mich persönlich…	**N t1**	**M t1**	**SD t1**	**TZ t1**	**N t2**	**M t2**	**SD t2**	**TZ t2**	**N t3**	**M t3**	**SD t3**	**TZ t3**
… eine Energie.	556	3.46	1.94	**34 %**	557	3.65	1.94	**40 %**	558	4.28	1.98	**55 %**
… etwas, das Sicherheit gibt.	558	4.67	2.03	**60 %**	557	4.73	1.96	**62 %**	557	4.77	2.06	**65 %**
… nur von Menschen ausgedacht.	556	3.2	2.02	**27 %**	557	3.5	2.02	**32 %**	557	3.66	2.04	**36 %**
… eine höhere Macht.	555	3.81	2.01	**39 %**	555	4.12	1.98	**48 %**	557	4.59	1.98	**68 %**
… etwas, auf das ich mich verlassen kann.	557	4	2.15	**43 %**	556	3.89	2.05	**40 %**	558	3.98	2.09	**43 %**
… die Natur.	547	3.47	1.90	**32 %**	552	3.67	1.89	**37 %**	558	4.23	1.91	**50 %**
… jemand, zu dem man sprechen kann.	549	4.56	2.11	**56 %**	552	4.57	2.08	**58 %**	558	4.87	2.10	**65 %**
… – damit kann ich nichts anfangen.	548	2.64	2.08	**21 %**	551	2.79	2.06	**24 %**	557	2.84	2.03	**22 %**

Skala: 1 = trifft gar nicht zu, 7 = trifft voll zu. TZ = tendenzielle Zustimmung (Stufen 5/6/7).

Abbildung 20: Zustimmung zu der Aussage *„Gott oder das Göttliche ist für mich persönlich eine Energie"* – Individualverschiebung t_1–t_3

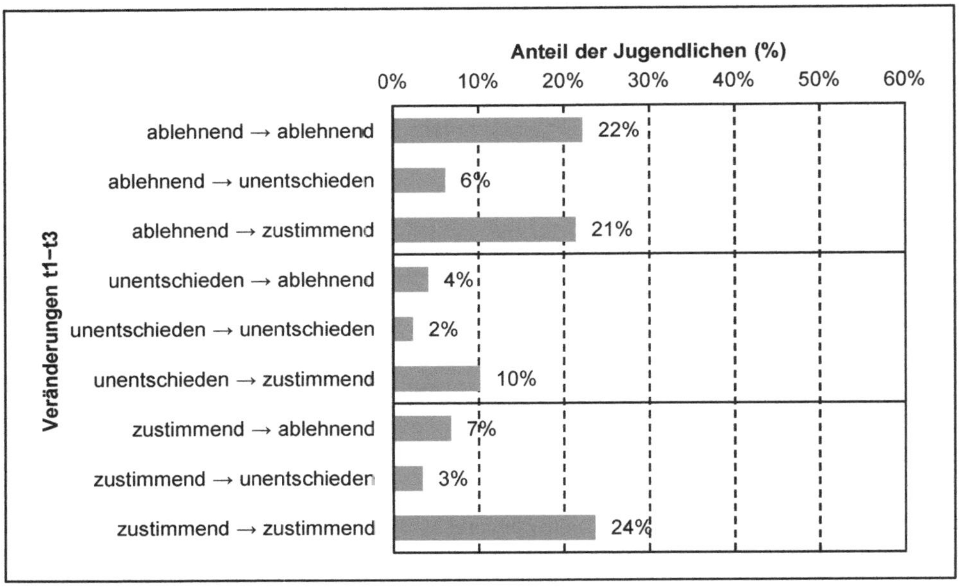

Abgebildet ist der prozentuale Anteil des Samples, der jeweils von einer ablehnenden, einer unentschiedenen oder einer zustimmenden Haltung bei t_1 zu einer ablehnenden, einer unentschiedenen oder einer zustimmenden Haltung bei t_3 gewechselt ist oder bei der Haltung von t_1 geblieben ist, N = 555.

Noch gravierender stellt sich die Verschiebung der Zustimmungswerte zu einer weiteren Aussage dar, die ebenfalls herkömmlich betrachtet ein unpersönliches Gottesbild beschreibt:[7] Die Zustimmung zu dem Item *„Gott oder das Göttliche ist für mich persönlich eine höhere Macht"* steigt wie bereits erwähnt von 39 % (t_1) auf 68 % (t_3). Wie in Abbildung 21 zu sehen ist, wechseln dabei beispielsweise 18 % der Befragten von einer ablehnenden zu einer zustimmenden Haltung. Auch für die Aussage *„Gott oder das Göttliche ist für mich persönlich die Natur"* gibt es einen Anstieg von 32 % (t_1) auf 50 % (t_3).

Die Zustimmungswerte zu den üblicherweise als unpersönlich bezeichneten Gottesvorstellungen steigen also deutlich an. Gleichzeitig verstärkt sich aber auch die Vorstellung von Gott als einem Gesprächspartner: Bei t_1 haben 56 % der Befragten zugestimmt, dass Gott für sie jemand sei, mit dem man sprechen könne, bei der dritten Befragung steigt dieser Zustimmungswert auf 65 %.

7 So z. B. in der Shell Studie von 2010, in der die Zustimmung zu der Gottesvorstellung als „höhere Macht" im Gegensatz zu einer Vorstellung von Gott als Person als eine „unpersönliche" Gottesvorstellung interpretiert wird. Vgl.: Shell Deutschland Holding, 2010.

Abbildung 21: Zustimmung zu der Aussage *„Gott oder das Göttliche ist für mich persönlich eine höhere Macht"* – Individualverschiebung t_1–t_3

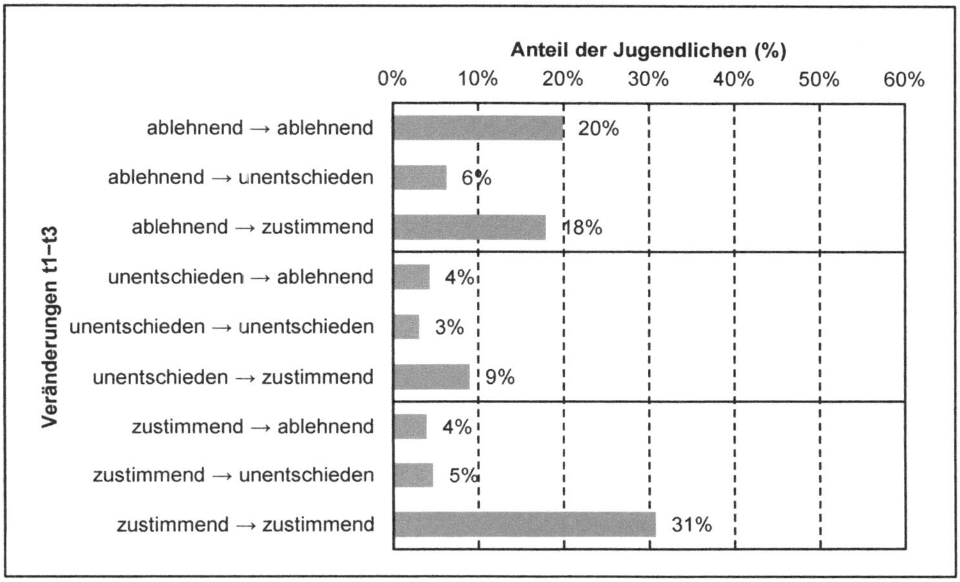

Abgebildet ist der prozentuale Anteil des Samples, der jeweils von einer ablehnenden, einer unentschiedenen oder einer zustimmenden Haltung bei t_1 zu einer ablehnenden, einer unentschiedenen oder einer zustimmenden Haltung bei t_3 gewechselt ist oder bei der Haltung von t_1 geblieben ist, N = 553.

Dieses Ergebnis scheint dem oben berichteten Befund, dass die Zustimmung zu „unpersönlichen" Gottesvorstellungen über die Zeit zunehme, zu widersprechen. Möglicherweise ist der Befund ein Hinweis darauf, dass die Vorstellung von Gott als „Energie" oder „höherer Macht" in den Augen der Befragten gerade nicht der Vorstellung widersprechen muss, dass dieser Gott zugleich ein Gesprächspartner für sie sein kann. Das würde gegebenenfalls bedeuten, dass zukünftig die Bezeichnung „unpersönlich" für bestimmte Gottesvorstellungen vorsichtiger verwendet werden sollte. Unterstützt wird diese These durch die hohe Korrelation, die zwischen dem Item *„Gott ist für mich persönlich jemand, zu dem man sprechen kann"* und *„Gott oder das Göttliche ist für mich persönlich eine höhere Macht"* bei t_3 besteht ($r = .508$). Diese und weitere Korrelationen zwischen den genannten abgefragten Gottesvorstellungen sind in Tabelle 6 abgebildet.

Die vergleichsweise niedrige Korrelation zwischen der Aussage *„Gott ist für mich persönlich jemand, zu dem man sprechen kann"* und *„Gott ist für mich persönlich die Natur"* ($r = .145$) zeigt, dass es deutlich weniger Überlappung zwischen diesen Gottesvorstellungen bei den Befragten gibt. Einen größeren Zusammenhang kann man zwischen der Vorstellung von Gott als „Energie" und Gott als „Natur" finden ($r = .434$).

Abbildung 22: Zustimmung zu der Aussage *„Gott oder das Göttliche ist für mich persönlich jemand, zu dem man sprechen kann."* – Individualverschiebung t_1–t_3

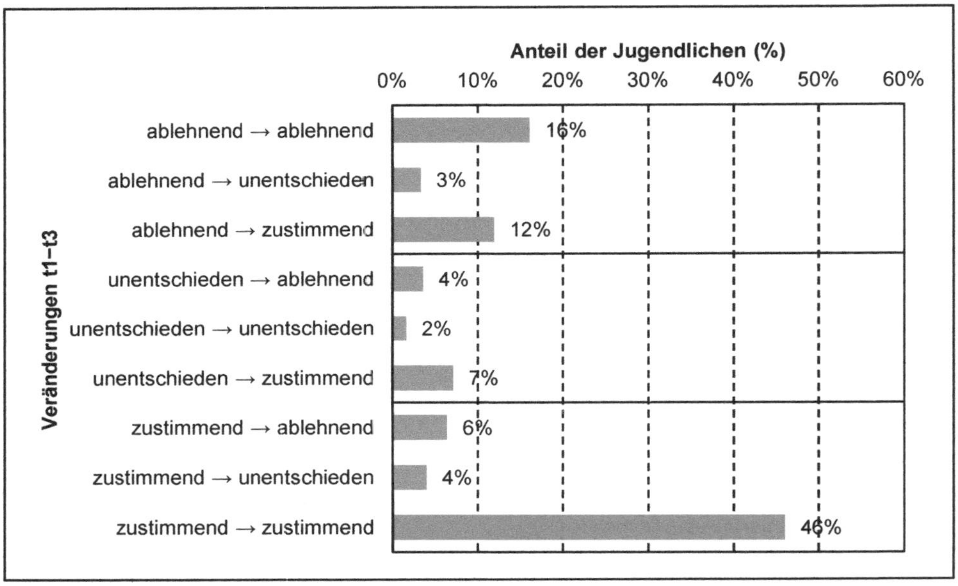

Abgebildet ist der prozentuale Anteil des Samples, der jeweils von einer ablehnenden, einer unentschiedenen oder einer zustimmenden Haltung bei t_1 zu einer ablehnenden, einer unentschiedenen oder einer zustimmenden Haltung bei t_3 gewechselt ist oder bei der Haltung von t_1 geblieben ist, N = 548.

Tabelle 6: Korrelationen zwischen verschiedenen Gottesvorstellungen

Gott ist für mich persönlich…	eine höhere Macht	die Natur	jem., mit dem man sprechen kann	eine Energie
… eine höhere Macht.	$r = 1$	–	–	–
… die Natur.	$r = .227$	$r = 1$	–	–
… jem., mit dem man sprechen kann.	$r = .508$	$r = .145$	$r = 1$	–
… eine Energie.	$r = .429$	$r = .434$	$r = .347$	$r = 1$

Wird die Veränderung der Zustimmung zu der Aussage *„Gott oder das Göttliche ist für mich persönlich jemand, zu dem man sprechen kann"* auf Individualebene (s. Abbildung 22) näher betrachtet, zeigt sich, dass 12 % der Befragten, die diese Aussage bei t_1 abgelehnt hatten, und 7 %, die bei t_1 unentschieden waren, dieser Aussage nun zustimmen. 46 % bleiben bei einer zustimmenden Haltung und 16 % bei einer ablehnenden Haltung. 6 % wechseln von Zustimmung zu Ablehnung.

Die Zustimmung zu der Aussage *„Gott oder das Göttliche ist für mich persönlich… etwas, auf das ich mich verlassen kann"* bleibt auf einem Niveau von 43 %. Dies wird durch einen Vergleich des ersten und dritten Erhebungszeitpunktes er-

Abbildung 23: Zustimmung zu der Aussage *„Gott oder das Göttliche ist für mich persönlich etwas, auf das ich mich verlassen kann"* – Individualverschiebung t_1–t_3

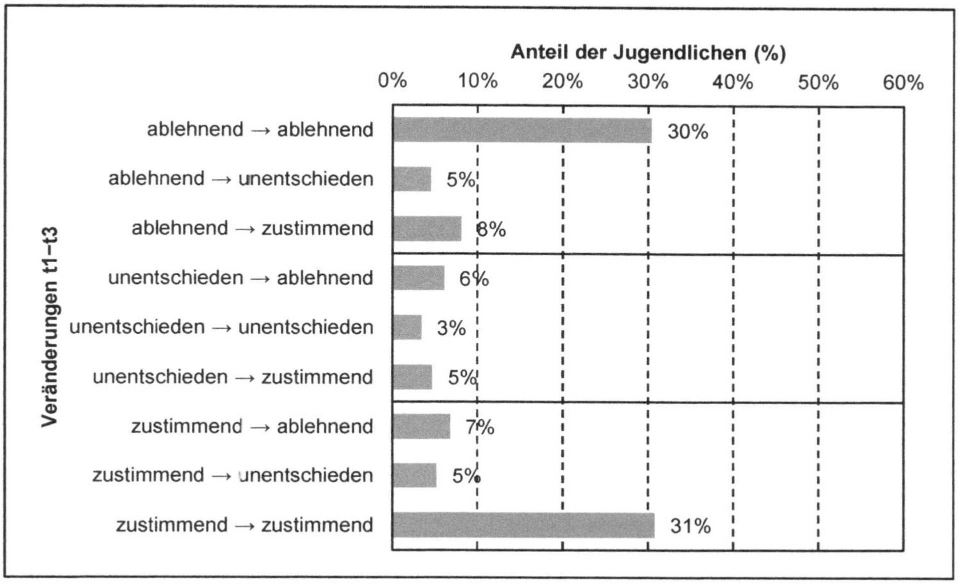

Abgebildet ist der prozentuale Anteil des Samples, der jeweils von einer ablehnenden, einer unentschiedenen oder einer zustimmenden Haltung bei t_1 zu einer ablehnenden, einer unentschiedenen oder einer zustimmenden Haltung bei t_3 gewechselt ist oder bei der Haltung von t_1 geblieben ist, N = 556.

sichtlich. Die Vorstellung von Gott, die in gewisser Weise als „funktional" bezeichnet werden kann, weil sie einen Nutzen für den an Gott Glaubenden beschreibt, ist insgesamt betrachtet recht stabil. Bei der Betrachtung der Individualverschiebungen (s. Abbildung 23) wird deutlich, dass jeweils ca. 30 % der Befragten bei einer zustimmenden oder bei einer ablehnenden Haltung bleiben. Das restliche Drittel ist „in Bewegung": Zum Beispiel wechseln 8 % von einer ablehnenden zu einer zustimmenden Haltung und 7 % von einer zustimmenden zu einer ablehnenden Haltung.

Die Zustimmung zu der Aussage *„Gott oder das Göttliche ist für mich persönlich etwas, das Sicherheit gibt"* steigt von 60 % bei t_1 zu 65 % bei t_3. Die überdurchschnittliche Zustimmung bei der ersten Befragung steigt demnach über die Zeit noch an.

In der Individualverschiebung zu dieser Aussage (s. Abbildung 24) wird ersichtlich, dass 48 % der Befragten über die Zeit bei einer zustimmenden Haltung und 16 % bei einer ablehnenden Haltung bleiben. 11 % wechseln von einer ablehnenden und 6 % von einer unentschiedenen zu einer zustimmenden Haltung.

Zwischen der Gottesvorstellung *„Gott ist jemand, zu dem sprechen kann"* und der Aussage *„Gott ist etwas, das Sicherheit gibt"* besteht eine hohe Korrelation ($r = .731$), ebenso, wie mit der Aussage *„Gott ist etwas, auf das ich mich verlas-*

Abbildung 24: Zustimmung zu der Aussage *„Gott oder das Göttliche ist für mich persönlich etwas, das Sicherheit gibt“* – Individualverschiebung t_1–t_3

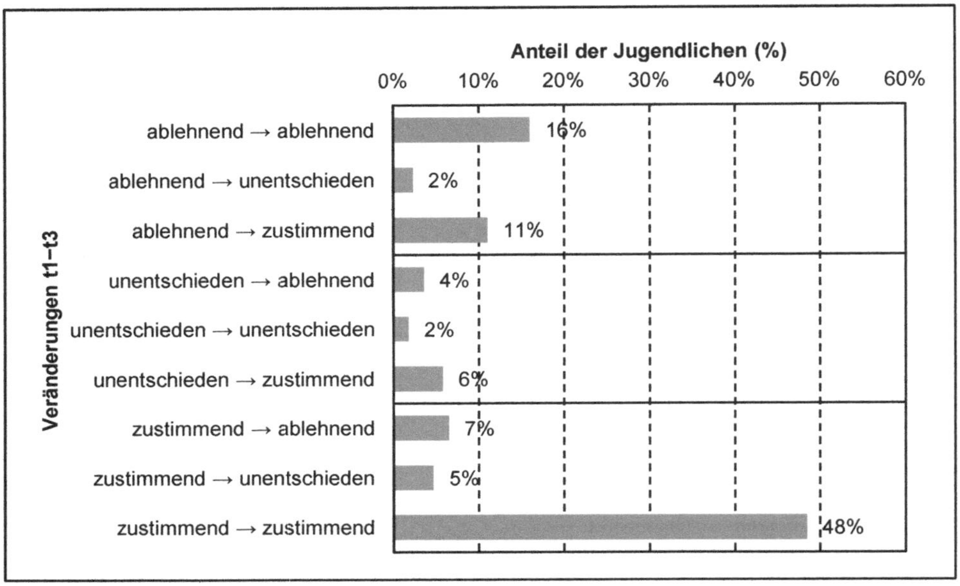

Abgebildet ist der prozentuale Anteil des Samples, der jeweils von einer ablehnenden, einer unentschiedenen oder einer zustimmenden Haltung bei t_1 zu einer ablehnenden, einer unentschiedenen oder einer zustimmenden Haltung bei t_3 gewechselt ist oder bei der Haltung von t_1 geblieben ist, N = 556.

sen kann“ ($r = .724$). Daraus lässt sich schließen, dass die Vorstellung von Gott als Gesprächspartner oftmals auch mit dem Gefühl von Sicherheit und Vertrauen verbunden ist.

5. Schöpfungsglaube versus Naturwissenschaft

In Tabelle 7 sind die Items zu Fragen der Weltentstehung abgebildet. Der Glaube, dass Gott die Welt erschaffen habe, sinkt von 37 % bei t_1 auf 34 % bei t_3. Gleichzeitig steigt die Zustimmung zu der Aussage *„Die Welt ist durch den Urknall entstanden“* von 75 % auf 79 %. Am deutlichsten ist der Zustimmungsanstieg zu der Aussage *„Die Welt ist nur das Ergebnis von Zufallsprozessen“* von 42 % bei t_1 auf 53 % bei t_3.

Die Zustimmung zu der Aussage *„Die Welt ist von Gott erschaffen“* sinkt von 37 % bei t_1 auf 34 % bei t_3. In Abbildung 25 wird u. a. ersichtlich, dass 42 % bei einer ablehnenden Haltung und 23 % bei einer zustimmenden Haltung bleiben.

Männliche und weibliche Befragte unterscheiden sich bei der dritten Erhebung nicht signifikant hinsichtlich des Items *„Die Welt ist von Gott erschaffen“*.

Abbildung 25: Zustimmung zu der Aussage „*Die Welt ist von Gott erschaffen*" – Individualverschiebung t_1–t_3

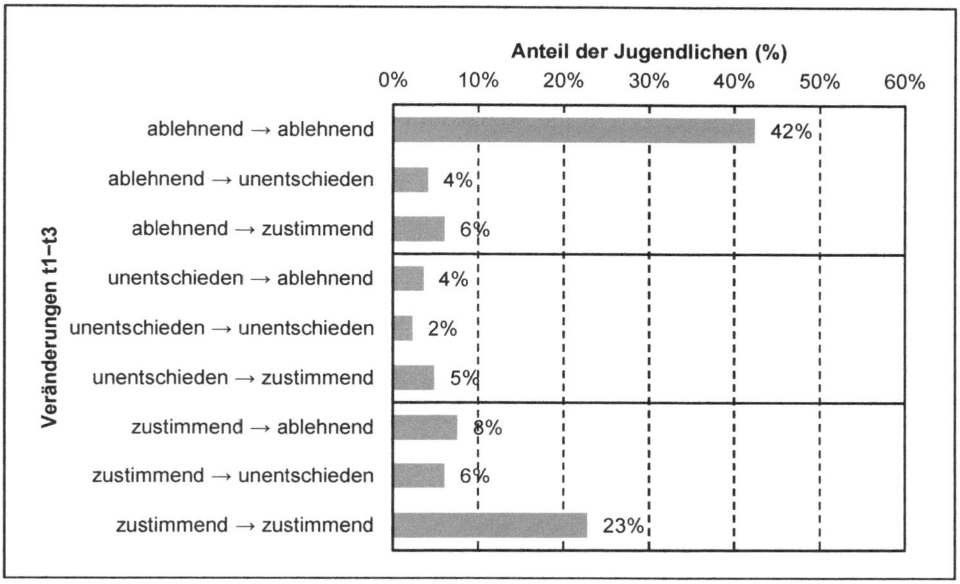

Abgebildet ist der prozentuale Anteil des Samples, der jeweils von einer ablehnenden, einer unentschiedenen oder einer zustimmenden Haltung bei t_1 zu einer ablehnenden, einer unentschiedenen oder einer zustimmenden Haltung bei t_3 gewechselt ist oder bei der Haltung von t_1 geblieben ist, N = 556.

Tabelle 7: Aussagen zur Weltentstehung (t_1 bis t_3)

Was meinen Sie: Wie ist die Welt entstanden?	**N t1**	**M t1**	**SD t1**	**TZ t1**	**N t2**	**M t2**	**SD t2**	**TZ t2**	**N t3**	**M t3**	**SD t3**	**TZ t3**
Die Welt ist durch den Urknall entstanden.	557	5.46	1.87	**75 %**	555	5.53	1.78	**79 %**	557	5.69	1.65	**79 %**
Die Welt ist von Gott erschaffen.	557	3.53	2.22	**37 %**	555	3.36	2.14	**32 %**	558	3.47	2.17	**34 %**
Die Welt ist nur das Ergebnis von Zufallsprozessen.	557	3.85	2.15	**42 %**	553	4.29	2.11	**52 %**	557	4.36	2.06	**53 %**
Das kann man nicht wissen.	556	3.7	2	**35 %**	555	4	2.07	**41 %**	557	3.79	2.1	**36 %**
Das ist mir egal.	557	1.83	1.5	**8 %**	555	1.89	1.5	**7 %**	556	1.74	1.34	**6 %**

Skala: 1 = trifft gar nicht zu, 7 = trifft voll zu. TZ = tendenzielle Zustimmung (Stufen 5/6/7).

Personen mit höherer religiöser Sozialisation stimmen der Aussage *„Die Welt ist von Gott erschaffen"* bei der dritten Befragung signifikant häufiger zu als Personen mit niedriger religiöser Sozialisation. Bemerkenswert ist, dass es bei den Befragten mit höherer religiöser Sozialisation einen Rückgang in Bezug auf den „Schöpfungsglauben" gibt (t_1: 54 %, t_3: 46 %), während die Zustimmungswerte bei den Personen mit niedrigerer religiöser Sozialisation eher konstant bleiben (t_1: 18 %, t_3: 20 %).

Bei der Analyse der t_1-Daten hatte sich gezeigt, dass etwa ein Viertel der Befragten sowohl der Urknalltheorie als auch dem Schöpfungsglauben zustimmten, während die Mehrheit der Befragten nur einen der beiden Ansätze zur Erklärung der Weltentstehung bejahten (vgl. Schweitzer et al., 2018, S. 85). Bei der t_3-Stichprobe zeigt sich der Effekt, dass die Hälfte (51 %) der Befragten die Urknalltheorie befürwortet und dabei zugleich den Schöpfungsglauben ablehnt, nur 21 % können sich beides vorstellen. Das komplementäre Denken, d. h. die Verbindung beider Ansätze zur Weltentstehung, ist also bei der dritten Befragung noch weniger vorhanden als bei der ersten Erhebung. Darin kann beispielsweise eine starke Herausforderung für den Religionsunterricht gesehen werden (vgl. S. 245–254).

6. Verhältnis zur Kirche

Die Werte in Bezug auf den Faktor „Kirchenbindung" sind von t_1 zu t_3 für die gesamte Stichprobe betrachtet rückläufig ($M(t_1) = 4.1$, $M(t_3) = 3.78$). Dieser Unterschied ist signifikant ($p < .001$).

Im Blick auf die kirchliche Verbundenheit gibt es anders als bei der ersten Erhebung keinen signifikanten Unterschied zwischen den Geschlechtern auf der Faktorenebene (vgl. Schweitzer et al., 2018, S. 90). Personen mit höherer religiöser Sozialisation sind nach wie vor „kirchlich verbundener" als Personen mit niedrigerer religiöser Sozialisation.

In Tabelle 8 sind die Ergebnisse bezüglich der Aussagen, die die Kirche betreffen, abgebildet. Es wird ersichtlich, dass es Items gibt, bei denen das Zustimmungsniveau gleichbleibend ist, und andere, zu denen die Zustimmung deutlich steigt.

Die Befragten zeigten sich bereits bei der ersten Befragung in ihren Einstellungen der Kirche gegenüber ambivalent (vgl. Schweitzer et al., 2018, S. 88–89). Die zweite Befragung ergab, dass sich die meisten kritischen Haltungen in Bezug auf die Kirche über die Zeit verstärkten (vgl. Schweitzer et al., 2018, S. 128–129). Bei der dritten Befragung gibt es im Blick auf kirchenkritische Aussagen nochmals eine Verschärfung, während Aussagen, die die Kirche positiv bewerten, relativ gleichbleibende Zustimmungswerte aufweisen (s. Abbildung 26).

Der Aussage *„Ich sehe kritisch, was die Kirche sagt"* stimmen bei t_1 61 % der Befragten zu, bei t_3 sind es 72 %. 9 % der jungen Erwachsenen, die diese Aussage

Tabelle 8: Aussagen zur Kirche (t_1 bis t_3)

Wie stehen Sie zur christlichen Kirche? Inwieweit treffen folgende Aussagen zu?	**N t1**	**M t1**	**SD t1**	**TZ t1**	**N t2**	**M t2**	**SD t2**	**TZ t2**	**N t3**	**M t3**	**SD t3**	**TZ t3**
Ich sehe kritisch, was die Kirche sagt.	553	4,9	1,68	**61 %**	554	4,98	1,55	**65 %**	558	5,28	1,49	**72 %**
Die Kirche tut viel Gutes für die Menschen.	554	4,95	1,32	**67 %**	553	5,06	1,35	**70 %**	558	4,98	1,32	**67 %**
Auf die Fragen, die mich wirklich bewegen, hat die Kirche keine Antwort.	551	4,44	1,77	**49 %**	554	4,47	1,65	**51 %**	555	4,44	1,72	**50 %**
Die Kirche muss sich ändern, wenn sie eine Zukunft haben will.	553	5,16	1,75	**66 %**	553	5,47	1,5	**76 %**	558	5,72	1,38	**84 %**
Ich finde es gut, dass es die Kirche gibt.	554	5,03	1,69	**64 %**	553	5,11	1,6	**68 %**	558	5,09	1,62	**68 %**
Gottesdienste sind meistens langweilig.	553	4,61	1,77	**54 %**	551	4,68	1,73	**57 %**	556	4,72	1,72	**58 %**
Mein Glaube hat nichts mit der Kirche zu tun.	549	4,22	2,16	**46 %**	552	4,65	2,03	**57 %**	558	5,01	1,87	**66 %**
Die Kirchensteuer hat einen guten Zweck.	551	3,6	1,77	**30 %**	552	3,75	1,78	**36 %**	557	3,54	1,63	**28 %**
Ich möchte aus der Kirche austreten.	493	2,7	1,9	**20 %**	493	2,87	2,02	**24 %**	492	3,2	2,04	**29 %**
Es ist für mich wichtig, zur Kirche zu gehören.	492	4,32	2	**51 %**	492	4,13	1,96	**45 %**	510	3,76	2,02	**40 %**

Skala: 1 = trifft gar nicht zu, 7 = trifft voll zu. TZ = tendenzielle Zustimmung (Stufen 5/6/7). Die letzten beiden Fragen „*Ich möchte aus der Kirche austreten*“ und „*Es ist für mich wichtig, zur Kirche zu gehören*“ waren nur an Kirchenmitglieder gerichtet.

bei t_1 noch ablehnten, und 10 %, die damals unentschieden waren, stimmen bei der dritten Befragung zu (s. Abbildung 27)

Ein deutlicher Anstieg ist bei der Aussage „*die Kirche muss sich ändern, wenn sie eine Zukunft haben will*“ festzustellen (s. Abbildung 28). Bei t_1 stimmten ihr 66 % der Befragten zu, bei t_3 sind es 84 %. Dieser Zuwachs wird bei der Betrachtung der Individualverschiebungen eindrücklich: 11 % der Befragten wechseln von einer ablehnenden zu einer zustimmenden Haltung und 12 % der Befragten von einer unentschiedenen zu einer zustimmenden Haltung.

Bei dem Item „*Mein Glaube hat nichts mit der Kirche zu tun*“ gibt es ebenfalls einen deutlichen Anstieg: Von 46 % Zustimmung bei t_1 auf 66 % bei t_3. Hat bei der ersten Befragung nur knapp die Hälfte angegeben, dass der eigene Glaube nichts mit der Kirche zu tun habe, ist es nun deutlich die Mehrheit der Befragten. Diese Verschiebungen sind auf Individualebene noch detaillierter zu sehen (s. Ab-

Abbildung 26: Einstellungen zur Kirche (t_1 bis t_3)

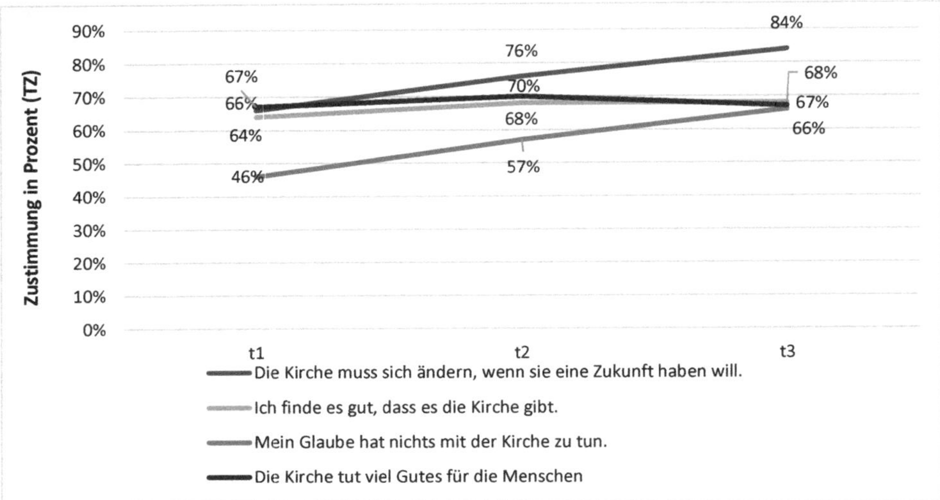

Abgebildet sind die tendenziellen Zustimmungswerte in Prozent (Stufen 5/6/7 der Skala: 1 = trifft gar nicht zu; 7 = trifft voll zu) über die drei Messzeitpunkte im Blick auf die gesamte (gematchte) Stichprobe, N = 553–558.

Abbildung 27: Zustimmung zu der Aussage *„Ich sehe kritisch, was die Kirche sagt"* – Individualverschiebung t_1–t_3

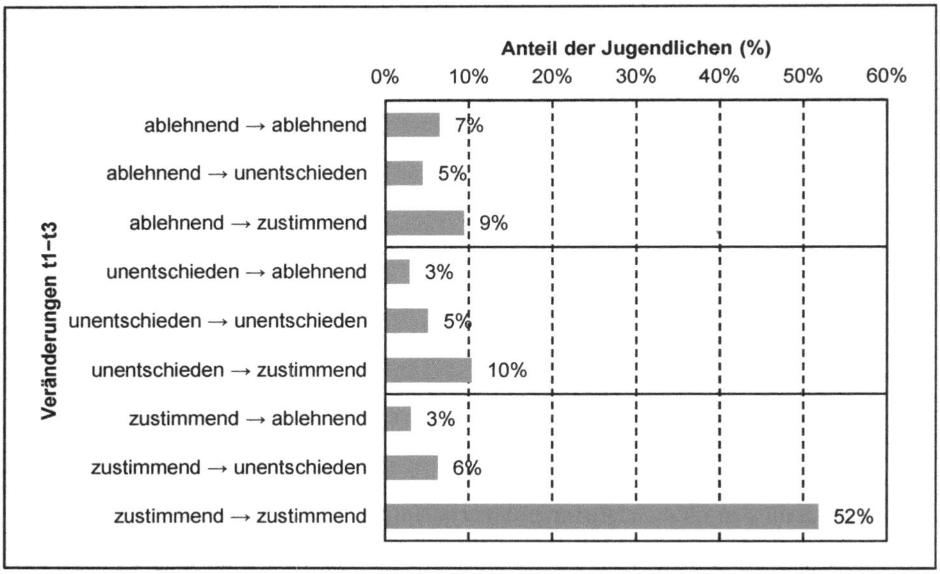

Abgebildet ist der prozentuale Anteil des Samples, der jeweils von einer ablehnenden, einer unentschiedenen oder einer zustimmenden Haltung bei t_1 zu einer ablehnenden, einer unentschiedenen oder einer zustimmenden Haltung bei t_3 gewechselt ist oder bei der Haltung von t_1 geblieben ist, N = 552.

Abbildung 28: Zustimmung zu der Aussage *„Die Kirche muss sich ändern, wenn sie eine Zukunft haben will“* – Individualverschiebung t_1–t_3

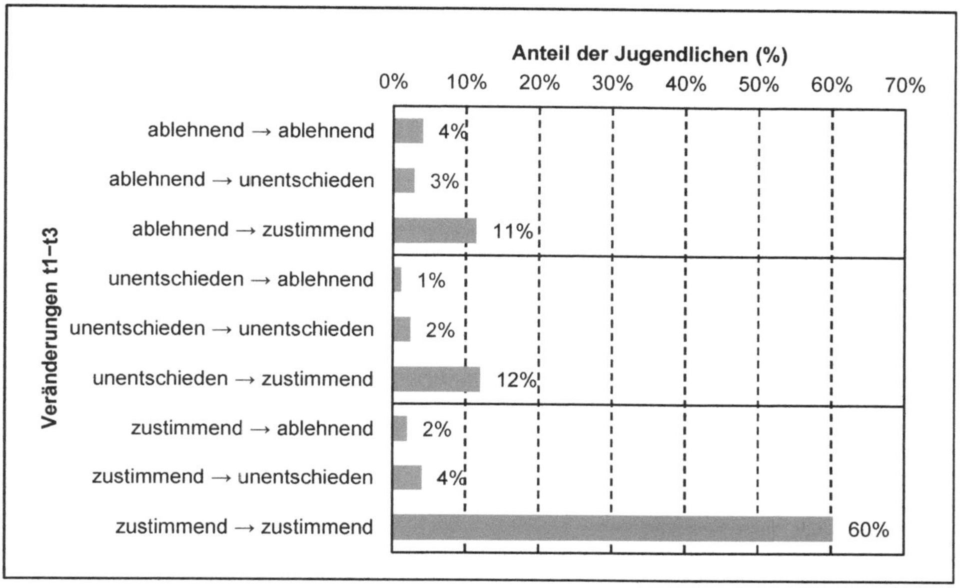

Abgebildet ist der prozentuale Anteil des Samples, der jeweils von einer ablehnenden, einer unentschiedenen oder einer zustimmenden Haltung bei t_1 zu einer ablehnenden, einer unentschiedenen oder einer zustimmenden Haltung bei t_3 gewechselt ist oder bei der Haltung von t_1 geblieben ist, N = 552.

bildung 29): So wechseln beispielsweise 17 % der Befragten von einer ablehnenden zu einer zustimmenden Haltung.

In Abbildung 30 wird ersichtlich, dass die familiäre religiöse Sozialisation auf bestimmte kirchenkritische Haltungen keine Auswirkung zu haben scheint: Personen mit höherer und mit niedrigerer familiärer religiöser Sozialisation stimmen gleichermaßen der Aussage zu, dass sich die Kirche zukünftig ändern müsse. Sie entwickeln sich auch auf Individualebene im selben Muster.

Abbildung 29: Zustimmung zu der Aussage „*Mein Glaube hat nichts mit der Kirche zu tun*" – Individualverschiebung t_1–t_3

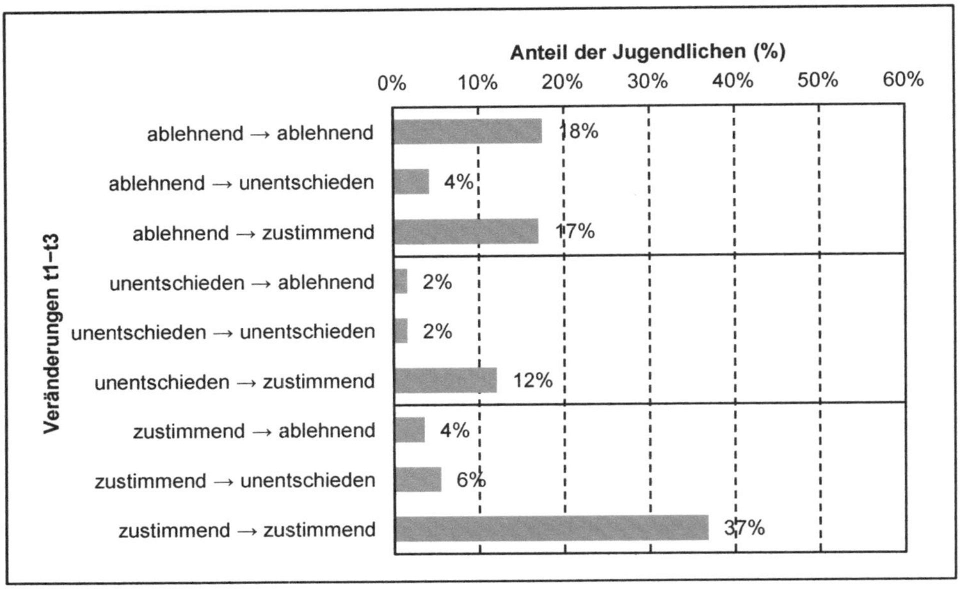

Abgebildet ist der prozentuale Anteil des Samples, der jeweils von einer ablehnenden, einer unentschiedenen oder einer zustimmenden Haltung bei t_1 zu einer ablehnenden, einer unentschiedenen oder einer zustimmenden Haltung bei t_3 gewechselt ist oder bei der Haltung von t_1 geblieben ist, N = 548.

Abbildung 30: Zustimmung zu der Aussage „*Die Kirche muss sich ändern, wenn sie eine Zukunft haben will.*“ – Individualverschiebung (t_1–t_3) bei Personen mit niedrigerer und höherer religiöser Sozialisation im Vergleich

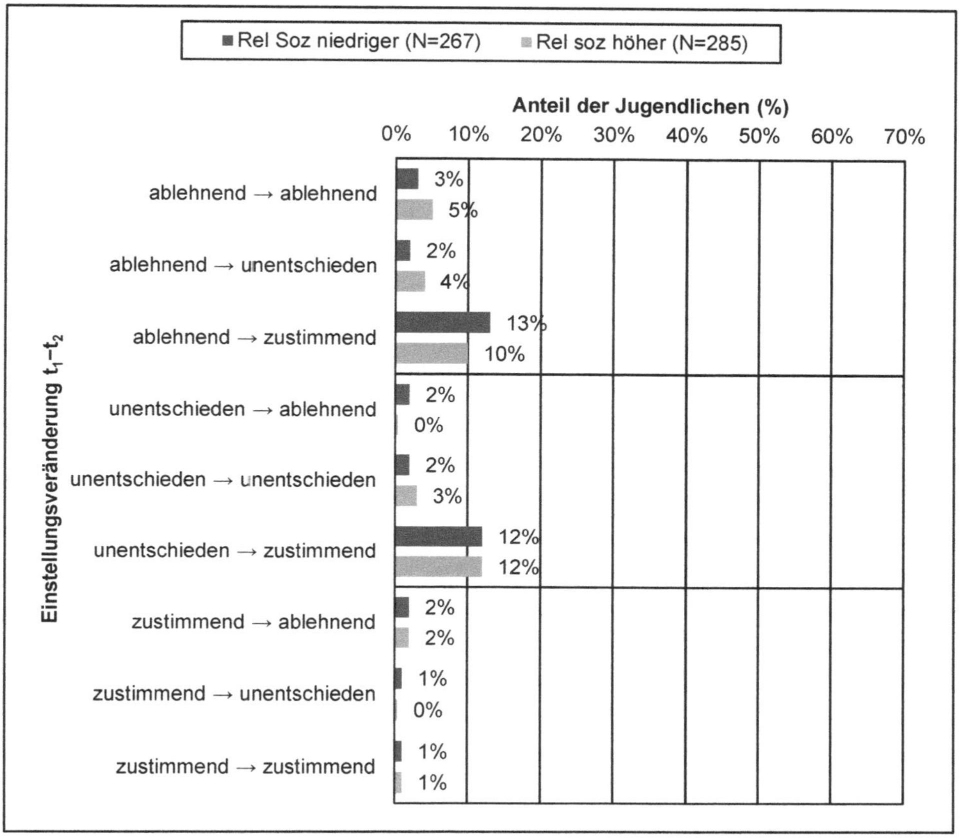

Abgebildet ist der prozentuale Anteil des Samples (nach dem Faktor religiöse Sozialisation in zwei Gruppen getrennt), der jeweils von einer ablehnenden, einer unentschiedenen oder einer zustimmenden Haltung bei t_1 zu einer ablehnenden, einer unentschiedenen oder einer zustimmenden Haltung bei t_3 gewechselt ist oder bei der Haltung von t_1 geblieben ist.

7. Religiöses Interesse und Glaubensfragen

In Tabelle 9 sind Items aufgeführt, die die Auseinandersetzung mit anderen Personen im Blick auf religiöse Fragen thematisieren. An vielen Stellen werden Entwicklungen sichtbar: beispielsweise sagen bei t_3 25 % der Befragten, sie hätten sich vom Glauben ihrer Eltern entfernt, bei t_1 stimmten dem in dieser Stichprobe 15 % zu. 44 % der jungen Erwachsenen geben an, einen „eigenen Glauben" gefunden zu haben (t_1: 32 %). Diese Ergebnisse geben einen weiteren Hinweis auf die Bedeutung einer als eigenständig erlebten religiösen Entwicklung der jungen Erwachsenen.

Bereits bei der Auswertung der t_2-Daten und ihrem Vergleich mit der ersten Erhebung wurde deutlich, dass der persönliche Austausch über religiöse Themen mit Freunden und Eltern über die Zeit leicht anstieg (vgl. Schweitzer et al., 2018, S. 135–136). Bei den t_3-Daten wird ersichtlich, dass besonders das *„Sprechen mit Freunden über Glaubensfragen"* zunimmt: 38 % Zustimmung bei t_1 und 52 % Zustimmung bei t_3. 29 % der Befragten geben an, mit Kollegen über Glaubensfragen zu sprechen. Etwas weniger als ein Drittel des t_3-Samples spricht also mit Kollegen und gut die Hälfte mit Freunden über religiöse Themen. Dies widerspricht der landläufigen Meinung, dass Religiosität gerade für junge Menschen zu einer Privatsache geworden sei, über die nicht gesprochen werde.

In Abbildung 31 wird deutlich, dass die Personen, die bei t_1 einen ausgeprägteren Gottesglauben hatten,[8] bei t_3 mit 52 % zustimmen, einen eigenen Glauben gefunden zu haben. Währenddessen stimmen dem nur 35 % derer zu, die einen weniger ausgeprägten Gottesglauben bei t_1 hatten. Außerdem tauscht sich erstere Gruppe häufiger mit Freunden über Glaubensfragen aus. In beiden Gruppen steigt dieser Austausch merklich über die Zeit. Das religiöse Interesse lässt also mit steigendem Alter nicht nach. In der Gruppe mit höherem Gottesglauben ist diese Entwicklung noch ausgeprägter als in der Gruppe mit niedrigerem Gottesglauben.

Der Austausch mit Freunden über Glaubensfragen nimmt über die Zeit hinweg zu: Bei t_1 stimmten insgesamt 38 % zu, häufiger mit ihren Freunden über Glaubensfragen zu sprechen, bei t_3 sind es gut die Hälfte (52 %). Dieser Zuwachs ist auch auf Individualebene gut zu beobachten (s. Abbildung 32). Das Interesse an religiösen Fragen und dem Austausch darüber wächst für einen großen Teil der Befragten.

Bei der Analyse der t_1- und t_2-Daten wurde gezeigt, dass auch die innere Auseinandersetzung über religiöse Themen, wie das Nachdenken über den Sinn des Lebens und über Gott, über die Zeit nicht abnimmt, sondern auf einem konstant hohen Niveau bleibt (beim Nachdenken über den Sinn des Lebens) bzw. ansteigt (beim Nachdenken über Gott) (vgl. Schweitzer et al., 2018, S. 133). Betrachtet man nun zusätzlich die t_3-Daten (s. Abbildung 33), wird deutlich, dass das häufige

8 Die Gruppe wurde anhand des Faktors „Gottesglaube" gebildet: 282 Personen, die bei t_1 über dem Mittelwert des Faktors ($M = 3.9$) lagen, werden in die Gruppe „höherer Gottesglaube" gezählt. Die übrigen 272 Personen zu der Gruppe „niedrigerer Gottesglaube". Nähere Informationen zur Faktorenanalyse und dem Faktor „Gottesglaube" ab S. 309–316.

Abbildung 31: Auseinandersetzung mit anderen – Vergleich Gruppe mit höherem und niedrigerem Gottesglauben (t_1 bis t_3)

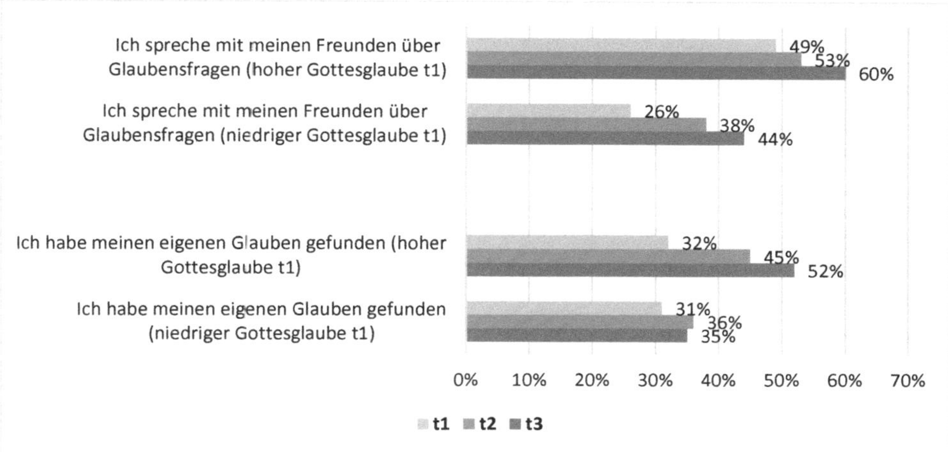

Abgebildet sind die tendenziellen Zustimmungswerte in Prozent (Stufen 5/6/7 der Skala: 1 = trifft gar nicht zu; 7 = trifft voll zu) über die drei Messzeitpunkte für die Personen mit höherem religiösen Gottesglauben bei t_1 (N = 282) und die Personen mit niedrigerem Gottesglauben bei t_3 (N = 272). Trennwert für die beiden Gruppen ist der Mittelwert des Faktors „Gottesglaube" (M = 3.9).

Abbildung 32: Zustimmung zu der Aussage *„Ich spreche mit meinen Freunden über Glaubensfragen"* – Individualverschiebung t_1–t_3

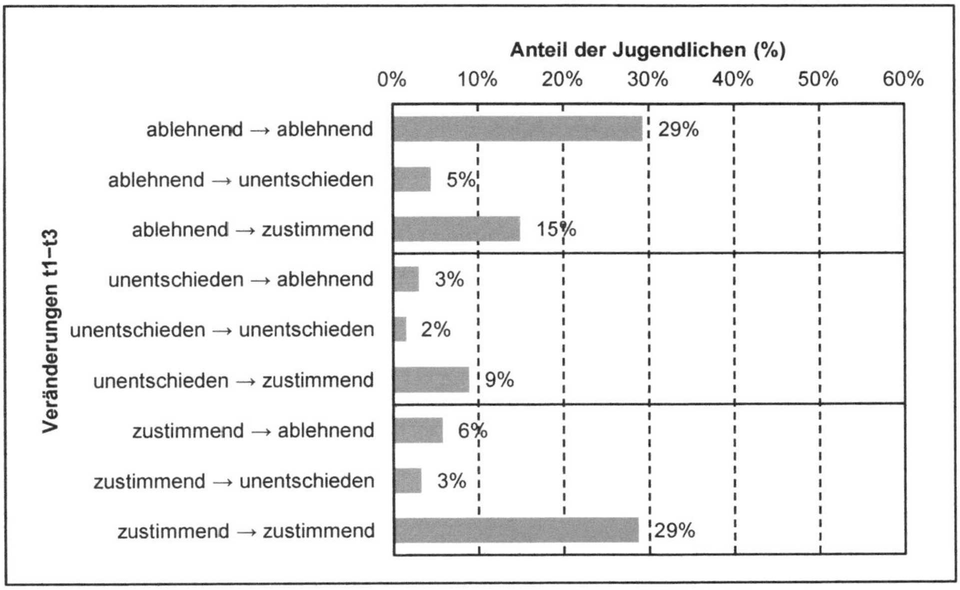

Abgebildet ist der prozentuale Anteil des Samples, der jeweils von einer ablehnenden, einer unentschiedenen oder einer zustimmenden Haltung bei t_1 zu einer ablehnenden, einer unentschiedenen oder einer zustimmenden Haltung bei t_3 gewechselt ist oder bei der Haltung von t_1 geblieben ist, N = 550.

Tabelle 9: Auseinandersetzung mit anderen Personen (t_1 bis t_3)

Religion und Glaube in Ihrem Umfeld: Inwieweit treffen folgende Aussagen zu?	**N t1**	**M t1**	**SD t1**	**TZ t1**	**N t2**	**M t2**	**SD t2**	**TZ t2**	**N t3**	**M t3**	**SD t3**	**TZ t3**
Ich habe mich vom Glauben meiner Eltern entfernt.	553	2,28	1,79	**15 %**	553	2,67	1,85	**19 %**	558	2,97	1,87	**25 %**
Ich habe einen eigenen Glauben gefunden.	553	3,25	2,18	**32 %**	553	3,71	2,1	**40 %**	557	3,93	2,06	**44 %**
Ich bin auf der Suche nach meinem Glauben.	554	2,43	1,81	**17 %**	554	2,77	1,88	**21 %**	557	2,81	1,86	**22 %**
Ich spreche mit meinen Eltern über Glaubensfragen.	554	3,62	2,25	**40 %**	553	3,74	2,21	**42 %**	557	3,9	2,12	**43 %**
Ich spreche mit meinen Freunden über Glaubensfragen.	551	3,6	2,1	**38 %**	554	3,87	2,11	**46 %**	558	4,19	2,04	**52 %**
Ich spreche mit meinen Kollegen über Glaubensfragen.									556	3,12	1,98	**29 %**
Wenn man über Glauben spricht, wird man bloß ausgelacht.	553	2,49	1,61	**16 %**	554	2,4	1,51	**11 %**	555	2,33	1,42	**10 %**

Skala: 1 = trifft gar nicht zu, 7 = trifft voll zu. TZ = tendenzielle Zustimmung (Stufen 5/6/7). Das Item „*Ich spreche mit meinen Kollegen über Glaubensfragen*“ wurde bei t_3 neu aufgenommen, daher gibt es in den Daten keine Entsprechung bei t_1 und t_2.

Nachdenken über den Sinn des Lebens von 71 % bei t_1 hin zu t_3 noch leicht ansteigt (auf 77 %). Das häufige Nachdenken über Gott bleibt im Vergleich zu t_2 auf einem Niveau von etwa 40 %.

Bei der Aussage „*Ich habe einen eigenen Glauben gefunden*“ gibt es insgesamt betrachtet einen Zuwachs von 32 % auf 44 %. Auf der Individualebene wird sichtbar, dass 17 % der Befragten, die dem bei t_1 noch nicht zustimmten, nun zustimmen (s. Abbildung 34).

Abbildung 33: Nachdenken über Gott und Sinn (t_1 bis t_3)

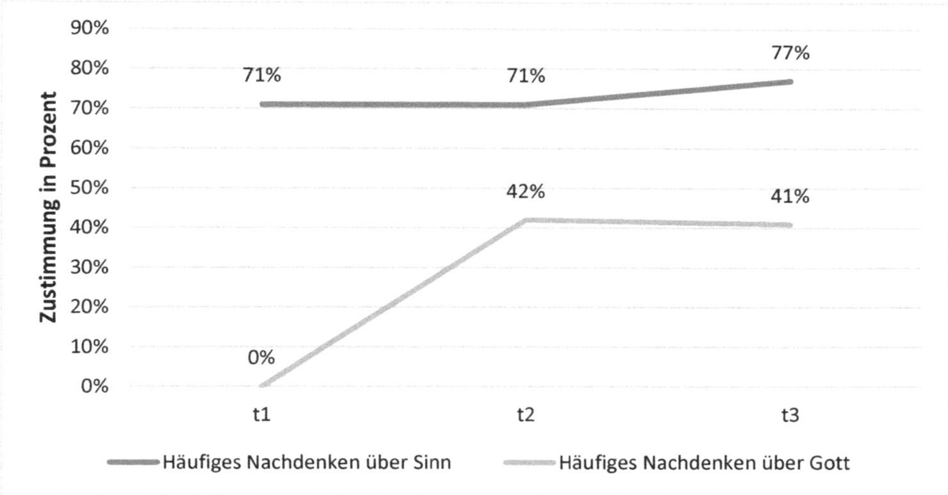

Abgebildet sind die tendenziellen Zustimmungswerte in Prozent (Stufen 5/6/7 der Skala: 1 = nie; 7 = sehr häufig). N = 552–557.

Abbildung 34: Zustimmung zu der Aussage *„Ich habe einen eigenen Glauben gefunden"* – Individualverschiebung t_1–t_3

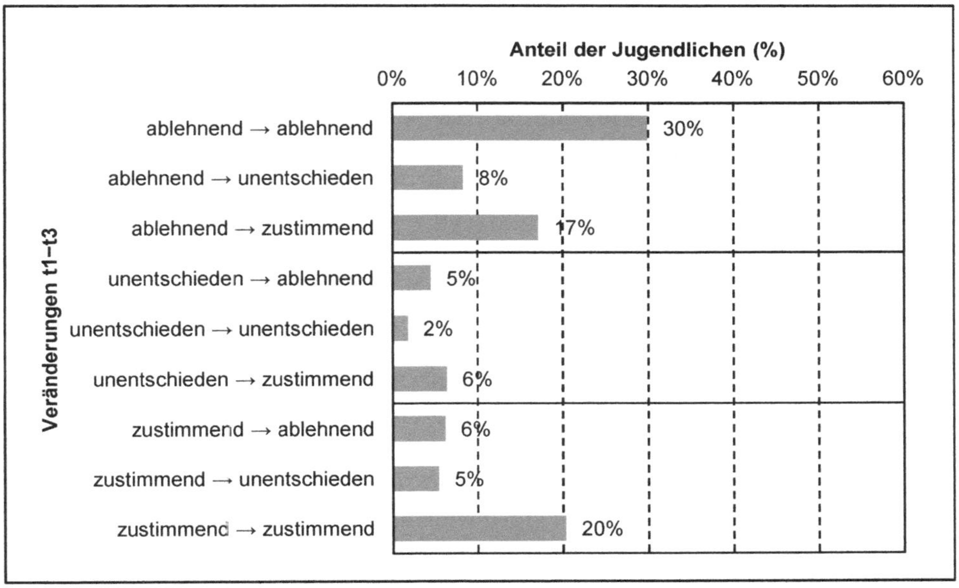

Abgebildet ist der prozentuale Anteil des Samples, der jeweils von einer ablehnenden, einer unentschiedenen oder einer zustimmenden Haltung bei t_1 zu einer ablehnenden, einer unentschiedenen oder einer zustimmenden Haltung bei t_3 gewechselt ist oder bei der Haltung von t_1 geblieben ist, N = 551.

8. Einstellungen gegenüber anderen Religionen

In Bezug auf den Faktor „Religionspluralität" gibt es keine großen Unterschiede im zeitlichen Verlauf für die Gesamtstichprobe: $M(t_1) = 5.13$, $M(t_3) = 5.21$.

Bei dem Faktor „Xenophobie" liegt der gemittelte Faktorwert bei der ersten Erhebung bei $M(t_1) = 2.67$ und bei der dritten Erhebung bei $M(t_3) = 3.01$. Der leichte Anstieg ist signifikant ($p < .001$).

Bei dem Vergleich der Geschlechter mithilfe der t_3-Daten gibt es keinen signifikanten Effekt bei dem Faktor „Xenophobie". Männer und Frauen unterscheiden sich also bei der dritten Erhebung nicht mehr auffallend im Blick auf xenophobe Einstellungen – die männlichen Befragten wiesen hier bei der ersten Erhebung etwas höhere Werte auf (Schweitzer et al., 2018, S. 116).

Bei dem Faktor „Religionspluralität" erreichen die weiblichen Befragten, wie schon bei der ersten Erhebung (vgl. Schweitzer et al., 2018, S. 112), etwas höhere Werte als die männlichen Befragten ($M = 5.3$ vs. $M = 5.1$). Dieser Effekt ist knapp signifikant ($p = .023$), so dass gesagt werden kann, dass sich die etwas offenere Einstellung der weiblichen Befragten zu anderen Religionen und Kulturen über die Zeit hinweg durchhält.

Befragte mit einer höheren religiösen Sozialisation unterscheiden sich signifikant von Befragten mit niedrigerer religiöser Sozialisation im Blick auf den Faktor „Religionspluralität" ($M = 5.4$ vs. $M = 5$): Sie sind offener in Bezug auf andere Religionen und Kulturen. Bei dem Faktor „Xenophobie" gibt es keine signifikanten Unterschiede zwischen diesen Gruppen.

Die Zustimmung zu Aussagen zu anderen Religionen auf Itemebene bleiben insgesamt relativ konstant – bis auf ein paar Ausnahmen (s. Tabelle 10): Es gibt einen Anstieg bei der Zustimmung, dass manche muslimische Gruppen Angst machen (t_1: 65 %, t_3: 71 %).[9] Gleichzeitig sinkt die Zustimmung zu der Aussage, es gebe zu viele Muslime in Deutschland (t_1: 20 %, t_3: 16 %). Die Befragten scheinen also zwischen verschiedenen muslimischen Gruppen zu differenzieren: Es gibt muslimische Gruppen, die manchen Angst machen. Diese Angst wird aber nicht auf alle Muslime in Deutschland lebenden Muslime übertragen.

Die Zustimmung zu der Aussage *„Ohne Religionen wäre die Welt friedlicher"* liegt bei t_1 bei 34 % und bei t_3 bei 35 %. In der Individualverschiebung (s. Abbildung 35) zu diesem Item wird deutlich, dass es auf individueller Ebene mehr Bewegung gibt, als zunächst angenommen werden könnte: 47 % ändern ihre Meinung zu der Aussage *„Ohne Religionen wäre die Welt friedlicher"*. Beispielsweise wechseln 10 % der Befragten von einer ablehnenden zu einer zustimmenden Haltung. Fast ebenso viele (11 %) wechseln in der gleichen Zeit von einer zustimmenden zu einer ablehnenden Haltung.

9 Ebenso wie manche christliche Gruppen Angst machen können (t_1: 41 %, t_3: 54 %).

Tabelle 10: Einstellung zu anderen Religionen (t_1 bis t_3)

Welche der folgenden Aussagen über andere Kulturen und Religionen treffen Ihrer Meinung nach zu?	**N t1**	**M t1**	**SD t1**	**TZ t1**	**N t2**	**M t2**	**SD t2**	**TZ t2**	**N t3**	**M t3**	**SD t3**	**TZ t3**
Nur eine Religion ist wahr.	556	2	1.75	**12 %**	556	1.99	1.77	**11 %**	558	1.95	1.7	**10 %**
Mehrere Religionen können wahr sein.	557	5.46	1.94	**75 %**	556	5.41	1.99	**76 %**	558	5.31	1.99	**73 %**
In jeder Religion liegt Wahrheit.	555	5.28	1.79	**71 %**	556	5.16	1.85	**69 %**	558	5.26	1.8	**72 %**
Man sollte sich aus jeder Religion das Passende heraussuchen.	556	3.56	1.92	**32 %**	557	3.55	1.92	**22 %**	558	3.74	1.99	**37 %**
Keine Religion ist wahr.	553	2.48	1.93	**16 %**	555	2.74	2.03	**21 %**	554	2.92	2	**23 %**
Ich finde es spannend, mich mit anderen Kulturen zu beschäftigen.	556	5.24	1.63	**72 %**	557	5.61	1.46	**81 %**	557	5.87	1.33	**85 %**
Mich interessiert, was Mitschüler einer anderen Religion denken.	554	5.19	1.72	**73 %**	557	5.39	1.6	**75 %**	558	5.46	1.61	**79 %**
Es gibt zu viele Muslime in Deutschland.	554	2.61	1.9	**20 %**	556	2.3	1.69	**15 %**	554	2.36	1.76	**16 %**
Es gibt zu viele Juden in Deutschland.	555	1.64	1.08	**2 %**	556	1.53	0.98	**1 %**	555	1.54	1.1	**2 %**
In meinem Freundeskreis gibt es auch Angehörige anderer Religionen.	557	5.12	2.15	**68 %**	556	5.02	2.12	**66 %**	557	5.31	1.98	**74 %**
Manche muslimische Gruppen machen mir Angst.	554	4.89	2.03	**65 %**	557	5.04	1.92	**68 %**	558	5.08	1.82	**71 %**
Mache christliche Gruppen machen mir Angst.	555	3.74	2.08	**41 %**	557	4.01	1.96	**45 %**	556	4.34	1.96	**54 %**
Man sollte andere nicht überreden, an etwas zu glauben.	554	6.39	1.34	**91 %**	556	6.43	1.21	**92 %**	556	6.47	1.13	**93 %**
Die vielen Religionen in Deutschland machen mir Angst.	551	2.26	1.58	**12 %**	555	2.26	1.51	**10 %**	556	2.27	1.62	**12 %**
Religion führt zwangsläufig zu Gewalt.	554	3.31	2.03	**31 %**	555	3.25	1.95	**30 %**	557	3.15	1.91	**26 %**
Ohne Religionen wäre die Welt friedlicher.	554	3.51	2.13	**34 %**	555	3.66	2.06	**36 %**	557	3.65	2.04	**35 %**

Skala: 1 = trifft gar nicht zu, 7 = trifft voll zu. TZ = tendenzielle Zustimmung (Stufen 5/6/7).

Abbildung 35: Zustimmung zu der Aussage *„Ohne Religionen wäre die Welt friedlicher.“* – Individualverschiebung t_1–t_3

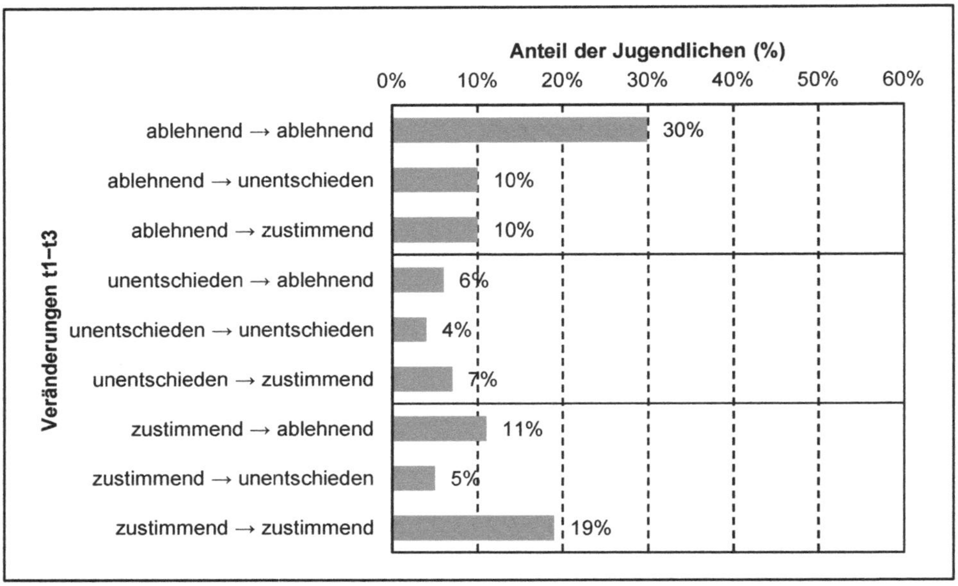

Abgebildet ist der prozentuale Anteil des Samples, der jeweils von einer ablehnenden, einer unentschiedenen oder einer zustimmenden Haltung bei t_1 zu einer ablehnenden, einer unentschiedenen oder einer zustimmenden Haltung bei t_3 gewechselt ist oder bei der Haltung von t_1 geblieben ist, N = 552.

In der Analyse der t_1- und der t_2-Daten hatte sich gezeigt, dass Schülerinnen und Schüler an beruflichen Schulen deutlich höhere Xenophobie-Werte aufwiesen und sich dieser Effekt über die Zeit noch verstärkte (vgl. Schweitzer et al., 2018, S. 117; S. 145). Das Sample der dritten Befragung schließt eine vergleichsweise kleine Gruppe von ehemaligen Schülerinnen und Schülern beruflicher Schulen ein, dennoch lässt sich aus den in Abbildung 36 dargestellten Befunden die Hypothese ableiten, dass sich der gefundene Effekt über die Zeit noch weiter verstärkt: Die Zustimmung zu der Aussage *„es gibt zu viele Muslime in Deutschland“* ist bei t_3 bei ehemaligen Schülerinnen und Schülern beruflicher Schulen ($t_1 = 32\%$, $t_3 = 39\%$) deutlich höher als bei ehemaligen Schülerinnen und Schülern am allgemeinbildenden Gymnasium ($t_1 = 18\%$, $t_3 = 10\%$), und dieser Unterschied verstärkt sich noch über die Zeit. Weitere Untersuchungen mit einem größeren Sample wären notwendig, um sich intensiver mit der Thematik zu befassen und um Ursachen für diese Entwicklung auf die Spur zu kommen.

Abbildung 36: Xenophobe Aussage nach Schularten (t_1 und t_3)

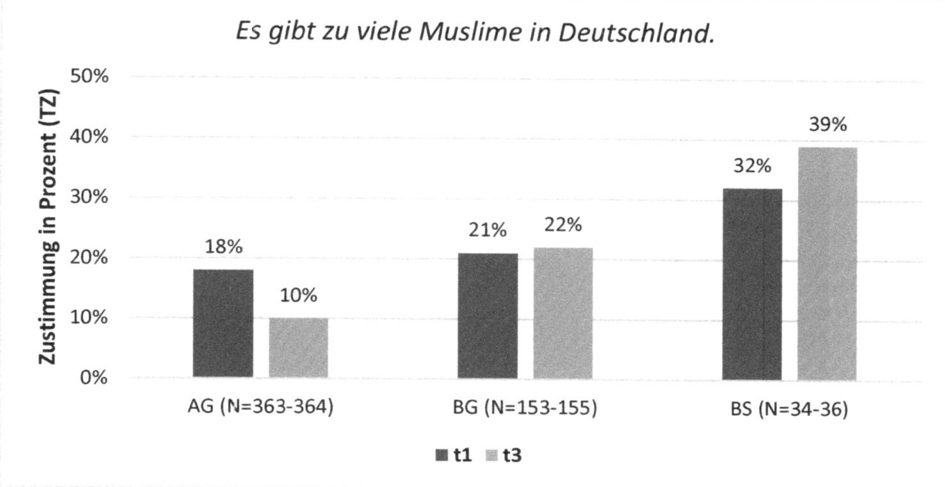

AG = allgemeinbildendes Gymnasium, BG = berufliches Gymnasium, BS = berufliche Schule, Skala: 1 = trifft gar nicht zu, 7 = trifft voll zu. TZ = tendenzielle Zustimmung (Stufen 5/6/7).

9. Religions- und Ethikunterricht im Rückblick

Wie beurteilen die ehemaligen Schülerinnen und Schüler ihren Religions- bzw. Ethikunterricht im Rückblick? Bei der ersten Erhebung zeigten sich einige interessante Unterschiede zwischen Ethik- und Religionsschülerinnen. Im Folgenden soll der Frage nachgegangen werden, ob sich diese Unterschiede auch bei der dritten Erhebung wiederfinden. Um erfassen zu können, warum sich Schülerinnen und Schüler für den Ethikunterricht entschieden haben (oder warum sie im Religionsunterricht geblieben sind), wurde eine offene Frage dazu in den Fragebogen eingefügt. Die Antworten der Befragten werden am Ende dieses Kapitels zusammengefasst.

9.1 Rückblick auf den Unterricht

Die Befragten beurteilen ihren Unterricht im Rückblick (t_3) insgesamt gut, teilweise sogar besser als zu der Zeit (t_1 und t_2), als sie den Unterricht noch besuchten (s. Tabelle 11). Beispielsweise stimmen nun 75 % der Befragten zu, dass der Unterricht Denkanstöße gegeben habe (t_1: 61 %). Die Zustimmung zu der Aussage *„Der Religions-/Ethikunterricht hilft mir bei schwierigen Lebensfragen"* steigt von 19 % (t_1) auf 27 % (t_3). 79 % der jungen Erwachsenen stimmen bei der dritten Befragung zu, dass es gut sei, dass es den Religions- (bzw. Ethik-)Unterricht gibt.

Die religiöse Sozialisation hat, ebenso wie das Geschlecht, keinen signifikanten Effekt auf den Faktor „Unterrichtsinteresse" bei der dritten Erhebung, d. h.

Tabelle 11: Beurteilung des Unterrichtes (t_1 bis t_3)

	N t1	M t1	SD t1	TZ t1	N t2	M t2	SD t2	TZ t2	N t3	M t3	SD t3	TZ t3
Im Religions-/ Ethikunterricht gibt es spannende Themen. t₃: Im Religions-/ Ethikunterricht gab es spannende Themen.	557	4.8	1.61	**62 %**	556	5.13	1.56	**72 %**	556	5.44	1.47	**79 %**
Der Religions-/ Ethikunterricht bringt mir persönlich wenig. t₃: Der Religions-/ Ethikunterricht hat mir persönlich wenig gebracht.	556	3.95	1.79	**39 %**	556	3.64	1.83	**35 %**	555	3.29	1.84	**28 %**
Der Religions-/ Ethikunterricht hilft mir bei schwierigen Lebensfragen. t₃: Das, was ich im Religions-/ Ethikunterricht erfahren habe, hilft mir bei schwierigen Lebensfragen.	555	2.89	1.55	**19 %**	556	2.96	1.57	**18 %**	555	3.29	1.7	**27 %**
Es ist gut, dass es den RU/EU gibt.									556	5.53	1.58	**79 %**
Der Religions-/ Ethikunterricht gibt mir Denkanstöße./ t3: Der Religions-/ Ethikunterricht gab mir Denkanstöße.	555	4,63	1,66	**61 %**	556	4,97	1,6	**68 %**	555	5.36	1.58	**77 %**
Für meinen (späteren) Beruf lerne ich etwas im Religions-/Ethikunterricht. t₃: Im Religions-/ Ethikunterricht lernt man etwas für den Beruf.	555	2,74	1,68	**18 %**	556	3	1,79	**23 %**	556	3.26	1.81	**28 %**

Skala: 1 = trifft gar nicht zu, 7 = trifft voll zu. TZ = tendenzielle Zustimmung (Stufen 5/6/7). Die einführende Instruktion lautete: *Sie besuchten entweder den Religionsunterricht oder den Ethikunterricht. Die folgenden Fragen beziehen sich auf diesen Unterricht. Inwieweit stimmen Sie diesen Aussagen zu?*

männliche wie weibliche Befragte, Personen mit niedriger und höherer religiöser Sozialisation unterscheiden sich nicht in ihrer rückblickenden Beurteilung des Religionsunterrichts (bzw. Ethikunterrichts).

Bereits bei der Analyse der t_1- und t_2-Daten ist deutlich geworden, dass Ethikschülerinnen und -schüler ihren Unterricht positiver beurteilen, als Religi-

Abbildung 37: Bewertung des Unterrichts – RU und EU im Vergleich (t_1 und t_3)

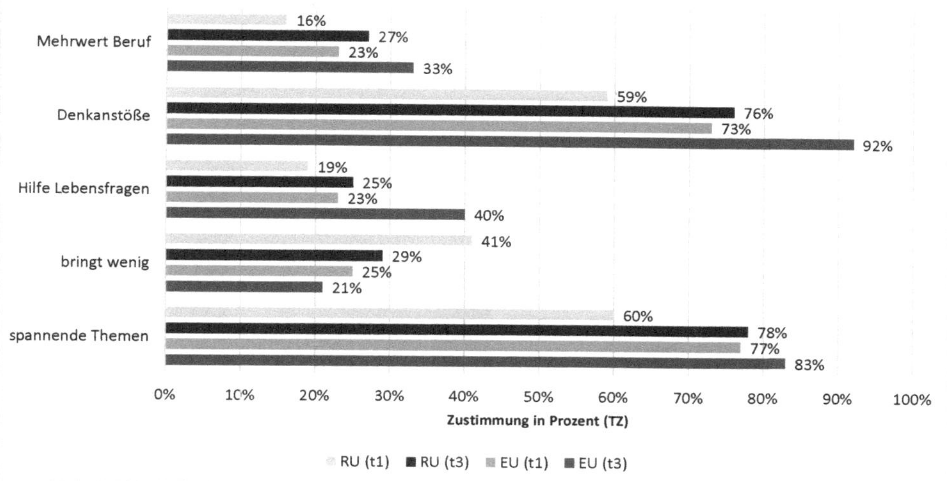

Abgebildet sind die tendenziellen Zustimmungswerte (TZ) in Prozent (Stufen 5/6/7 der Skala: 1 = nie; 7 = sehr häufig) getrennt für die Befragten, die den Religionsunterricht (RU) besuchten und die den Ethikunterricht besuchten (EU). N(RU) = 500–502, N(EU) = 47–48.

onsschülerinnen und -schüler ihren Unterricht beurteilen (vgl. Schweitzer et al., 2018, S. 138–139; S. 161–162). Bei t_3 ist die Gruppe der ehemaligen Ethikschülerinnen und -schüler vergleichsweise klein (N = 48). Dennoch wird in Abbildung 37 ein Vergleich mit der Gruppe der Religionsschülerinnen und -schüler und deren Aussagen zum Unterricht dargestellt. Darin kann zumindest eine Tendenz sichtbar werden, die sich als Hypothese so formulieren lässt, dass sich das Ergebnis der besseren Unterrichtsbeurteilung bei Ethikschülerinnen und -schülern auch im Rückblick fortsetzt. Daneben wird deutlich, dass die Beurteilung des Unterrichts im Rückblick sowohl bei Religionsschülerinnen und -schülern als auch bei Ethikschülerinnen und -schülern insgesamt positiver ausfällt als zur Schulzeit.

Wenn die Zustimmung zu der Aussage *„Im Religions-/Ethikunterricht lernt man etwas für den Beruf"* nach Schularten getrennt für t_1 und t_3 betrachtet wird (s. Abbildung 38), wird ersichtlich: Auch hier nimmt die Zustimmung bei allen Schularten zu, d. h. die Wahrnehmung, dass das im Unterricht Gelernte im Berufsleben nützlich ist. Der bereits früher erfasste Befund, dass dem besonders die Berufsschülerinnen und -schüler zustimmen, zeigt sich auch in den t_3-Daten.

Abbildung 38: Mehrwert des Unterrichtes für den Beruf nach Schulart getrennt (t_1 und t_3)

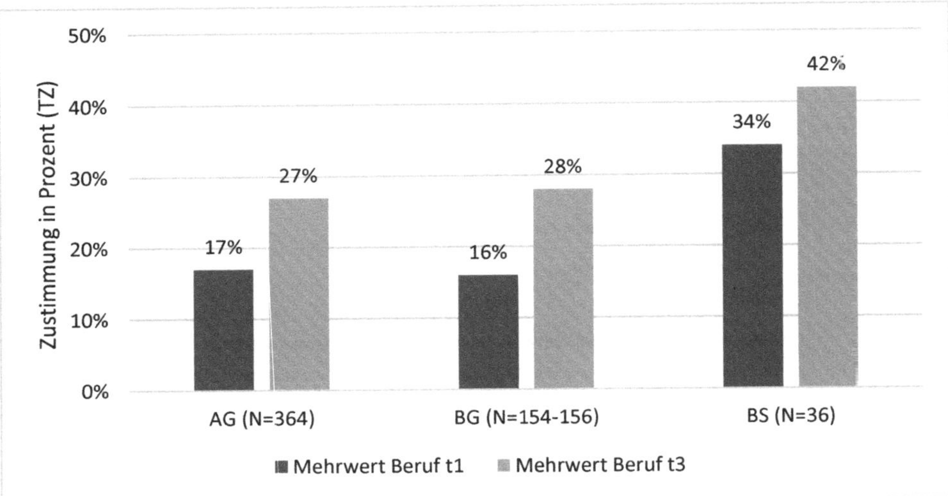

Abgebildet sind die tendenziellen Zustimmungswerte (TZ) in Prozent (Stufen 5/6/7 der Skala: 1 = nie; 7 = sehr häufig) zu der Aussage *„Im Religions-/Ethikunterricht lernt man etwas für den Beruf“* (Mehrwert Beruf) für die Befragten nach Schulart getrennt. AG = allgemeinbildendes Gymnasium, BG = berufliches Gymnasium, BS = andere berufliche Schulen.

9.2 Unterschiedliche Entwicklungen von Ethik- und Religionsschülerinnen und -schülern

Die Befragten, die den Ethikunterricht besuchten, weisen zu allen Befragungszeitpunkten niedrigere Zustimmungswerte zu der Aussage *„ich glaube an Gott“* auf als die Befragten, die den Religionsunterricht besuchten (s. Abbildung 39). Auch auf der Faktorenebene unterscheiden sich die beiden Gruppen im Blick auf den Faktor „Gottesglaube“ bei der dritten Erhebung ebenfalls signifikant ($p = .004$): Befragte, die den Ethikunterricht besuchten, haben niedrigere Werte, d. h. einen weniger ausgeprägten Gottesglauben (M = 3.5 vs. M = 4.1). Davon abgesehen verlaufen die Entwicklungslinien insgesamt ähnlich: Es gibt bei den ehemaligen Ethikschülerinnen und -schülern im Blick auf den Gottesglauben ein Einpendeln des Zustimmungswertes bei ca. 40 % ab t_2 und bei den Religionsschülerinnen und -schülern bei ca. 60 % bei der zweiten Befragung.

Bei den ehemaligen Ethikschülerinnen und -schülern steigt die Zustimmung dazu, „gläubig“ zu sein, bemerkenswerterweise von 40 % (t_1) auf 46 % (t_3) (s. Abbildung 40): Die Ethikschülerinnen und -schüler unterscheiden sich bei t_3 *nicht* signifikant von Religionsschülerinnen und -schülern in Bezug auf die Einschätzung, ob sie sich als „religiös“ ($p = .075$) oder als „gläubig“ ($p = .074$) bezeichnen würden. Bei der ersten Befragung gab es hier noch signifikante Unterschiede: Religionsschülerinnen und -schüler bezeichneten sich bei der ersten Erhebung insgesamt als „gläubiger“ bzw. als „religiöser“ im Vergleich zu den Mitschülerinnen

Abbildung 39: „*Ich glaube an Gott*" – Ethik- vs. Religionsschülerinnen und -schüler (t_1 bis t_3)

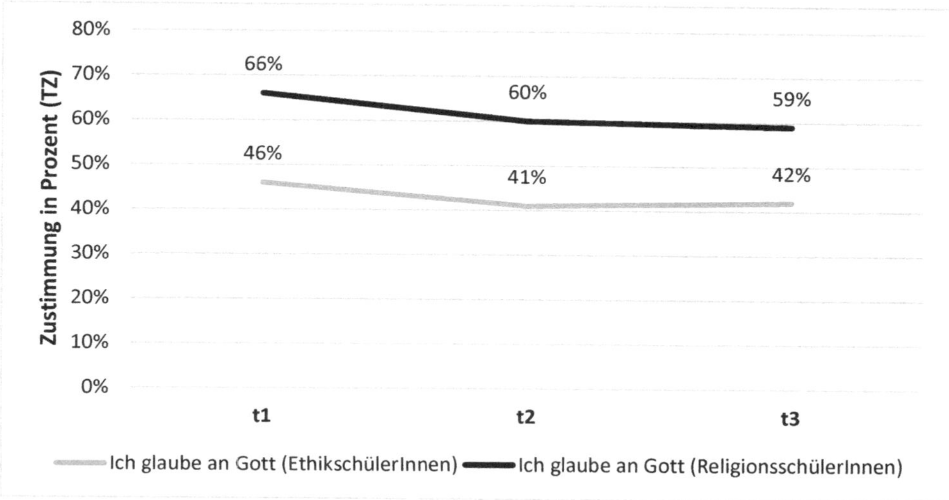

Abgebildet sind die tendenziellen Zustimmungswerte in Prozent zu der Aussage „*ich glaube an Gott*" (Stufen 5/6/7 der Skala: 1 = gar nicht; 7 = sehr) getrennt für Befragte, die den Religionsunterricht besucht haben, und Befragte, die den Ethikunterricht besucht haben, RU = Religionsschülerinnen und -schüler, EU = Ethikschülerinnen und -schüler, N (RU) = 499–501, N (EU) = 47–48.

und -schülern im Ethikunterricht (vgl. Schweitzer et al., 2018, S. 71). Dass diese Unterschiede bei der dritten Erhebung deutlich geringer ausfallen, wird in Abbildung 40 ersichtlich.

Im Blick auf die Relevanz und Inhalte des Glaubens gibt es wiederum Unterschiede, die bereits bei der ersten Befragung erkennbar waren (vgl. Schweitzer et al., 2018, S. 157–159):

- Ehemalige Ethikschülerinnen und -schüler stimmen der Aussage „*in schwierigen Situationen hilft mir mein Glaube an Gott*" bei t_3 signifikant seltener ($p = .010$) zu als ehemalige Religionsschülerinnen (35 % vs. 50 %). Die Bedeutung des Glaubens ist gerade in schwierigen Situationen in der Gruppe der Ethikschülerinnen und -schüler geringer.
- Die Befragten, die den Ethikunterricht besucht haben, erzielen bei t_3 signifikant niedrigere Werte ($p < .001$) bei dem Faktor „Jenseitsglaube" (M = 3.6 vs. M = 4.5) als die Befragten, die den Religionsunterricht besucht haben.
- Ehemalige Ethikschülerinnen und -schüler sind auch bei der dritten Erhebung signifikant ($p < .001$) weniger kirchlich verbunden (M = 3 vs. M = 3.8) als ehemalige Religionsschülerinnen und -schüler.
- Hinsichtlich der Gottesvorstellungen fällt auf, dass die Befragten, die den Ethikunterricht besucht haben, eine ähnliche Entwicklung aufweisen wie die Befragten, die im Religionsunterricht waren: Auch sie stimmen der Aussage, Gott

Abbildung 40: „Gläubig“ und „religiös“ (t_1 bis t_3) – Ethik- und Religionsschülerinnen und -schüler im Vergleich

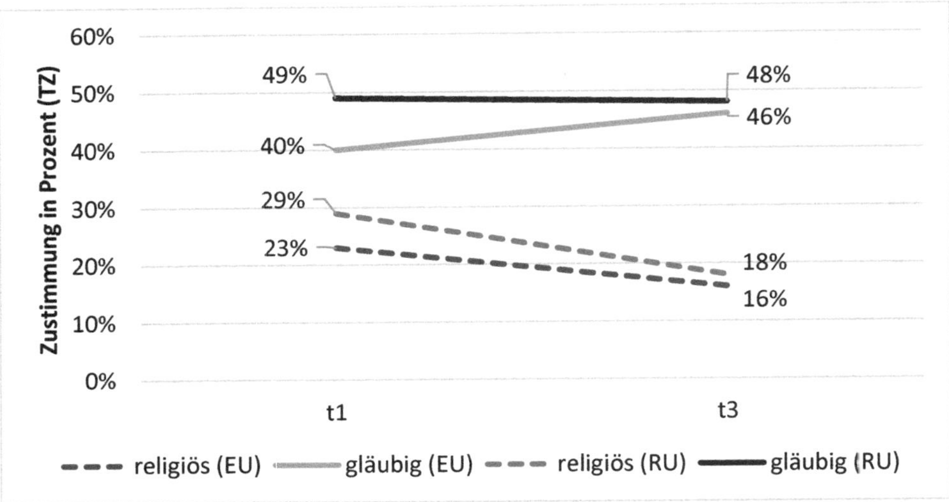

Abgebildet sind die tendenziellen Zustimmungswerte (TZ) in Prozent zu den Fragen *„Für wie „religiös“/„gläubig“ halten Sie sich?“* (Stufen 5/6/7 der Skala: 1 = gar nicht; 7 = sehr) für Ethikschülerinnen und -schüler (EU) und Religionsschülerinnen und -schüler (RU), N (EU) = 48, N (RU) = 508.

sei wie eine Energie, bei der dritten Befragung deutlich mehr zu und zeigen gleichzeitig im Vergleich zur ersten bei der dritten Befragung eine noch höhere Zustimmung zu der Aussage *„Gott ist jemand, zu dem man sprechen kann“*. Der Unterschied zu den ehemaligen Religionsschülerinnen und -schülern besteht darin, dass diese Aussagen insgesamt jeweils geringere Zustimmungswerte erhalten. Die Entwicklungslinien sind jedoch jeweils nahezu parallel, wie in Abbildung 41 ersichtlich wird.

9.3 Rückblicke auf den Ethik- und Religionsunterricht – Auswertung der offenen Fragen

Der Ethikunterricht schnitt in der ersten und zweiten Befragung insgesamt in den Bewertungen der Ethikschülerinnen und -schüler besser ab als der Religionsunterricht in den Bewertungen der Religionsschülerinnen und -schüler (vgl. Schweitzer et al., 2018, S. 110; S. 161-162). Auch wenn der Religionsunterricht für sich betrachtet keineswegs schlecht bewertet wird, lagen die Werte für den Ethikunterricht doch in allen abgefragten Bereichen darüber. Beispielsweise wurde mehr persönliche Relevanz im Ethikunterricht gesehen und wurden die Themen als spannender bewertet. Um weiter zu klären, warum der Ethikunterricht von den Jugendlichen insgesamt besser beurteilt wird, wurden bei der dritten Erhebung

Abbildung 41: Gottesvorstellungen (t_1–t_3) – Ethik- und Religionsschülerinnen und -schüler im Vergleich

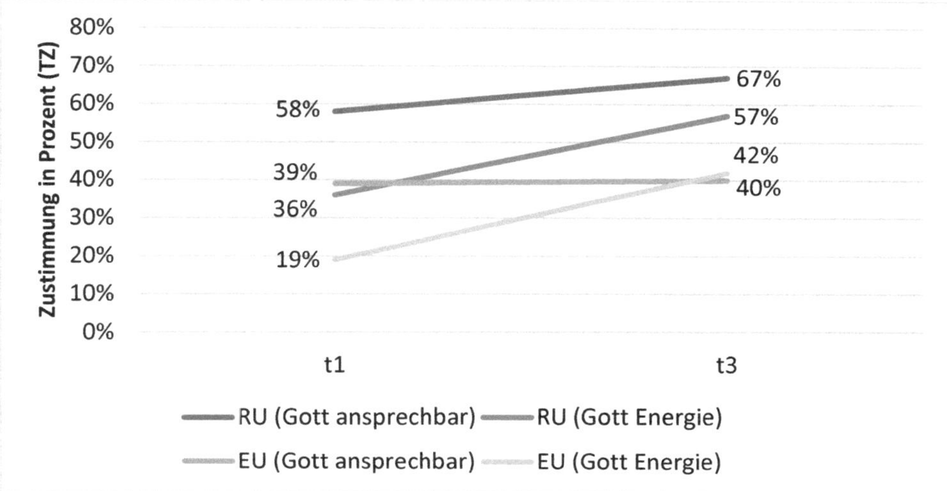

Abgebildet sind die tendenziellen Zustimmungswerte (TZ) in Prozent zu den Items *„Was meinen Sie: Gott oder das Göttliche ist für mich persönlich eine Energie"* (Gott Energie) und *„Gott oder das Göttliche ist für mich persönlich jemand, zu dem man sprechen kann"* (Gott ansprechbar) (Stufen 5/6/7 der Skala 1 = trifft gar nicht zu, 7 = trifft voll zu) für Ethikschülerinnen und -schüler (EU) und Religionsschülerinnen und -schüler (RU), N (EU) = 48, N (RU) = 502–503.

zusätzlich verschiedene offene Fragen in den Fragebogen eingefügt. Die Antworten der ehemaligen Schülerinnen und Schüler im Rückblick auf ihren Unterricht sind dabei auch für sich gesehen interessant. Im Folgenden werden diese Antworten kurz unter der jeweiligen Frage zusammengefasst.

Welches Thema fanden Sie besonders gut, wenn Sie sich an Ihren Religions-/Ethikunterricht erinnern?

Wichtige Themen im RU

Die Religionsschülerinnen und -schüler nennen häufig ethische Themen und Fragestellungen, wenn sie sich an interessante Themen im Religionsunterricht erinnern. Dazu gehören neben der generellen Nennung „ethische Fragestellungen" die Themen Abtreibung, Sterbehilfe und Moraltheorie bzw. moralisches Entscheiden und soziale Gerechtigkeit.

Ebenso groß ist im Rückblick das Interesse an anderen Religionen, vor allem an den Weltreligionen Judentum, Islam und Buddhismus, aber auch an der damit verbundenen Kultur und Weltanschauung. Dabei geht es den Jugendlichen um *„das Kennenlernen anderer Religionen und Sichtweisen auf das Leben und die Welt"*. Darüber hinaus werden als interessante Themen atheistische Perspektiven und Sekten genannt.

Das Interesse an Religionskritik und Religionsgeschichte sowie die Auseinandersetzung mit der erlebten Spannung von Glaube und Wissenschaft ist vielfach spürbar.

Dezidiert religiöse Themen werden ebenfalls genannt: Bibel, Jesus, Bergpredigt, Gott, ebenso die Theodizee-Frage und Leben nach dem Tod.

Persönlich relevant ist für die Schülerinnen und Schüler retrospektiv die Selbstreflexion im Religionsunterricht, die Frage nach dem Sinn des Lebens und nach Glück.

Wichtige Themen im Ethikunterricht

Die Ethikschülerinnen und -schüler nennen häufig moralisches und kritisches Denken, Reflexion zu Verhalten und Handeln sowie den Gerechtigkeitsbegriff. Zudem sind philosophische Themen in positiver Erinnerung geblieben, hier werden vor allem Utilitarismus und Kant genannt.

Auch die Themen zu persönlicher Entwicklung, zum Sinn des Lebens und zum Glücksbegriff sind nachhaltig von Interesse.

Vereinzelt tauchen die Themen Weltreligionen, Religionskritik und Gottesbeweis auf.

Gemeinsamkeiten

Den ehemaligen Religionsschülerinnen und -schülern und Ethikschülerinnen und -schülern ist das starke Interesse an (sozialer) Gerechtigkeit und moralischen und philosophischen Fragestellungen gemeinsam. Zudem sind die persönliche Selbstreflexion und Entwicklung sowie die Sinnfrage und die Frage nach Glück von persönlichem Interesse.

Unterschiede

Die Ethikschülerinnen und -schüler interessieren sich stark für den generellen Begriff der Gerechtigkeit, bei den Religionsschülerinnen und -schülern taucht der Begriff eher im Zusammenhang mit sozialer Gerechtigkeit auf. Zudem interessieren sich Religionsschülerinnen und -schüler besonders für das Thema Wirklichkeit, das in den Ethikunterrichtsthemen nicht genannt wurde. Bibelarbeit, Leben und Tod, Theodizee, Religionskritik und Religionsgeschichte sowie Glaube und Wissenschaft werden vor allem von Religionsschülerinnen und -schülern genannt.

Was hat der Religions-/Ethikunterricht Ihnen gebracht?

Religionsunterricht

Viele Jugendliche geben an, dass ihnen der Religionsunterricht Denkanstöße gegeben hat. Ebenfalls häufig genannt werden der „Perspektivwechsel" und neue Ansichten, mehr Wissen über andere Religionen und Kulturen, interessante Diskussionen und Meinungsaustausch, eine Wertevermittlung in der Auseinandersetzung mit ethischen Grundlagen sowie die Klärung persönlicher Glaubensfragen.

Ethikunterricht

Der Ethikunterricht hat den Schülerinnen und Schülern ebenfalls Denkanstöße gegeben und andere, differenzierte Denkweisen und neue Perspektiven gelehrt. Dazu gehören Toleranz und die Fähigkeit, zu argumentieren und zu diskutieren, sowie die persönliche Reflexion. Zudem hat der Unterricht das Interesse an Philosophie und Psychologie geweckt und verstärkt.

Warum haben Sie in den Ethikunterricht gewechselt?

Die häufigsten Gründe für einen Wechsel in den Ethikunterricht sind meist „ein anderer Glaube" bzw. eine andere Religionszugehörigkeit oder dass man „nicht religiös sei". Dazu gehört auch das Desinteresse an Religion und die Nicht-Identifikation mit dieser. Andere, weniger häufig genannte Gründe sind das grundsätzliche Interesse am Ethikunterricht und dessen „Neutralität" sowie die Person der Lehrkraft.

Warum haben Sie nicht in den Ethikunterricht gewechselt?

Der wichtigste Grund für den Besuch des Religionsunterrichts statt des Ethikunterrichts ist für die Jugendlichen der eigene „Glaube" und die Religionszugehörigkeit.

Allerdings gibt es auch für etliche keinen einheitlichen Grund. Vielmehr werden einzelne Aspekte genannt: Sie bleiben aus Interesse im Religionsunterricht, sind mit der Lehrkraft zufrieden oder sie hatten keine Wahlmöglichkeit, um in den Ethikunterricht zu wechseln. Ein „bürokratisch" aufwändiger Wechsel, Freunde, die ebenfalls „in Reli sind", die Familie, die den Religionsunterricht befürwortet, und die Ähnlichkeit zum Ethikunterricht sind ebenfalls Beweggründe.

10. Entwicklungen über die Zeit – Diskussion der wichtigsten Befunde

Abschließend sollen die wichtigsten Ergebnisse der Veränderungsmessungen zusammengefasst und diskutiert werden. Dabei werden auch Thesen und sich anschließende Fragen für die weitere Beschäftigung mit besonderen Themen und für mögliche zukünftige Untersuchungen genannt.

Glaube und Religion – die jungen Erwachsenen differenzieren noch stärker

Bei der dritten Erhebung unterscheiden die jungen Erwachsenen noch klarer zwischen Religion und Glaube, als sie es bereits bei der ersten Erhebung getan haben. Die Hälfte des t_3-Samples kann mit der Selbstzuschreibung „gläubig" etwas anfangen, allerdings sieht sich deutlich weniger als ein Viertel (18 %) als „religiös" an. Die Zustimmung zu der Aussage *„ich glaube an Gott"* sinkt zwar leicht (t_1: 65 %, t_3: 58 %), jedoch ist in Bezug auf den Faktor „Gottesglaube" auf Faktorenebene ein leichter Anstieg zu vermerken. Der individuelle Glaube ist für einen großen Teil der

Befragten also von bleibender Bedeutung, während die persönliche Distanzierung zu dem, was sie als „religiös" einordnen, steigt. Die Gründe für diese Entwicklung können aus den Daten schwer identifiziert werden. Weitere (qualitative) Befragungen wären daher hilfreich, um zu ergründen, warum sich die Jugendlichen und jungen Erwachsenen mehr mit dem Begriff „Glaube" identifizieren und wo ihre Vorbehalte gegenüber „Religion" genau liegen.

Etwas über die Hälfte der jungen Erwachsenen stimmen bei t_3 der Aussage zu, dass ihr Glaube im Alltag eine Rolle spiele. Das sind etwas weniger als bei der ersten Erhebung. Gleichzeitig bleibt die Zustimmung zu der Aussage *„in schwierigen Situationen hilft mir mein Glaube an Gott"* hoch (t_1: 48 %, t_3: 49 %). Etwa die Hälfte der Befragten erlebt den Glauben in schweren Lebenssituationen als unterstützend. Gerade in schweren Momenten scheint für sie das Thema Glaube und Gott mehr in den Vordergrund zu treten.

Das Gebet wird in schwierigen Situationen noch wichtiger

77 % der Befragten in der t_3-Stichprobe beten gelegentlich oder häufig. Dies sind deutlich mehr als diejenigen, die angeben, an Gott zu glauben (58 %). Eine Erklärung für diese scheinbare Widersprüchlichkeit könnte beispielsweise sein, dass das Gebet für einen Teil der Befragten kein „Gespräch" mit Gott darstellt, sondern eher andere spirituelle Formen annimmt wie Meditation oder ähnliches. Außerdem haben vielleicht manche der Befragten auch an Situationen gedacht, in denen sie beispielsweise bei einem Gottesdienstbesuch ein Gebet „nur" mitgesprochen haben. Oder es sind die schwierigen Situationen, in denen auch die Unsicheren beten, in der Hoffnung, dass es Gott vielleicht doch gibt. Für die Bedeutung des Gebetes in schweren Situationen spricht, dass die Zustimmung zu dem Gebetsanlass *„weil es mir besonders schlecht geht"* von 63 % (t_1) auf 72 % (t_3) ansteigt. Möglicherweise haben einige der Befragten im Befragungszeitraum die Erfahrung gemacht, dass das Gebet ihnen geholfen hat. Wie diese Hilfe durch das Gebet erlebt werden kann, könnte Gegenstand einer weiteren (qualitativen) Befragung sein.

Neben den schwierigen Situationen sind es nach wie vor aber auch die als besonders positiv erlebten Situationen, die Anlass für das Gebet geben: Bei der Aussage *„ich bete, weil es mir besonders gut geht"* gibt es einen Anstieg von 39 % Zustimmung bei t_1 zu 44 % Zustimmung bei t_3.

Das Jenseits bleibt spannend

Der Jenseitsglaube ist sowohl auf Faktorenebene als auch auf Itemebene insgesamt relativ konstant. Es gibt aber im Blick auf einzelne Aussagen bemerkenswerte Ausnahmen: Die Zustimmung zu der Aussage *„meine Seele lebt weiter"* steigt beispielsweise deutlich von 58 % auf 64 %. Was sich die jungen Erwachsenen genau darunter vorstellen, dass bzw. *wie* ihre Seele weiterlebt, bleibt offen. 36 % der Befragten nehmen an, dass sie nach ihrem Tod Gott begegnen. Auch wenn dies eine größere Zustimmung als bei der ersten Befragung ist (bei t_1: 33 %), liegt sie unter dem Anteil derer, die angeben, an Gott zu glauben. Nicht für alle ist Gott also mit der Vorstellung vom Jenseits verbunden. Die Zustimmung zu der Aussage, was nach dem Tod kommt, könne man nicht wissen, steigt über die Zeit noch mehr an (t_1: 70%, t_3: 78%). Dennoch geben auch bei t_3 nur 10% an, dass es ihnen egal sei, was nach dem Tod komme. Die Befunde machen deutlich, dass weitere Befragungen zu den Jenseitsvorstellungen junger Menschen interessant wären und dass das Thema Raum im Unterricht haben sollte.

Gott – eher eine Energie als Schöpfer der Welt

Insgesamt steigt die Zustimmung zu der Aussage *„Gott oder das Göttliche ist für mich persönlich eine Energie"* von 34% (t_1) auf 55% (t_3). Diese abstrakte Gottesvorstellung sagt den jungen Erwachsenen bei der dritten Befragung deutlich mehr zu als noch drei Jahre zuvor. Ähnlich sieht es für die Vorstellung von Gott als „höherer Macht" aus. Gleichzeitig steigt die Zustimmung zu Gott als *„jemand, zu dem man sprechen kann"* von 56% (t_1) auf 65% (t_3). Dieses Ergebnis scheint dem oben berichteten Befund zu widersprechen, dass die Zustimmung zu abstrakten Gottesvorstellungen, die oft als „unpersönlich" bezeichnet werden, über die Zeit steige. Wahrscheinlich ist der Befund ein Hinweis darauf, dass die Vorstellung von Gott als „Energie" oder „höherer Macht" in den Augen der Befragten gerade nicht der Vorstellung widersprechen muss, dass dieser Gott zugleich ein Gesprächspartner für sie sein kann. Zukünftig muss die Bezeichnung „unpersönlich" für bestimmte Gottesvorstellungen mit mehr Bedacht verwendet werden.

Hinsichtlich des Schöpfungsglaubens ist zu bemerken, dass die Zustimmung zu der Aussage, dass Gott die Welt erschaffen habe, von 37% bei t_1 auf 34% bei t_3 sinkt, während die Zustimmung zur sogenannten Urknalltheorie steigt. Das komplementäre Denken, d. h. die Verbindung beider Ansätze zur Sicht auf die Weltentstehung, ist bei den Befragten, die nun nicht mehr die Schule besuchen, noch weniger vorhanden als in der t_1-Befragung. Dieser Befund verweist auf den religionspädagogischen Bedarf an einer intensiven und wiederholten Auseinandersetzung mit diesem Thema.

Kirche – die ambivalente Haltung verstärkt sich

Bei der dritten Befragung gibt es im Blick auf kirchenkritische Aussagen eine weitere Verschärfung, während Aussagen, die die Kirche positiv bewerten, relativ gleichbleibende Zustimmungswerte aufweisen. Die Zustimmung zu der Aussage *„die Kirche tut viel Gutes für die Menschen"* bleibt beispielsweise über die Zeit bei 67%, während die Zustimmung zu der Aussage *„ich sehe kritisch, was die Kirche sagt"* von 61%(t_1) auf 72%(t_3) ansteigt. Die bereits bei der ersten Erhebung festgestellte ambivalente Haltung gegenüber der Kirche bleibt also bestehen. Insgesamt ergibt sich das Bild, dass die Kirche als Institution durchaus positiv wahrgenommen wird. Wenn es allerdings um die *persönliche* Bedeutung der Kirche geht, ist diese insgesamt eher gering und rückläufig, was sich auch an der Entwicklung des Faktors „Kirchenbindung" ablesen lässt. Besonders ins Auge sticht der Zuwachs der Zustimmung zu der Aussage *„die Kirche muss sich ändern, wenn sie eine Zukunft* *haben will"* von 66 % (t_1) auf 84 % (t_3). Hier geben die jungen Erwachsenen – als möglicher Teil dieser Zukunft (!) – eine deutliche Botschaft in Richtung Kirche.

Das religiöse Interesse steigt

Zwei weit verbreitete Erwartungen im Blick auf die Religiosität junger Menschen werden durch die Befunde zum religiösen Interesse der Befragten nicht ohne weiteres unterstützt oder bestätigt: Die erste verbreitete These ist, dass Religion in der aufgeklärten westlichen Gesellschaft zu einer reinen Privatangelegenheit geworden sei und nach außen kaum in Erscheinung trete. Die zweite oft geäußerte These beschreibt, dass das Interesse an religiösen Themen und Fragen bei jungen Menschen deutlich nachlasse.

Die Befunde lassen erkennen, dass die Häufigkeit des Nachdenkens über den Sinn des Lebens bei den Befragten von 71 % (t_1) auf 77 % (t_3) ansteigt und dass auch das Nachdenken über Gott bei der zweiten und dritten Befragung konstant bleibt – bei einem Zustimmungswert von 40 %. Aus der Perspektive eines weiten Religionsbegriffs ist das Nachdenken über den Sinn des Lebens durchaus eine relevante religiöse Frage, die die jungen Menschen beschäftigt und die ihren Platz (nicht nur, aber doch profiliert) im Religions- bzw. Ethikunterricht hat.

Das *„Sprechen mit Freunden über Glaubensfragen"* nimmt über die Zeit zudem deutlich zu (38 % Zustimmung bei t_1 und 52 % Zustimmung bei t_3). Auch mit den Eltern wird bei t_3 noch etwas mehr über Glaubensfragen gesprochen (t_1: 40 %, t_3: 43 %). 29 % der Befragten geben an, mit Kollegen über Glaubensfragen zu sprechen (diese Frage war erstmals bei der dritten Erhebung aufgenommen).

Diese Befunde zeigen – für den Religionsunterricht erfreulich –, dass sich die jungen Erwachsenen durchaus (auch privat) mit religiösen Themen beschäftigen und ein größerer Anteil von ihnen auch bereit und daran interessiert ist, sich darüber mit anderen auszutauschen. Es kann sein, dass es im privaten Bereich leichter fällt, über Glaubensfragen zu sprechen, weshalb auch im Unterricht in Diskussionen etc. besonders auf eine vertrauensvolle wertschätzende Atmosphäre geachtet werden sollte.

Einstellungen gegenüber anderen Religionen weiter überwiegend positiv

Insgesamt bleiben die Einstellungen gegenüber anderen Religionen über die Zeit betrachtet relativ konstant, und es lassen sich eine gewisse Offenheit und ein Interesse für andere Religionen und Kulturen feststellen. So steigt die Zustimmung zu der Aussage *„Ich finde es spannend, mich mit anderen Kulturen zu beschäftigen"* von 72 % (t_1) auf 85 % (t_3). Und die Zustimmung zu der Aussage *„mich interessiert, was Mitschüler einer anderen Religion denken"* steigt von 73 % (t_1) auf 79 % (t_3).

Daneben gibt es aber auch einen Anstieg bei der Zustimmung, dass manche muslimische Gruppen Angst machen (t_1: 65 %, t_3: 71 %).[10] Auf der anderen Seite

10 Ebenso wie bei der Aussage, dass manche christliche Gruppen Angst machen können (t_1: 41 %, t_3: 54 %).

sinkt die Zustimmung zu der Aussage, es gebe zu viele Muslime in Deutschland (t_1: 20 %, t_3: 16 %). Für die Befragten gibt es muslimische Gruppen, die bedrohlich wirken – dies wird aber nicht auf alle in Deutschland lebenden Muslime generalisiert.

Geschlecht, religiöse Sozialisation, Schulart, Unterrichtsfach – Auswirkungen auf die religiöse Entwicklung?

Der Unterschied zwischen den Geschlechtern scheint sich über die Zeit insgesamt im Blick auf verschiedene Untersuchungsfelder zu verringern. Im Gegensatz dazu spielt die religiöse Sozialisation weiter eine klare Rolle hinsichtlich religiöser Einstellungen und Glaubensfragen. Überraschend ist jedoch, dass die Personen mit niedrigerer religiöser Sozialisation teilweise *mehr* Anstieg bei der Zustimmung zu zentralen Glaubensthemen aufweisen als Personen mit höherer religiöser Sozialisation. Beispielsweise steigt die Zustimmung zu der Aussage *„meine Seele lebt weiter“* bei Personen mit niedrigerer religiöser Sozialisation um zehn Prozentpunkte an (t_1: 48 %, t_3: 58 %), während sie bei Personen mit höherer religiöser Sozialisierung tendenziell auf demselben Niveau bleibt (t_1: 66 %, t_3: 69 %). Woher dieser Anstieg bei den Personen mit niedriger religiöser Sozialisation auch bei anderen Glaubensaussagen kommt, bleibt unklar und wäre eine interessante Frage für weitere Untersuchungen.

Die Rolle der Schularten kann aufgrund der verkleinerten Untersuchungsgruppen bei der dritten Befragung nicht ausreichend überprüft und dargelegt werden. Allerdings zeigt sich, dass sich bestimmte Tendenzen, die bereits bei der t_1–t_2-Untersuchung erkennbar waren, auch weiterhin fortsetzen. Beispielsweise nehmen ehemalige Berufsschülerinnen und -schüler nach wie vor mehr Relevanz des Religionsunterrichtes für ihren Beruf wahr. Weiterhin gibt es daneben bei den ehemaligen Berufsschülerinnen und -schülern im Vergleich zu den Gymnasien mehr xenophobe Haltungen.

Im Blick auf den Ethik- und Religionsunterricht zeigt sich weiterhin, dass Ethikschülerinnen und -schüler insgesamt weniger „religiös“ sind. Aber auch bei ihnen gibt es in bestimmten Bereichen einen Anstieg bei der Zustimmung zu Glaubensaussagen. Hier lässt sich eine Überlagerung mit den oben beschriebenen Entwicklungen bei Befragten mit niedrigerer religiöser Sozialisierung feststellen. Beispielsweise steigt die Zustimmung, „gläubig“ zu sein, auch bei den Ethikschülerinnen und -schülern an: von 40 % (t_1) auf 46 % (t_3). Dies ist einerseits ein weiterer Hinweis darauf, dass der Begriff „Glaube“/„gläubig“ in den Augen der jungen Menschen weiter ist und sich mehr Befragte daran anschließen können als an den Begriff „Religion“/„religiös“. Andererseits zeigt es, dass auch (ehemalige) Ethikschülerinnen und -schüler religiöse Entwicklungen machen und dies bei weitem nicht nur im Sinne eines Rückgangs der Religiosität.

Teil 3
Vertiefende Analysen

Auswertungen zu besonderen Gruppen und Fragestellungen

Golde Wissner

Die erste Auswertung der t_1-Daten mit dem Sample von über 7000 Schülerinnen und Schülern hat interessante Einblicke gegeben: Erstmals war es mit dieser großen Stichprobe möglich, bestimmte Gruppen gesondert zu betrachten und zu vergleichen. Jedoch konnten im ersten Band der Studie „Jugend – Glaube – Religion" nicht alle Fragen im Detail vertieft werden. Angeregt durch Diskussionen mit Expertinnen und Experten aus Praxis und Wissenschaft, werden in diesem Kapitel einige Themenbereiche neu fokussiert und vertiefend ausgewertet. Die in diesem Teil des Buches beschriebenen Befunde beziehen sich in der Regel auf das repräsentative t_1-Sample.

Inhaltlich stehen folgende Personengruppen bzw. Fragen im Vordergrund:

- Zunächst werden Jugendliche ohne formale Religionszugehörigkeit betrachtet. Menschen, die keiner Religionsgemeinschaft angehören, sind eine unübersehbar wachsende Gruppe in Deutschland, die jedoch im religionspädagogischen Kontext noch viel zu oft übersehen wird. Auch sie stehen teilweise Religion und Glauben nicht nur ablehnend gegenüber, sondern bezeichnen sich mitunter als „religiös" oder „gläubig".
- Die Diskussion um die Frage, was „gläubig sein" in den Augen der Jugendlichen genau bedeutet, ist nach den Befunden der ersten Befragung immer wieder aufgekommen. Woher kommt es, dass sich die Schülerinnen und Schüler viel häufiger als „gläubig" denn als „religiös" bezeichnen? Und was genau ist damit gemeint?
- Die bessere Beurteilung des Ethikunterrichts im Vergleich zum Religionsunterricht durch die Befragten löste nach der Veröffentlichung des ersten Bandes, insbesondere unter Lehrkräften, viele Diskussionen aus. Ethikschülerinnen und -schüler bewerten ihren Unterricht als spannender und sehen in ihm mehr Relevanz für ihr Leben, als Religionsschülerinnen und -schüler dies für ihren Unterricht tun. In einem weiteren Abschnitt soll der Frage weiter nachgegangen werden, welche Ursachen es für diesen Befund geben könnte.
- Vorurteile und Ängste in Bezug auf als „fremd" wahrgenommene Personengruppen bis hin zu Fremdenhass, Antisemitismus und Islamophobie sind bedeutsame Phänomene, die aktuell aufgrund ihrer fortschreitenden Ausbreitung gesellschaftlich viel diskutiert werden. Auch in der Studie „Jugend – Glaube – Religion" werden Tendenzen einer Judentums- und Islamfeindlichkeit sichtbar. Welche Jugendlichen sind hierfür besonders anfällig und warum? Im vorletzten Abschnitt dieses Kapitels soll diese Frage thematisiert werden. Dabei interessiert auch: Wie kann es sein, dass ein Teil der befragten Muslime bei der ersten

Befragung zustimmte, dass es zu viele Muslime in Deutschland gebe, d. h. selbst zu einer islamkritischen Aussage tendiert? Auch die Gruppe der Muslime, die antisemitischen Äußerungen zustimmen, soll näher beleuchtet werden.

- In einem letzten Abschnitt geht es um die Theodizee-Thematik. Die Gruppe der Befragten, die sich in einer entsprechenden Leid-Situation fragen würden *„wie kann Gott das zulassen?“* wird genauer betrachtet, und es wird untersucht, welche Rolle die Auseinandersetzung mit der Theodizee für die religiöse Entwicklung spielen kann.

1. Was Jugendliche ohne Religionszugehörigkeit über Religion denken

Um im Religionsunterricht angemessen auf Jugendliche ohne formale Religionszugehörigkeit eingehen zu können, ist es notwendig zu klären: *Wer sind diese Jugendlichen eigentlich? Was glauben sie? Wie unterscheiden sie sich von ihren Mitschülerinnen und Mitschülern* mit *Religionszugehörigkeit?* In „Jugend – Glaube – Religion“ wurden erste Hinweise benannt, mit deren Hilfe Antworten auf solche Fragen gegeben werden können: Bei allen zentralen Untersuchungsthemen wurden Vergleiche zwischen den Befragten nach ihrer Religionszugehörigkeit auf Item- und Skalenebene zu den untersuchten religiösen Themenbereichen berechnet und dabei jeweils auch die Gruppe der 621 Schülerinnen und Schüler ohne Religionszugehörigkeit betrachtet, die 9 % der Gesamtstichprobe bei der ersten Erhebung ausmachten[1]. Allerdings gab es noch kein Kapitel, das sich eigens diesen Jugendlichen widmet und die Ergebnisse somit übersichtlich zusammenstellt. Dies soll nun im Folgenden geschehen und durch weitere Auswertungsschritte und Veranschaulichungen dargestellt werden.

1.1 Schülerinnen und Schüler ohne Religionszugehörigkeit – wie lassen sie sich beschreiben?

Bei der Betrachtung der „äußerlichen“ Merkmale wie Alter, Geschlecht, Migrationshintergrund und Verteilung auf die Schularttypen fallen keine markanten Un-

1 Die Zahl der Personen ohne Religionszugehörigkeit für Baden-Württemberg liegt nach einer Zensus-Umfrage von 2011 bei 22 % (Michel & Eckelt, 2014). Eventuell liegt der Anteil der Konfessionslosen im untersuchten Sample deswegen deutlich unter diesem Wert, weil Jugendliche ohne Religionszugehörigkeit den Fragebogen tendenziell weniger häufig beantwortet haben. Dazu kommt, dass insgesamt mehr Schülerinnen und Schüler im Religionsunterricht befragt wurden als im Ethikunterricht und im Religionsunterricht der Anteil der Jugendlichen mit Religionszugehörigkeit höher ist. Außerdem treten Personen oftmals erst dann gehäuft aus der Kirche aus, wenn sie beginnen Geld zu verdienen und damit kirchensteuerpflichtig werden. Diese Situation war bei der ersten und zweiten Befragung für den Großteil der Befragten noch nicht gegeben.

terschiede zwischen der Gruppe der Befragten ohne Religionszugehörigkeit und dem Gesamtsample auf (s. Tabelle 12). Hinsichtlich des Unterrichtsfaches (Ethik oder Religion) gibt es hingegen Unterschiede, wie in Tabelle 12 ersichtlich ist: Schülerinnen und Schüler ohne Religionszugehörigkeit besuchen etwas häufiger den Ethik- als den Religionsunterricht. 55 % der Konfessionslosen sind im Ethikunterricht.

Tabelle 12: Schülerinnen und Schüler ohne Religionszugehörigkeit im Vergleich mit dem Gesamtsample

	SchülerInnen ohne Religionszugehörigkeit (N = 621)	**Gesamtsample ohne SchülerInnen ohne Religionszugehörigkeit (N = 6625)**
Alter	Ø17.2 Jahre	Ø17.2 Jahre
Verteilung Geschlecht	m = 48 % w = 52 %	m = 45 % w = 55 %
Migrationshintergrund	34 %	29 %
Verteilung auf die Schularten	AG = 45 % BG = 31 % BS = 24 %	AG = 43 % BG = 33 % BS = 25 %
Verteilung auf den Religionsunterricht (RU) und Ethikunterricht (EU)	RU = 45 % EU = 55 %	RU = 87 % EU = 13 %
„soziales Kapital“ (Vertrauen zu bestimmten Gruppen, Institutionen)	M = 4.27	M = 4.46

AG = allgemeinbildendes Gymnasium, BS = berufliche Schule, BG = berufliches Gymnasium, RU = Religionsunterricht, EU = Ethikunterricht.

Die Jugendlichen mit einer Religionszugehörigkeit erreichen etwas höhere Faktorenwerte bei der Skala „soziales Kapital“[2] als die Jugendlichen ohne Religionszugehörigkeit. Dieser Unterschied ist im t-test signifikant ($p < .001$). Personen ohne Religionszugehörigkeit sehen sich und ihr Leben also weniger bestimmt durch ihre Familie, Freunde, Schule oder die Gesellschaft und vertrauen Bundesregierung, Banken und Umweltorganisationen weniger. Wie dieser Unterschied zu Stande kommt, ist mit Hilfe der Daten allerdings nicht zu erklären.

Diese erste Betrachtung „äußerlicher Merkmale“ zeigt demnach Unterschiede in Bezug auf den Faktor „soziales Kapital“ und in Bezug auf die Wahl des Unterrichtsfaches. Wobei bei Letzterem zu beachten ist, dass sich wie erwähnt durchaus nicht alle Personen ohne Religionszugehörigkeit für das Fach Ethik entscheiden: 45 % der Personen ohne Religionszugehörigkeit sind im Religionsunterricht.

2 Genauere Informationen zu diesem Faktor auf S. 309–316.

1.2 Weniger religiöse Sozialisation in der Kindheit und noch mehr Autonomiebestreben in Bezug auf den Glauben

Die Gruppe der Jugendlichen ohne Religionszugehörigkeit unterscheidet sich in ihrem mittleren Faktorenwert des Faktors „familiäre religiöse Sozialisation“[3] (M = 2.22, SD = 1.47) signifikant ($p < .001$) von der Gruppe mit Religionszugehörigkeit (M = 4.00, SD = 1.79). Wie zu erwarten, sind die Jugendlichen ohne Religionszugehörigkeit von ihrem Elternhaus also weniger religiös geprägt, was auch in Tabelle 13 auf Itemebene verdeutlicht wird: Nur 11 % der Personen ohne Religionszugehörigkeit stimmen zu, religiös erzogen worden zu sein – bei den Personen mit Religionszugehörigkeit sind es 42 %. Deutlicher wird der Unterschied noch beim Thema Gebet: Nur 14 % der Jugendlichen ohne Religionszugehörigkeit haben die Erfahrung gemacht, dass die Eltern in der Kindheit mit ihnen gebetet haben, während dem 47 % der Jugendlichen mit Religionszugehörigkeit zustimmen. Fast Dreiviertel der Schülerinnen und Schüler ohne Religionszugehörigkeit geben an, dass Religion bei ihnen zu Hause *nicht* wichtig sei.

Bemerkenswert ist im Vergleich dazu, dass es *keinen* signifikanten Unterschied bei der Aussage *„ich spreche mit meinen Eltern über religiöse Fragen“* gibt: Jugendliche mit und ohne Religionszugehörigkeit stimmen dem gleichermaßen mit knapp einem Drittel zu. In Elternhäusern ohne Religionszugehörigkeit wird also ebenso häufig (oder selten?) über Religion gesprochen wie in Elternhäusern mit Religionszugehörigkeit.

Das dritte auffällige Ergebnis: Den Personen ohne Religionszugehörigkeit scheint die Autonomie und Unabhängigkeit in Glaubensfragen besonders wichtig zu sein: 22 % stimmen zu, sich vom Glauben ihrer Eltern entfernt zu haben, während dies vergleichsweise weniger, nämlich 15 % der Personen *mit* Religionszugehörigkeit tun. Dies ist besonders deshalb interessant, da die Eltern der Befragten ohne Religionszugehörigkeit mit hoher Wahrscheinlichkeit in vielen Fällen keinen „markanten“ Glauben zu haben scheinen, von dem sich Jugendliche klar distanzieren könnten. Es bleibt also unklar, wovon sich diese Jugendlichen genau zu entfernen meinen. Dennoch ist ihnen die Eigenständigkeit in diesem Prozess sehr wichtig.

In dieselbe Richtung geht die Beobachtung, dass mehr Jugendliche ohne Religionszugehörigkeit angeben, ihren „eigenen Glauben“ gefunden zu haben und selbst zu entscheiden, was sie glauben, als dies Jugendliche *mit* Religionszugehörigkeit tun. Dem entspricht, dass sich die beiden Gruppen auch beim Vergleich der Faktorenwerte des Faktors „eigenständige Glaubenssuche“[4] signifikant so unterscheiden, dass die Gruppe ohne Religionszugehörigkeit leicht höhere Werte erreicht.

---

3 Genauere Informationen zu diesem Faktor auf S. 309–316.

4 Genauere Informationen zu diesem Faktor auf S. 309–316.

Tabelle 13: Einfluss der Familie und Autonomie in Glaubensfragen
Personen ohne Religionszugehörigkeit und Gesamtsample t_1 im Vergleich

	Schülerinnen und Schüler ohne Religionszugehörigkeit (N = 621)				Gesamtsample ohne Konfessionslose (N = 6456)			
	N	M	SD	TZ	N	M	SD	TZ
Ich wurde religiös erzogen.	614	2.05*	1.70	**11 %**	6373	3.92*	2.00	**42 %**
Meine Eltern haben in meiner Kindheit mit mir gebetet.	609	2.01*	1.91	**14 %**	6352	4.03*	2.40	**47 %**
Religion ist bei uns zu Hause *nicht* wichtig.	611	5.39*	2.14	**72 %**	6364	4.00*	2.15	**44 %**
Ich habe mich vom Glauben meiner Eltern entfernt.	609	2.60*	2.15	**22 %**	6348	2.34*	1.79	**15 %**
Ich bin auf der Suche nach meinem Glauben.	612	2.06	1.72	**13 %**	6353	2.15	1.72	**13 %**
Ich spreche mit meinen Eltern über religiöse Fragen.	613	3.00	2.20	**28 %**	6353	3.11	2.19	**30 %**
Ich habe meinen eigenen Glauben gefunden.	604	3.50*	2.40	**37 %**	6355	3.11*	2.19	**30 %**
Ich glaube was mir als Kind beigebracht wurde.	609	2.98*	1.98	**24 %**	6349	3.68*	1.94	**35 %**
Über das, was ich glaube, entscheide ich selbst.	611	6.62*	0.93	**96 %**	6361	6.29*	1.18	**92 %**

Skala: 1 = trifft gar nicht zu; 7 = trifft voll zu, TZ = tendenzielle Zustimmung (Stufen 5/6/7), * = signifikanter Mittelwertunterschied ($p < 0.05$). 169 Personen des Gesamtsamples konnten nicht einbezogen werden, weil sie keine Aussage zu ihrer Religionszugehörigkeit gemacht haben.

Weniger Glaube und kirchliche Verbundenheit

Die Befragten ohne Religionszugehörigkeit haben erwartungsgemäß signifikant niedrigere mittlere Werte bei den Faktoren „Gottesglaube“, „kirchliche Verbundenheit“ und „Jenseitsglaube“ als die Personen mit Religionszugehörigkeit.[5]

Der Effekt, der sich bezogen auf das Gesamtsample im Blick auf die religiöse Selbsteinschätzung zeigte, ist auch für die Gruppe der Personen ohne Religionszugehörigkeit allein zu beobachten. Schließlich können deutlich mehr Personen etwas mit der Bezeichnung „gläubig“-Sein anfangen (19 % der Konfessionslosen) als mit der Bezeichnung „religiös“-Sein (4 % der Konfessionslosen). In Abbildung 42 wird dies veranschaulicht.

57 % der befragten Jugendlichen ohne Religionszugehörigkeit geben zu der Aussage *„ich glaube an Gott“* die Antwortmöglichkeit „trifft gar nicht zu“ an. Die tendenzielle Zustimmung (Stufen 5 bis 7) liegt hier bei 14 % (vgl. Abbildung 43).

5 Genauere Informationen zu diesen Faktoren auf S. 309–316.

Abbildung 42: „Gläubig“ und „religiös“ – Personen ohne Religionszugehörigkeit und Gesamtsample

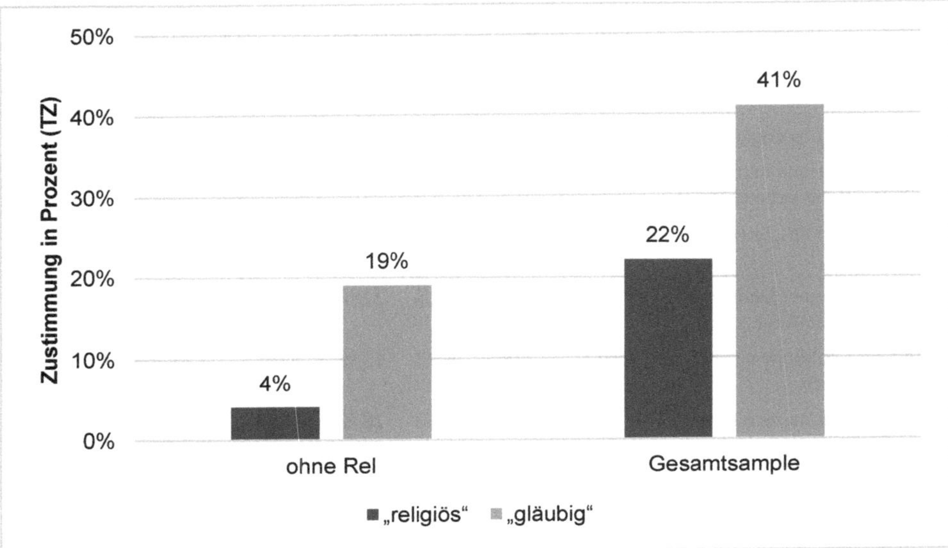

Personen ohne Religionszugehörigkeit (N = 612) und Gesamtsample (N = 7122) im Vergleich zu der Frage *„Für wie religiös/gläubig halten Sie sich?“*. Skala: 1 = trifft gar nicht zu; 7 = trifft voll zu, TZ = tendenzielle Zustimmung (Stufen 5/6/7)

Abbildung 43: „*Ich glaube an Gott*“ – Zustimmung der Personen ohne Religionszugehörigkeit

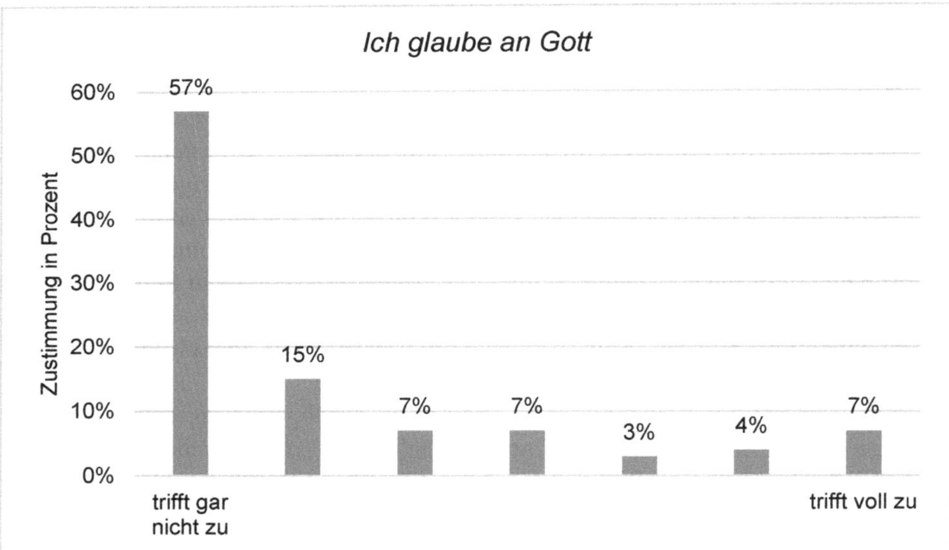

Zustimmung der Personen ohne Religionszugehörigkeit (N = 610) zu den einzelnen Antwortstufen der Aussage „*Ich glaube an Gott*“ (Skala: 1 = trifft gar nicht zu; 7 = trifft voll zu).

1.3 Abstrakte Gottesvorstellungen und seltenes Gebet

Personen ohne Religionszugehörigkeit glauben, wie oben dargestellt wurde, im Vergleich zum Gesamtsample deutlich seltener an Gott. Sie stimmen daher auch den vorgeschlagenen Gottesvorstellungen insgesamt weniger zu. Die höchste Zustimmung bekommt bei ihnen die Vorstellung, Gott sei die Natur (24 %). Diese Vorstellung kommt im Gesamtsample interessanterweise auf dem *letzten* Platz der Zustimmungswerte aller vorgeschlagenen Gottesvorstellungen – auch wenn sie mit 29 % Zustimmung im Gesamtsample über der Zustimmung der Personen ohne Religionszugehörigkeit liegt (Vgl. Abbildung 44). Nach der Vorstellung von Gott als Natur bekommt die Aussage *„Gott ist jemand mit dem man sprechen kann"* bei den Jugendlichen ohne Religionszugehörigkeit den zweithöchsten Wert (19 %). Die kreuztabellarische Betrachtung (siehe S. 318) und die mittlere Korrelation zwischen beiden Gottesvorstellungen ($r = .403$, $p < .001$) ergibt, dass sich diese Vorstellungen bei ein und derselben Person ohne religiöses Bekenntnis nicht ausschließen müssen. Es gibt also augenscheinlich eine kleinere Gruppe von Personen ohne Religionszugehörigkeit, die in irgendeiner Form zu einem „Naturgott" zu sprechen scheinen. Denkbar ist aber auch, dass sie beim Beten doch eine andere Gotteswahrnehmung haben.
In Abbildung 45 ist die Gebetshäufigkeit bei den Personen ohne Religionszugehörigkeit im Vergleich mit dem Gesamtsample dargestellt. 67 % aus der Gruppe der

Abbildung 44: Gottesvorstellungen – Personen ohne Religionszugehörigkeit und Gesamtsample

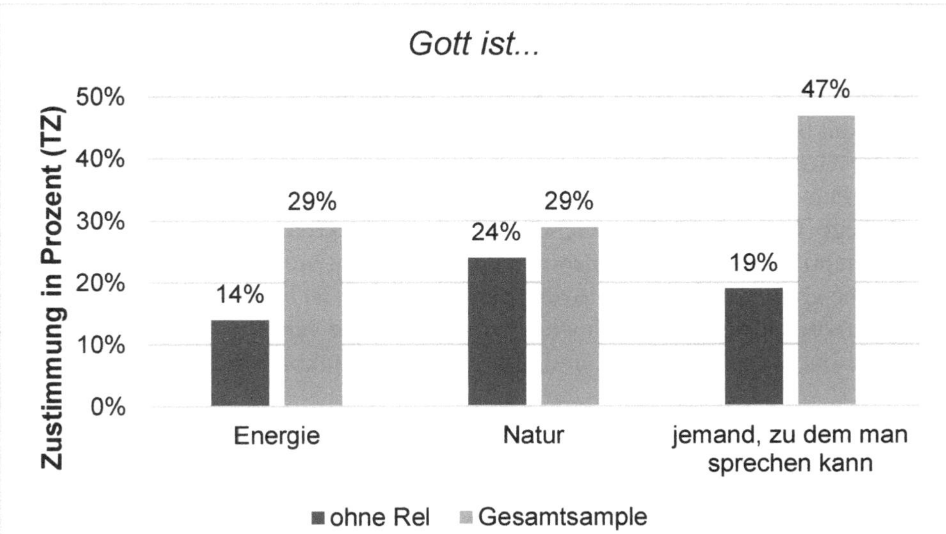

Gottesvorstellungen beim Gesamtsample (N = 6735–7169) und Personen ohne Religionszugehörigkeit (N = 560–618). Skala: 1 = trifft gar nicht zu; 7 = trifft voll zu, TZ = tendenzielle Zustimmung (Stufen 5/6/7) zu den Items *„Gott oder das Göttliche ist für mich persönlich eine Energie"*, *„Gott oder das Göttliche ist für mich persönlich die Natur"* und *„Gott oder das Göttliche ist für mich persönlich jemand, zu dem man sprechen kann"*.

Abbildung 45: Häufigkeit Gebet – Personen ohne Religionszugehörigkeit und Gesamtsample

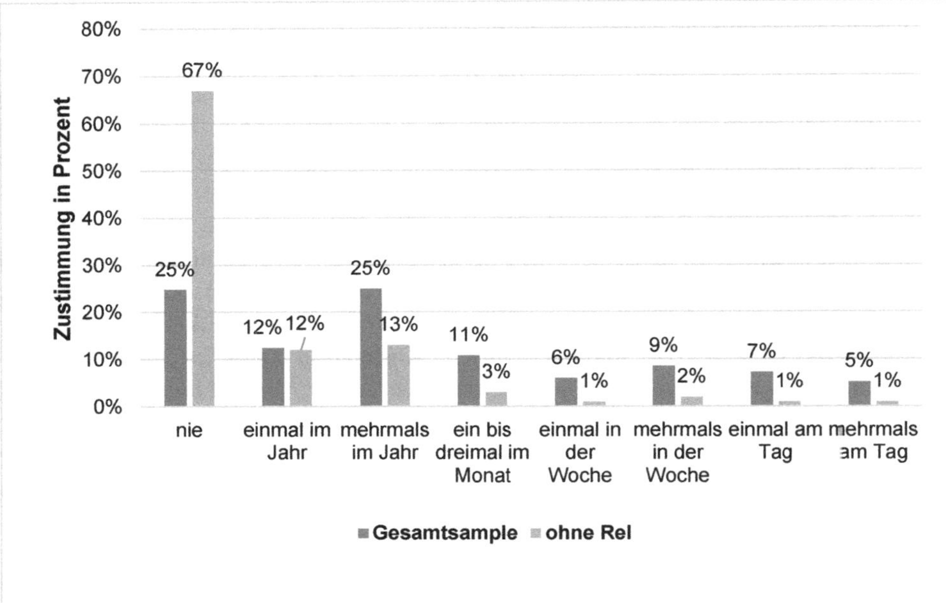

Häufigkeit des Gebets bei den Personen ohne Religionszugehörigkeit (N = 610) im Vergleich zum Gesamtsample (N = 7057).

Befragten ohne Religionszugehörigkeit geben an, „nie" zu beten, während dies nur 25 % im Gesamtsample ankreuzen. Etwa ein Drittel der Personen ohne Religionszugehörigkeit betet demnach ab und zu, 8 % beten einmal im Monat oder öfter.

Die Gründe oder Anlässe, warum bzw. wann gebetet wird, haben nur gut 200 der Personen ohne Religionszugehörigkeit beantwortet, was an der Filterfrage vorab liegt (wer „nie" bei der Gebetshäufigkeit angekreuzt hatte, durfte diese Fragen überspringen). Es haben also nur Personen geantwortet, die auch (ab und zu) beten. Die größte Zustimmung zu den Gebetsanlässen ist bei den Jugendlichen ohne Religionszugehörigkeit ähnlich wie im Gesamtsample verteilt: 46 % beten, wenn es ihnen besonders schlecht geht, und 45 %, wenn sie dankbar sind.

1.4 Personen ohne Religionszugehörigkeit im Religions- und im Ethikunterricht

Interessanterweise gibt es beträchtliche Unterschiede zwischen der Gruppe der Personen ohne Religionszugehörigkeit im Religionsunterricht und der Gruppe der Personen ohne Religionszugehörigkeit im Ethikunterricht, wenn sie auf der Faktorenebene verglichen werden (siehe S. 318): Jugendliche ohne Religionszugehörigkeit im Religionsunterricht haben einen ausgeprägteren Gottesglauben, sind stärker kirchlich verbunden und eher religiös sozialisiert als Jugendliche ohne Religionszugehörigkeit im Ethikunterricht. Sie sind zudem eher auf der Suche nach einem eigenen Glauben.

Die Schülerinnen und Schüler ohne Religionszugehörigkeit im Ethikunterricht bewerten diesen Unterricht insgesamt besser, als Schülerinnen und Schüler ohne Religionszugehörigkeit im Religionsunterricht diesen bewerten.[6] Dennoch wurde der Religionsunterricht von den meisten Schülerinnen und Schülern ohne Religionszugehörigkeit insgesamt relativ positiv bewertet. Interessanterweise erreichen die Personen ohne Religionszugehörigkeit sogar etwas höhere Faktorenwerte beim Faktor „Unterrichtsinteresse"[7] als das Gesamtsample (M = 4.89 vs. M = 4.59). Die fehlende Religionszugehörigkeit führt also offensichtlich nicht dazu, dass diese Jugendlichen den Religionsunterricht schlechter bewerten würden. Dies wird auch auf Einzelitemebene sichtbar (s. Abbildung 46): 51 % der Personen mit Religionszugehörigkeit, die den Religionsunterricht besuchen, finden, dass es spannende Themen

Abbildung 46: Interesse am Religionsunterricht – Personen mit und ohne Religionszugehörigkeit

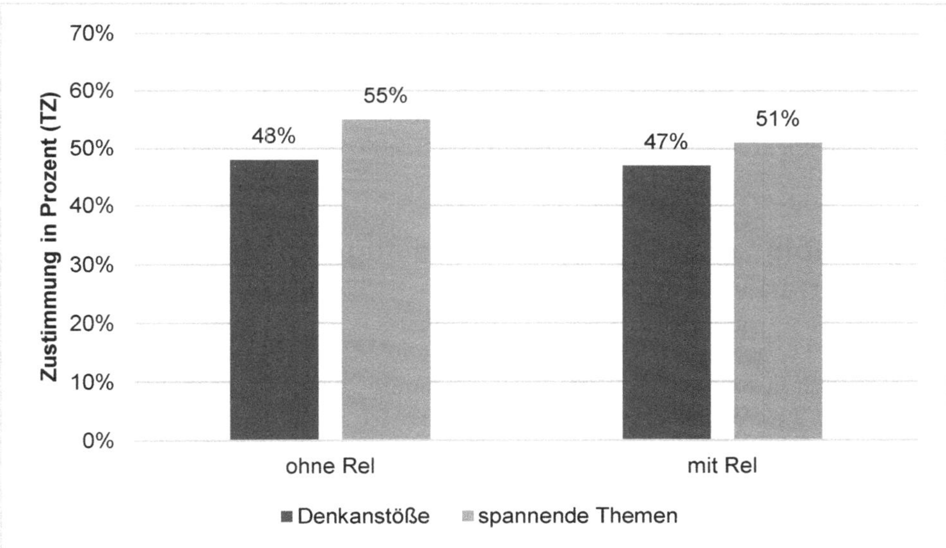

Personen ohne Religionszugehörigkeit im Religionsunterricht (N = 268) im Vergleich zu Personen mit Religionszugehörigkeit im Religionsunterricht (N = 5374–5386). Skala: 1 = trifft gar nicht zu; 7 = trifft voll zu, TZ = tendenzielle Zustimmung (Stufen 5/6/7) zu den Items *„Im Religions-/Ethikunterricht gibt es spannende Themen"* und *„der Religions-/Ethikunterricht gibt (gab) mir Denkanstöße"*.

6 Dieser Effekt wurde auch auf Basis des Gesamtsamples gefunden und ist in Band 1 beschrieben: Schweitzer, F. et al., 2018, S. 136 ff.

7 Genauere Informationen zu diesen Faktoren auf S. 309–316.

in diesem Unterricht gibt, während dem die Personen ohne Religionszugehörigkeit mit 55 % sogar noch etwas deutlicher zustimmen. Ähnlich sieht es bei der Frage aus, ob der Unterricht ihnen Denkanstöße gebe (51 % vs. 47 %).

1.5 Zusammenfassende Beobachtungen zu Schülerinnen und Schülern ohne Religionszugehörigkeit

Die vorgestellten Ergebnisse zeigen, dass Religiosität für die Jugendlichen ohne Religionszugehörigkeit im Schnitt weniger Bedeutung hat, aber grundsätzlich nicht von allen persönlich abgelehnt wird. Dass ihnen dabei das eigene Urteil und die Unabhängigkeit von anderen Menschen sogar noch wichtiger sind als dem Gesamtsample, ist ein weiteres auffälliges Ergebnis.

45 % der Befragten ohne Religionszugehörigkeit besuchen den Religionsunterricht. Jugendliche ohne Religionszugehörigkeit im Religionsunterricht haben einen ausgeprägteren Gottesglauben, sind etwas stärker kirchlich verbunden und haben eher eine religiöse Erziehung zu Hause erfahren als Schülerinnen und Schüler ohne Religionszugehörigkeit im Ethikunterricht. Diese Jugendlichen dürfen im Religionsunterricht nicht übersehen werden. Zu beachten ist das vielleicht überraschende Ergebnis, dass Schülerinnen und Schüler ohne Religionszugehörigkeit sich interessiert an religiösen Themen im Unterricht zeigen – nicht weniger, sondern tendenziell sogar *mehr* als Schülerinnen und Schüler mit Religionszugehörigkeit.

2. „Gläubig“ oder „religiös“ – was Jugendliche unter den Begriffen verstehen

22 % der bei t_1 befragten Schülerinnen und Schüler bezeichnen sich als „religiös“, während sich fast doppelt so viele (41 %) „gläubig“ nennen (vgl. Schweitzer et al., 2018, S. 70-72). Woher kommt dieser Unterschied? Was verstehen die Jugendlichen inhaltlich unter den beiden Bezeichnungen? Lassen sich mithilfe der Befunde zwei unterschiedliche Gruppen identifizieren, eine „religiöse“ und eine „gläubige“ Gruppe, und wie unterscheiden sich diese Gruppen möglicherweise? Solchen Fragen soll in diesem Abschnitt nachgegangen werden, um besser nachvollziehen zu können, was Jugendliche meinen, wenn sie von „gläubig“ und wenn sie von „religiös“ sprechen. Diese Ergebnisse tragen zum weiteren Verstehen jugendlicher Religiosität heute bei und sind somit eine wichtige Voraussetzung für den religionspädagogischen Umgang mit jungen Menschen.

2.1 „Religiös“ und „gläubig“ – unterschiedliche Gruppen?

Korreliert man die Items zur Selbsteinschätzung, wird deutlich, dass es zwischen der Bezeichnung „gläubig“ und „religiös“ einen mittleren bis hohen Zusammenhang gibt ($r = .654$). Dies lässt sich so deuten, dass es Personen gibt, die beiden Bezeichnungen zustimmen, also „gläubig“ und „religiös“ zu sein (bzw. auch solche Personen, die beide Bezeichnungen ablehnen). Aufgrund dieser Überlappungen kann man nicht von zwei klar getrennten Gruppen sprechen. In der Kreuztabelle wird dies veranschaulicht (Tabelle 14): Es gibt eine größere Gruppe, die beide Bezeichnungen ablehnt (38 % der Befragten, die dazu eine Angabe gemacht haben). Die zweitgrößte Gruppe stimmt beiden Bezeichnungen zu (19 %).

Daneben fällt die Gruppe von 954 Personen auf, die nur zustimmt, „gläubig“ zu sein, aber sich als „religiös“ bezeichnen will. 13 % der Befragten, die bei der Selbsteinschätzung eine Angabe gemacht haben, sehen sich selbst also ausschließlich als „gläubig“ und *nicht* als „religiös“ an. Umgekehrt stimmen 91 Personen (1 %) zu, „religiös“ und gleichzeitig nicht „gläubig“ zu sein. Es ist bemerkenswert, dass diese Gruppe deutlich kleiner ist, da es einmal mehr belegt, dass die Jugendlichen mit der Beschreibung „religiös“ für sich größtenteils wenig anfangen können. Insgesamt zeigt der Befund, dass es durchaus Jugendliche gibt, die die beiden Begriffe für sich klar trennen.

Tabelle 14: „Gläubig“ und „religiös“ – Zustimmung und Ablehnung gekreuzt

	„gläubig“ – ablehnend	***„gläubig“ – unentschieden***	***„gläubig“ – zustimmend***
„religiös“ – ablehnend	2721 (38 %)	587 (8 %)	954 (13 %)
„religiös“ – unentschieden	152 (2 %)	528 (7 %)	592 (8 %)
„religiös“ – zustimmend	91 (1 %)	120 (2 %)	1343 (19 %)

Zustimmung in absoluten Zahlen des Gesamtsamples (N = 7088) zu den beiden Selbsteinschätzungen *„Für wie „religiös“ halten Sie sich?“* und *„Für wie „gläubig“ halten Sie sich?“*, Skala 1 = gar nicht; 7 = sehr; ablehnend (TA): Stufen 1 bis 3, unentschieden: Stufe 4, zustimmend (TZ): Stufen 5 bis 7. Die (gerundeten) Prozentzahlen in Klammer bezeichnen den Anteil an der Gesamtheit (N = 7088), die zu beiden Items eine Angabe gemacht haben.

2.2 Was Jugendliche unter „gläubig“ verstehen

Um genauer zu verstehen, was die Jugendlichen inhaltlich mit „gläubig“ meinen und wo für sie der Unterschied zu „religiös“ liegt, wurden Korrelationen mit verschiedenen Skalen berechnet. Diese sind in Tabelle 15 dargestellt. Die Korrelationswerte für „gläubig“ und „religiös“ weichen jeweils nicht erheblich voneinander ab, was wiederum auf eine inhaltliche Nähe der Begriffe schließen lässt. Und doch lässt sich insgesamt eine Tendenz erkennen: Die Selbsteinschätzung als „gläubig“ geht mit einem leicht höheren Gottesglauben, weniger kirchlicher Verbundenheit und etwas weniger religiöser Sozialisation einher als die Selbsteinschätzung als „religiös“. Der Faktor „eigenständige Glaubenssuche“[8] korreliert mit beiden Selbsteinschätzungen negativ, allerdings etwas stärker negativ mit der Selbsteinschätzung als „religiös“.

Als erste (vorsichtige) Interpretation dieser Befunde ergibt sich, dass diejenigen, die zustimmen, „gläubig“ zu sein, sich in ihrem Glauben unabhängiger von kirchlichen und familiären Bezügen verstehen als diejenigen, die sich als „religiös“ verstehen. Der Glaube als persönliche und vertrauensvolle Beziehung zu Gott, wie der Faktor „Gottesglaube“ ihn umfasst, ist ihnen besonders wichtig.[9]

Tabelle 15: Selbsteinschätzung „religiös“ und „gläubig“ – Korrelationen mit verschiedenen Faktoren

	Gottesglaube	***kirchliche Verbundenheit***	***eigenständige Glaubenssuche***	***familiäre religiöse Sozialisation***
Selbsteinschätzung „religiös“	$r = .786$	$r = .609$	$r = -.221$	$r = .559$
Selbsteinschätzung „gläubig“	$r = .803$	$r = .496$	$r = -.082$	$r = .488$

Korrelationen zwischen den Items *„Für wie „religiös“ halten Sie sich?“* und *„Für wie „gläubig“ halten Sie sich?“* und vier zentralen Faktoren.

2.3 Antwortmuster *„religiöser“* und *„gläubiger“* Jugendlicher im Vergleich

Um die Gruppen der „gläubigen“ und der „religiösen“ Jugendlichen präziser voneinander unterscheiden zu können, werden in diesem Abschnitt die Zustimmungswerte zu bestimmten Items[10] für die Gruppe der Befragten, die sich als „gläubig“, aber nicht als „religiös“ einschätzen (N = 954), neben den Zustimmungswerten der Gruppe, die sich nicht als, „gläubig“, aber als „religiös“ ansieht (N = 91), dargestellt.[11] Durch den Vergleich dieser „Extremgruppen“ innerhalb des Gesamtsamples wird sichtbar, was charakteristisch für die jeweiligen Jugendlichen ist. Dabei muss bewusst bleiben, dass hier eine Art künstliche Trennlinie gezogen wird, die längst nicht für alle Befragten gilt.

Zu der Beschreibung dieser beiden Gruppen gehört vorab ein Vergleich der soziodemographischen Angaben. Die auffälligsten Angaben in Tabelle 16 lassen

8 Weitere Informationen zu diesem Faktor auf S. 309–316.

9 Weitere Informationen zu diesem Faktor auf S. 309–316.

10 Diese Items wurden nach inhaltlichen Gesichtspunkten ausgewählt: Items, die ausgehend von der Korrelation der Faktoren, vielversprechend für eine Unterscheidung der Gruppen waren.

11 Siehe zum besseren Verständnis der Gruppen auch Tabelle 14. Die Gruppe der „Religiösen“ ist mit 91 Personen zwar vergleichsweise klein, lässt aber trotzdem interpretierbare Befunde zu.

sich folgendermaßen zusammenfassen: Die Gruppe der „religiösen" Schülerinnen und Schüler hat einen höheren männlichen Anteil als die Gruppe der „gläubigen" Befragten (58 % vs. 42 %), besucht eher das allgemeinbildende Gymnasium (63 % vs. 44 %), ist „katholischer" (51 % vs. 43 %) und umfasst weniger Personen ohne religiöses Bekenntnis (2 % vs. 9 %).

Tabelle 16: „Gläubig" vs. „religiös" – Beschreibung der „Extremgruppen"

	Schülerinnen und Schüler, die sich (nur) als *„gläubig"* bezeichnen (N = 954)	**Schülerinnen und Schüler, die sich (nur) als *„religiös"* bezeichnen (N = 91)**
Alter	Ø 17.2 Jahre	Ø 16.8 Jahre
Verteilung Geschlecht	m = 42 % w = 58 %	m = 58 % w = 42 %
Migrationshintergrund	31 %	26 %
Verteilung auf die Schularten	AG = 44 % BG = 21 % BS = 35 %	AG = 63 % BG = 21 % BS = 17 %
Verteilung auf den Religionsunterricht (RU) und Ethikunterricht (EU)	RU = 83 % EU = 17 %	RU = 87 % EU = 13 %
Religionszugehörigkeiten	rk = 43 %, ev = 37 %, ev-frei = 5 %, orth = 2 %, musl = 3 %, ohne = 9 %, andere = 2 %	rk = 51 %, ev = 36 %, ev-frei = 2 %, orth = 2 %, musl = 2 %, ohne = 2 %, andere = 3 %

AG = allgemeinbildendes Gymnasium, BS = berufliche Schule, BG = berufliches Gymnasium, RU = Religionsunterricht, EU = Ethikunterricht.

In Tabelle 17 sind Zustimmungswerte zu Gottes- und Jenseitsvorstellungen im Vergleich abgebildet: Die Gruppe der „gläubigen" Schülerinnen und Schüler stimmt allen drei Gottesvorstellungen (*„Gott ist jemand, zu dem man sprechen kann", „Gott ist eine höhere Macht"* und *„Gott ist etwas, auf das ich mich verlassen kann"*) mehr zu als die Gruppe der „Religiösen" – sowohl der eher unpersönlichen Vorstellung von Gott als höherer Macht (46 % vs. 26 %) als auch der persönlichen Vorstellung von Gott als Gesprächspartner (59 % vs. 42 %). Auch der Jenseitsglaube ist in dieser Gruppe stärker vertreten. Dabei fällt auf, dass die Personen, die zustimmen, „religiös" zu sein, deutlich seltener davon ausgehen, nach ihrem Tod Gott zu begegnen (13 % vs. 32 %).

Auch die Gruppe der „religiösen" Jugendlichen steht der Kirche nicht unkritisch gegenüber: 56 % von ihnen sagen, dass die Kirche auf Fragen, die sie bewegen, keine Antwort hat (s. Tabelle 18), das sind prozentual gesehen ebenso viele wie in der Gruppe, die sich als „gläubig" bezeichnet. Gleichzeitig werden auch positive Aspekte an der Kirche gesehen: 70 % der „Religiösen" sagen, dass die Kirche viel Gutes für die Menschen tue. Für 43 % ist es wichtig, zur Kirche zu gehören. Allerdings stimmt die Hälfte der Befragten, die sich als „religiös"

Tabelle 17: „Gläubig“ vs. „religiös“ – Gottes- und Jenseitsvorstellungen

	„gläubig“				*„religiös“*			
	N	**M**	**SD**	**TZ**	**N**	**M**	**SD**	**TZ**
Gott ist „... jemand, zu dem man sprechen kann.“	909	4,65	2,08	**59 %**	91	3,80	2,03	**42 %**
Gott ist „...eine höhere Macht“	944	4,16	2,00	**46 %**	90	3,41	1,91	**26 %**
Gott ist „... etwas, auf das ich mich verlassen kann.“	950	3,91	2,07	**40 %**	90	3,16	1,88	**26 %**
Es gibt ein Leben nach dem Tod.	943	5,07	1,85	**67 %**	91	4,50	1,95	**58 %**
Ich begegne Gott (nach dem Tod).	951	3,54	2,07	**32 %**	90	2,70	1,65	**13 %**

„gläubig“ = Schülerinnen und Schüler, die zustimmen, „gläubig“ zu sein und ablehnen, „religiös“ zu sein, „religiös“ = Schülerinnen und Schüler, die zustimmen, „religiös“ zu sein, und ablehnen „gläubig“ zu sein, TZ = tendenzielle Zustimmung in Prozent (Stufen 5/6/7 der Skala 1 = trifft gar nicht zu; 7 = trifft voll zu).

Tabelle 18: „Gläubig“ vs. „religiös“ – Einstellungen zur Kirche

	„gläubig“				*„religiös“*			
	N	**M**	**SD**	**TZ**	**N**	**M**	**SD**	**TZ**
Die Kirche tut viel Gutes für die Menschen.	948	4,62	1,42	**57 %**	90	5,21	1,53	**70 %**
Auf die Fragen, die mich wirklich bewegen, hat die Kirche keine Antwort.	948	4,78	1,73	**56 %**	91	4,65	1,77	**56 %**
Es ist für mich wichtig, zur Kirche zu gehören.	784	3,62	1,91	**33 %**	82	4,02	1,98	**43 %**
Mein Glaube hat nichts mit der Kirche zu tun.	949	5,17	2,01	**67 %**	91	4,26	2,21	**50 %**

„gläubig“ = Schülerinnen und Schüler, die zustimmen, „gläubig“ zu sein, und ablehnen, „religiös“ zu sein, „religiös“ = Schülerinnen und Schüler, die zustimmen, „religiös“ zu sein, und ablehnen, „gläubig“ zu sein, TZ = tendenzielle Zustimmung in Prozent (Stufen 5/6/7 der Skala 1 = trifft gar nicht zu; 7 = trifft voll zu).

bezeichnen, auch der Aussage zu, dass ihr Glaube nichts mit der Kirche zu tun habe (bei den Jugendlichen, die sich als *„gläubig“* bezeichnen, sind es mit 67 % noch mehr).

Über die Hälfte der Befragten, die sich (ausschließlich) als „religiös“ bezeichnen, gibt an, „religiös“ erzogen worden zu sein, und dass ihre Eltern in der Kindheit mit ihnen gebetet haben (s. Tabelle 19). Bei den Personen, die sich als „gläubig“ bezeichnen, ist es ein gutes Drittel, das „religiös erzogen“ wurde, und 43 % von ihnen sagen, dass die Eltern mit ihnen gebetet haben. Die familiäre religiöse Sozialisation ist also in der Gruppe der „Religiösen“ etwas stärker ausgeprägt. Daneben fällt in

Tabelle 19 auf, dass die Gruppe der „Gläubigen" häufiger mit ihren Freunden über Glaubensfragen spricht als die Gruppe der „Religiösen" (39 % vs. 24 %).

Tabelle 19: „Gläubig" vs. „religiös" – Religion und soziales Umfeld

	„gläubig"				„religiös"			
	N	M	SD	TZ	N	M	SD	TZ
Ich wurde religiös erzogen.	952	3,65	1,93	**35 %**	91	4,40	2,03	**54 %**
Meine Eltern haben in meiner Kindheit mit mir gebetet.	946	3,84	2,40	**43 %**	90	4,26	2,37	**51 %**
Ich glaube, was mir als Kind beigebracht wurde.	950	3,37	1,88	**28 %**	91	3,58	2,01	**35 %**
Ich spreche mit meinen Freunden über Glaubensfragen.	949	3,60	2,18	**39 %**	91	2,66	1,95	**24 %**

„gläubig" = Schülerinnen und Schüler, die zustimmen, „gläubig" zu sein, und ablehnen, „religiös" zu sein, „religiös" = Schülerinnen und Schüler, die zustimmen, „religiös" zu sein, und ablehnen, „gläubig" zu sein, TZ = tendenzielle Zustimmung in Prozent (Stufen 5/6/7 der Skala 1 = trifft gar nicht zu; 7 = trifft voll zu).

47 % der Personen, die angeben, „gläubig" zu sein, stimmen der Aussage *„Die Beziehung zu Gott ist mir wichtig"* zu; in der Gruppe, die zustimmt, „religiös" zu sein, sind es deutlich weniger: Hier stimmen 22 % dieser Aussage zu. Auch die anderen in Tabelle 20 dargestellten Zustimmungswerte zeigen größere Unterschiede zwischen den Gruppen im Blick auf die persönliche Bedeutung des Glaubens. Beispielsweise können nur 24 % der „religiösen" Schülerinnen und Schüler mit der Begründung für das Beten, *„weil ich Gott vertraue"*, etwas anfangen – in der Gruppe der „gläubigen" Schülerinnen und Schüler sind es 51 %.

Tabelle 20: „Gläubig" vs. „religiös" – Bedeutung von Glaube und Gott

	„gläubig"				„religiös"			
	N	M	SD	TZ	N	M	SD	TZ
Die Beziehung zu Gott ist mir wichtig.	948	4,17	1,96	**47 %**	90	3,37	1,71	**22 %**
In meinem Alltag spielt Glaube keine Rolle.	950	3,62	1,90	**34 %**	90	4,26	1,97	**47 %**
In schwierigen Situationen hilft mir mein Glaube an Gott.	952	4,20	2,14	**49 %**	90	3,22	1,98	**27 %**
Ich bete, weil ich Gott vertraue.	799	4,42	1,97	**51 %**	72	3,31	1,73	**24 %**

„gläubig" = Schülerinnen und Schüler, die zustimmen, „gläubig" zu sein, und ablehnen, „religiös" zu sein, „religiös" = SchülerInnen, die zustimmen, „religiös" zu sein. und ablehnen, „gläubig" zu sein, TZ = tendenzielle Zustimmung in Prozent (Stufen 5/6/7 der Skala 1 = trifft gar nicht zu; 7 = trifft voll zu).

2.4 *„Religiös“* und *„gläubig“* – zusammenfassende Interpretation zum Umgang mit den (Selbst-)Bezeichnungen

Zusammenfassend festzuhalten ist, dass Jugendliche etwas anderes unter „gläubig“ und „religiös“ verstehen, als es Erwachsene, insbesondere Religionslehrkräfte bzw. Theologinnen und Theologen oftmals tun. Dabei ist allerdings zu berücksichtigen, dass auch die Jugendlichen nicht einfach einer Meinung sind. Dies wird daran deutlich, dass Schülerinnen und Schüler teilweise problemlos beide Bezeichnungen auf sich anwenden können. Der Vergleich der „Extremgruppen“, d. h. der Personen, die jeweils eine der Bezeichnungen für sich klar ablehnen und der anderen deutlich zustimmen, zeigt jedoch interessante Tendenzen auf:

- Jugendliche, die sich als „religiös“ (und nicht als „gläubig“ bezeichnen), berichten eher von familiärer religiöser Sozialisation. Zu erklären ist dieser Befund wohl unter anderem damit, dass Jugendliche, die in der Familie eine religiöse Erziehung erfahren haben, in der Folge mit dem Begriff „religiös“ weniger Probleme haben, da er ihnen von ihren Eltern und dem weiteren Umfeld her vertrauter ist.
- Mit der höheren religiösen Sozialisation in der Gruppe der „Religiösen“ hängt auch die stärkere kirchliche Verbundenheit zusammen. Übergangen werden sollte aber ebenfalls nicht, dass es auch in dieser Gruppe kirchenkritische Töne gibt.
- Die Gruppe der „Gläubigen“ zeichnet sich durch einen Gottesglauben aus, der mehr Bedeutung im Alltag und in schweren Zeiten hat und eher durch eine vertrauensvolle Gottesbeziehung gekennzeichnet ist als in der Gruppe der „Religiösen“.
- Überraschenderweise scheint die familiäre religiöse Sozialisation keinen deutlichen Einfluss auf die Wahrnehmung als „gläubig“ zu haben, wie es bei den „religiösen“ Jugendlichen für die Wahrnehmung als „religiös“-Sein der Fall ist.

Da es auch unter den Schülerinnen und Schülern Uneindeutigkeiten im Blick auf die Interpretation von „gläubig“ und „religiös“ gibt, ist es lohnend, nicht nur sensibel bei der Verwendung dieser Bezeichnungen zu sein, sondern auch immer wieder mit den Jugendlichen im Gespräch darüber zu bleiben, was diese Begriffe für sie persönlich bedeuten.

3. Religion und Ethik – Unterschiedliche Wahrnehmungen

Im ersten Band „Jugend – Glaube – Religion“ findet sich bereits ein Kapitel, das sich gezielt der Gruppe der 1074 befragten Ethikschülerinnen und -schüler widmet (vgl. Schweitzer et al., 2018, S. 157–159). Zumindest stichwortartig sollen hier die Hauptergebnisse aber wiederholt werden, gleichsam als Ausgangspunkt für die nachfolgende weiterreichende Auswertung:

- Ethikschülerinnen und -schüler sind weniger religiös sozialisiert als Religionsschülerinnen und -schüler.
- Sie glauben weniger häufig an Gott und sind weniger kirchlich verbunden, dafür skeptischer in Bezug auf religiöse Fragen. Teilweise verstärken sich diese Effekte hin zum zweiten Befragungszeitpunkt.
- Ethikschülerinnen und -schüler bewerten ihren Unterricht positiver, als die Religionsschülerinnen und -schüler.

In diesem Abschnitt soll nun folgenden Fragen weiter nachgegangen werden: *Wie unterscheidet sich der Glaube der Ethikschülerinnen und -schüler von dem der Religionsschülerinnen und -schüler? Woher kommt die bessere Bewertung des Faches Ethik im Vergleich zum Schulfach Religion? Welche Jugendlichen wechseln von Religion nach Ethik und was sind mögliche Gründe dafür?*

3.1 Glaube im Ethikunterricht

Ethikschülerinnen und -schüler sind insgesamt betrachtet weniger „religiös" als Religionsschülerinnen und -schüler: Sie stimmen weniger zu, an Gott zu glauben, beten weniger häufig, sind weniger religiös sozialisiert und sind deutlich weniger kirchlich verbunden als ihre Mitschülerinnen und -schüler im Religionsunterricht. Der Aussage *„ich glaube an Gott"* stimmen beispielsweise 38% der Ethikschülerinnen und -schüler zu, bei den am Religionsunterricht Teilnehmenden sind es 55%. Interessanterweise unterscheidet sich die Gruppe der an Gott glaubenden Ethikschülerinnen und -schüler aber in Bezug auf zentrale Glaubensaussagen von der Gruppe der an Gott glaubenden Religionsschülerinnen und -schülern *nicht* (s. Tabelle 21). Signifikante Unterschiede ergeben sich lediglich bei den Items *„In meinem Alltag spielt Glaube keine Rolle"* und *„In schwierigen Situationen hilft mir mein Glaube an Gott"*, wobei die an Gott glaubenden Ethikschülerinnen und -schüler hier unerwarteter Weise etwas „religiöser" abschneiden: Im Alltag spielt ihr Glaube eher eine Rolle, und in schwierigen Situationen hilft der Glaube ihnen etwas mehr als den Religionsschülerinnen und -schülern.

Auch wenn die befragten Ethikschülerinnen und -schüler also insgesamt persönlich weniger mit Religion und Glaube anfangen können, gibt es unter ihnen aber auch Jugendliche, die zustimmen, an Gott zu glauben. Diese Schülerinnen und Schüler unterscheiden sich in Bezug auf zentrale Glaubensaussagen nicht von ihren Mitschülerinnen und -schülern im Religionsunterricht.

Tabelle 21: An Gott glaubende Schülerinnen und Schüler im Ethik- und Religionsunterricht im Vergleich

	RU				EU			
	N	**M**	**SD**	**TZ**	**N**	**M**	**SD**	**TZ**
Gott liebt jeden Menschen und kümmert sich um uns.	3167	5,58	1,45	**78 %**	447	5,67	1,74	**75 %**
Gott ist … etwas, das Sicherheit gibt.	3169	5,44	1,48	**77 %**	444	5,52	1,80	**77 %**
Gott ist … jemand, zu dem man sprechen kann.	3021	5,40	1,61	**74 %**	400	5,47	1,78	**74 %**
Gott ist … die Natur	3007	3,69	1,83	**35 %**	395	3,51	2,12	**33 %**
Gott … – damit kann ich nichts anfangen.	3008	1,70	1,21	**4 %**	397	1,74	1,44	**7 %**
Meine Seele lebt weiter.	3134	5,23	1,70	**69 %**	440	5,30	1,97	**69 %**
In meinem Alltag spielt Glaube keine Rolle.	3154	3,08*	1,78	**24 %**	451	2,71*	1,93	**21 %**
In schwierigen Situationen hilft mir mein Glaube an Gott.	3158	5,16*	1,69	**69 %**	448	5,49*	1,78	**73 %**

TZ = tendenzielle Zustimmung in Prozent (Stufen 5/6/7 der Skala 1 = trifft gar nicht zu; 7 = trifft voll zu), RU = katholische und evangelische Schülerinnen und Schüler im Religionsunterricht, EU = katholische und evangelische Schülerinnen und Schüler im Ethikunterricht. (Signifikanzniveau für Mittelwertunterschiede: $p < 0.001$). Einbezogen sind lediglich Schülerinnen und Schüler, die der Aussage *„ich glaube an Gott"* zustimmen.

3.2 Die bessere Bewertung des Ethikunterrichtes

Wie bereits in Band I der Studie beschrieben, fällt die Bewertung des Ethikunterrichts positiver aus als die Bewertung des Religionsunterrichts (vgl. Schweitzer et al, 2018, S. 109-111). In Abbildung 47 wird dies nochmals anhand der Zustimmungswerte zu bestimmten zentralen Aussagen veranschaulicht. Beispielsweise stimmen 68 % der Ethikschülerinnen und -schüler zu, dass es in ihrem Unterricht spannende Themen gebe, bei den Religionsschülerinnen und -schülern sind es 52 %, die diese Angabe machen. Zu bemerken ist, dass die Bewertung des Religionsunterrichts insgesamt und für sich betrachtet keineswegs schlecht ausfällt. Allerdings bleibt sie doch in allen Punkten hinter dem Ethikunterricht zurück. Dies wirft die Frage danach auf, wie dieser Befund zu erklären ist.

Hinweise für die Antwort auf die Frage, was genau Schülerinnen und Schüler besonders am Ethikunterricht schätzen bzw. was sie am Religionsunterricht stört, geben die Befunde aus der qualitativen Befragung der Schülerinnen:

> *„Ich wurde im Unterricht (kath. Religion) gefragt, wie die Welt entstanden ist. Meine Antwort war „durch den Urknall". Die gewollte Antwort war „durch Gott". Das zeigte*

Abbildung 47: Ethik- und Religionsschülerinnen und -schüler bewerten ihren Unterricht

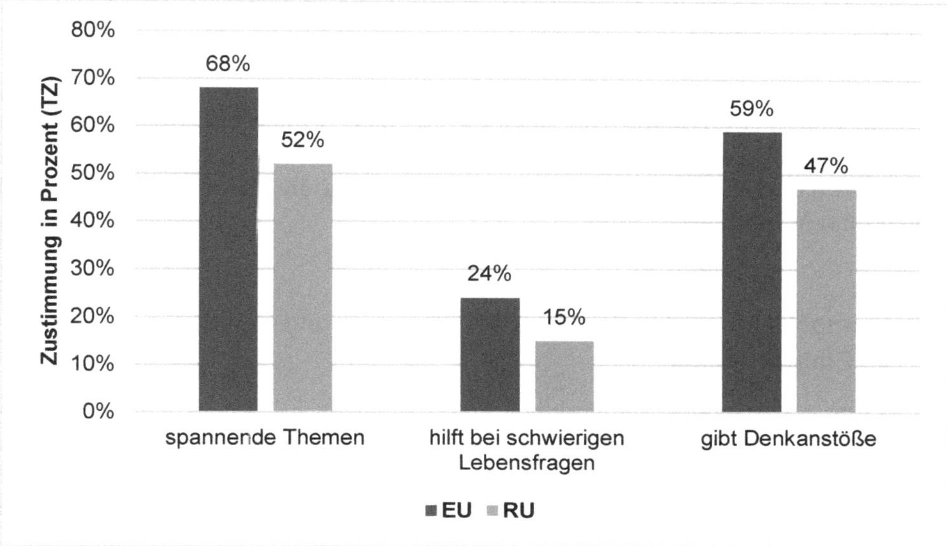

TZ = tendenzielle Zustimmung in Prozent (Stufen 5/6/7 der Skala 1 = trifft gar nicht zu; 7 = trifft voll zu) zu den Aussagen *„im Religions-/Ethikunterricht gibt es spannende Themen“*, *„der Religions-/Ethikunterricht hilft mir bei schwierigen Lebensfragen“* und *„der Religions-/Ethikunterricht gibt mir Denkanstöße“*. RU = katholische und evangelische Schülerinnen und Schüler im Religionsunterricht, EU = katholische und evangelische Schülerinnen und Schüler im Ethikunterricht. N(RU) = 5070–5081, N(EU) = 483–490.

> *mir, dass ich im Ethikunterricht besser aufgehoben bin, da ich nicht mehr an Gott glaube.“* (w, 15 Jahre, kath, Ethikunterricht, allgemeinbildendes Gymnasium) (Bohner et. al., 2019, S. 51).

> *„Ich besuchte seit der 1. Klasse den kath. Religionsunterricht, jedoch hat sich mein Glaube in den letzten Jahren verändert; ich habe meine eigene Vorstellung bekommen und fühle mich nun im Ethikunterricht um einiges besser verstanden. Warum sich mein Glaube verändert hat, kann ich nicht genau sagen.“* (w, 17 Jahre, kath, Ethikunterricht, berufliches Gymnasium) (Schweitzer et. al., 2018, S. 108).

Diese beiden Schülerinnen fühlen sich im Ethikunterricht besser verstanden bzw. besser aufgehoben, da er ihnen in ihrer Wahrnehmung mehr Freiraum für ihre Meinung und „religiöse“ Positionierung gibt. Zudem gibt es bei manchen Schülerinnen und Schülern Irritationen im Blick auf die Lerninhalte, wie folgende Äußerungen zeigen:

> *„In Reli haben wir Dinge gelernt, mit denen ich nicht einverstanden bin. Z. B.: Kain und Abel – Geschichte; Gott liebt also nicht alle Menschen? Das ist enttäuschend.“* (w, 17 Jahre, ev, Religionsunterricht, allgemeinbildendes Gymnasium) (Schweitzer et. al., 2018, S. 178).

„Das, was einem früher im Religionsunterricht beigebracht wurde, ist nur wie eine fiktive Geschichte im Kopf geblieben.“ (w, 19 Jahre, ohne Religionszugehörigkeit, Ethikunterricht, berufliches Gymnasium) (Schweitzer et. al., 2018, S. 178).

Es gibt demnach Schülerinnen und Schüler, die den Religionsunterricht verlassen, weil sie sich im Ethikunterricht „besser verstanden“ fühlen und weil sie mit den Inhalten im Religionsunterricht wenig anfangen können. Sie haben im Religionsunterricht das Gefühl bekommen, mit ihrer Meinung und Kritik anzuecken, und sind darum in Ethik gewechselt.

3.3 Evangelische und katholische Schülerinnen und Schüler im Ethikunterricht

Die Hälfte der befragten Schülerinnen und Schüler im Ethikunterricht ist evangelisch oder römisch-katholisch. Es ist anzunehmen, dass ein Großteil dieser Gruppe früher den Religionsunterricht besucht hat, da der Ethikunterricht in Baden-Württemberg bis vor wenigen Jahren erst ab Klasse 9 angeboten wurde. Der Vergleich ihrer „religiösen“ Einstellungen und Haltungen mit den evangelischen und katholischen Schülerinnen im Religionsunterricht kann einen Hinweis darauf geben, warum es zu diesem Wechsel von Religion zu Ethik kam (siehe dazu auch: Wissner & Schweitzer, 2019, S. 46-61).

In Abbildung 48 wird ersichtlich, dass die evangelischen und katholischen Befragten im Ethikunterricht zentralen Glaubensaussagen deutlich weniger zustimmen als ihre evangelischen und katholischen Mitschülerinnen im Religionsunterricht. 28 % der ersten Gruppe stimmen beispielsweise zu, an Gott zu glauben – im Religionsunterricht sind es 55 %. Auch auf der Faktorenebene unterscheiden sich die beiden Gruppen signifikant: Evangelische und katholische Schülerinnen und Schüler erreichen im Religionsunterricht höhere Faktorenwerte beim Faktor „Gottesglaube“ (M(RU) = 4.03, M(EU) = 3.09, $p < .001$), beim Faktor „Kirchenbindung“ (M(RU) = 3.62, M(EU) = 2.61, $p < .001$) und beim Faktor „Jenseitsglaube“ (M(RU) = 4.46, M(EU) = 3.99, $p < .001$), als die evangelischen und katholischen Befragten im Ethikunterricht erreichen.[12]

Im Blick auf den Faktor „religiöse familiäre Sozialisation“[13] erreichen die evangelischen und katholischen Ethikschülerinnen und -schüler niedrigere Werte als die evangelischen und katholischen Religionsschülerinnen und -schüler (M(RU) = 3.93, M(EU) = 3.12, $p < .001$).

Für die Gruppe der evangelischen und katholischen Ethikschülerinnen und -schüler gilt also, dass sie weniger religiös gebunden und weniger religiös sozialisiert sind als die evangelischen und katholischen Religionsschülerinnen und

12 Nähere Informationen zu diesen Faktoren auf S. 309–316.

13 Nähere Informationen zu diesem Faktor auf S. 309–316.

Abbildung 48: Zentrale Glaubensaussagen – Evangelische und katholische Schülerinnen und Schüler im Ethik- oder Religionsunterricht

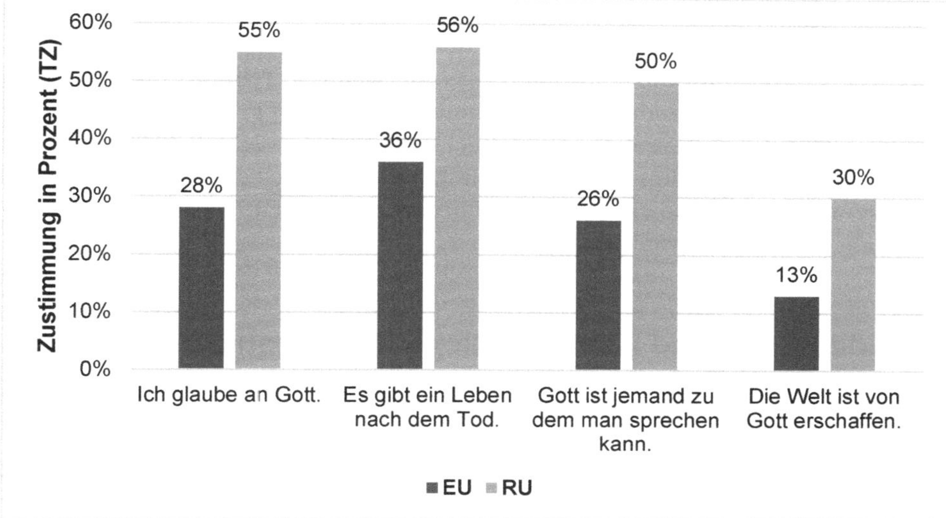

Abgebildet sind die tendenziellen Zustimmungswerte (TZ) in Prozent (Stufen 5/6/7 der Skala 1 = trifft gar nicht zu; 7 = trifft voll zu) zu zentralen Glaubensaussagen. RU = katholische und evangelische Schülerinnen und Schüler im Religionsunterricht, EU = katholische und evangelische Schülerinnen und Schüler im Ethikunterricht, N(RU) = 5070–5081, N(EU) = 483–490.

-schüler. Diese losere Verbundenheit könnte mit ein Grund dafür sein, warum diese Jugendlichen ihren Platz eher im – als freier und offener wahrgenommenen – Ethikunterricht sehen.

3.4 Zusammenfassende Beobachtungen zu den Schülerinnen und Schülern im Ethik- und Religionsunterricht

Insgesamt sind Ethikschülerinnen und -schüler deutlich weniger „religiös" (auch die evangelischen und katholischen Ethikschülerinnen und -schüler). Dennoch glaubt mehr als ein Drittel der Ethikschülerinnen und -schüler an Gott und unterscheidet sich in den religiösen Haltungen nicht von den an Gott glaubenden Religionsschülerinnen und -schülern. Diese Gruppe wird möglicherweise im Ethikunterricht oftmals übersehen und jedenfalls in der Diskussion kaum einmal erwähnt.

Manche Schülerinnen und Schüler nehmen es so wahr, dass der Ethikunterricht insgesamt offener für unterschiedliche – auch scheinbar unbequeme – Meinungen ist. Andere Befragte zeigen in ihren Äußerungen, dass sie mit Inhalten des Religionsunterrichts „nicht einverstanden" sind. Es ist wahrscheinlich, dass solche Jugendliche sich eher für den Ethikunterricht anmelden.

Der Vergleich der evangelischen und katholischen Ethikschülerinnen mit den evangelischen und katholischen Religionsschülerinnen und -schülern zeigt zudem, dass diese Gruppe im Ethikunterricht insgesamt weniger „religiös", kirchlich verbunden und religiös sozialisiert ist. Es stellt sich die Frage, ob der Religionsunterricht sich mit dem Image abfinden möchte, dass sich solche Schülerinnen und Schüler, die sich der Religion distanzierter und auch kritisch gegenüber zeigen und gleichzeitig (noch?) eine christliche Religionszugehörigkeit haben, im Religionsunterricht nicht „zu Hause" fühlen.

4. Judentums- und islamfeindliche Haltungen bei Muslimen

Die Muslime als Sondergruppe wurden in Band 1 bereits dargestellt (vgl. Schweitzer et al., 2018, insbesondere S. 146 ff.). Beispielsweise weisen darin die 373 befragten muslimischen Jugendlichen im Schnitt einen stärkeren Gottesglauben auf, welcher von ihnen selbst weniger hinterfragt wird und eher der Alltagsbewältigung dient, als dies beim Rest der Stichprobe der Fall ist.

Zu denken gegeben haben im Zuge dieser Auswertungen besonders die Zustimmungswerte der befragten Muslime zu der Aussage *„Es gibt zu viele Juden in Deutschland"* mit 14% (Stichprobe ohne Muslime 6%). Antisemitismus ist somit im muslimischen Subsample im Schnitt stärker verbreitet als beim Rest der Befragten.[14] Gleichzeitig verwundert das Ergebnis, dass noch mehr, nämlich 18% der befragten Muslime angeben, dass es zu viele Muslime in Deutschland gebe. Diese Befunde führten dazu, dass hier gesondert untersucht werden soll, wer diese muslimischen Jugendlichen sind, die bei bestimmten Items der sogenannten Xenophobie-Skala[15] erhöhte Werte haben.

4.1 Zu viele Muslime? Zu viele Juden? – Korrelationen

Für das Gesamtsample betrachtet ergibt sich zwischen den Aussagen *„Es gibt zu viele Juden in Deutschland"* und *„Es gibt zu viele Muslime in Deutschland"* eine mittlere bis hohe Korrelation ($r = .575$, $p < .001$). D. h., dass Personen, die eine der Aussagen ablehnen (bzw. ihr zustimmen), mit hoher Wahrscheinlichkeit auch die andere Aussage ablehnen (bzw. dieser zustimmen). Für das muslimische Subsample ist derselbe Effekt, jedoch etwas schwächer, feststellbar ($r = .452$, $p < .001$), es kann hier von einem mittleren Zusammenhang gesprochen werden.

---

14 Es gab im Fragebogen nur ein Item zum Antisemitismus, da diese Frage nicht im Vordergrund stand. Das muss bei der Interpretation beachtet werden.

15 Weitere Informationen zu diesem Faktor auf S. 309–316.

Betrachtet man die Zustimmungswerte der Muslime zu den beiden Aussagen *„Es gibt zu viele Juden in Deutschland“* und *„es gibt zu viele Muslime in Deutschland“* im Einzelnen in der Kreuztabelle (s. Tabelle 22), wird deutlich, dass es kein einheitliches Antwortmuster der befragten Muslime zu diesen Aussagen gibt. Die größte Gruppe, etwa die Hälfte der muslimischen Jugendlichen, lehnt beide Aussagen deutlich ab (in der Gesamtstichprobe sind es allerdings noch mehr: 61 %). Ihrer Meinung nach gibt es also weder zu viele Muslime noch zu viele Juden in Deutschland. Die zweitgrößte (allerdings deutlich kleinere) Gruppe bewegt sich bei der Zustimmung zu den beiden Aussagen im Mittelfeld, sie ist also eher unentschieden. Die Gruppe der muslimischen Schülerinnen und Schüler, die klar zustimmt, dass es zu viele Juden in Deutschland gebe, und gleichzeitig findet, dass es *nicht* zu viele Muslime in Deutschland gebe, ist mit 25 Personen auffallend klein (7 % der befragten Muslime). Daneben fällt noch eine ähnlich große Gruppe auf, die beiden Aussagen zustimmt (6 % der befragten Muslime), und eine ebenso kleine Gruppe, die nicht findet, dass es zu viele Juden gebe und dass es zu viele Muslime gebe (8 % der befragten Muslime).

Grob lassen sich diese Gruppen für die Gesamtstichprobe ebenfalls feststellen, wobei es dort mehr Personen gibt, die finden, dass es zu viele Muslime gebe, und gleichzeitig *nicht,* dass es zu viele Juden gebe (15 %). 5 % der Gesamtstichprobe stimmen beiden Aussagen zu. Nur 1 % meint, es gebe zu viele Juden, aber nicht zu viele Muslime in Deutschland. 61 % der befragten Schülerinnen und Schüler der Gesamtstichprobe lehnen beide Aussagen ab.

Tabelle 22: Muslimisches Subsample – Kreuztabelle: Antisemitismus und Islamophobie

	zu viele Juden – ablehnend	**zu viele Juden – unentschieden**	**zu viele Juden – zustimmend**
zu viele Muslime – ablehnend	226 (64 %)	11(3 %)	25 (7 %)
zu viele Muslime – unentschieden	11(3 %)	16 (5 %)	4 (1 %)
zu viele Muslime – zustimmend	28 (8 %)	13 (4 %)	20 (6 %)

Zustimmung in absoluten Zahlen des muslimischen Subsamples (N = 354) zu den beiden Aussagen *„es gibt zu viele Juden in Deutschland“* und *„es gibt zu viele Muslime in Deutschland“,* Skala 1 = trifft gar nicht zu; 7 = trifft voll zu. Die Prozentzahlen in Klammer beziehen sich auf den Anteil am muslimischen Gesamtsample.

Es ist also festzuhalten, dass es auch unter den befragten Muslimen Personen gibt, die kritische Einstellungen gegenüber Muslimen vertreten, wobei sich ganz unterschiedliche Gruppen identifizieren lassen, wenn man zusätzlich die Zustimmung zu der Aussage, es gebe zu viele Juden in Deutschland, betrachtet. Der dargestellte Befund lässt die Frage offen, wie es zu solchen unterschiedlichen Einstellungsmustern kommt. Deutlich wird, dass es insgesamt eine große Variation von Meinungen unter den Muslimen zum Islam und Judentum zu geben scheint.

4.2 Wie lassen sich die Muslime beschreiben, die der antisemitischen Aussage zustimmen?

Das Verhältnis der weiblichen und männlichen muslimischen Befragten, die hohe Zustimmungswerte bei der Aussage *„es gibt zu viele Juden in Deutschland"* erreichen, ist ausgewogen. Männliche Muslime scheinen also nicht häufiger zu antisemitischen Äußerungen zu neigen als weibliche Muslime. Der Faktor „soziales Kapital"[16] ist nicht weniger oder mehr ausgeprägt als bei den Muslimen, die der Aussage nicht zustimmen. Eine Regressionsanalyse mit den Variablen „Gottvertrauen", „religiöse Sozialisation", „soziales Kapital" auf die abhängige Variable „Antisemitismus" (d. h. das besagte Item), ergibt ebenfalls keine nennenswerten Zusammenhänge ($R2 = .023$). Diese Variablen sind also nicht geeignet, um die Zustimmung zu dem Item *„es gibt zu viele Juden in Deutschland"* bei Muslimen zu erklären. Religiosität und religiöse Sozialisation sind demnach keine Prädiktoren für Antisemitismus im muslimischen Subsample.

Die Abbildung 49 zeigt, dass es einen Zusammenhang mit der Schulart geben könnte: 27 % der befragten Muslime, die eine berufliche Schule besuchen, stimmen der Aussage *„es gibt zu viele Juden in Deutschland"* zu, während es auf dem allgemeinbildenden und dem beruflichen Gymnasium deutlich weniger sind (6 % bzw. 5 %).[17]

Neben der Schulart könnte auch der Migrationshintergrund eine Rolle spielen: 12.5 % der Muslime, die in Deutschland geboren sind (N = 325), sagen, es gebe zu viele Juden in Deutschland. Doppelt so hoch ist der Anteil bei den Muslimen, die in einem anderen Land geboren sind (25 %).[18]

16 Weitere Informationen zu diesem Faktor auf S. 309–316.

17 Im Gesamtsample sind es ebenfalls auf der beruflichen Schule mehr Personen, die der *Aussage „es gibt zu viele Juden in Deutschland"* zustimmen (12 %), als dies Befragte am Gymnasium tun (27 %). Dennoch sind es im prozentualen Vergleich weniger als im rein muslimischen Subsample.

18 Die Gruppe der Muslime, die in einem anderen Land als Deutschland geboren sind, ist allerdings verhältnismäßig klein (N = 43), was die Verallgemeinerbarkeit des Befundes einschränkt.

Abbildung 49: Antisemitismus und Schulart – muslimisches Subsample

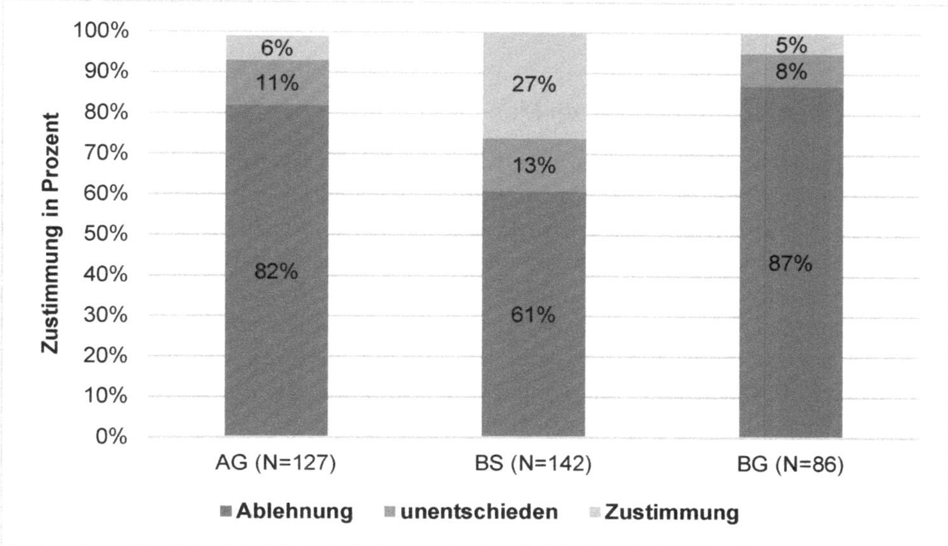

Skala: 1 = trifft gar nicht zu; 7 = trifft voll zu, Zustimmung: Stufen 5/6/7, unentschieden: Stufe 4, Ablehnung: Stufen 1/2/3. Die Prozentzahlen beziehen sich jeweils auf die Gesamtheit der Schülerinnen und Schüler pro Schulart und zeigen die Zustimmung zu der Aussage *„es gibt zu viele Juden in Deutschland“*. AG = allgemeinbildendes Gymnasium, BS = berufliche Schule, BG = berufliches Gymnasium.

4.3 Wer sind die Muslime, die sagen, dass es zu viele Muslime in Deutschland gebe?

In der Gesamtstichprobe ist ein leichter Zusammenhang zwischen der Aussage *„es gibt zu viele Muslime in Deutschland“* und *„manche muslimische Gruppen machen mir Angst“* feststellbar ($r = .319$, $p < .001$, $N = 7128$). Für das muslimische Subsample gilt dieser Zusammenhang nicht ($r = -.013$, $p < .001$, $N = 359$). Angst scheint für Muslime *nicht* mit der Wahrnehmung zusammenzuhängen, dass es zu viele Muslime in Deutschland gebe.

In der Gesamtstichprobe gibt es keinen signifikanten Unterschied zwischen Jugendlichen mit und Jugendlichen ohne Migrationshintergrund im Blick auf Xenophobie. Überraschenderweise geben 16 % der Muslime an, die in Deutschland geboren sind (N = 325), dass es zu viele Muslime gebe, während prozentual gesehen doppelt so viele (32 %) der Muslime, die selbst im Ausland geboren sind (N = 43) und somit in irgendeiner Form eine eigene Migrationserfahrung mitbringen, zustimmen, dass es zu viele Muslime in Deutschland gebe. Zwar ist diese Gruppe verhältnismäßig klein, dennoch ist der Unterschied beachtlich. Wenn sich dieser Befund erhärten ließe (etwa bei einer größeren Stichprobe), spräche er gegen die mitunter vertretene Annahme, dass schon länger in Deutschland lebende Muslime die neu Hinzugekommenen ablehnen.

4.4 Offenheit und Interesse bei Muslimen

Die befragten Muslime erreichen signifikant niedrigere Werte auf der Skala „Religionspluralität“[19] als der Rest der Stichprobe. Dies hängt, wie bereits im Rahmen der ersten Auswertung erläutert wurde (Schweitzer et al., 2018, S. 153–154), mit dem ausgeprägten Absolutheitsanspruch zusammen, den Muslime in Bezug auf ihre Religion vertreten, indem sie Aussagen wie *„nur eine Religion ist wahr“* deutlich mehr zustimmen. Zugleich wird andererseits auf der Itemebene deutlich, dass das Interesse der muslimischen Befragten an anderen Kulturen und der Religiosität ihrer Mitschülerinnen und -schüler über der Gesamtstichprobe liegt. So stimmen beispielsweise 74 % der befragten Muslime zu, dass es sie interessiere, was Mitschülerinnen und -schüler einer anderen Religionszugehörigkeit denken, während dem beispielsweise 65 % der evangelischen Befragten zustimmen.

Neben der insgesamt hohen Zustimmung zu absoluten Aussagen, die die eigene Religion betreffen, ist der Großteil der muslimischen Jugendlichen also gleichzeitig interessiert, mehr über andere Religionen und Kulturen zu erfahren.

4.5 Zusammenfassende Beobachtungen – eine große Bandbreite an Einstellungen unter den Muslimen

Durch die Analysen ist das Bild der Einstellungen der befragten Muslime nicht einheitlicher geworden, aber gerade diese Uneinheitlichkeit ist ein wichtiges Ergebnis, das zu der Mahnung führt, Muslime beispielsweise nicht vorschnell pauschal in eine „Antisemitismusecke“ zu schieben. Dennoch ist nicht zu übergehen, dass insgesamt 50 der 373 befragten Muslime zustimmen, dass es zu viele Juden in Deutschland gebe. Oftmals angenommene Faktoren, wie das männliche Geschlecht und die hohe Religiosität, sind in dieser Studie keine Prädiktoren für den im Vergleich zur Gesamtstichprobe erhöhten Antisemitismus bei den befragten Muslimen. Der Migrationshintergrund und die Schulart scheinen im Vergleich dazu mehr Einfluss auf die judenfeindliche Einstellung zu haben. Die Notwendigkeit, mit muslimischen und anderen Schülerinnen und -schülern zu Vorbehalten gegenüber Juden ins Gespräch zu kommen, wird jedenfalls sehr deutlich (siehe auch die didaktischen Konsequenzen zu diesem Thema ab S. 271).

Auf die Einstellung, dass es zu viele Muslime in Deutschland gebe, hat der Migrationshintergrund einen Einfluss: Muslime, die selbst im Ausland geboren sind, sind überraschenderweise eher dieser Meinung. Könnte es sein, dass gerade

19 Nähere Informationen zu diesem Faktor auf S. 309–316.

solche Muslime, die hier vermutlich erst vor Kurzem mühsam Fuß gefasst haben, Sorge haben, dass „noch mehr" Muslime, die nach Deutschland kommen, dafür sorgen könnten, dass die allgemeine Stimmung gegen sie kippt?

5. Bedeutung der Theodizee-Frage

Die Bedeutung der Theodizee-Frage für die religiöse Entwicklung junger Menschen ist in der Religionspädagogik umstritten.[20] Um zu überprüfen, ob die Frage nach Gott angesichts einer (hypothetischen) Leidsituation für die Befragten eine Rolle spielen würde, wurden vier Items in den Fragebogen aufgenommen. Die Auswertung der t_1-Daten ergab, dass über ein Drittel der Befragten die Frage *„wie kann Gott das zulassen?"* stellen würden. Umso ausgeprägter der Glaube an Gott ist, umso eher wird diese Frage relevant.[21] Auch die qualitativen Schüleräußerungen zeigen, dass die Theodizee-Thematik für einige der Jugendlichen als ausschlaggebend für Veränderungen in ihrem Glauben gesehen wird (vgl. Schweitzer et al., 2018, S. 170–171). In diesem Kapitel soll noch einmal genauer folgenden Fragen nachgegangen werden: *Wer stellt die Theodizeefrage? Welche Rolle spielt im Zusammenhang mit Leiderfahrung der „Glaube" an das Schicksal? Wie unterscheidet sich dies vom „Glauben" an Zufall? Gibt es Hinweise darauf, dass die Theodizee-Frage eine „Einbruchstelle"[22] des Glaubens darstellt?*

5.1 Wer die Theodizee-Frage stellt

Ein kleiner Junge leidet an einer tödlichen Krankheit – 36 % der über 7000 Befragten, stimmten bei der ersten Erhebung zu, dass sie sich in dieser Situation fragen würden: *„Wie kann Gott das zulassen?"*. Um die Schülerinnen und Schüler, die hier zustimmen, genauer beschreiben zu können, wurden sie zunächst anhand bestimmter Merkmale mit den Befragten verglichen, die diese Aussage ablehnen. Die Ergebnisse sind in Tabelle 23 zu sehen. Erwartungsgemäß gibt es keinen Unterschied beim Alter in diesen beiden Gruppen. Das Geschlecht macht hingegen einen Unterschied: In der Gruppe der Schülerinnen und Schüler mit niedriger Theodizee-Tendenz ist das Verhältnis von männlichen und weiblichen Befragten ausgewogen. In der Gruppe mit der höheren Theodizee-Tendenz gibt es mehr weibliche Befragte (61 %). Dies

---

20 Mehr zu dieser Diskussion ab S. 279.

21 Eine Ausnahme bildeten dabei die befragten Muslime, die deutlich seltener die Theodizee-Frage stellen und die Leiderfahrung eher als „Schicksal" deuten als der Rest der Befragten (Vgl. Schweitzer et al, 2018, S. 86–87).

22 Diesen Begriff prägte bekanntermaßen Karl Ernst Nipkow, der herausstellte, dass die Enttäuschung über Gottes ausbleibende Hilfe in unerklärlichem Leid einer der Hauptgründe für die jugendliche Abwendung von Gott sei (Nipkow, 1987, insb. S. 55–57).

entspricht dem Befund der ersten Befragungen, dass weibliche Befragte häufiger die Theodizee-Frage stellen (vgl. Schweitzer et al., 2018, S. 86). Der Anteil von Personen mit Migrationshintergrund ist in der Gruppe mit niedriger Theodizee-Tendenz etwas höher als in der Gruppe mit hoher Theodizee-Tendenz (31 % vs. 26 %). Dieser Befund ist wohl in erster Linie auf die befragten Muslimen (mit Migrationshintergrund) zurückzuführen, die, wie bereits erwähnt, insgesamt deutlich seltener die Theodizee-Frage stellen. Beim Blick auf die Religionszugehörigkeit fällt auf, dass es etwas mehr evangelische und katholische Jugendliche gibt, die die Theodizee-Frage stellen, als evangelische und katholische Schülerinnen und Schüler, die sie nicht stellen. Der Anteil von Personen ohne Religionszugehörigkeit ist in der Gruppe mit niedrigerer Theodizee-Tendenz größer als in der Gruppe mit höherer Theodizee-Tendenz (12 % vs. 4 %). Am allgemeinbildenden Gymnasium wird die Theodizee-Frage etwas häufiger gestellt, wobei dieser Befund nicht überbewertet werden sollte.[23] Deutlicher ist der Unterschied im Hinblick auf die familiäre religiöse Sozialisation:

Tabelle 23: Befragte, die die Theodizee-Frage stellen und Befragte, die sie nicht stellen, im Vergleich

	Schülerinnen und Schüler niedrige Theodizee-Tendenz (N = 3668–3742)	**Schülerinnen und Schüler hohe Theodizee-Tendenz (N = 2546–2587)**
Alter	Ø17.2 Jahre	Ø17.1 Jahre
Verteilung Geschlecht	m = 50 % w = 50 %	m = 39 % w = 61 %
Migrationshintergrund	31 %	26 %
Religionszugehörigkeit	rk = 38 %, ev = 35 %, ev-frei = 3 %, orth = 2 %, musl = 7 %, ohne = 12 %, andere = 2 %	rk = 44 %, ev = 42 %, ev-frei = 3 %, orth = 2 %, musl = 3 %, ohne = 4 %, andere = 2 %
Verteilung auf die Schularten	AG = 41 % BG = 32 % BS = 27 %	AG = 46 % BG = 33 % BS = 22 %
Verteilung auf den Religionsunterricht (RU) und Ethikunterricht (EU)	RU = 76 % EU = 24 %	RU = 91 % EU = 9 %
familiäre religiöse Sozialisation (Faktorwert)	M = 3.50	M = 4.27

„Niedrige Theodizee-Tendenz" entspricht der tendenziellen Ablehnung (TA) auf das *Item „Wie kann Gott das zulassen?"*, „hohe Theodizee-Tendenz" entspricht der tendenziellen Zustimmung (TZ) zu diesem Item. Skala: 1 = trifft gar nicht zu; 7 = trifft voll zu, TZ = tendenzielle Zustimmung (Stufen 5/6/7), TA = tendenzielle Ablehnung (Stufen 1/2/3), AG = allgemeinbildendes Gymnasium, BG = berufliches Gymnasium, BS = berufliche Schule, RU = Religionsunterricht, EU = Ethikunterricht.

23 Der t-test zeigt einen signifikanten Effekt für den Vergleich von AG und BS in Bezug auf das Theodizee-Item ($p < .001$). Allerdings ist die Effektstärke hierfür äußerst gering ($d = 0.07$).

Abbildung 50: Theodizee-Items bei Personen mit hohem und niedrigem Gottesglauben

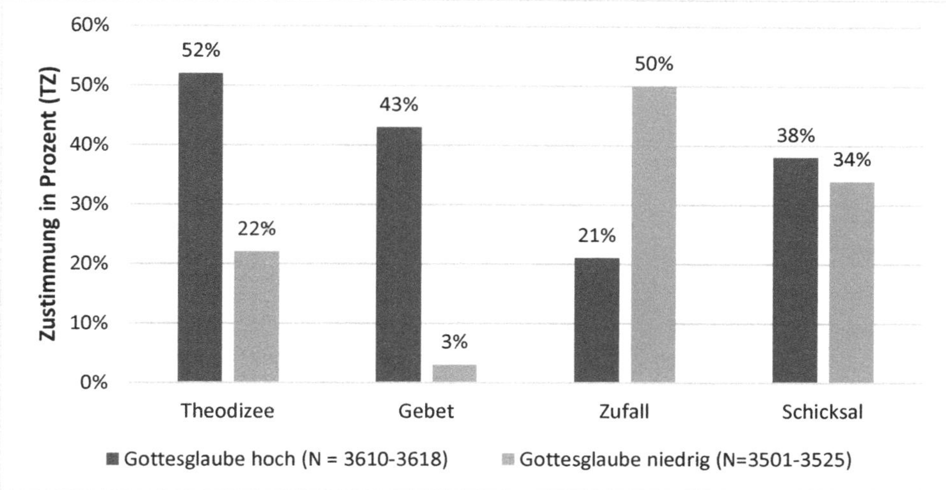

Skala: 1 = trifft gar nicht zu; 7 = trifft voll zu, TZ = tendenzielle Zustimmung (Stufen 5/6/7) zu den Items „Theodizee" („*Ich würde mich fragen: Wie kann Gott das zulassen?*"), Gebet („*Der Krankheitsverlauf kann durch Beten beeinflusst werden.*"), Zufall („*Wenn jemand so früh sterben muss, ist das eben Zufall.*"), Schicksal („*Seine Erkrankung ist Schicksal*"). Trennwert für die Gruppe mit höherem und niedrigerem Gottesglauben ist der mittlere Faktorenwert (M = 3.56) des Faktors „Gottesglaube".

Personen, die eher die Theodizee-Frage stellen, sind mehr religiös sozialisiert und gehen eher in den Religionsunterricht als in den Ethikunterricht.

Der Befund, dass gerade Personen mit stärker ausgeprägtem Gottesglauben eher die Theodizee-Frage stellen, wird in Abbildung 50 verdeutlicht: 52 % stimmen in dieser Gruppe der Frage „*wie kann Gott das zulassen?*" zu, während dem nur 22 % in der Gruppe mit niedrigerem Gottesglauben zustimmen. 43 % würden in der Gruppe mit höherem Gottesglauben in der schwierigen Situation beten, in der Hoffnung, die Situation dadurch zu beeinflussen, während in der Gruppe mit niedrigerem Gottesglauben nur 3 % beten würden. Die Gruppe mit niedrigerem Gottesglauben stimmt sehr viel häufiger zu, dass die im Fragebogen beschriebene Leiderfahrung „Zufall" sei, als die Gruppe mit höherem Gottesglauben (50 % vs. 21 %). Bei der Einschätzung, dass die Situation als „Schicksal" einzustufen sei, sind die beiden Gruppen hingegen sehr nah beieinander, wobei Personen mit höherem Gottesglauben etwas häufiger zustimmen, dass die Erkrankung „Schicksal" sei.

Personen, die berichten, dass ihr Glaube in den letzten Jahren „stärker" geworden sei,[24] stellen ebenfalls signifikant häufiger die Theodizee-Frage als

24 Diese subjektiv empfundene „Verstärkung" bzw. der Rückgang des eigenen Glaubens wurde mit einem eigenen Item abgefragt.

Abbildung 51: Glaubensaussagen – Personen mit hoher und niedriger Theodizee-Tendenz

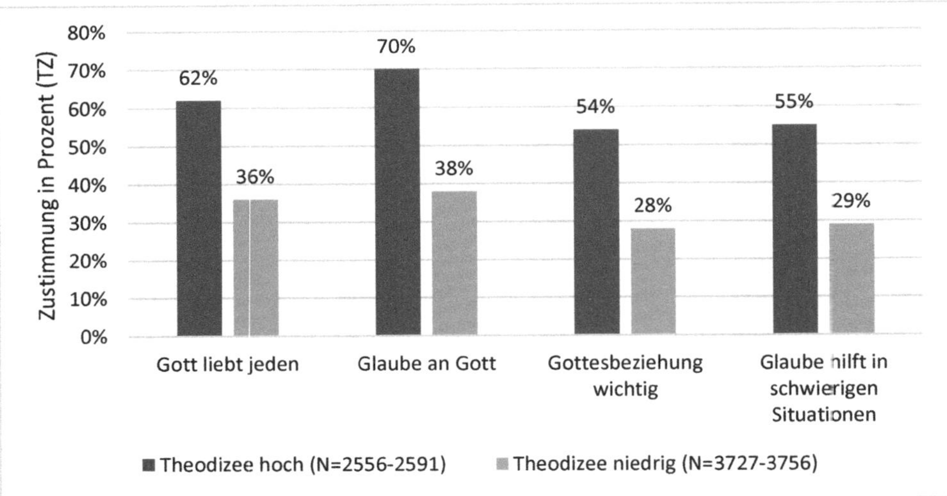

„Theodizee niedrig" entspricht der Gruppe mit tendenzieller Ablehnung (TA) auf das *Item „Wie kann Gott das zulassen?"*, „Theodizee hoch" entspricht der Gruppe mit tendenzieller Zustimmung (TZ) zu diesem Item. Skala: 1 = trifft gar nicht zu; 7 = trifft voll zu, TZ = tendenzielle Zustimmung (Stufen 5/6/7), TA = tendenzielle Ablehnung (Stufen 1/2/3). Abgebildet sind die Zustimmungswerte (TZ) zu den Items *„Gott liebt jeden und kümmert sich um uns"*, *„ich glaube an Gott"*, *„die Beziehung zu Gott ist mir wichtig"* und *„in schwierigen Situationen hilft mir mein Glaube an Gott"*.

Personen, die berichten, dass ihr Glaube „schwächer" geworden sei (46 % vs. 32 %).[25]

Dass die Befragten, die Gott angesichts von Leiderfahrungen eher hinterfragen, zugleich höhere Zustimmungswerte bei zentralen Glaubensaussagen erzielen als Personen, die eine geringere Theodizee-Tendenz haben, wird in Abbildung 51 unterstrichen. Beispielsweise stimmen 62 % der Personen mit höherer Theodizee-Tendenz der Aussage *„Gott liebt jeden Menschen und kümmert sich um uns"* zu, während dem nur 36 % der Befragten mit niedrigerer Theodizee-Tendenz zustimmen.

5.2 Leiderfahrung – Schicksal oder Zufall?

Wie sich gezeigt hat, stimmen Personen mit höherem Gottesglauben der Aussage, dass die im Fragebogen geschilderte Leid-Situation „Zufall" sei, deutlich weniger zu als Personen mit niedrigem Gottesglauben. Dies ist ein Hinweis darauf, dass

25 Im t-test ($p < .001$).

die Befragten im Zusammenhang mit Leiderfahrungen in Abhängigkeit von ihrer Religiosität mehr oder weniger an „Zufall" glauben.

In Tabelle 24 sind die Korrelationen der einzelnen Aussagen zum Theodizee-Beispiel dargestellt. Dabei wird deutlich: Die Aussagen zu Schicksal und Zufall korrelieren kaum ($r = .034$), was dafür spricht, dass die Begriffe in den Augen der Befragten jeweils etwas anderes ausdrücken. Die Aussagen zur Theodizee und zum Gebetseinfluss korrelieren jeweils negativ mit dem Zufallsitem. Zusammengenommen können diese Befunde folgendermaßen interpretiert werden: Für Personen mit ausgeprägterem Gottesglauben ist Leid kein Zufall und wird vermutlich eher Gott zugeschrieben, der dafür hinterfragt, aber auch um Hilfe gebeten wird.

Tabelle 24: Theodizee-Items – Korrelationen

	Schicksal	**Theodizee**	**Gebet**	**Zufall**
Schicksal	1			
Theodizee	$r = .016$	1		
Gebet	r=.062	r=.289	1	
Zufall	$r = .034$	$r = -.234$	$r = -363$	1

Alle Korrelationen sind bei Niveau $p = 0.01$ signifikant (zweiseitig). „Theodizee" (*„Ich würde mich fragen: Wie kann Gott das zulassen?"*), Gebet (*„Der Krankheitsverlauf kann durch Beten beeinflusst werden."*), Zufall (*„Wenn jemand so früh sterben muss, ist das eben Zufall."*), Schicksal (*„Seine Erkrankung ist Schicksal"*).

5.3 Religiöse Einstellungen und Theodizee

Betrachtet man die Korrelationen der im Fragebogen abgefragten Gottesbilder und -vorstellungen mit den Theodizee-Items,[26] wird Folgendes deutlich: Die Annahme, dass die Leid Situation „Zufall" sei, korreliert mit allen Gottesvorstellungen negativ. Dies unterstreicht die Annahme, dass die Jugendlichen, die dem Zufalls-Item zustimmen, generell eher nicht an Gott glauben. Die Korrelationen der Gottesvorstellungen mit „Schicksal" sind zwar positiv, aber alle niedrig.[27] Es gibt also keinen starken Zusammenhang zwischen dem Schicksalsglauben und den abgefragten Gottesvorstellungen. Das Theodizee-Item korreliert mit der Vorstellung von Gott als sicherheitsgebend und den anderen persönlichen Gottesvorstellungen schwach bis mittel, negative Korrelationen gibt es mit den Aussagen *„Gott ist für mich nur von Menschen ausgedacht"* und *„Gott – damit kann ich nichts anfangen"*. Es ist nachvollziehbar, dass Personen, die an Gott glauben, sich in schwierigen Situationen eher fragen, wie Gott „das zulassen kann".

26 Die zugehörige Tabelle im Anhang, S. 317.

27 Das Schicksal-Item korreliert mit keinem Gottesbild über $r = .1$, außer mit der Vorstellung von Gott als höherer Macht – hier gibt es eine niedrige Korrelation von $r = .108$.

5.4 Zusammenfassung: Theodizee als „Einbruchstelle des Glaubens“?

Ob die Auseinandersetzung mit der Theodizee-Frage als Einbruchstelle des Glaubens bezeichnet werden kann, ist anhand der vorliegenden quantitativen Daten nicht endgültig zu beantworten. Das liegt unter anderem daran, dass diese Frage bei der Fragebogenkonstruktion nicht im Vordergrund stand. Die qualitativen Befunde geben aber zumindest einen Hinweis darauf, dass die Erfahrung von Leid sowohl zu einer Abschwächung als auch zu einer Intensivierung des Glaubens bei Jugendlichen führen kann.

Wie oben erwähnt, gibt es mehr Zustimmung zur Theodizee-Frage bei den Jugendlichen, die eine Zunahme ihres Glaubens in den letzten Jahren berichten. Dieses Ergebnis zeigt zumindest, dass die Beschäftigung mit der Theodizee nicht zwangsläufig zu einer Abnahme der Religiosität führen muss.

Bemerkenswerterweise gibt es eine mittlere positive Korrelation ($r = .289$) zwischen dem Theodizee-Item und der Aussage zum Gebetseinfluss (s. Tabelle 24). Außerdem empfinden Personen, die davon ausgehen, Gott im Gebet in einer Leid-Situation beeinflussen zu können, Gott als „verlässlich“ und als „ansprechbar“ (s. Tabelle S. 317 im Anhang). Diese Befunde können die These stützen, dass es insbesondere im Gebet zu einer Auseinandersetzung mit Gott über das erfahrene Leid kommt.

Bei Jugendlichen, die mit der als schwierig erlebten Situation hadern und gleichzeitig beten, kann es gegebenenfalls zu einer Intensivierung ihres Glaubens kommen. Zu diesen Überlegungen wäre weitere empirische Forschung sinnvoll.

Teil 4
„Jugend – Glaube – Religion“ – Die Studie in der Diskussion

Ungebundene Religiosität und Konfessionslosigkeit im Religions- und Ethikunterricht

Ulrich Kropač

Der Beitrag analysiert die Resultate der Tübinger Studie „Jugend – Glaube – Religion“ unter zwei Perspektiven: ungebundene Religiosität (1) und Konfessionslosigkeit (2). In beiden Abschnitten wird zunächst die jeweilige Perspektive kurz charakterisiert, danach werden Befunde der Studie unter dieser Rücksicht interpretiert. Der abschließende Abschnitt (3) skizziert Überlegungen, welche Konsequenzen daraus für religiöse Bildung in der Schule in konzeptioneller und inhaltlicher Hinsicht gezogen werden sollten.

1. Perspektive ‚ungebundene Religiosität‘

1.1 Charakteristik der Perspektive

Wer mit dem Begriff ‚Religiosität‘ operiert, sieht sich Schwierigkeiten ausgesetzt, die jenen gleichen, die bei der Verwendung des Begriffs ‚Religion‘ entstehen. In beiden Fällen gibt es keine allgemein akzeptierte Definition. Aus diesem Grund bleibt nichts Anderes übrig, als eine begründete Wahl zu treffen. Für die folgenden Überlegungen wird die Religiositätsdefinition von Ulrich Hemel zugrunde gelegt. Hemel (2002, S. 8) versteht unter Religiosität „die individuelle Ausprägung eines persönlichen Welt- und Selbstverständnisses unter Verwendung religiöser Kategorien“. Mit dem Begriffspaar ‚gebunden‘/‚ungebunden‘, das ursprünglich im Kontext der Unterscheidung verschiedener Formen von Religionskultur situiert ist (Kropač, Meier & König, 2015, S. 15–16), kann der Terminus ‚Religiosität‘ weiter ausdifferenziert werden. So soll von *gebundener* Religiosität die Rede sein, wenn sich Menschen „sichtbar und ausdrücklich auf Gehalte und Praxisformen religiöser Tradition beziehen. Religiöse Institutionen, heilige Schriften, ethische Normen aus religiöser Überlieferung und tradierte rituelle Praktiken können unter wechselnder Akzentuierung Bezugsgrößen für eine Bindung sein, die immer mehr eine personale Entscheidung voraussetzt“ (Kropač et al., 2015, S. 15). Abgrenzend dazu wird Religiosität als *ungebunden* bezeichnet, wenn sie sich „außerhalb einer sichtbaren Bindung an religiöse Traditionen [artikuliert]“ (Kropač et al., 2015, S. 16). Ungebunden bedeutet allerdings nicht völlig losgelöst, denn diese Form von Religiosität kann sich nur auf einen Teilbereich von Religion, z. B. Motive, Gehalte, Normen oder Praktiken, beziehen, sie kann sich implizit religiöse Elemente aneignen oder Aspekte tradierter Religion transformieren.

1.2 Sichtung der Ergebnisse der Studie unter dem Fokus ‚ungebundene Religiosität'

(1) Die Unterscheidung zwischen ‚religiös' und ‚gläubig' bei Jugendlichen

Zu den wichtigen Ergebnissen der Studie gehört der Nachweis, dass Jugendliche deutlich zwischen ‚religiös' und ‚gläubig' unterscheiden. Nicht weniger bemerkenswert ist die Beobachtung, dass sie zur Selbstbeschreibung ihrer Einstellung dem Prädikat ‚gläubig' klar den Vorrang vor der Bezeichnung ‚religiös' geben. So hielten sich in der Umfrage zum Zeitpunkt t_1 22 % für religiös, 41 % hingegen für gläubig (Schweitzer et al., 2018, S. 70–71). Diese Unterscheidung trägt sich unabhängig von Konfession und Religion durch (Schweitzer et al., 2018, S. 72). Bei katholischen Jugendlichen lauten die Ziffern für die Selbsteinschätzung als religiös bzw. gläubig 22 % zu 41 %, bei evangelischen 19 % zu 37 %, bei evangelisch-freikirchlichen 40 % zu 80 %, bei orthodoxen 24 % zu 52 %, bei muslimischen 58 % zu 73 % und bei konfessionslosen 4 % zu 19 %. Viele Jugendliche lehnen die Bezeichnung ‚religiös' für sich selbst ganz ab (Schweitzer et al., 2018, S. 71).

Eine Analyse über den gesamten Untersuchungszeitraum unterstreicht dieses Resultat. Legt man das gematchte Sample zugrunde, ist zu registrieren, dass die Zustimmung zur Selbstzuschreibung ‚gläubig' über den gesamten Beobachtungszeitraum nahezu konstant bleibt (um die 49 %). Dagegen sinkt die Zustimmung zur Selbstzuschreibung ‚religiös' deutlich: nämlich von 29 % bei t_1 auf nur mehr 18 % bei t_3 (S. 49–52).

Die Studie bekräftigt damit einen Befund, der schon früher erhoben wurde. Hans-Georg Ziebertz und Ulrich Riegel konnten in einer Untersuchung aus dem Jahr 2008 nachweisen, dass sich nur 25 % der Befragten als religiös, 46 % dagegen als gläubig bezeichneten. Erklärt wurde dieses Ergebnis folgendermaßen: „Jugendliche interpretieren die Frage nach ihrer Religiosität vor allem als eine Frage nach der kirchlich gebundenen Religionsausübung. Hingegen ist Gläubigkeit für sie der offenere Begriff" (Ziebertz, 2017, S. 96). Die Studie „Jugend – Glaube – Religion" affirmiert diese Interpretation (Schweitzer et al., 2018, S. 71–72). Mit Religion assoziieren junge Menschen offenbar Kirche bzw. religiöse Institutionen, also Einrichtungen, denen sie häufig eine gehörige Skepsis entgegenbringen. Die bei t_1, t_2 und t_3 gesammelten Daten stützen diese These: Zeigte sich schon bei der zweiten Befragung eine gegenüber der ersten gewachsene Zustimmung zu kirchenkritischen Aussagen, nahm diese bei der dritten Erhebung nochmals zu (S. 67).

Greift man auf die zuvor eingeführte Unterscheidung zwischen gebundener und ungebundener Religiosität zurück, kann man das Untersuchungsergebnis folgendermaßen auf den Begriff bringen: Jugendliche verstehen ‚religiös' im Sinne gebundener, ‚gläubig' hingegen im Sinne ungebundener Religiosität.

Daran knüpft sich sogleich eine weitere aufschlussreiche Beobachtung: Die Wortbedeutung, die Heranwachsende den Begriffen ‚religiös' bzw. ‚gläubig' beilegen, stellt die gängige religionstheoretische Semantik auf den Kopf. In der Religionstheorie ist ‚Religion' der weitere Begriff. Als paradigmatisch hat die Religionsdefinition von Paul Tillich (1964, S. 40) zu gelten: „Religion ist im weitesten und tiefsten Sinne des Wortes das, was uns unbedingt angeht". ‚Glaube' hingegen wird enger gefasst. Dieser Zusammenhang kann auf die Formel gebracht werden: Wer gläubig ist, kann auch religiös genannt werden, umgekehrt ist nicht jeder religiöse Mensch ein Gläubiger.

(2) ‚Glaube': in der Lesart Heranwachsender und als theologischer Grundbegriff

Die Studie ringt damit, das, was junge Menschen als ihren Glauben beschreiben, auf den Begriff zu bringen. So heißt es in der Untersuchung einmal, dass Glaube für die Befragten darin bestehe, „eine persönliche Beziehung zu Gott oder dem Göttlichen zu haben" (Schweitzer et al., 2018, S. 245). Andererseits wird in der Studie der Befund, dass bei t_1 72 % der Befragten der Aussage „Ich stehe zu meinem Glauben" zustimmten, während nur 52 % angaben, an Gott zu glauben, als Indiz dafür gedeutet, „dass unter ‚dem Glauben' teilweise noch mehr gefasst wird als der Glaube an Gott" (Schweitzer et al., 2018, S. 74).

Nicht leichter wird die Situation durch die unterschiedlichen Vorstellungen, die junge Menschen mit Gott verbinden. So stimmten bei t_1 29 % der Befragten der Aussage zu, „Gott oder das Göttliche ist für mich" „*... eine Energie*", 49 % der Aussage „*... etwas, das Sicherheit gibt*", 34 % der Aussage „*... eine höhere Macht*", 29 % der Aussage „*... die Natur*", 47 % der Aussage *„jemand, zu dem man sprechen kann"* (Schweitzer et al., 2018, S. 78). Im Großen und Ganzen kann man festhalten, dass Aussagen, die ein persönliches Gottesbild intendieren, auf eine deutlich höhere Zustimmung stießen als solche, die ein unpersönliches Gottesbild implizieren (z. B. Gott als eine Energie oder als die Natur).

Blickt man darauf, wie sich der Glaube weiterentwickelt, zeigt sich eine beachtliche Veränderungsdynamik. Einerseits nämlich nimmt die Zustimmung zu Aussagen, die ein unpersönliches Gottesbild repräsentieren (z. B. *„Gott ist eine Energie", „Gott ist eine höhere Macht"*), signifikant zu. Andererseits steigt aber auch die Zustimmung zur Aussage „*Gott ist jemand, zu dem man sprechen kann*" deutlich an (S. 59). Dies wiederum lässt ein personales Gottesbild bei den Befragten vermuten.

Insgesamt zeigt sich also, was den (Gottes-)Glauben junger Menschen angeht, eine komplexe Lage sowohl hinsichtlich der Daten als auch deren Interpretation.

Um aus theologischer Perspektive zu einer präziseren Analyse des Glaubens junger Menschen zu kommen, legt sich ein Vergleich mit einem theologischen Glaubensbegriff nahe. Letzterer lässt sich durch die fundamentaltheologisch einschlägige Unterscheidung *fides qua*, *fides quae* und *fides cum communitate* präzisieren (Kropač, 2019, S. 141; S. 143):

- *fides qua*: Glaube als personaler, existentieller Vollzug, als Grundoption und Lebensentscheidung, die den ganzen Menschen fordert
- *fides quae*: Glaube als Inhalt und Lehre, d. h., der Glaube schließt eine kognitive Seite ein, die sich in Glaubensaussagen artikuliert

- *fides cum communitate*: Identifikation des Gläubigen mit einer konkreten Glaubensgemeinschaft

Vergleicht man die Aussagen junger Menschen über ihren Glauben mit dem, was die Theologie unter Glauben versteht, ergibt sich folgendes Bild:

- Der Glaube junger Menschen ist hochgradig individuell. Zugleich ist die Distanz zur Kirche groß. Von einer *fides cum communitate* kann daher in vielen Fällen überhaupt keine Rede sein.
- Legt man Heranwachsenden Aussagen vor, die in den Bereich der klassischen *fides quae* fallen, zeichnet sich über den Beobachtungszeitraum hinweg eine deutliche Ausdünnung ab. Beispiele: Stimmten der Aussage „*Gott liebt jeden Menschen und kümmert sich um uns*" bei t_1 61 % zu, waren es bei t_3 53 % (S. 302). Für die Aussage „*Jesus ist auferstanden*" lauten die Zustimmungswerte 44 % bei t_1 und 37 % bei t_3 (S. 302). Analysiert man die Äußerungen zu Items, die Fragen der Weltentstehung thematisieren, ist im Untersuchungszeitraum eine Abnahme des Schöpfungsglaubens zu konstatieren. Umgekehrt stieg die Zustimmung zur Aussage „*Die Welt ist nur das Ergebnis von Zufallsprozessen*" von 42 % bei t_1 auf 53 % bei t_3 (S. 65).
- Mit dem Aspekt der *fides qua* lässt sich in Bezug auf den Glauben junger Leute wohl am besten arbeiten. Hier kann die Studie belegen, dass der eigene Glaube von einem beträchtlichen Teil der Heranwachsenden im Alltag und in Krisensituationen als Stütze erfahren wird, mithin existentielle Qualität hat (Schweitzer et al., 2018, S. 74; S. 245). Diese Einschätzung bleibt über den gesamten Untersuchungszeitraum hinweg relativ konstant (S. 46–49).

Die kurze Analyse bestätigt ein Resultat des vorangegangenen Abschnitts: Was Jugendliche unter Glauben verstehen, lässt sich religionstheoretisch durch den Begriff der ungebundenen Religiosität treffsicher charakterisieren. Es handelt sich um ein Phänomen, bei dem Anleihen aus tradierter Religion genommen werden. Diese Bezüge scheinen nur teilweise explizit auf. Der Wille, den eigenen Glauben selbst zu gestalten, und zwar in durchaus dezidierter Absetzung von den Vorgaben religiöser Institutionen (‚ungebunden'), führt zu einer individuellen Konstruktion von Glauben. Diese deckt sich nur zu einem geringen Teil mit einem theologischen Begriff von Glauben.

Die 2018 erschienene Untersuchung des Sozialwissenschaftlichen Instituts der Evangelischen Kirche in Deutschland mit dem Titel „‚Was mein Leben bestimmt? Ich'. Lebens- und Glaubenswelten junger Menschen heute" sekundiert dieses Ergebnis. Hier fand die Aussage „über das, was ich glaube, entscheide ich selbst" die Zustimmung von 52 % der Probanden (Sozialwissenschaftliches Institut der Evangelischen Kirche in Deutschland, 2018, S. 16). Ganz offenbar fassen Heranwachsende Glauben in hohem Maße als einen autonomen Vollzug auf.

2. Perspektive ‚Konfessionslosigkeit'

2.1 Charakteristik der Perspektive

Der Begriff ‚Konfession' – Antonym zu ‚Konfessionslosigkeit' – umschließt verschiedene Bedeutungsschichten. Diese haben sich im Laufe der Zeit von einer personalen und materialen zugunsten einer juristischen und formalen Lesart verschoben. Seit der zweiten Hälfte des 19. Jahrhunderts meint ‚Konfession' primär „die individuelle Zugehörigkeit zu einer Religionsgemeinschaft als Institution bzw. als Organisation" (Meyer-Blanck, 2014, S. 216). Entsprechend ist ‚Konfessionslosigkeit' eine organisatorische und staatskirchenrechtliche Kategorie, die die Nicht-Mitgliedschaft in einer Kirche bzw. Religionsgemeinschaft zum Ausdruck bringt.

Die Bezeichnung ‚Konfessionslose' suggeriert eine Homogenität dieser Gruppe, die faktisch aber nicht besteht. Empirische Analysen des Religionssoziologen Gert Pickel erlauben es, vier Typen von Konfessionslosen zu unterscheiden (Pickel, 2013b, S. 22–24):

1. *Gläubige Konfessionslose*: Ihr persönliches Credo lautet, dass man auch ohne Kirche religiös sein kann. Spirituellen Erfahrungen sind sie nicht abgeneigt, gegenüber anderen Religionen zeigen sie Offenheit. Bei ihnen handelt es sich um eine kleine, vor allem in Westdeutschland beheimatete Gruppe.
2. *Tolerante Konfessionslose*: Religion spielt für das Alltagsleben dieser Menschen kaum eine oder keine Rolle. Sinnfragen beantworten sie zumeist innerweltlich. Diese Gruppe rekrutiert sich im Wesentlichen aus einem intergenerationell weitervererbten Abbruch christlicher Traditionen. Mitgliedern anderer Religionen stehen sie offen gegenüber, auch wenn sie für sich selbst die religiöse Option ausschließen.
3. *Normale Konfessionslose*: Sie teilen fast alle Eigenschaften mit den toleranten Konfessionslosen, allerdings ist ihnen jede Form von Religion und Spiritualität fremd. Die gesamte Sphäre des Religiösen erachten sie als überflüssig.
4. *Volldistanzierte Atheisten*: Bei ihnen ist der Abstand zu Kirche und Religion maximal. Religion und Religionen werden abgelehnt. Ihre areligiöse Grundhaltung verbindet sich bisweilen mit Antireligiosität. Diese Gruppe ist unter den Konfessionslosen zahlenmäßig am stärksten vertreten. Sie ist überwiegend im Osten Deutschlands beheimatet.

Kurz zusammengefasst: Dass Mitglieder einer Kirche ihren Glauben unterschiedlich praktizieren, ist eine hinlänglich bekannte Tatsache. Analoges gilt für Konfessions- bzw. Religionslose: Auch hier gibt es große Unterschiede!

2.2 Sichtung der Ergebnisse der Studie unter dem Fokus ‚Konfessionslosigkeit'

(1) Konfessionslosigkeit: eine inhaltlich unterbestimmte Kategorie

Die Studie bestätigt, dass die formale (Nicht-)Zugehörigkeit zu einer Konfession in Bezug auf Glauben und Religion nur eine begrenzte Aussagekraft besitzt. So wird festgesellt, dass junge Menschen mehrheitlich an Gott glauben, ein Drittel der Befragten aber den Gottesglauben ablehnt (Schweitzer et al., 2018, S. 20–21; S. 72–74). Dies steht in einer gewissen Spannung zu dem Faktum, dass nur 9 % des Samples konfessionslose Schülerinnen und Schüler waren. Offenbar wird – so die Konklusion in der Studie – der Gottesglaube „keineswegs nur von denen abgelehnt [...], die keine Religionszugehörigkeit aufweisen" (Schweitzer et al., 2018, S. 21).

Umgekehrt verdient die Beobachtung Beachtung, dass sich für Konfessionslose das Thema ‚Weiterleben nach dem Tod' nicht erledigt hat. Zwar ist der Jenseitsglaube bei ihnen – verglichen mit konfessionell bzw. religiös gebundenen Schülerinnen und Schülern – deutlich schwächer ausgeprägt, aber der Wert 3,74 auf einer siebenstufigen Skala von 1 = keine Ausprägung bis 7 = maximale Ausprägung lässt erkennen, dass die Frage nach einer postmortalen Existenz auch für konfessionslose junge Leute Relevanz hat (Schweitzer et al., 2018, S. 84).

(2) Konfessionslose und der Ethikunterricht

Die Unterscheidung zwischen Schülerinnen und Schülern mit und ohne Konfession spiegelt sich nur partiell in der Teilnahme am Religions- bzw. Ethikunterricht wider. Zwar liegt der Anteil konfessionsloser Schülerinnen und Schüler im Ethikunterricht mit 26 % deutlich höher als im Gesamtsample (9 %) (Schweitzer et al., 2018, S. 70). Andererseits darf nicht übersehen werden, dass 55 % der Teilnehmerinnen und Teilnehmer am Ethikunterricht einer christlichen Kirche angehören (Schweitzer et al., 2018, S. 70).

Die Studie widerlegt ferner die Vermutung, dass nur oder bevorzugt atheistische Schülerinnen und Schüler den Ethikunterricht besuchten. Immerhin glauben 38 % der Teilnehmenden an Gott (Schweitzer et al., 2018, S. 158). Auch bei anderen Items, die den Glauben betreffen, gibt es signifikante Zustimmungsraten.

Daraus ist die Folgerung zu ziehen – und dies geschieht in der Studie –, dass es nötig ist, darauf zu drängen, religiösen Fragen auch im Ethikunterricht Raum zu geben (Schweitzer et al., 2018, S. 34–35). Eine Unterscheidung von Religionsunterricht und Ethik ist zweifelsohne notwendig, eine strikte thematische Trennung keineswegs!

(3) Konfessionslose Schülerinnen und Schüler: eine kurze inhaltliche Qualifizierung

Auch wenn der Begriff ‚konfessionslos' heute primär als organisatorische und staatskirchenrechtliche Kategorie firmiert und insofern formal ausgerichtet ist, sind ihm inhaltliche Bestimmungen nicht völlig fremd. So wird aus der Studie ersichtlich, dass Konfessionslose relational zu Angehörigen einer Konfession bzw. Religion die niedrigste Kirchenbindung und die geringste Gebetshäufigkeit aufweisen. Sie besuchen viel seltener einen Gottesdienst als die Vergleichsgruppen. Zudem stellen sie signifikant häufiger einen Zusammenhang von Religion und Gewalt her. Über Gott nachzudenken ist ihnen nicht wichtig, wohl aber über den Sinn des Lebens (Schweitzer et al., 2018, S. 103–104).

(4) Niedriger Anteil Konfessionsloser im Sample

Die Studie kommt zu dem Ergebnis, dass ein erheblicher Teil junger Menschen ein deutliches Interesse an Religion zeigt, dass es aber auch einen kleineren, nicht zu übergehenden Teil der Befragten gibt, die Religion und Glaube für sich ablehnen (Schweitzer et al., 2018, S. 24). Zwar darf man diese Gruppe nicht mit den konfessionslosen Jugendlichen identifizieren, dennoch ist anzunehmen, dass sie die vornehmliche Quelle für jenen Personenkreis darstellt, der auf Distanz zu allem Religiösen geht. 9 % des Samples sind konfessionslos. Dies ist ein niedriger Wert verglichen mit der Quote für ganz Deutschland: Hier nämlich beträgt der Anteil an der Bevölkerung 37,8 % (fowid, 2019). Man mag spekulieren, wie eine Studie zu „Jugend – Glaube – Religion" aussähe, bei welcher der Anteil konfessionsloser Jugendlicher in etwa der bundesdeutschen Quote entspräche.

3. Konsequenzen für religiöse Bildungsprozesse im Religions- und im Ethikunterricht – eine Skizze

3.1 Konzeptionelle Ebene

(1) Systematische Profilierung der Größe ‚Religiosität'

Der Terminus ‚Religiosität' ist eine geläufige Vokabel im religionspädagogischen Diskurs. Anders als beim Religionsbegriff, der immer wieder intensive Reflexionen in der Religionspädagogik auslöste, spielt die Definitionsfrage beim Religiositätsbegriff keine große Rolle. Religiosität befindet sich gewissermaßen im Kernschatten von Religion. Sie gilt grosso modo als deren subjektive Seite.

Angesichts der religiösen Situation der Gegenwart ist die Forderung zu erheben, dass die wissenschaftliche Religionspädagogik die Thematik ‚Religiosität' deutlich aufwertet, und zwar bis dahin, dass Religiosität als gleichberechtigte Größe neben Religion systematisch ausgewiesen wird (Kropač, 2019). Dies impliziert die Beantwortung verschiedener Fragen, zum Beispiel: Wie ist Religiosität zu definieren?, Wie konstituiert sich Religiosität?, In welchem Verhältnis stehen Religion und Religiosität? Die systematische Unterscheidung von Religion und Religiosität ist in einem zweiten Schritt in Kompetenzenkatalogen und Lehrplänen für den Religionsunterricht abzubilden.

Auch wenn sich heutiger Religionsunterricht dem Prinzip der Subjektorientierung verpflichtet weiß, kann man sich nicht des Eindrucks erwehren, dass es ihm in erster Linie um ‚objektive‘ Religion geht: um die Konfession, in der der Unterricht erfolgt, um – verstärkt in jüngster Zeit – konfessionelle Gemeinsamkeiten und Differenzen sowie um die Auseinandersetzung mit anderen Religionen. Das ist zu wenig! Zukunftsfähiger Religionsunterricht muss beides sein: Religions-Unterricht *und* Religiositäts-Unterricht.

(2) Profilierung des religionskulturellen Aspekts religiöser Bildung

Die Studie weist nach, dass junge Menschen Religion mit Institution bzw. Kirchlichkeit assoziieren, wobei eine kritische Sicht auf Kirche vorherrscht. Darüber hinaus dunkelt das ohnehin nicht günstige Kirchenbild im Laufe der Zeit nach, wie die dritte Erhebung zeigt (S. 66–71). Seitens der Religionspädagogik ist zu reflektieren, wie Bildungsprozesse anzulegen sind, um die von Heranwachsenden vorgenommene Identifikation von Religion und Kirche zu relativieren. Dies kann dadurch geschehen, dass die Religionskultur als Gegenstand religiöser Bildung stärker profiliert wird (Kropač, 2019). Unter Religionskultur versteht man, kurz gesagt, „alle Formen des Umgangs mit Religion, die sich in einer regional oder national begrenzten Kultur finden lassen“ (König, 2012, S. 99). Religionskultur beruht auf Wechselwirkungen „zwischen der faktischen oder potenziellen Religiosität der Einzelnen sowie überindividuellen religiösen Traditionen und Erscheinungsweisen in kultureller Prägung“ (König, 2012, S. 99).

Wird die Religionskultur in ihrer Vielfalt als ein genuiner Ort der Präsenz des Religiösen nobilitiert, befreit dies aus der verengten Sicht, Religiöses sei nur innerhalb des kirchlichen Terrains aufzufinden. Zugleich erwachsen daraus besondere Chancen für religiös wenig sozialisierte oder konfessionslose Schülerinnen und Schüler, sich mit Religion auseinanderzusetzen, weil nun der für sie unbedeutende oder sogar irrelevante institutionelle Aspekt des Religiösen in den Hintergrund tritt.

3.2 Inhaltliche Ebene

(1) Gemeinsame thematische Schwerpunkte im Religions- und im Ethikunterricht

Die Studie stellt heraus, dass sich das Interesse bzw. Desinteresse an Religion nicht an der Teilnahme am Religions- bzw. Ethikunterricht festmachen lässt. Beide Fächer sind daher gefordert, religiöse Fragen zu bearbeiten, wobei dies natürlich gemäß der eigenen Fachlogik geschieht. Folgende Themen liegen im Schnittpunkt beider Fächer:

- *Philosophische Fragen*: Gleich, ob sich Menschen als religiös verstehen oder nicht, sie bringen ‚große Fragen‘ mit. Anthropologisch gesprochen: Der Mensch ist ein ‚animal quaerens cur‘. Er braucht Räume, in denen diese Fragen auf qualifizierte Resonanz stoßen.
- *Sinnfrage*: Es gehört zu den Grundbedürfnissen des Menschen, Sinn zu erfahren. Wo Sinn fehlt, steigt das Risiko dafür, dass Ideologien diese Leerstelle füllen.

Es lässt aufmerken, dass die Psychologie in jüngster Zeit das Thema ‚Sinn' wiederentdeckt hat.

- *Gottesfrage*: Gottesglaube und Gottesvorstellungen junger Menschen erweisen sich als komplexe Gegebenheiten, die zudem einem Wandel unterliegen. Heranwachsende brauchen Unterstützung bei der Klärung ihres Gottesbildes. Philosophie und Religion verfügen dazu über eine reiche Denk- und Erfahrungstradition.
- *Fragen der Weltentstehung*: Für die große Mehrheit junger Menschen scheinen die Urknall- bzw. Evolutionstheorie und die Vorstellung, dass die Welt Gottes Schöpfung ist, unvereinbare Alternativen zu sein. Deshalb sind Bildungsprozesse nötig, die Heranwachsende mit komplementärem Denken vertraut machen.

(2) Inhaltliches Proprium des Religionsunterrichts

Gegenüber dem Ethikunterricht verfügt der Religionsunterricht nicht nur konzeptionell, sondern auch inhaltlich über ein eigenes Profil. Letzteres kann dann u. a. durch folgende Themen gekennzeichnet werden:

- *Die Gottesfrage als Frage nach der Person Jesu*: Die Gottesfrage gehört zum Kerncurriculum religiöser Bildung. Im (konfessionellen) Religionsunterricht wird sie unter einem unverwechselbaren Vorzeichen gestellt, nämlich als Frage nach der Person Jesu Christi. Die im christlichen Glaubensbekenntnis artikulierte Grundspannung, dass Jesus Christus „wahrer Gott und wahrer Mensch" ist, schreibt sich unmittelbar in den Religionsunterricht hinein fort.
- *Bibel*: Für den Religionsunterricht unaufgebbar ist die Bibel in ihrer Doppelfunktion als heilige Schrift und (Welt-)Literatur. Schülerinnen und Schüler lernen an ihr und durch sie die Eigenart religiöser Sprache kennen. Sie werden auf die Verschränkung zwischen literarischer Gattung und Textaussage aufmerksam. Formen aktualisierender Lektüre bringen die Schrift schließlich als Spiegelungspotential für Fragen und Probleme heutiger Menschen ins Spiel.
- *Basale theologische Denkfiguren*: Das Christentum verfügt über eine (traditions-)reiche theologische Reflexionskultur. Daraus sollen Schülerinnen und Schüler wenige, dafür aber grundlegende Denkfiguren kennenlernen. Beispiele: die Welt im Horizont von Religion denken – mit der Konsequenz, dass die Natur als Schöpfung, der Mensch als Person, der Tod als Übergang etc. lesbar werden; die Präsenz des Unbedingten im Kontingenten erkennen – mit der Konsequenz, dass das Christusereignis ‚für alle Zeiten' maßstäblichen Charakter erlangt; Letztverantwortung vor Gott wahrnehmen – mit der Konsequenz, dass für den Menschen weder er selbst noch die Gesellschaft letzte Instanz seiner Verantwortlichkeit sind.

Stellungnahme aus islamisch-religionspädagogischer Perspektive

Fahimah Ulfat

1. Einleitung

Die Jugendstudie „Jugend – Glaube – Religion“ hat zu drei verschiedenen Zeitpunkten Befragungen durchgeführt, um die Entwicklungen religiöser Einstellungen und Haltungen von Jugendlichen zu erforschen. Zum ersten Befragungszeitraum waren 373 Musliminnen und Muslime beteiligt, zum zweiten 98 und zum dritten 12. Das Sinken der Zahlen zum zweiten Erhebungszeitpunkt hatte verschiedene Ursachen, wie z. B. Lehrerwechsel oder Umstrukturierung einer Klasse. Zum dritten Zeitpunkt besuchten die jungen Erwachsenen nicht mehr die Schule. Dennoch beinhalten die Ergebnisse zu den muslimischen Jugendlichen eine Reihe hochinteressanter Befunde.

Im Folgenden steht ein zentraler Befund der Studie im Mittelpunkt, nämlich die „weithin stärker ausgeprägte Religiosität“ (Schweitzer et al., 2018, S. 31) der muslimischen Jugendlichen und ihre Identifikation mit „einer wie auch immer gearteten Glaubensgemeinschaft und deren Glaubenslehren“ (Schweitzer et al., 2018, S. 35). Dabei wird zunächst der Frage nachgegangen, was unter einer „weithin stärker ausgeprägte(n) Religiosität“ der muslimischen Jugendlichen verstanden werden kann. Im Anschluss daran wird den diskutierten Befunden aus einer globalisierungstheoretischen Perspektive vertieft nachgegangen. Abschließend werden Impulse für die religionspädagogische Arbeit formuliert.

2. Was kann unter einer „weithin stärker ausgeprägte(n) Religiosität“ der muslimischen Jugendlichen verstanden werden?

Wie andere quantitative Studien kommt auch die hier diskutierte Jugendstudie insgesamt zu dem Schluss, dass bei muslimischen Jugendlichen eine „weithin stärker ausgeprägte Religiosität“ deutlich wird: „Sie äußert sich in der durchweg sehr hohen Zustimmung zu Fragen im Blick auf Glaube, Gott oder auch die Wahrheit des Koran, die jeweils bei 80 % und mehr liegt. An ein Leben nach dem Tod glauben 82 % der muslimischen Befragten. Selbst beim Schöpfungsglauben, der bei den christlichen Befragten keine mehrheitliche Zustimmung findet, sind es bei den muslimischen Jugendlichen 78 %, die angeben, dass Gott die Welt geschaffen hat. Nicht alle Muslime sind demnach als stark religiös zu bezeichnen, aber auf einen sehr hohen Anteil von etwa vier Fünfteln dieser Gruppe von Befragten trifft eine solche Charakterisierung offenbar doch zu“ (Schweitzer et al., 2018, S. 31–32).

Wenn wir diese Resultate mit den Ergebnissen einiger qualitativer Studien kontrastieren, werden aber eine Reihe von Verschiebung im Verständnis von Religion, Glaube und Religiosität bei jungen Musliminnen und Muslimen deutlich: So konstatieren Yasemin Karakaşoğlu und Halit Öztürk, dass sich in den qualitativen Studien zu den religiösen Orientierungen ein wesentliches Merkmal der muslimischen Jugendreligiosität in der heutigen Zeit abzeichnet: Eine Abwendung von dem „traditionellen“ Islam, der stark kulturell geprägt ist, und eine Hinwendung zum „konstruierten ‚wahren Islam‘“, „der kulturell ungebunden und universalistisch“ sein will (Karakaşoğlu & Öztürk, 2007, S. 167). Diese Aussage wird durch zahlreiche weitere qualitative Untersuchungen untermauert (vgl. z. B. Klinkhammer, 2000; Gerlach, 2006; Nökel, 2007; Tietze, 2008; Tressat, 2011 u. a.). Drei von ihnen werden im Folgenden skizziert, um diese Verschiebungen zu verdeutlichen:

Gritt Klinkhammer hat in ihrer qualitativ-empirischen Studie zu modernen Formen islamischer Lebensführung türkisch-sunnitischer Frauen der zweiten Generation in Deutschland (2000) untersucht, wie die Befragten Alltagspraxis und -verständnis und islamische Religiosität auf der Ebene der „Handlungsorientierung“ aufeinander beziehen (Klinkhammer, 2003, S. 258). Anhand von Fallbeispielen identifiziert Klinkhammer drei vorherrschende Typen der Handlungsorientierung: Kennzeichnend für den Typ der „exklusivistischen Lebensführung“ ist eine Abgrenzung zu einem westlichen „Ich-Findungs-Drang“, der sich dadurch äußert, dass Bildung und der Wunsch nach Berufstätigkeit gerade für die Frauen nicht nur für die individuelle Entfaltung wichtig ist, sondern insbesondere für die Förderung einer islamischen Gemeinschaft (Klinkhammer, 2003, S. 263). Gerade durch diesen öffentlichen Auftrag gegenüber der Gemeinschaft wird eine Loslösung der Frauen von der Abhängigkeit vom Mann und der Familie gerechtfertigt. Die Männer dieses Typs befürworten Bildung für beide Geschlechter, allerdings ist für sie Kindererziehung und Berufstätigkeit nicht miteinander vereinbar. Für die Frauen stellt sich hier keine Unvereinbarkeit dar.

Für den Typ der „universalisierenden Lebensführung“ ist die „symbolisch-ethische Generalisierung konkreter religiöser Gebote“, die Bevorzugung einer „spirituelle(n), persönliche(n) Beziehung zu Gott im [Anm. d. Verf.: freien] Gebet“ und ein „eher distanziertes Verhältnis zu rituell und dogmatisch bestimmten Ausdrucksformen des Islams“ charakteristisch (Klinkhammer, 2003, S. 264–265). Der universalistische Charakter dieses Typs zeigt sich durch die Betonung der „Einheit der Religionen in dem Glauben an ‚*den einen Gott*‘ und der sich daraus ergebenden ethischen Grundhaltung der Menschen“ (Klinkhammer, 2003, S. 265).

Der Typ der „traditionalisierenden Lebensführung“ weist hingegen keine kritische Auseinandersetzung mit dem Glauben auf. Dieser Typ vollzieht „keine Wende zu einem ethischen oder spirituellen Verständnis von Religion, bei dem die Religion vor allem über ethische und spirituelle Werte und nicht über einen rituellen Gehorsam definiert wird“ (Klinkhammer, 2003, S. 266–267). Die Arbeit von Klinkhammer macht die Pluralität muslimischer Identitätskonstruktionen deutlich, die bei den Befragten insbesondere durch eine Spannung zwischen der Generation ihrer Eltern und ihrer eigenen gekennzeichnet ist. Klinkhammer kommt zu dem Schluss, dass „Individualisierung und die Anerkennung von Säkularität längst in den Handlungspräferenzen von Musliminnen in Deutschland eingeschrieben" sind (Klinkhammer, 2003, S. 270).

Sigrid Nökel untersucht die Lebensentwürfe muslimischer junger Frauen der zweiten Generation in Deutschland, die sich bewusst sowohl als Musliminnen als auch als deutsche Bürgerinnen begreifen. Sie hat Frauen mit syrischem, ägyptischem, türkischem und marokkanischem Hintergrund interviewt und beobachtet.

Ihre Interviewpartnerinnen zeichnen sich aus durch die „perfekte Beherrschung der deutschen Sprache, hohe Bildungsaspiration und deutsche Schulabschlüsse, modisch orientierte und dennoch islamisch korrekte Kleidung, die Entscheidung für Deutschland als Lebensmittelpunkt, die Selbstaffirmation als ‚deutschsprachige Muslima'" (Nökel, 2007, S. 136). Nökel bezeichnet diesen modernen Typ der Muslima als „Neo-Muslima", ein Lebensentwurf der „Verknüpfung von Religion und Säkularität bzw. Religion und Moderne", in dem Sinne, dass sie „ihre Identität mit Hilfe des Islams und ihrer spezifischen Ausdeutungen des Islams redefinieren – und zwar in Absetzung zu einem ‚traditionellen Islam'" (Nökel, 2007, S. 136). Die interviewten Frauen tragen alle Kopftuch. Teils haben sie eine intensive religiöse Erziehung genossen, teils nicht. Gemeinsam ist den Frauen, dass sie im Laufe ihrer Entwicklung „den Islam als Leitbild eines selbstbewussten, authentischen Selbst entdecken" (Nökel, 2007, S. 138). Was Geschlechterrollenvorstellungen betrifft, hilft ihnen ihre „liberale Lesart des Islam" (Nökel, 2007, S. 140), männlich bevormundende Traditionen, Sitten und Bräuche aufzubrechen. Nökel kann eine „Verschiebung der Machtbalancen zwischen den Geschlechtern" rekonstruieren: Traditionelle Rollenmuster werden kritisiert. Bevorzugt wird ein partnerschaftliches Verhältnis zwischen den Geschlechtern, das zwar Geschlechterdifferenz berücksichtigt, aber auch die Gleichwertigkeit von Mann und Frau. Besonders die Unabhängigkeit durch eine berufliche Tätigkeit ist den Frauen wichtig, um die traditionelle Hausfrauenrolle zu überwinden. Es wird eine allmähliche Auflösung der traditionellen Geschlechterrollen bei diesen Frauen sichtbar (vgl. Nökel, 2007, S. 151).

Julia Gerlach hat ebenfalls junge Musliminnen und Muslime zu Wort kommen lassen, die in Deutschland aufgewachsen sind und sowohl eine ausgeprägte Religiosität als auch einen hohen Grad an gesellschaftlicher und beruflicher Integration aufweisen. Diese Gruppe engagiert sich gesellschaftlich im Namen des Islam. Die neue muslimische Jugendkultur, die sich in Deutschland entwickelt und die ihre Ursprünge in der arabischen Welt hat, ist nach Gerlach ebenso global und aktionsorientiert wie eine ganze Reihe fundamentalistischer Bewegungen. Jedoch würden die sogenannten „Pop-Muslime" als „Gegenpol" zu den fundamentalistischen Bewegungen den „westlichen Lifestyle übernehmen" und ihn zugleich „remixen". Sie sind, so Gerlach, jung, tief religiös und trendbewusst. Zudem haben sie eine eigene islamische Etikette ausgebildet, beispielsweise im Umgang mit den Geschlechtern. Mit ihrem Lebensstil sprengen sie die herkömmlichen Raster (Gerlach, 2006, S. 7–13). Fromme Gläubige und aktive Mitgestalter eines demokratischen Staates zu sein stellt für sie keinen Widerspruch dar. Sie halten sich an die Regeln des Islam aus freien Stücken und nicht, weil der soziale Bezugshorizont das von ihnen erwartet. Im Mittelpunkt ihrer Haltung steht die „Gottergebenheit" und das Handeln aus diesem Grundsatz heraus (Gerlach, 2006, S. 210).

So hat Gerlach zeigen können, dass es für viele muslimische Jugendliche keinen Widerspruch darstellt, fromme Gläubige und aktive Mitgestalter eines demokratischen Staates zu sein (vgl. Gerlach, 2006, S. 210). Diesen Trend beschreibt auch Nökel (Nökel, 2007). Die von Gerlach und Nökel untersuchten jungen Muslime haben sich aus innerer Überzeugung für eine muslimische Orthopraxie entschieden und nicht, weil sie in autoritäre Strukturen eingebunden sind. Die Regeln, denen die Jugendlichen in der islamischen Welt unterworfen sind, sind für sie nicht maßgeblich. Sie wägen ab, schätzen ein und wählen für sich aus. Sie treffen ihre Entscheidungen in reflektierender Distanz zu ihrer Erziehung und Sozialisation, wie Klinkhammer zeigen konnte.

Die oben genannten Studien können einerseits differenziert die von der Jugendstudie „Jugend – Glaube – Religion" quantitativ erhobene „stärker ausgeprägte Religiosität" der jungen Muslime und Musliminnen illustrieren. Andererseits zeigen sie, dass die Rekonstruktions- und Subjektivierungsleistungen, mittels derer sich junge Musliminnen und Muslime den Islam und die islamische Tradition aneignen, als Ausdruck der Herausforderungen deutscher moderner Rahmenbedingungen, aber auch als Antworten auf sie verstanden werden können.

3. Wie kann die „weithin stärker ausgeprägte Religiosität" der muslimischen Jugendlichen globalisierungstheoretisch erklärt werden?

Nicht nur Individualisierung und Pluralisierung charakterisieren unsere heutige Gesellschaft, sondern auch Zunahme von Komplexität, Entgrenzung von Räumen, Verdichtung von Zeit, Beschleunigung des sozialen Wandels und Zunahme von Heterogenität. Dieser Prozess wird mit dem Begriff Globalisierung bezeichnet und hat auch Auswirkungen auf Religion und Religiosität.

Peter Beyer betrachtet das Phänomen Religion vor dem 17. Jh. speziell unter dem Aspekt der Globalisierung. Er erläutert, „dass sowohl die modernen institutionellen Formen als auch das moderne Verständnis von Religion selbst Ergebnisse der Globalisierung sind". Vor dem 17. Jahrhundert verstanden beispielsweise die Europäer Religion als „die Qualität von Frömmigkeit und Hingabe, als Orientierungen und Verhaltensweisen von Menschen in Bezug auf Gott, die Götter oder ähnliche spirituelle Realitäten". Religion war kein abtrennbarer oder unterscheidbarer Bereich des Lebens. Der Übergang zum modernen Verständnis von Religion bewirkte diese Trennung und das ist nach Beyer tatsächlich eine relativ junge soziale Konstruktion (Beyer, 2007, S. 454).

Was bedeutet das nun für die Diagnose der Studie einer „stärker abgeprägte(n) Religiosität" (Schweitzer et al., 2018, S. 31) der jungen Musliminnen und Muslimen und ihre Identifikation mit „einer wie auch immer gearteten Glaubensgemeinschaft und deren Glaubenslehren" (Schweitzer et al., 2018, S. 35)? Sie können mit Peter Beyer, Olivier Roy und Thomas Bauer als ein Produkt der Globalisierung, aber auch als Antwort auf sie beschrieben werden.

Beyer und Roy betrachten das Verhältnis von ‚Religionen' und ‚Globalisierung' unter migrationspolitischen Aspekten. Die transnationale Migration hat, so Beyer, nicht nur die Globalisierung der Religionen zur Folge, sondern trägt auch zur weiteren Pluralisierung universaler Religionen in jedem Teil der Welt bei:

> „What is therefore highly significant about these diaspora religious institutions is not just that they transplant religions associated primarily with certain regions of the world into virtually all other regions, such that previously more religiously homogeneous regions become increasingly multi-religious. Of equal importance is that they generate different and new versions of these religions, ones which through the transnational linkages that their respective communities maintain can have an influence both on each other and on the ‚original' versions in the traditional ‚homelands'" (Beyer, 2007, S. 449).

Diese Globalisierung äußert sich nach Roy durch das Aufkommen säkularer, liberaler und radikaler Auffassungen des Islam, die „nur unterschiedliche Antworten auf seine umfassende Globalisierung und weitgehende Verwestlichung" widerspiegeln (Roy, 2006, S. 7). Insbesondere bei Muslimen im Westen sei nach Roy eine „kulturelle Entwurzelung" und „Individualisierung" der Religion sichtbar, was eben auch konfliktträchtige Phänomene zur Folge hat, wie wir sie weltweit beobachten können. „Die Religion hat ihre gesellschaftliche Autorität verloren und ist nicht länger in eine bestehende Kultur eingebettet" (Roy, 2006, S. 8).

Eine weitere Konsequenz der Globalisierung, die das Verhältnis zur Glaubensgemeinschaft thematisiert, ist nach Roy die Entwicklung der Glaubensgemeinschaft zu einer „virtuellen Gemeinschaft". Die virtuelle Gemeinschaft ist eine „abstrakte Gemeinschaft der Gläubigen, die mit keiner realen Gemeinschaft verbunden ist" (Roy, 2006, S. 10). Insbesondere das Internet bietet jungen Muslimen die Möglichkeit, diese virtuellen Konstruktionen real werden zu lassen (Roy, 2006, S. 10). Das heißt, es entsteht sozusagen eine „Gemeinschaft zweiter Ordnung", in der sich junge Musliminnen und Muslime, gelöst von den Bindungen an ihre konkreten Gemeinschaften, um einen Prediger aus dem Internet scharen.

Eine weitere typische Form der Reaktion auf die Globalisierung sind nach Beyer „fundamentalistische" Bewegungen. Diese fundamentalistischen Strömungen zeigen sich durch Bewegungen, wie beispielsweise die Islamische Revolution in Iran oder die neue christliche Rechte in den Vereinigten Staaten, die allesamt in etwa zur gleichen Zeit in Erscheinung traten. Sie stehen neben anderen, offeneren

Reaktionen auf die Globalisierung, zu denen sie sich aber in ein gegensätzliches Verhältnis setzen (Beyer, 2007, S. 452).

Auch in islamisch geprägten Kulturen zeichnet sich eine Entwicklung ab. Thomas Bauer zeigt auf, dass sich „in islamischen Kulturen während der letzten Jahrhunderte eine Veränderung von einer relativ hohen Toleranz hin zu einer bisweilen extremen Intoleranz gegenüber allen Phänomenen von Vieldeutigkeit und Pluralität beobachten lässt" (Bauer, 2011, S. 14–15). Er verdeutlicht, „daß es in der klassischen islamischen Welt ein *Nebeneinander* von Diskursen gab, die relativ unabhängig voneinander existierten und ein jeweils eigenes Normensystem aufwiesen" (Bauer, 2011, S. 196). Damit meint er ein Nebeneinander von im heutigen Sinne ‚nichtreligiösen' und ‚religiösen' Diskursen, wobei er die Vorstellung, dass die religiösen Diskurse wichtiger waren als die nichtreligiösen verwirft und verdeutlicht, „daß den alten, frommen *‚ulamā'* heute eine Diskurshoheit zugesprochen wird, von der sie zu Lebzeiten nie zu träumen gewagt hätten" (Bauer, 2011, S. 202–203). Das bezeichnet Bauer als „Islamisierung des Islams", der einen „Phantasy Islam" zur Folge hat, der heute vor allem in der Vorstellung radikaler Salafisten existiert (vgl. Bauer, 2011, S. 202).

4. Religionspädagogische Überlegungen

Wenn wir mit Beyer nun davon ausgehen, dass die Globalisierung auch religiöse Bewegungen hervorbringt, die religiöse Lebensregeln in allgemeine Gesetze überführen, moderne Staaten auf ethnisch-religiöse Einheiten reduzieren und ihre Religion in absolutistischer Weise zur bestimmenden Kraft in ihren Ländern machen wollen, und wenn wir davon ausgehen, dass gerade in muslimisch geprägten Kulturen sich so etwas wie eine „Ambiguitätsintoleranz" immer mehr abzeichnet, stellt sich die Frage, welche Bildungsherausforderungen sich ergeben. Die Ambiguitätsintoleranz wurde ansatzweise in der Studie deutlich, jedoch nicht die innerislamische, die Bauer hier anspricht, sondern eine „Ambiguitätsintoleranz" betreffend den Wahrheitsgehalt anderer Religionen: „67 % der Befragten gaben an, dass mehrere Religionen wahr sein können. Nur muslimische und evangelisch-freikirchliche Jugendliche stimmen dem deutlich weniger zu" (Schweitzer et al., 2018, S. 24).

Das durch die Globalisierung hervorgerufene räumliche und zeitliche Zusammenschmelzen der Welt und die damit verbundene Zunahme von Komplexität kann mehrere Reaktionen nach sich ziehen: Einerseits verstärkte Grenzziehungen auch innerhalb der muslimischen Communities, andererseits ein Anwachsen der Toleranz in Bezug auf und eine gesteigerte Offenheit für die innerislamische Pluralität und die gesamte weltanschauliche Pluralität in einer heterogenen Gesellschaft.

Das spiegelt sich in den Reaktionen der jungen Musliminnen und Muslime in Deutschland wider. Neben den vielfältigen Versuchen, Islam, globalisierte Kultur und Demokratie zu verbinden, wird der ‚Islam' auch als Differenzkategorie für muslimische Selbstabgrenzungen genutzt. Die Grenzziehungen haben zur Folge, dass sich religiöse „Wir-Gruppen" und „Sie-Gruppen" bilden. Die Gruppengrenzen werden durch „cultural stuff" geschlossen, wie „Sprache, Ritual, Verwandtschaft, Lebensführung, Religion, usw." (Dahinden, Duemmler & Moret, 2010, S. 2).

„Weithin stärker ausgeprägte Religiosität" kann also verbinden, kann aber auch zu einer Differenzkategorie werden. Die Herausforderung und das letztlich Ausschlaggebende besteht im Umgang mit Heterogenität und Komplexität und mit Vertrautheit und Fremdheit. Wenn Heterogenität und Komplexität zur Verengung und Grenzziehung führen, dann ist davon auszugehen, dass sie ebenso zu fundamentalistischen und radikalen Einstellungen und Haltungen führen können.

Die Religionspädagogik hat Möglichkeiten, auf diese Phänomene zu reagieren, indem der Erwerb von Kompetenzen im Umgang mit religiöser Heterogenität und Komplexität ermöglicht wird. Im Religionsunterricht können diese Differenzkategorien und die ihnen folgenden Grenzziehungsmechanismen bewusst gemacht werden. Insbesondere kann durch Medienbildung der Frage nachgegangen werden, inwieweit die medialen Bilder und Inszenierungen des ‚Islam' die jugendliche Wahrnehmung der anderen Religion beeinflussen. Das geht einher mit der Reflexion der eigenen Konstruktion von Religion. Den Schülerinnen und Schülern muss Gelegenheit gegeben werden, die individuellen und kollektiven Konstruktionen der eigenen Religion und der anderen Religionen und Weltanschauungen differenziert zu entschlüsseln. Diese konstruktivistische Vorgehensweise zielt auf subjektorientierte Lernprozesse und -chancen. Sie schärft das Bewusstsein für die Kontextualität, Subjektivität und Relativität der menschlichen Erkenntnis und motiviert zu Toleranz und gegenseitigem Respekt. Der treffende Befund einer „weithin stärker ausgeprägte(n) Religiosität" der in der Jugendstudie befragten muslimischen Jugendlichen ist also als beides zu verstehen: als Chance und als Herausforderung. Die zitierten Untersuchungen von Klinkhammer, Nökel und Gerlach illustrieren die Breite und Heterogenität, die hinter diesem Befund steckt. Die Vielfalt der muslimischen Antworten auf die Globalisierung zeigt, dass es keineswegs als ausgemacht gelten kann, welche Richtung(en) diese Religiosität annimmt. Es ist eine zentrale Aufgabe der Islamischen Religionspädagogik, den Schülerinnen und Schülern Wege zu zeigen, wie sie in einer globalisierten Welt Brücken und keine Mauern bauen können.

Ethische Bildung im Religionsunterricht

Elisabeth Naurath

> *„Adam und Eva wurden aus dem Paradies vertrieben. Und sie werden eines Tages dorthin zurückkehren. Und das Wunder der Himmel und der Welten erfahren. Gott wusste, was er tat, als er die beiden auf den Baum der Erkenntnis aufmerksam machte. Hätte er nicht gewollt, dass sie davon aßen, hätte er nichts gesagt. Und warum hat er das getan? Um das Universum in Bewegung zu setzen."* (Coelho, 2008, S. 238–239).

Hat – wie der bekannte Bestsellerautor Paolo Coelho meint – die Unterscheidung von Gut und Böse das Universum in Bewegung gesetzt? Nur für religiöse und gläubige Menschen oder für alle – auch die, die fühlen, denken und handeln als gäbe es keinen Gott (‚etsi deus non daretur')? Inwiefern spielen erkenntnistheoretische Zusammenhänge in ethische Bildungsprozesse hinein? Welche Unterschiede gibt es mit Blick auf den Religionsunterricht oder Ethikunterricht? Beide Begriffe beziehen sich hier auf den in der vorliegenden quantitativen, exemplarisch für Baden-Württemberg durchgeführten Repräsentativstudie (Schweitzer et al., 2018) benannten Kontext – wohlwissend, dass Ethikunterricht hier als Dachbegriff für verschieden bezeichnete Fächer in anderen Bundesländern verstanden wird.

Deutlich wird in der vorliegenden Repräsentativstudie, dass die Grenzen der Einstellungen der Schülerinnen und Schüler für beide Fachgebiete im Religions- wie auch Ethikunterricht fließend sind, d. h. dass die so genannten Bekenntnislosen (oder auch Bekenntnisfreien) sich durchaus als gläubig bezeichnen können und wiederum Schülerinnen und Schüler im konfessionellen Religionsunterricht sich selbst als ungläubig einordnen.

Hierbei ist die Differenzierung von ‚gläubig' und ‚religiös' aus der Perspektive der Heranwachsenden ein interessantes Ergebnis, auf die beide Studien explizit hinweisen. Es ist zu vermuten, dass im Gegensatz zur dezidierten Selbstbezeichnung ‚religiös' im Sinne einer Religions- bzw. Konfessionszugehörigkeit der Charakter des ‚Gläubig-Seins' mehr Freiheit und Selbstbestimmung assoziieren lässt. Mit Blick auf einen eigenen unterrichtspraktischen Erfahrungshintergrund eines kooperativen Projekttages in einer 9./10. Klasse der Mittelschule Fischen (Schwaben), bei dem Schülerinnen und Schüler des evangelischen Religionsunterrichts mit Ethikschülerinnen und -schülern gemeinsam zum Thema ‚Tod und Ewiges Leben' arbeiteten, erstaunte Folgendes: Einerseits kam von Seiten der Ethikschülerinnen und -schüler die Frage, warum sie sich überhaupt mit religiösen Vorstellungen auseinandersetzen sollten – konkret ging es um Bestattungsriten im Islam –, und andererseits malten dieselben bekenntnislosen Schülerinnen und Schüler, die im Unterrichtsgespräch eine Existenz Gottes verneint hatten, in der Kreativphase Bilder, auf denen unverkennbar ein Weiterleben nach dem Tod in einem Himmel oder Paradies zum Ausdruck gebracht wurde. Diese von dezidiert religiösen Vorstellungen gelöste Relevanz eschatologischer Erwartungen spiegelt sich in der Statistik der Repräsentativstudie wider (S. 55–58) – auch wenn offensichtlich der Faktor religiöser Sozialisation verstärkend auf Vorstellungen nach dem Tod wirkt (Schweitzer et al., 2018, S. 127–128; S. 55). Es ist also davon auszugehen, dass Jugendliche eine eigene Dynamik in ihren Such- und Orientierungsbewegungen haben, die durchaus variabel und in höchst individuellen Mischverhältnissen religiöse und nicht religiöse Vorstellungen vereinen kann.

Dieser Eindruck wurde auf interessante Weise nun beim Lesen der Tübinger Studien mit Zahlen belegt und stellt die Religions- wie auch die Ethikdidaktik vor die Herausforderung, im Sinne einer Subjektorientierung angemessene Konsequenzen zu ziehen. Mit Schröder (2018b) ist hierbei zu konstatieren, dass die „Tektonik der Fächer ‚Religion' und ‚Ethik' (...) in Bewegung geraten" sei. Ob „freilich noch ohne Erdbeben oder auch nur messbares Wachsen seismischer Spannungen" (S. 357) mag angesichts der gegenwärtigen Entwicklungen, die durch vorliegende Datenerhebungen nun empirisch beleuchtet werden, in Frage gestellt sein. Es sollen daher im Folgenden weiterführende Gedanken zu den Ergebnissen der Studie für die ethische Bildung im Religionsunterricht wie auch für ein zukunftsweisendes Verhältnis des Religions- zum Ethikunterricht in den Diskurs eingebracht werden.

Hierbei ist zunächst zu problematisieren, dass gemäß den Untersuchungsergebnissen der Repräsentativstudie der Ethikunterricht bevorzugt wird.

1. Lieber Ethik als Religion?

In historischer Hinsicht ist von einem „höchst spannungsvollen Verhältnis zwischen Religion und Ethik auszugehen" (Schweitzer, 2018, S. 308). Das Konkurrenzverhältnis hat sich aktuell in einer Zeit wachsender religiöser und weltanschaulicher Heterogenität der Schülerschaft insofern verschärft, als ethische wie auch religiöse Themen stärker im öffentlichen Diskurs reflektiert und Fragen der ethischen Bildung für den schulischen Kontext intensiver diskutiert werden. Die Relevanz dieser Frage lässt sich in einer Wechselseitigkeit beschreiben: Ethik beschäftigt sich einerseits als Theorie des sittlichen Verhaltens mit Maßstäben und Wertfragen des Menschen und ist insofern gesellschaftlich überaus bedeutsam, andererseits wird die individuelle, auf das ethische Verhalten bezogene Entwicklung als Chance auf ein glückliches und gelingendes Leben gesehen. Ethik betrifft damit die gesamte Lebenswirklichkeit des Menschen als eine Perspektive, menschliches Verhalten in seiner Komplexität in den Blick zu nehmen. Dazu gehören sowohl das aktive Handeln als auch das passive rezeptive Hinnehmen ggf. auch das Erleiden. Diese Differenzierung meint, dass der Mensch einerseits aktiv herausgefordert ist, sein Leben und seine Lebenswirklichkeit zu gestalten, und hierbei auch nach sittlichen Wertmaßstäben zu fragen. Andererseits kann auch das passive Hinnehmen von Sachverhalten eine Schuldfrage implizieren. Das Zuschauen und Nichthandeln kann im Zweifelsfall genauso schlecht sein wie das Tätigwerden. Auch wenn für die Religionsdidaktik eine Ineinssetzung religiöser und ethischer Bildung bestritten wird, sind derart ethisch relevante Fragestellungen sowohl im Religions- wie auch im Ethikunterricht substantiell (Naurath, 2010, S. 158ff.; Schweitzer, 2015). Allerdings unterscheiden sich die erkenntnistheoretischen Herangehensweisen deutlich: So basiert das Fach Ethik auf weltanschaulicher Neutralität, während sich der Religionsunterricht (nach Art. 7.3 GG) den Grundsätzen der Religionsgemeinschaften verpflichtet weiß. Dieser konfessionelle Bezugsrahmen bezieht sich für den evangelischen Religionsunterricht auf Lehrkräfte und Inhalte, jedoch nicht auf die Schülerinnen und Schüler, die selbstverständlich im Sinne einer bildungstheoretischen Fundierung des Religionsunterrichts und der institutionell verankerten Ordentlichkeit des Lehrfachs in ihrer Gesinnung frei sind.

Insofern hat auch die oben beschriebene, für die Studie beachtenswerte Differenzierung zwischen ‚religiös' und ‚gläubig' eine große Relevanz für die ethische Einstellung der Jugendlichen. Ein sechzehnjähriges, katholisches Mädchen schreibt: *„Es kommt auf die Menschlichkeit und Nächstenliebe an und nicht darauf, ob ich so lebe, wie es die Kirche von mir verlangt"* (w, 16 Jahre, rk, Religionsunterricht, berufliches Gymnasium) (Schweitzer et al., 2018, S. 19). Dies bedeutet, dass die Selbstbestimmung – auch in ethischer Hinsicht – groß geschrieben wird. Der Wunsch, unabhängig von (kirchlichen) Autoritäten ethisch urteilen und handeln zu können und damit in gewisser Weise auch eine ethische Mündigkeit zum Ausdruck zu bringen, ist bei Jugendlichen von besonders hoher Relevanz. Theologisch ausgedrückt spiegelt sich darin das wider, was in der protestantischen Theologie unter der Freiheit des Glaubens respektive Gewissens verstanden wird. Es geht um die Negierung jeglicher Manipulation oder irgendeiner Form autoritärer Beeinflussung – im Gegenteil: Selbständigkeit und Selbstwirksamkeit sollen auch in ethischer Hinsicht Ausdruck gelebter Individualität sein. Alles, was nach Abhängigkeit – beispielweise von kirchlicher Autorität – klingt, wird abgelehnt. Das gilt auch und gerade für ethische Fragestellungen. Die empirische Analyse zeigt die hohe Relevanz dieser Unabhängigkeit von Dogmatismus und kirchlichem Autoritätsverständnis, in gewisser Weise damit von der Kirche als Institution – auch wenn die Auffassung vertreten wird, dass die Kirche „viel Gutes für die Menschen" (S. 67) tue. Insofern ist zusammengefasst die Präferenz der Schülerinnen und Schüler zugunsten des Ethikunterrichts nun auch empirisch belegt, spiegelt jedoch in gewisser Weise eine Diskrepanz zum Selbstverständnis des Religionsunterrichts wider, dem die Religionsdidaktik selbstbewusst bzw. offensiv begegnen sollte.

2. Was leistet der Religionsunterricht in ethischer Hinsicht?

Das Ergebnis der Repräsentativstudie weist nun darauf hin, dass Ethikschülerinnen und Ethikschüler ein größeres Interesse an ihrem Fach haben als Religionsschülerinnen und -schüler (Schweitzer et al., 2018, S. 110). Allerdings: Könnte es sein, dass der erst in der 7. Klasse angebotene Ethikunterricht die Schülerinnen und

Schüler in einer entwicklungspsychologisch von Deismus geprägten Lebensphase trifft, die ihnen das Fach Ethik als grundsätzlich Offenheit, Freiheit und Kirchendistanz ausstrahlendes Fach besonders attraktiv macht? Auch wenn also Vorsicht vor einer Überbewertung dieses Ergebnisses geboten ist, passt eine wachsende Beliebtheit des Faches Ethik in den Trend der Zeit. Dies dürfte nun auch daran liegen, dass neben dem grundsätzlichen Argument gegen eine religiöse, konfessionelle und weltanschauliche Aufsplitterung der Klasse in Einzelgruppen das oben geschilderte ‚Vorurteil' einer religiösen Beeinflussung bestehen dürfte. Demgegenüber ist jedoch zu konstatieren, dass die transparente Bezugnahme auf Grundsätze einer Religionsgemeinschaft in einem Gesinnungsfreiheit gewährenden Unterricht dezidiert weder manipulierend noch beeinflussend sein darf und will. Vielmehr macht die Transparenz der zugrundeliegenden Einstellung diesen Unterricht einschätzbar, während umgekehrt eine angebliche Neutralität bzw. nicht offen gelegte Positionalität der Ethiklehrkraft durchaus auch hinterfragt werden kann. Im Gegenteil ist für den Religionsunterricht festzustellen, dass gerade das zugrundeliegende evangelische Profil, das christliches Freiheitsverständnis mit bildungstheoretischen Prämissen vereint, sogar als Garant dafür gesehen werden kann, dass Reflexionskompetenzen vermittelt werden, die ideologiekritisch wirksam sind. Denn religiöse als ethische Bildung basiert auf dem Grund einer Freiheit gewährenden Bildung als Selbst-Bildung und sensibilisiert gegenüber (möglicherweise gesellschaftskonformen) Werteerziehungsabsichten: „Normative Orientierungen, die dem Menschen lediglich von außen auferlegt werden, bleiben hinter einer solchen Bildung zurück" (Schweitzer, 2015, S. 23).

Dieses bildungstheoretische Fundament religiöser Bildung deutlich zu machen und selbstverständlich auch in der Praxis umzusetzen ist eine evidente Aufgabe – gerade angesichts eines gesellschaftlichen Kontextes, der dahingehend mit hineinspielt, als die offensichtliche Legitimationskrise des Religionsunterrichts mit einer gegenwärtig stark steigenden Zahl von Abmeldungen zugunsten des als wertneutral geltenden Ethikunterrichts vor neue Herausforderungen stellt. Nicht selten werden Umfragen – wie beispielsweise die im Oktober 2017 veröffentlichte emnid-Umfrage zum Religionsunterricht in Bayern – medial so verkürzt wiedergegeben, dass trotz mehrheitlicher Befürwortung des konfessionellen Religionsunterrichts die Unbeliebtheit des Faches in den Vordergrund rückt. Eben weil es „*im Licht der ethischen Überlieferung* von Religionen und Denominationen weder inhaltlich noch methodisch dasselbe sein (kann, E.N.), ob ein ethisches Thema in dieser oder jener Spielart von Religionsunterricht und / oder Ethikunterricht behandelt wird" (Schröder, 2015, S. 51), ist es nötig, das erkenntnistheoretische Fundament religiöser Bildung, das auf einem an die Wahrheitsfrage geknüpften Gottesbezug basiert, deutlich werden zu lassen. Dies insbesondere, wenn – wie Schröder zeigen konnte – die Kerncurricula des Religions- wie des Ethikunterrichts die Differenz beider Herangehensweisen nur undeutlich widerspiegelt.

Daher ist es wegweisend, dass religionsdidaktische Publikationen betonen, dass eine von konfessioneller Authentizität der Lehrpersonen geprägte religiöse

Bildung insbesondere auch für das ethische Lernen insofern bedeutungsvoll ist, als sich ethisches Problembewusstsein und Reflexionsvermögen nicht nur in distanzierter Verobjektivierung von Themen behandeln lassen, sondern vielmehr auch durch emotionale Gehalte (Naurath, 2017) und erfahrbare Positionierungen bilden. So wird beispielsweise entwicklungspsychologisch betont (Selg & Weinert, 2015), dass komplexe Wirkungsgefüge (wie ethische Bildungsprozesse) nicht durch monokausale Entwicklungsvorstellungen erklärbar seien und von daher auch emotionspsychologische Dimensionen einzubeziehen sind. Aufgrund dieses wechselseitigen Zusammenhangs von Kognition und Emotion spielen auch Beziehungsdimensionen in ethische Bildungsprozesse hinein, die zu klären und zu reflektieren sind: sei es nun die Qualität der Lehrer/in-Schüler/in-Beziehung, die selbstverständlich – auch in religiöser respektive konfessioneller Hinsicht – Offenheit und Authentizität voraussetzt, sei es nun die Bedeutung einer religiösen Fundierung subjektiver Kriterien ethischen Fühlens, Urteilens oder Handelns. Empirisch verifiziert betonen die Jugendlichen diese Beziehungsdimension ethischer Themen: „Und für mich ist Glaube nicht einfach nur Religion, er ist eine Beziehung mit meinem Schöpfer, der mich mehr als alles andere liebt." (Schweitzer et al., 2018, S. 19) Ein anderer Beleg: 47% der Jugendlichen, die ein Gottesbild haben, artikulierten es derart, dass Gott jemand sei, mit dem man sprechen kann (ebd.). Dass ethische Themen für gläubige Menschen an die Gottesbeziehung geknüpft sind, ist im theologischen Diskurs als Interdependenzverhältnis von Gabe und Aufgabe beschrieben. Eben dies beschreibt den Zusammenhang von religiöser und ethischer Bildung insofern, als die Beziehung des Menschen zu Gott immer auch Perspektiven der Mensch-Mensch-Beziehung bzw. der Mensch-Umwelt-Beziehung implizieren.

Insofern lässt sich didaktisch rückschließen, dass ethische Bildungsprozesse sowohl kognitive wie auch emotionale Lerndimensionen einbeziehen sollten – und wo möglich auch pragmatischer Konkretionen bedürfen, um effektiv und nachhaltig wirksam zu sein.

Neben dem jugendlichen Anliegen der Eigenständigkeit scheint dieses Zusammenspiel aus Sicht der Jugendlichen gerade auch für die ethische Bildung zentral. Didaktisch wird so an den Alltag und die Lebenswirklichkeit der Jugendlichen angeknüpft, wenn sie die für sie grundlegenden Beziehungsdimensionen auch in religiöser Hinsicht wahrnehmen und reflektieren können. In gewisser Weise kann diese horizontale Ebene im Ethikunterricht aufgrund seines Anspruchs weltanschaulicher Neutralität nicht eingespielt und, obwohl empirisch nachweisbar auch Ethikschülerinnen und Ethikschüler eschatologische und damit über die vorfindliche Wirklichkeit hinausweisende Perspektiven und Ansichten haben, kaum bedient werden.

3. Religionspädagogischer Handlungsbedarf angesichts der Wertorientierungen Jugendlicher und junger Erwachsener

Problematisch ist hierbei, dass ein Konkurrenzverhältnis zwischen Religions- und Ethikunterricht entsteht, das letztlich dem bildungstheoretisch fundierten Charakter von Freiheit und damit der Intention von Wertebildung entgegensteht. Leider fehlten bislang umfassende empirische Erkenntnisse zur Unterrichts(wirksamkeits)forschung hinsichtlich der Unterschiede zwischen Religions- und Ethikunterricht, die mit vorliegenden Repräsentativstudien erstmalig valide Vergleichszahlen liefern. Deutlich zeigt sich: Es ist an der Zeit, das nicht selten stark konkurrierende Verhältnis von Religions- und Ethikunterricht zu überdenken und konstruktive Maßnahmen der Kooperation zu initiieren. Ein erster notwendiger Schritt ist, den Ethikunterricht nicht mehr nur als notwendige Alternative für bekenntnislose Schülerinnen und Schüler zu sehen – denn das ist er nicht, wie die Studie deutlich gezeigt hat –, sondern vom pejorativen Status eines Ersatzfaches zu befreien. Insbesondere der aktuelle Impuls zu häufigeren kooperativen Phasen beider Unterrichtsfächer ist zukunftsweisend, um inhaltliche Unterschiede, aber auch Gemeinsamkeiten (auch für die Schülerinnen und Schüler und Eltern) zu klären. Doch um zu dieser neuen Verhältnisbestimmung zu kommen, müssen weit stärker als bisher geschehen intensive Diskurse geführt, Unterrichtsforschung unternommen und Lehrerinnen- und Lehrer- wie Schülerinnen- und Schülerbefragungen durchgeführt werden, um wirklich Klarheit in differierende Ausgangspunkte und Zielsetzungen zu bekommen.

Vorliegende Studien, die insofern Neuland betreten, liefern wichtige Erkenntnisse in der Hinsicht, dass die Teilnahme am Ethikunterricht sich nicht aufgrund fehlender Kirchenmitgliedschaft entscheidet, d. h. auch getaufte und als Kirchenmitglieder zu zählende Schülerinnen und Schüler wählen den Ethikunterricht – nämlich mehr als ein Drittel (39 %) (Schweitzer et al., 2018, S. 28–29).

Demzufolge ist der Besuch des Ethikunterrichts nicht mit einer atheistischen oder agnostischen Lebenseinstellung gleichzusetzen. Vielmehr ist bestätigt, dass ein Drittel der Ethikschülerinnen und Ethikschüler durchaus von einer Gottesvorstellung ausgehen, ja sogar eine regelmäßig gelebte Gebetspraxis angeben. Geht man nun davon aus, dass auch im Religionsunterricht nur etwa die Hälfte der Befragten eine persönliche Gottesbeziehung bejahen, so scheinen die Unterschiede zwischen beiden Fächern von den Schülerbedingungen her doch eher fließend zu sein. Andererseits ist zu konstatieren, dass die „Distanz zur Kirche bzw. einer kritischen Sicht von Kirche wie eine entsprechend geringer ausgeprägte Zustimmung zum Glauben an Gott“ (Schweitzer et al., 2018, S. 30) eher für die Schülergruppe im Ethikunterricht charakteristisch ist – wobei mit der dritten Datenerhebung vom März 2019 hinzuzufügen ist, dass sich die Kritik an der Kirche als Institution deutlich verschärft hat (S. 67–71).

Das bedeutet konstruktiv betrachtet, dass Befragungen der Schülergruppe im Ethikunterricht nicht nur Konsequenzen für den Ethikunterricht, sondern auch für eine tendenziell weniger religiös sozialisierte Schülerschaft im Religionsunterricht haben sollten. Religionsdidaktik kann hier möglicherweise vom Bedingungsfeld der Ethikdidaktik lernen, wie man Lebens- und Sinnfragen religiös ungebundener Jugendlicher didaktisch optimaler fokussieren kann. Dies allerdings nicht nur vom Ethikunterricht, sondern auch von Beispielen erfolgreich praktizierter Herangehensweisen religiöser Bildung in Ostdeutschland her, die mancherorts eine beeindruckende positive Resonanz und Akzeptanz von einer nicht religiös sozialisierten oder kirchlich gebundenen Schülerschaft bekommt (Schulz, 2008).

Die wachsende heterogene Schülerschaft im Religionsunterricht stellt jedenfalls die Religionsdidaktik vor neue Herausforderungen, bei der nun auch nicht nur die konfessionelle oder religiöse, sondern auch die weltanschauliche Pluralität stärker in den Blick kommt. Insofern steht sie vor der Aufgabe, den begonnenen Weg zur Erarbeitung innovativer didaktischer Konzepte und Best-Practice-Beispiele für den Religionsunterricht in Vielfalt fortzusetzen und auszubauen (Eisenhardt et al., 2019).

Wo die didaktische Freiheit besteht, kritische Impulse zu setzen, abhängig oder auch unabhängig von einer kirchlichen Bindung bzw. konfessionellen Bekenntnisses, entsteht in gewisser Weise ein konstruktiver Rahmen, eigene Orientierung zu gewinnen. Dies durchaus in Offenheit für Veränderungen – denn es geht doch um Bildung als Prozess –, korrespondierend mit der Faktorenanalyse der quantitativen Befragung, die eine deutliche Tendenz der Jugendlichen auf ein ‚sich nicht festlegen wollen‘ bzw. eine ‚Abwehr gegen ein festgelegt werden‘ offeriert hat (Schweitzer et al., 2018, S. 67).

Damit macht die vorliegende Studie mit ihrem Schwerpunkt hinsichtlich jugendlicher Einstellungen zu Religion und Glaube den großen Erkenntnisgewinn differentieller Untersuchungsstrategien deutlich: D. h. hier können – in mancher Hinsicht erstmalig – Vergleichsmomente in schulartenspezifischer Perspektive und damit in einem prozessualen biographiebezogenen Verstehen aufgezeigt werden.

Wünschenswert wäre, derartige methodologisch in höchstem Maße gewinnbringende Untersuchungen in einer sehr validen Kombination von qualitativ und quantitativ abgesicherten Erkenntnissen noch stärker hinsichtlich der Wertorientierungen und ethischen Einstellungen Jugendlicher zu konkretisieren: Während Einstellungen zur religiös-weltanschaulichen Vielfalt als aktuell überaus evidente Forschungsfrage in die Studie Eingang gefunden haben, wünscht man sich den Ausbau hin zu einer Diversität weiterer materialer ethischer Themen – also Fragen zur Umweltethik, Sexualethik, Bioethik oder Medizinethik. Mit einer kleinen Ausnahme wurde der Umgang mit Homosexualität, Frauenordinariat und Zölibat (Schweitzer et al., 2018, S. 220) mit recht erwartbarem Ergebnis aufgenommen, aber nicht detaillierter entfaltet. Hinsichtlich einer Longitudinalstudie wäre es natürlich überaus spannend, den möglichen Wandel ethischer Einstellungen in Abhängigkeit zur Entwicklung der Glaubensvorstellungen schon in früheren Jahrgangsstufen zu erforschen.

4. Chancen der Konkretisierung

Chancen solcher Fokussierungen zeigen sich in vorliegenden Datenerhebungen hinsichtlich der überaus spannenden, da aktualitätsbezogenen Sichtung des Verhältnisses der Jugendlichen zur religiös-weltanschaulichen Vielfalt einerseits und den Kennzeichen und Tendenzen zur Xenophobie andererseits. Im Kontext gegenwärtiger Pluralisierungsprozesse unserer Gesellschaft, verbunden mit einer wachsenden, von Vorurteilen geprägten Fremdenfeindlichkeit gegenüber Muslimen (aber auch gegenüber Juden), ist die ethische Relevanz der Befragung von Jugendlichen für den sozialen Frieden der Zukunft von evidenter Bedeutung. Durchaus erschreckend ist, dass ein Viertel der Befragten „die Auffassung (vertritt, E.N.), dass es in Deutschland zu viele Muslime gebe, und fast 58 % der Aussage zustimmen, dass ihnen „manche muslimische Gruppen Angst" machten" (Schweitzer et al., 2018, S. 24). Im Gegensatz hierzu zeigt sich in der Studie jedoch auch ein anderes Bild: Angesichts eines Wahrheitsanspruchs einzelner Religionen fällt in der Befragung auf, dass die mehrheitliche Positionierung mit einer über Zwei-Drittel-Mehrheit entschieden für Offenheit und Dialogfähigkeit plädiert. Im Kontext eines friedenspädagogisch ausgerichteten Bildungsziels zur Pluralismusbefähigung (Evangelische Kirche Deutschland, 2014) ist die ethische Relevanz dieser Ergebnisse evident: 90 % der Jugendlichen sind für Toleranz und Respekt gegenüber individuellen Glaubenseinstellungen, lehnen eine Beeinflussung aber deutlich ab. Dass sich ca. ein Drittel der Befragten dafür ausspricht, dass man sich im Sinne einer postmodernen Patchworkreligiosität je nach Gusto aus jeder Religion das Passende heraussuchen könne (Schweitzer, 2018, S. 111), macht implizit deutlich, welche Relevanz religiöse Bildung dahingehend hat, für die Identitätsentwicklung klärende Positionierungen zu finden.

Dieses grundsätzlich positive Interesse an Religionen als Lebensdeutungen – gepaart mit einem offensichtlich hohen Toleranzverständnis – ist im Religionsunterricht wie auch im Ethikunterricht bzw. fächerverbindenden Unterricht für den gesamten Schulkontext auszubauen. Konkret geht es für den Religionsunterricht um zwei Schwerpunktsetzungen: 1.) um eine intensivere Verdeutlichung der Friedenspotentiale der Religionen, denn diese werden doch von den Jugendlichen an einigen Stellen deutlich in Frage gestellt. Hierzu gibt es religionsdidaktische Impulse, die fruchtbar zu machen sind (Mokrosch et al., 2013; Langenhorst & Naurath, 2019).

2.) Gerade angesichts wachsender antisemitischer bzw. islamfeindlicher Einstellungen in unserer Gesellschaft bedarf es eines deutlichen Ausbaus religiöser Kooperationen der so genannten abrahamischen Religionen im schulischen wie auch außerschulischen Kontext. Hierzu ist es nötig, Lehrkräfte mit Blick auf ihre dialogischen Kompetenzen zu professionalisieren, um authentische Begegnungen zu ermöglichen und evtl. auch mediatorisch mit Konflikten umgehen zu können (Naurath, 2019).

Insofern sind für die Religionsdidaktik Impulse gesetzt, ihren lebensrelevanten Beitrag zum Allgemeinen Bildungsauftrag für die Zukunft der Jugendlichen deutlicher zu artikulieren: Im Religionsunterricht werden nicht nur Lebens- und Sinnfragen wahr- und ernstgenommen, im Zusammenspiel emotionaler, kognitiver und pragmatischer Lerndimensionen reflektiert, mit kreativen und subjektorientierten Methoden beispielsweise in der Bibeldidaktik zum Ausdruck gebracht, sondern auch sozio-emotionale Kompetenzen erworben, die für eine spätere Berufstätigkeit und Teamfähigkeit von ungeheurem Gewinn sind. Angesichts der medialen ‚Großwetterlage' gegen den konfessionellen Religionsunterricht braucht es nicht mehr Apologetik, sondern ein selbstbewusstes und offensives Betonen der Stärken und Chancen religiöser Bildung. Es bedarf einer religiösen Bildung, auf die jeder Jugendliche – gläubig oder nicht – ein Recht hat – übrigens sowohl im Religions- als auch im Ethikunterricht. Hierzu bedarf es einer deutlich spürbaren Stärkung der kooperativen Elemente, um einen zukunftsfähigen Religionsunterricht zu gewährleisten. Allerdings fehlen hierzu weitgehend noch Erfahrungen, Modelle und Evaluationen, wie Kooperationen gut und nachhaltig gelingen können. Nicht selten scheitern diese bereits vorab an Vorurteilen, beispielsweise zwischen Ethik- und Religionsunterricht: Der eine sei zu beliebig, der andere zu vereinnahmend. Nun zeigt sich mit der Studie, dass die Grenzen weniger stringent zu ziehen sind, und ermutigt damit zu einer Intensivierung der Kooperation beider Fächer. Die ethische Frage nach dem richtigen und lebensdienlichen Verhalten bedarf also eines didaktischen Raumes, der die unbedingte Wertschätzung der Person, also der Schülerin oder des Schülers – so wie sie jetzt gerade ist, und wohlwissend, dass sie in biographischer Hinsicht prozessualen Veränderungen unterliegen wird – garantiert. Wenn das, was theologisch fundiert ist, religionsdidaktisch zum Ausdruck kommt, korrespondiert dies mit dem Anliegen der Jugendlichen, wie es in den Datenerhebungen deutlich wurde.

Die Befunde im Kontext der empirischen Religionspädagogik

Ulrich Riegel

Zur Religiosität Jugendlicher liegen viele empirische Studien mit religionspädagogischem (Aygün, 2013; Bucher, 2010; Faix & Künkler, 2018; Feige et al., 2008; Gebhardt, 2009; Husmann, 2008; Ilg, Schweitzer & Elsenbast, 2009; Könemann, 2002; Müller, 2007; Oertel, 2004; Prokopf, 2008; Rebenstorf, 2017; Riegel & Hallwaß, 2017; Schöll & Streib, 2000; Streib & Gennerich, 2011; Zehnder & Grob, 2013; Ziebertz, 2006; Ziebertz & Kay, 2006; Ziebertz & Riegel, 2008; Ziebertz et al., 2003; Zimmermann, 2013) und soziologischem sowie psychologischem Hintergrund (Calmbach et al., 2012; 2016; Shell Deutschland Holding, 2002; 2006; 2010; 2015; 2019; Siegers, 2012; Sandt, 1996; Tressat, 2011; Wippermann, 1998; Wippermann & Calmbach, 2008) vor. In diesem Beitrag soll die Tübinger Studie „Jugend – Glaube – Religion" (JGR) in diesen Kontext eingeordnet werden, und zwar sowohl aus methodischer (1) als auch aus inhaltlicher Perspektive (2), wobei vor allem auf die Studien mit religionspädagogischem Hintergrund eingegangen wird. Überlegungen zu Konsequenzen, die sich aus JGR für die empirische Religionspädagogik ergeben, beschließen diesen Beitrag (3).

1. Die Methodik von JGR im Kontext der empirischen Religionspädagogik

Methodisch steht JGR für eine regional auf Baden-Württemberg begrenzte Studie, die sich auf einen qualitativen und einen quantitativen Erhebungsstrang bezieht. Im qualitativen Strang wurden insgesamt 294 Schülerinnen und Schüler in 3er- bzw. 4er-Gruppen anhand von Leitfadeninterviews zu ihren Themen, Überzeugungen und Erfahrungen hinsichtlich Glaube und Religion befragt. Den quantitativen Strang bildet ein repräsentativ angelegtes Panel-Design, in welchem Schülerinnen und Schüler zu drei Messzeitpunkten (Herbst 2015 – Frühjahr 2017 – Winter 2018) einen Fragebogen im Religions- und Ethikunterricht ausfüllten. Beide Stränge sind in JGR lose miteinander verbunden, indem die Befunde wechselseitig aufeinander bezogen werden, ohne sie im technischen Sinn zu triangulieren (Schweitzer et al., 2018, S. 16–19). Mit diesem empirischen Profil sticht JGR in vielerlei Hinsicht aus dem Kontext einschlägiger Studien der empirischen Religionspädagogik heraus:

- Ein derart komplexes Mixed-Method-Design wurde in dieser Konsequenz bislang noch nicht durchgeführt. Zwar finden sich in der empirischen Religions-

pädagogik bereits Studien, die auf mehrere Datenquellen qualitativer und quantitativer Natur zurückgreifen (z. B. Streib & Gennerich, 2011; Ziebertz et al., 2003), ihre Bezugsquellen entstammen jedoch nicht derselben Projektidee.
- Eine im Panel-Design angelegte quantitative Studie zur Religiosität Jugendlicher liegt bislang überhaupt noch nicht vor. Eine vergleichbare Referenzstudie im Panel-Design findet man im deutschsprachigen Feld bislang nur im katechetischen Bereich (Forschungsgruppe „Religion und Gesellschaft", 2015; Schweitzer et al., 2017). Im internationalen Bereich wäre Christian Smiths National Study of Youth and Religion ein vergleichbarer Referenzpunkt (z. B. Pearce & Lundquist Denton, 2011).
- Eine repräsentative Studie zur Religiosität Jugendlicher gibt es im Bereich der empirischen Religionspädagogik noch nicht. Bislang musste dazu auf außerhäusige Studien zurückgegriffen werden (z. B. Shell Deutschland Holding, 2006), mit dem bekannten Problem einer theologisch kaum satisfaktionsfähigen Konzeptualisierung von Religion.
- Schließlich erhebt JGR seine Daten nicht nur im Religionsunterricht, sondern bezieht auch Lerngruppen des Ethikunterrichts ein. Auch wenn diese Kombination im religionspädagogischen Feld nicht grundsätzlich neu ist (z. B. Petzold, 2004), haben vorliegende Studien vor allem beide Fächer miteinander verglichen und nicht die Religiosität der Schülerinnen und Schüler in beiden Fächern. Hier arrondiert JGR vorliegende Einsichten auf innovative und theoretisch schlüssige Weise.

In der Auswertung der Befunde geht JGR die in der empirischen Religionspädagogik etablierten Wege. Die qualitativen Daten wurden gemäß der Grounded Theory (GT) zuerst induktiv codiert, um diese Codes in einem axialen Durchgang durchs Material zu Kategorien zusammenzuführen. Die Auswertung der quantitativen Daten beruht sehr stark auf Frequenz- und Mittelwertanalysen auf Itemebene, nutzt aber auch die explorative Faktoranalyse und Regressionsanalysen. Mit diesem methodischen Portfolio steht JGR auf einem äußerst soliden Grund. Die berechneten Faktoranalysen tragen dem Panel-Design Rechnung und Mittelwertdifferenzen werden erst ab einer Effektstärke von $d > 0.2$ berichtet – was statistisch bedeutet, dass die Mittelwertdifferenz zumindest einen kleinen Effekt repräsentiert. Beides zeugt vom Problembewusstsein im Projektteam. Im Kontext der vorliegenden empirischen Religionspädagogik scheinen mir drei Beobachtungen weiterführend:

- Ursprünglich stellte die GT ein heuristisches Konzept für einen qualitativen Zugang zu Daten dar, die zwar elementare Schritte einer einschlägigen Analyse beschrieb, diese Schritte jedoch kaum präzise fasste bzw. in methodischer Hinsicht durchbuchstabierte. In der Folge stellt die methodische Anwendung der GT eher eine Auswertungskunst dar, die der Intuition der Forschenden ein großes Gewicht zuschreibt. Das scheint auch für JGR zu gelten (Schweitzer et al., 2018, S. 185). Methodisch stringentere Verfahren mit analogem Erkenntnispotential wären die verschiedenen Versionen der qualitativen Inhaltsanalyse.

- In der quantitativen Datenanalyse setzt JGR viel Gewicht auf die Einzelitems. Das ist zum einen konsequent, denn bei der Konstruktion des Fragebogens wird nicht berichtet, dass die einzelnen Instrumente einer theoretisch abgeleiteten konzeptuellen Struktur folgen (Schweitzer et al., 2018, S. 61–62). Dieses Verfahren legt dem einzelnen Item jedoch eine hohe Bedeutungslast auf, insbesondere dann, wenn es zu denen gehört, die im zeitlichen Abgleich signifikante Veränderungen zeigen (z. B. Schweitzer et al., 2018, S. 133–134). Die Deutung solcher Befunde ist alles andere als einfach (ebd., S. 134).
- Bei den Faktoranalysen wäre es wünschenswert, einen etwas detaillierteren Einblick in die Forschungswerkstatt zu bekommen, weil die Rekonstruktion latenter Variablen im Panel-Design alles andere als trivial (Ferrer et al., 2008; McArdle, 2007) und ein entsprechender Input an statistischer Kompetenz, der im JGR-Forschungsteam zweifelsfrei vorliegt, in die religionspädagogische Scientific Community notwendig ist. Die einschlägigen Informationen in JGR fallen hierzu recht knapp aus. So wird zwar bemerkt, dass man die Daten von t_1 und die von t_2 unabhängig voneinander analysiert hat und Faktoren, die nicht auf beiden Teilsamples zufriedenstellende Kennwerte erreichten, nicht in die Analyse aufgenommen hat (Schweitzer et al., 2018, S. 263). Einschlägige Kennwerte werden aber nur für t_1 berichtet. Umso mehr ist es zu begrüßen, dass im vorliegenden Band diesem Desiderat Rechnung getragen und ausführlicher auf die Berechnung von aggregierten Daten eingegangen wird.

Außerhalb des Bereichs empirischer Religionspädagogik könnte sich die Frage stellen, inwieweit die Tatsache, dass die quantitativen Daten zu Glaube und Religion an t_1 und an t_2 im Religions- und Ethikunterricht erhoben werden, die Befunde beeinflussen. Auch bei den qualitativen Daten wird immer von „Schülerinnen und Schülern" gesprochen, so dass vermutet werden kann, dass die Interviewten ebenfalls aus den Religions- und Ethikkursen rekrutiert wurden. Untersuchungen zum Effekt des Erhebungsorts Religionsunterricht auf Daten zur Religiosität Jugendlicher gibt es m. W. nicht. Es scheint mir aber ratsam, diesen Erhebungskontext in der Einordnung der Befunde in ein größeres Forschungsfeld im Auge zu behalten. Dabei zeigt sich schnell, dass JGR in dieser Hinsicht innerhalb der empirischen Religionspädagogik – zumindest in quantitativer Hinsicht – keine Ausnahme bildet, denn die meisten Studien finden ihre Probanden im einschlägigen Unterricht. Für t_3 gilt der eben formulierte Einwand nicht mehr, denn zu diesem Messzeitpunkt wurden die Befragten außerhalb des Unterrichtskontextes erreicht – was in der Folge die Frage aufwirft, bis zu welchem Grad die zwischen t_2 und t_3 durchaus bemerkenswerten Veränderungen durch die Varianz im Erhebungskontext begründet sein könnten.

2. Die Befunde von JGR im Kontext der empirischen Religionspädagogik

Die Einordnung der Befunde aus JGR in den größeren Forschungskontext ist nicht ganz trivial, denn mit religionspädagogischen Studien hat sie gemeinsam, theologisch satisfaktionsfähige Befunde zu erheben, mit einigen sozialwissenschaftlichen Studien den Anspruch von Repräsentativität.

Zieht man zuerst die religionspädagogische Kenntnislage heran, bestätigt JGR vieles von dem, was bislang erhoben wurde: Jugendlichen ist ihre religiöse Autonomie sehr wichtig, denn sie wollen selbst entscheiden, was sie glauben können und wollen (z. B. Ziebertz et al., 2003, S. 258–263). Dabei unterscheiden sie zwischen den Begriffen Glaube und Religion, wobei Religion stark mit dem kirchlichen Christentum identifiziert wird (z. B. ebd., S. 136–150). Eine Mehrzahl der Befragten zeigt ein positives Verhältnis zu Gott, wobei dieses Gegenüber für fast die Hälfte der Jugendlichen Sicherheit im Leben stiftet (ebd., S. 336–351). Dennoch beschäftigt diese Altersgruppe die Frage nach dem Leid (z. B. Stögbauer-Elsner, 2015) und man ist sich nicht sicher, was nach dem Tod kommen wird (z. B. Gennerich, 2015). Weiterhin stehen heutige Jugendliche religiöser Vielfalt weitgehend offen gegenüber (z. B. Ziebertz et al., 2003, S. 95–107). Schließlich scheint die Religiosität der Befragten zwischen t_1 und t_3 – zumindest auf Itemebene – markant an konkreten Konturen zu verlieren. Das Gottesbild wird abstrakter, die Ansicht, dass sich die Kirche verändern müsse, um zukunftsfähig zu bleiben, nimmt zu und die Selbsteinschätzung als religiös nimmt ab (nicht jedoch die als gläubig!). In allen diesen Aspekten trägt JGR dazu bei, den bisherigen religionspädagogischen Forschungsstand weiter zu sättigen. Bemerkenswert im Kontext der empirischen Religionspädagogik erscheinen mir darüber hinaus drei Facetten von JGR:

- Die qualitativen Daten belegen eindrücklich die Vielfalt und Vielgestaltigkeit individueller Religiosität und religiöser Vollzüge Jugendlicher. So kann die semantische Füllung des Glaubens-Begriffs gut nachvollziehbar rekonstruiert und die Heterogenität dessen, was die Jugendlichen unter Gebet verstehen und praktizieren, schlüssig aufgezeigt werden. Hier zeigt sich die besondere Qualität qualitativer Zugänge zum Feld, die der Individualität des Erkenntnisgegenstands ein großes Gewicht einräumen (vgl. Könemann, 2002; Prokopf, 2008). Insbesondere innerhalb eines Mixed-Methods-Designs haben solche qualitativen Einsichten das Potential, die z. T. große Varianz innerhalb der quantitativ erhobenen Kategorien von Merkmalsausprägungen aufzuzeigen. So kann eine intensive Gebetspraxis für vielfältige Formen und Vollzüge stehen. Außerdem entspricht dieser Zugang in hohem Maße der Forderung nach der Verwendung eines diskursiven Religionsbegriffs in der empirischen Religiositätsforschung (Feige, 2012).
- Das Panel-Design ermöglicht Aussagen zu Veränderungen in der Religiosität Jugendlicher auf der Individualebene. Bislang waren solche Veränderungen nur

zwischen verschiedenen Kohorten möglich, wobei hierzu auf Studien mit unterschiedlichen Samples und unterschiedlichen theoretischen Konzepten zurückgegriffen werden muss. JGR setzt bei diesem Desiderat bisheriger Forschung an. Dass die beobachteten Veränderungen zwischen t_1 und t_2 eher marginal sind, ist angesichts der kurzen Zeit erst einmal schlüssig, denn Religiosität als individuelle Einstellung sollte über kurze Zeitspannen hinweg relativ stabil sein. Entsprechend ändert sich dieses Bild von t_1 zu t_3, wenn man die Antworten auf die Einzelitems zu Grunde legt. Hier gibt es durchaus bemerkenswerte Veränderungen hin zu einem abstrakteren Gottesbild, einer kritischeren Haltung der Kirche gegenüber oder einem sich von der Institution Kirche emanzipierenden Glauben. Für den religionspädagogischen Kontext sicher befriedigend wird der Befund sein, dass die Einsicht, im Religionsunterricht etwas für den Beruf gelernt zu haben, mit dem Abstand zu diesem Unterricht steigt. Auch das Nachdenken über Gott verbleibt zu t_3 etwa auf dem Niveau von t_2. Kontraintuitiv und damit aus wissenschaftlicher Sicht bemerkenswert erscheint schließlich, dass die Zustimmung zu traditionellen Jenseitsvorstellungen insbesondere bei Jugendlichen und jungen Erwachsenen mit niedriger religiöser Sozialisation von t_2 zu t_3 deutlich steigt. Hier wären Hintergrundinformationen, die diesen Befund erklären, instruktiv.

- Die Stichprobe von JGR ist hinreichend groß, um belastbare Befunde bei speziellen Schülergruppen zu berechnen. Hier sind vor allem die muslimischen Schülerinnen und Schüler und diejenigen, die eine Berufsschule besuchen, von besonderem Interesse, denn beide Gruppen sind in der herkömmlichen empirischen Religionspädagogik eher weniger erforscht. Das gilt insbesondere für muslimische Jugendliche, die erst seit relativ kurzer Zeit Gegenstand religionspädagogisch informierter Forschung sind (z. B. Aygün, 2013; Tressat, 2011; Ulfat, 2017). Der Bereich der Berufsschule ist zwar ebenfalls tendenziell wenig beforscht, wobei sich die Situation durch die intensive Forschungspraxis der beiden Tübinger Institute Eibor und Kibor hier gerade ändert. Geht man bei den Auswertungen ins Detail, fällt auf, dass sich die Beschreibung der Daten vor allem auf die übergreifenden Trends in den Schülergruppen bezieht. Es entstehen damit relativ homogene Skizzen zur charakteristischen Religiosität „der" muslimischen Schülerinnen und Schüler und „der" Lernenden an der Berufsschule. Hinter diesen charakteristischen Strukturen wird die religiöse Vielfalt innerhalb dieser Gruppen nur bedingt sichtbar. Wenn etwa 68 % der muslimischen Befragten der Aussage zustimmen, sich in ihrem Alltag an die Regeln des Islam zu halten, ist das zwar eine bemerkenswerte Differenz zu den nicht-muslimischen Befragten (Schweitzer et al., 2018, S. 152), bedeutet aber gleichzeitig auch, dass dies ein Drittel der muslimischen Schülerinnen und Schüler eher nicht tun. Das ist insofern von Bedeutung, als das in JGR gezeichnete Bild viele Analogien zu stereotypen Vorstellungen über den Islam aufweist (Foroutan, 2012), hinter der die auch in den JGR-Daten sichtbare Individualisierung der Religiosität muslimischer Jugendlicher eher unterbelichtet bleibt (vgl. Aygün, 2013).

Im Kontext repräsentativ angelegter Studien zur Religiosität Jugendlicher, die sämtlich aus dem religionssoziologischen Bereich stammen, bestätigt JGR die Bedeutung der religiösen Sozialisation für die Religiosität Jugendlicher. In fast allen religiösen Aspekten fallen die Werte religiös sozialisierter Jugendlicher höher aus als diejenigen derer, die im Elternhaus kaum mit Religion in Berührung gekommen sind. Und in vielen Regressionen erweist sich die religiöse Sozialisation als erklärender Faktor für Veränderungen. Darüber hinaus fällt auf, dass die Kennwerte globaler Items zur Religiosität Jugendlicher bei JRG etwas höher ausfallen als bei den anderen repräsentativ angelegten Studien. So geben bei JGR 52 % der Befragten an, an Gott zu glauben, während es bei der 17. Shell Jugendstudie nur 35 % der katholischen und 27 % der evangelischen Jugendlichen sind (Shell Deutschland Holding, 2015, S. 254). Ein Grund für diese Differenz könnte sein, dass sich die Studien in der Formulierung ihrer Items unterscheiden. Auch könnte die Tatsache, dass die JGR-Daten zum großen Teil im Religionsunterricht erhoben wurden, während der Erhebungskontext der Shell-Daten keinen Bezug zu Religion aufweist, eine Rolle für diese Differenz spielen. Allerdings gilt diese Einschränkung nur für die Erhebungszeitpunkte t_1 und t_2, denn zu t_3 wurden die Befragten außerhalb der Schule erreicht. Schließlich scheint mir auch die Tatsache einschlägig zu sein, dass JGR repräsentativ für Baden-Württemberg ist, während sich die Repräsentativität der religionssoziologischen Studien in der Regel auf das gesamte Bundesgebiet bezieht. Dass im vergleichsweise religiösen Süden etwas höhere Werte zur Religiosität Jugendlicher auftreten, erscheint in diesem Zusammenhang plausibel. Für eine weitergehende Einordnung von JGR in diesen Bereich empirischer Jugendforschung sei auf den Beitrag von Werner Helsper verwiesen.

3. Konsequenzen für die empirische Religionspädagogik im Gefolge von JGR

Die Tübinger Studie zur Religiosität Jugendlicher in Baden-Württemberg stellt einen Meilenstein der empirischen Religionspädagogik dar, der in verschiedener Hinsicht Maßstäbe setzt: Sie beruht auf einem theologisch angemessenen Konzept von Religiosität, bleibt durch ihr Mixed-Methods-Design sensibel für die Individualität und Vielgestaltigkeit des Glaubens Jugendlicher, ermöglicht durch ihr Panel-Design im quantitativen Erhebungsstrang Einblicke in Entwicklungsverläufe auf Individualebene und erfüllt durch ihre Repräsentativität das wesentliche Kriterium dafür, dass empirische Forschung in Öffentlichkeit und Politik wahrgenommen wird. Diese Leistung kann erst einmal nicht genügend gewürdigt werden. Geht man kritisch-konstruktiv ins Detail, lassen sich mindestens die folgenden Konsequenzen für zukünftige empirisch-religionspädagogische Forschung ziehen:

- Anspruchsvolle Studien auf der Grundlage komplexer Designs übersteigen die Möglichkeiten einzelner Lehrstühle und die Kompetenzen einzelner Forschender. Studien im Umfang von JGR bedürfen eines Forschungskonsortiums, das neben religionspädagogischen mindestens auch statistische Kompetenzen, in der Regel aber noch weitere umfasst (vgl. auch Forschungsgruppe „Religion und Gesellschaft“, 2015; Schweitzer et al., 2015). Außerdem lassen sich solche Projekte nur mit einer hinreichenden Drittmittelausstattung finanzieren. Es liegt somit nahe, innerhalb der empirischen Religionspädagogik stärker miteinander zu kooperieren und auch strategische inter-disziplinäre Allianzen zu schließen.

- Die Bedeutung des Labels *repräsentativ* für die öffentliche und politische Wahrnehmung hat JGR eindrucksvoll gezeigt. In wissenschaftlicher Hinsicht scheint mir dieses Label jedoch nur insofern sinnvoll, als der Bezugspunkt der Repräsentativität präzise benannt wird. Denn es liegt auf der Hand, dass für Baden-Württemberg repräsentative Daten die Situation in Mecklenburg-Vorpommern kaum realistisch beschreiben. Darüber hinaus scheint mir ein Desiderat vorliegender Religiositätsforschung – gleich welcher Herkunft – zu sein, dass präzise erforscht werden muss, was die ausschlaggebenden Hintergrundvariablen für eine repräsentative Erfassung von Religiosität sind. So wäre zu klären, ob regionale Zuordnungen auf Landesebene tatsächlich einen Unterschied in repräsentativen Erhebungen machen oder ob es hier nicht gröbere Zuschnitte wie West-Ost, welche auch theoretisch gut erklärbar sind, hilfreicher sind. Auch sagen die Befunde aus JGR bei aller Repräsentativität wenig darüber aus, ob und inwieweit sich die Schülerinnen und Schüler auf der Ostalb von ihren Altersgenossen aus Stuttgart unterscheiden. Das schränkt die Befunde von JGR nicht ein, präzisiert allerdings ihren repräsentativen Anspruch. Die Repräsentativität zukünftiger empirisch-religionspädagogischer Studien ist demnach von ihrer Forschungsfrage her zu bestimmen.
- In JGR stehen die qualitativen und quantitativen Daten eher lose nebeneinander. Auf eine echte Triangulation wurde aus guten Gründen verzichtet. Hier liegt ein elementares Desiderat zukünftiger empirisch-religionspädagogischer Forschung, vor allem wenn man bedenkt, dass drittmittelrelevante empirische Forschung in absehbarer Zukunft kaum noch ohne Mixed-Methods-Designs auskommen wird. Ein systematischer Bezug der Befunde beider Datenquellen erweist sich in diesem Zusammenhang nicht nur als forschungspolitisch opportun, sondern würde die Stärke und Reichhaltigkeit beider Datenquellen voll ausschöpfen.
- Betrachtet man die Semantik der Items aus JGR, bleiben sie stark der christlichen Tradition verhaftet. Viele Items beziehen sich explizit auf die *Kirche*, und auch die Itemformulierungen, die den Begriff *Gott* verwenden, müssten daraufhin geprüft werden, ob sich muslimische Befragte darunter tatsächlich Allah vorstellen. Letztere werden zumindest zu einer Interpretationsleistung genötigt. Auch wurde der empirische Faktor *Muslimisches Bekenntnis* von weiteren Analysen ausgeschlossen, weil er auf nicht-muslimische Gruppen nicht anwendbar ist, während dieses Argument beim Faktor *Kirchenbindung*, das lediglich auf christliche Gruppen anwendbar ist, keine Rolle zu spielen scheint (Schweitzer et al., 2018, S. 265–268). Angesichts des Samples von JGR und eines Anteils von 5 %

muslimischer Befragter in ihm ist das nachvollziehbar. Zukünftige empirisch-religionspädagogische Studien könnten aber überlegen, ob die Möglichkeit, online erhobene Fragebögen adaptiv anzulegen, hier nicht differenziertere Instrumente möglich machen.

Abschließend soll darauf hingewiesen werden, dass die hier gezogenen Konsequenzen für eine zukünftige empirische Religionspädagogik kleinere Studien im Rahmen eines Promotionsprojekts nicht hinfällig werden lassen. Punktuelle Einblicke in spezifische Aspekte der Religiosität Jugendlicher bleiben weiterhin wertvoll. So kann JGR z. B. nicht erklären, warum sich die Neigung, über Gott nachzudenken, von t_1 zu t_2 von 0% auf 36% erhöht und sich zu t_3 auf diesem Niveau einpendelt (Schweitzer et al., 2018, S. 134). Hinweise auf die Anlässe, die eine solche Reflexion anregen, und die Bedingungen, unter denen sie sich wie vollzieht, können in kleineren Projekten wirksam und differenziert erhoben werden. Eine effektive empirische Religionspädagogik zeichnet sich durch das Zusammenspiel umfassender Erhebungen in komplexen Designs und punktueller Erhebungen in schlanken Designs aus.

Kommentar aus der Perspektive erziehungswissenschaftlicher Jugendforschung

Werner Helsper

1. Einleitung

Das prinzipielle Anliegen der hier vorliegenden Studie (vgl. auch Schweitzer et al., 2018), nämlich einen deutlich differenzierteren Blick, als dies in anderen Studien erfolgt, auf die Bedeutung von Sinn-, Glaubens- und religiösen Fragen, auf religiöse Alltagspraxen, religiöse Sozialisation und die Erfahrungen im Religions- und Ethikunterricht für Jugendliche zu werfen, ist sicherlich von hoher Relevanz. Und dies auch differenziert nach Schulformen, nach religiöser bzw. konfessioneller Zugehörigkeit als repräsentativ angelegte quantitative Studie – wenn auch ‚nur' für das Bundesland Baden-Württemberg – in Verbindung mit qualitativen Zugängen zu untersuchen und als ‚echten' Längsschnitt über drei Erhebungszeitpunkte von der 11./12. Klasse bis zur Einmündung in Studium bzw. Berufsausbildung anzulegen, unterstreicht die Bedeutsamkeit der Studie nochmals.

Die Kritik der Autorinnen und Autoren, dass Religions- und Glaubensfragen in der Jugendforschung zu wenig beachtet wurden und weiterhin werden – etwa exemplarisch auf die Shell-Jugendstudien von den Anfängen bis in die Gegenwart bezogen (vgl. etwa Jugendwerk der Deutschen Shell, 1985; Shell Deutschland Holding, 2015; Shell Deutschland Holding, 2019) – ist durchaus nachvollziehbar, wobei die Autorinnen und Autoren allerdings selbst darauf verweisen, dass dies eben allgemeine Jugendstudien mit vielfältigen thematischen Bezügen und keine Studien zur jugendlichen Religiosität oder zum jugendlichen Glauben sind. Allerdings ist darauf zu verweisen, dass seit den 1990er Jahren bis in dieses Jahrzehnt die Jugendforschung insgesamt eher zu einem Forschungsnebenschauplatz wurde und dementsprechend auch kaum neuere Studien zum Verhältnis von Glaube, Religion und Adoleszenz vorliegen. Hier leistet die vorliegende Studie einen wichtigen Beitrag zur Behebung dieses Forschungsdesiderats.

Ich möchte im Folgenden die Relevanz der Studie unter den folgenden Perspektiven in den Blick nehmen:

- Wie ist die Studie methodisch angelegt und welche Potenziale und Grenzen weist sie durch ihre Anlage auf?
- Welche Ergebnisse sind für die Jugendforschung generell von Bedeutung?
- Was leisten die Ergebnisse für die Klärung der Frage, ob die Adoleszenz eine transformatorische Phase der Entstehung des Neuen und der Veränderung ist?
- Wie sind die Ergebnisse auf soziale Diagnosen zur Jugendphase – etwa Individualisierung, Pluralisierung, Verdichtung etc. – zu beziehen?

- Und welche Relevanz haben die Ergebnisse der Studie für pädagogisches (Lehrer-)Handeln und auf welche pädagogischen Herausforderungen weisen die Ergebnisse hin?

2. Methodische Anlage, Grenzen und Potenziale der Studie

Die methodische Anlage und das Design der Studie ist nicht nur auf den ersten Blick beeindruckend: Die repräsentative Anlage und die überzeugende Samplebildung – zudem noch mit einer sehr großen Teilnehmerzahl ($t_1 = 7346$ Schülerinnen und Schüler, vgl. Schweitzer et al., 2018, S. 64) – bieten eine ausgezeichnete Grundlage, um auch spezifische Teilgruppen – z. B. unter Gender-, Migrations-, Konfessions-, Schulform-, Unterrichts- oder Altersperspektiven – vergleichend in den Blick zu nehmen. Das lässt sich exemplarisch am Beispiel des Themas der Glaubenssuche, also der Glaubensfindung als einer eigenen, individuellen Entscheidung in der Adoleszenz verdeutlichen: Hier unterscheiden sich etwa Schülerinnen und Schüler allgemeinbildender Gymnasien von Berufsschülerinnen und -schülern, die weniger an einer individuellen Glaubensfindung orientiert sind, oder auch von muslimischen Jugendlichen, die ebenfalls weniger eine individuelle Glaubenssuche aufweisen, signifikant von den anderen Religionszugehörigkeiten (Schweitzer et al., 2018, S. 80–82). Insgesamt zeigen sich die muslimischen Jugendlichen deutlicher an die eigene Religion gebunden und familiär stärker religiös sozialisiert als Jugendliche der beiden großen christlichen Konfessionen (vgl. auch ebd., S. 146–156). Durch diese Gruppenvergleiche sind also Differenzierungen „der“ Jugend möglich, die angesichts einer Pluralisierung von Lebensformen hoch bedeutsam sind.

Durch die Längsschnittanlage der Studie ist es zudem möglich, Prozesse in den Blick zu nehmen und zwar sowohl auf kollektiver Ebene – etwa bezüglich der Verschiebungen der Kritik gegenüber den Kirchen im Verlauf der Jugend, die bereits in der 11./12. Klasse auf einem hohem Niveau befindlich, im Adoleszenzverlauf stärker wird (ebd., S. 128–129) – als auch auf individueller Ebene, also etwa die individuelle Transformation vom Kirchenkritiker zum kirchlichen Protagonisten und vice versa. Das ermöglicht gegenüber Querschnittsstudien einen erheblichen Erkenntniszugewinn, vor allem wenn es möglich ist, die Bedingungen für die Stabilität oder den Wandel von religiösen und Glaubenshaltungen zu ermitteln. Das ermöglicht die Studie, indem etwa eine entgegen der Dominanz der Relativierung des Gottesglaubens im Längsschnitt feststellbare Intensivierung des Gottesglaubens mit einem bereits vorher bestehenden starken Gottesglauben, einer stärkeren familiären religiösen Sozialisation und dies eher bei weiblichen Jugendlichen und solchen, die den Religionsunterricht besuchen, festzustellen ist (vgl. ebd., S. 123–124). Dies verweist auf das Zusammenspiel sozialisatorisch bedeutsamer Kontexte, die einen starken Gottesglauben auch über die Adoleszenz hinweg – gegen den übergreifenden Trend der Abnahme des Gottesglaubens – nochmals verstärken können.

Auch die Verbindung von quantitativen und qualitativen Zugängen – eine immer noch eher seltene methodische Kombination bei empirischen Studien – eröffnet zusätzliche Erkenntnismöglichkeiten. Die „wechselseitige Kommentierung“ (ebd., S. 18) quantitativer und qualitativer Daten auf der Grundlage von Gruppeninterviews ermöglicht es, repräsentative Überblicke und Ergebnisse – etwa zum Gottesglauben – mit vertiefenden und mikrologischen Sinnrekonstruktionen zu verknüpfen und damit deren Bedeutungsgehalte tiefer auszuleuchten.

Insgesamt genügt die Studie damit hohen methodischen Standards, weil sie repräsentative Daten, Gruppenvergleiche, Mehrebenenperspektiven und – bezüglich des Längsschnitts – auch erklärende Zugänge zum Wandel eröffnen kann und mit der Verbindung quantitativer und qualitativer Methoden aufschlussreiche Triangulationsmöglichkeiten bietet.

Trotz dieser insgesamt überzeugenden Anlage gibt es allerdings auch Grenzen und unausgeschöpfte Potenziale der Studie, die in den folgenden drei Breichen zu verorten sind:

1. *Die Samplebildung*: Letztlich kann die Studie Repräsentativität ‚nur‘ für das Bundesland Baden-Württemberg beanspruchen. Aussagen über ‚die Jugend‘ sind damit nicht bundesweit möglich. Von besonderer Bedeutung scheint mir dabei, dass mit Baden-Württemberg ein noch relativ stark konfessionell orientiertes Bundesland gewählt wurde. So beträgt der Anteil konfessionsloser Jugendlicher lediglich 9 % in der Studie (ebd., S. 69). Selbst konfessionslose Jugendliche bewegen sich hier somit in einem noch relativ stark konfessionell und religiös geprägten Umfeld. Das ist für die nördlichen Bundesländer, insbesondere aber für die ostdeutschen Bundesländer, in denen ca. zwei Drittel der Jugendlichen konfessionslos sind (Shell Deutschland Holding, 2019, S. 152), entscheidend anders. Während Konfessionslosigkeit in Baden-Württemberg eher die Ausnahme bildet, stellt sie in Ostdeutschland den Normalfall dar und konfessionell gebundene Jugendliche bilden eine deutliche Minderheit. Es bleibt also fraglich, ob die Ergebnisse für Baden-Württemberg auch für andere Regionen Gültigkeit besitzen.

Hinzu kommt in der Stichprobe ein starker gymnasialer Bias: Während zum ersten Erhebungszeitpunkt 2015 43,9 % eines Altersjahrganges in Baden-Württemberg das Abitur ablegten (davon gut zwei Drittel an allgemeinbildenden, grundständigen Gymnasien), beträgt der Anteil der Schülerinnen und Schüler an grundständigen und beruflichen Gymnasien in der Stichprobe 75 % und der der Berufsschülerinnen und -schüler lediglich 25 %, wobei deren Anteil in der zweiten Befragung ein gutes Jahr später nochmals auf 15 % sinkt (Schweitzer et al., 2018, S. 68; S. 120). Trotz ausgleichender statistischer Gewichtungen ist damit eine starke gymnasiale Ausrichtung der Studie gegeben, die im Längsschnitt noch deutlich zunimmt. Dies ist deswegen so bedeutsam, weil bezüglich vielfältiger Haltungen und Orientierungen – etwa religiöser, politischer, wertbezogener, Haltungen zu Gewalt, Fremdenfeindlichkeit und Nationalismus – um nur Einiges zu nennen – Schulform und Bildungsabschluss hoch bedeutsam sind, was sich auch an den

Ergebnissen dieser Studie zeigen lässt, etwa bezüglich der Haltungen einer Befürwortung oder Ablehnung von Religionspluralismus (ebd., S. 142). Zudem werden zwar Unterschiede zwischen den Konfessionen und Religionszugehörigkeiten ermittelt, aber Differenzierungen innerhalb der evangelischen, katholischen oder muslimischen Jugendlichen finden nicht statt. Das legt es nahe, diese als relativ homogen zu konstruieren, und die internen Differenzierungen zu vernachlässigen.

2. *Der Längsschnitt*: Auf die hohe Relevanz des Längsschnitts für die Analyse von Verläufen in der Spannung von Reproduktion und Transformation religiöser und Glaubenshaltungen wurde bereits verwiesen. Hier liegt auch eine große Stärke des ersten Bandes, der aufschlussreiche Ergebnisse zu Konstanz und Veränderung ermitteln kann (ebd. S. 118–146). Allerdings wären auch hier weitere sehr interessante Analysen möglich gewesen: So zeigt sich etwa bezüglich der Konstanz oder Veränderung der Haltungen gegenüber der Aussage „Ich glaube an Gott" insgesamt eine leichte Abnahme des Gottesglaubens. Interessant sind aber die Ergebnisse auf der Individualebene: So zeigen sich bei 21 % der Jugendlichen, also bei etwa jedem Fünften, leichte oder deutliche Veränderungen. Besonders deutlich sind diese bei 5 % der Jugendlichen, die von einer positiven Glaubenshaltung zur Ablehnung und bei 2 %, die von einer Zustimmung zu einer Ablehnung des Glaubens wechseln (ebd., S. 122). Über die Bedingungen, Hintergründe oder Umstände, die dazu beitragen, dass sich diese deutliche Transformation in den Glaubensvorstellungen bei jedem vierzehnten Jugendlichen ergeben, erfährt der interessierte Leser allerdings im ersten Band nichts. Hier hätten Gruppenvergleiche zwischen den „Konstanten" und den „Wandlern" aufschlussreich sein können, also die Frage: Worin unterscheiden sich die Konstanten von den sich Wandelnden? Hier könnten eventuell die hier, in diesem Band vorliegenden vertiefenden Analysen weiteren Aufschluss geben. Während die Dominanz der Reproduktion von Haltungen nicht verwundert – wir wissen nicht zuletzt seit Bourdieu (1993; 2011), dass der Habitus, auch der religiöse, eher eine Tendenz zur Kontinuität aufweist, und zudem ist die Spanne von gut einem Jahr kein besonders langer Zeitraum für Transformationsprozesse –, hätten derartige Detailanalysen und Gruppenvergleiche Aufschluss über das, was Wandel ermöglicht, geben können. Diese Möglichkeiten werden ansatzweise in der Auswertung der Gruppeninterviews deutlich, etwa in den Äußerungen der Jugendlichen zur Veränderung ihres Glaubens (Schweitzer et al., 2018, S. 204–206), ohne aber systematisch auf Gruppenvergleiche bezogen zu werden.

Während der Längsschnitt von der ersten Welle (t_1) zur zweiten Welle (t_2) noch eine solide Basis aufweist, ist die in diesem Band im Zentrum stehende dritte Welle (t_3) mit einem großen Fragezeichen zu versehen. Das resultiert insbesondere aus der immensen Panelmortalität: Nur noch 559 der ehemaligen 7246 Jugendlichen der ersten Welle haben an der dritten Welle teilgenommen. Nur noch jeder dreizehnte Jugendliche der ersten Welle ist damit „übrig" geblieben. Und zugleich nimmt die

„Verzerrung" des Samples weiter zu: Die Stichprobe besteht nun zu zwei Dritteln aus weiblichen Jugendlichen, und fast zwei Drittel der Befragten waren auf dem allgemeinbildenden Gymnasium. Spezifische Gruppen – etwa muslimische Jugendliche, Konfessionslose oder Jugendliche der Berufsschule – sind im Sample nur noch sehr gering vertreten. Damit wird fraglich, inwieweit die Veränderungen, die sich im Abstand von ca. zweieinhalb Jahren zwischen der ersten und der dritten Welle zeigen, noch repräsentativ sind. So bleibt die Interpretation, dass sich im Verlauf von zweieinhalb Jahren das Interesse an religiösen und Glaubensfragen bei den Jugendlichen erhöht – es wächst etwa die Kommunikation über Glaubensfragen mit Eltern und Freunden –, durchaus zweifelhaft. Ist dieser Zuwachs – sowohl für eher religiös als auch weniger religiös sozialisierte Jugendliche – in der zweiten Welle schon festzustellen (Schweitzer et al., 2018, S. 134–135), so wächst er insbesondere in der dritten Welle für den Austausch mit Freunden sehr stark an: von 46 % in der zweiten, auf 52 % in der dritten Welle. Das gilt aber nun für das sehr stark weiblich und gymnasial gekennzeichnete Sample der dritten Welle, so dass fraglich bleibt, ob dies nicht ein Artefakt dieses spezifisch zusammengesetzten Samples ist. Insgesamt muss daher in Bezug auf generalisierende Aussagen für den Längsschnitt besonders vorsichtig argumentiert werden.

3. Die *Verbindung der quantitativen und der qualitativen Studie*: Die Kombination quantitativer und qualitativer Zugänge – in Form der Gruppeninterviews mit ausgewählten Schülerinnen- und Schülergruppen – bietet eine ausgezeichnete Möglichkeit, die quantitativen Ergebnisse der Studie konkret und anschaulich zu unterlegen. So lässt sich etwa die – im Verlauf der Jugend anwachsende – Kritik an der Institution Kirche (Schweitzer et al., 2018, S. 128–131) durch Beispiele aus den Gruppeninterviews sehr gut konkretisieren und auf bestimmte Themenbereiche beziehen (ebd., S. 219–232): etwa starre, veraltete, wenig an der Lebenswirklichkeit der Jugendlichen ansetzende Strukturen und Rituale; den Umgang insbesondere der katholischen Kirche mit Sexualität, die Position von Frauen in der Kirche, das Zölibat, auch die problematische Geschichte der Kirche, etwa in Form der Kreuzzüge oder auch die Verwendung der Kirchensteuer. So unterlegt die qualitative Studie die quantitativ dokumentierte Kritik an der Kirche mit konkreten Deutungen und Sinnbezügen der Jugendlichen.

Allerdings bleibt auch hier das Potenzial dieser methodischen Verbindung unausgeschöpft. Zwar ist das Sample der qualitativen Studie nach spezifischen Kriterien zusammengesetzt: Regierungsbezirke, Schulformen, Religions- und Ethikunterricht, Geschlecht. Aber diese Gruppenkonstellationen werden dann nicht mehr systematisch in der qualitativen Studie aufgegriffen und vor allem auf die quantitativen Ergebnisse bezogen. Damit ist eine systematische Verknüpfung der quantitativen und der qualitativen Studie nicht möglich. Ein anderes – viel stärker verzahntes – Design hätte von der quantitativen Studie ausgehen können und insbesondere entlang von Schulklassen, in Verbindung mit Schulformen und dem Ethik- und Religionsunterricht starke quantitativ ermittelte Differenzen in den Blick nehmen können: etwa Gruppen aus Schulklassen, die sich besonders positiv und besonders negativ auf den Ethik- oder den Religionsunterricht beziehen, oder Klassen, die sich in ihren religiösen und Glaubensorientierungen besonders deutlich unterscheiden oder die bezüglich der familiär erworbenen religiösen Sozialisation besonders unterschiedlich sind. Dann hätten im Sinne maximaler und minimaler Kontraste – etwa in Bezug auf die Einschätzung des Ethik- und Religionsunterrichts – die Gruppendiskussionen mit Schülerinnen und Schülern dieser ausgewählten Klassen ausgewertet werden und exemplarisch für besonders positive und besonders negative Unterrichtserfahrungen analysiert werden können. Wenn dies mit Clusterbildung auf der quantitativen Ebene verbunden worden wäre, hätte daraus eine systematische Verknüpfung von Unterrichtsclustern mit exemplarischen, sinnrekonstruktiven vertiefenden Einblicken in die Deutungen Jugendlicher zu diesen Unterrichtsclustern resultieren können.

Diese Einschränkungen und kritischen Anmerkungen sollen nicht als eine grundlegende Infragestellung der Studie verstanden werden, die ihre großen Stärken besitzt. Allerdings wird hier auf die Grenzen der Erkenntnisbildung und unausgeschöpfte Potenziale verwiesen, die in diesem methodischen Design prinzipiell möglich gewesen wären.

3. Bedeutung für die empirische Jugendforschung und sozialwissenschaftliche Jugenddiagnosen

Die hier vorliegende Längsschnittstudie zu Haltungen gegenüber und Erfahrungen Jugendlicher mit Religiosität und Glauben hat sicherlich ihre entscheidende Bedeutung in einer Ausdifferenzierung und Detaillierung dieser in der Jugendforschung – vor allem der letzten Jahre – eher randständig behandelten Thematik. So erlauben die Hinweise, dass zwischen Religion, Konfession, Kirche und Glaube zu unterscheiden ist (vgl. zur Differenzierung von „religiös“ und „gläubig“ Schweitzer et al., 2018, S. 70ff.) – auch wenn sich in den qualitativen Auswertungen zeigt, dass hier bei Jugendlichen selbst eine unklare Begrifflichkeit vorliegt (ebd., S. 219) –, einen differenzierteren Blick auf die Diagnosen eines Bedeutungsverlustes von Religion bei Jugendlichen. So wird in dieser Studie herausgearbeitet, dass auch Jugendliche, die keiner Kirche und Konfession angehören, sich mit Glaubensfragen – insbesondere etwa im Gespräch mit ihren Freunden – auseinandersetzen, zum Teil auch Gottesvorstellungen haben – also keineswegs generell areligiös oder gegenüber Glaubensfragen völlig distanziert sind.

In einem Vergleich mit der jüngsten Shell-Jugendstudie (vgl. Shell Deutschland Holding, 2019, S. 150–156) lässt sich dieser höhere Differenzierungsgrad verdeutlichen. Einerseits sind starke Gemeinsamkeiten zwischen den Studien festzustellen: etwa bezüglich der Ergebnisse zur Kirchenkritik, die auch hier mit – teilweise identischen Items – erhoben wird. Allerdings kann die hier vorliegende

Studie zeigen, dass diese Kritik im Lauf der Adoleszenz deutlicher wird, und im qualitativen Teil herausarbeiten, worauf sich diese Kritik inhaltlich vor allem richtet. Religiosität und Glauben werden in der Shell-Jugendstudie zudem lediglich über die Wichtigkeit des Glaubens an Gott und die Häufigkeit der Gebetspraxis erhoben. Hier weist die vorliegende Studie eine viel stärkere Differenzierung von Religions-, Glaubens- und Gottesbezügen und auch der religiösen Praxen auf und relativiert damit die enge Definition von Glauben (Gott und Beten), die in der Shell-Jugendstudie vorliegt: Neben der schon skizzierten Differenzierung von „religiös“ und „gläubig“ – so geben nur 4 % der konfessionslosen Jugendlichen an „religiös“ zu sein, aber 19 %, dass sie „gläubig“ sind, ein hoch interessantes Ergebnis für die Gläubigkeit eines Teils der konfessionslosen Jugendlichen (Schweitzer et al., 2018, S. 71; S. 100) – wird hier die persönliche Bedeutung des Glaubens, unterschiedliche Vorstellungen von Gott und verschiedene Gottesbilder, die Suche nach und die Auseinandersetzung mit dem Glauben und Fragen der Theodizee – etwa die Weltentstehung – und nach der Bedeutung von Tod und Jenseits untersucht, der auch für konfessionslose Jugendliche durchaus bedeutsam sind (vgl. ebd., S. 70–88).

Hier lässt sich an ein strukturelles Religionsverständnis anknüpfen (auch wenn dies in der vorliegenden Studie nicht stattfindet), in dem die Frage nach einem grundlegenden und letzten Sinn – etwa die um Ursprungs-. Bewährungs- und Heilsmythen zentrierten Fragen: woher komme ich, wer bin ich, wohin gehe ich? – jenseits von Religionszugehörigkeit und Kirchenmitgliedschaft als eine grundlegende anthropologische Figur begriffen wird, die eher innerweltliche oder außerweltliche Beantwortung erfahren kann (vgl. etwa Oevermann, 1995; vgl. auch Schweitzer, 2003b). Auch wenn ich hier kein funktionales Religionsverständnis vertrete, sondern an der Differenz von innerweltlichen und außerweltlichen Heilsbezügen festhalte, wird damit der Horizont für die grundlegende Bedeutung von Glauben auch jenseits von Kirche und Konfession erweitert, und damit gewinnt die „Suche“ Jugendlicher – gerade auch in konfessions- und kirchenfernen Kontexten – eine Glaubens- und grundlegende Sinnrelevanz.

Allerdings hat die Konzentration auf religiöse und Glaubensthemen und deren Praxen in dieser Studie hinsichtlich der Breite der Jugendforschung auch ihren Preis: So ist etwa die Einbettung der Glaubens- und religiösen Einstellungen in übergreifende Wert- oder politische Orientierungen der Jugendlichen, die Verbindung zu schulischen Leistungen und Bildungskarrieren zwischen Erfolg und Versagen oder die Ermittlung von Zusammenhängen mit Peer- und jugendkulturellen Orientierungen – um nur Einiges zu nennen – nicht möglich. Man könnte auch sagen: Die kritisierte Schwäche allgemein orientierter Jugendstudien, nämlich den Fragen von Glauben und Religion nur wenig Raum zu geben, eröffnet auch die Stärke, religiöse Bezüge mit vielfältigen anderen Haltungen und Einstellungen der Jugendlichen zu korrelieren. So etwa in der jüngsten Shell-Jugendstudie die Vorstellungen über zukünftig gewünschte Modelle der Aufteilung der Erwerbsarbeit zwischen Mann und Frau, in der muslimische Jugendliche eher den traditionalen

Modellen des Mannes als Hauptversorger zustimmen – mit allerdings geschlechtsspezifischen Differenzen, junge Muslima sehen das skeptischer – und die Konfessionslosen diesen Ernährermodellen besonders skeptisch gegenüber stehen (Shell Deutschland Holding, 2019, S. 149–150). Derartige Zusammenhänge werden ansatzweise auch in der vorliegenden Studie in den Blick genommen, etwa wenn der Zusammenhang von religiöser Orientierung und Xenophobie beleuchtet wird (vgl. Schweitzer et al., 2018, S. 113–117), was allerdings als Ergebnis der Konzentration auf Glaubens- und religiöse Fragen doch eher die Ausnahme bleibt.

Bezüglich übergreifender sozialwissenschaftlicher Jugenddiagnosen (vgl. Heitmeyer & Olk, 1990; Helsper, 2000; Heitmeyer, Mansel & Olk, 2011; Sandring, Helsper & Krüger, 2015) lassen sich aus der vorliegenden Studie vor allem zwei Diagnosen stützen: Eine ganze Reihe der Ergebnisse dieser Studie spricht *erstens* für eine Tendenz zur Individualisierung und Singularisierung (vgl. Reckwitz, 2017), auch bezüglich religiöser und Glaubensorientierungen. Allerdings gilt dies nicht in gleicher Weise für alle Jugendliche, sondern hier werden Differenzierungen deutlich: Muslimische Jugendliche oder auch stark religiös sozialisierte Jugendliche weisen deutlich weniger eine Suche nach eigenem Glauben und individuellen, persönlichen Glaubensorientierungen auf (Schweitzer et al., 2018, S. 80–82). Individualisierung in Glaubensfragen ist also für spezifische Jugendgruppen auch deutlich zu relativieren. Hier kann auch an Thesen einer privatisierten oder individuellen Religiosität (vgl. etwa Berger, 1988) angeschlossen werden, was aber wiederum für stark religiös sozialisierte Jugendliche deutlich weniger zutrifft. Die Studie verdeutlicht somit, dass Individualisierung als übergreifende Jugenddiagnose auch auszudifferenzieren ist.

Zudem kann *zweitens* auch bezüglich der religiösen und Glaubenshaltungen die Tendenz zu einer Distanz oder auch Kritik gegenüber Institutionen und kollektiven Einbindungen auf Seiten Jugendlicher bestätigt werden – was im Übrigen mit Individualisierung eng verwoben ist. Wie die Studie eindrucksvoll belegt, sinkt die Bedeutung der Kirche für den persönlichen Glauben: Auf die Feststellung „mein Glaube hat nichts mit der Kirche zu tun“ antworten in der ersten Welle 49 %, ein Jahr später 57 % und ca. zweieinhalb Jahre später 66 % zustimmend. Diese Distanz gegenüber der Kirche gilt auch für jugendliche Mitglieder der Kirchen, was darauf verweist, dass selbst die noch institutionell gebundenen Jugendlichen der Kirche als Institution im Laufe der Jugend schließlich keine große Relevanz mehr für ihren Glauben zusprechen.

4. Adoleszenz als transformatorische Phase – Hinweise aus der Studie

Die hohe Bedeutung der Adoleszenz als einer entscheidenden Phase für biographische Veränderungen wird aus unterschiedlichen theoretischen Perspektiven – etwa entwicklungstheoretischen, entwicklungspsychologischen, psychoanalytischen oder auch strukturtheoretischen Sozialisationsansätzen – betont. Aus diesen Perspektiven erscheint die Jugend als eine transformatorische Phase der „Entstehung des Neuen" – und zwar in kognitiver, emotionaler, sozialer und subjektiver Hinsicht –, in der sich die Jugendlichen zu den familiär erworbenen Praxen und Orientierungen, zu ihrem familiär erworbenen primären Habitus und ihrer bisherigen Individuationsgeschichte neu positionieren können (vgl. Oevermann, 2004; King, 2013; Helsper, 2014). Welche Hinweise erhalten wir nun aus dieser Studie, die ja durch ihre Längsschnittanlage gerade die Perspektive auf Wandlungsprozesse eröffnet, für Prozesse und Veränderungen hinsichtlich von religiösen und glaubensbezogenen Haltungen und Praxen (vgl. etwa Fowler, 1991; Schweitzer, 1996; Schweitzer et al., 2018, S. 50–52)?

Hier lassen sich einige Tendenzen bezüglich der Veränderung religiöser und Glaubenshaltungen finden: Insgesamt zeigt sich – verstärkt in der dritten Welle, also bei den im Durchschnitt Achtzehn- bis Neunzehnjährigen – ein Rückgang der Zustimmung zu Glaubensäußerungen – etwa zu „Gott liebt jeden Menschen und kümmert sich um uns" von 61 % bei den Sechzehn- auf 53 % bei den ca. Achtzehnjährigen (S. 302). Bezüglich der Jenseitsvorstellungen ist dieser Trend nicht eindeutig. Hier zeigen sich einerseits Relativierungen, etwa hinsichtlich der Aussagen „ich bin im Paradies" oder „ich sehe alle wieder, die ich kenne" (S. 56). Andererseits aber auch Anstiege – etwa zu „ich werde wiedergeboren" oder „meine Seele lebt weiter". Hinsichtlich der Gottesvorstellungen oder Gottesbilder gibt es eine Tendenz, eher abstrakte, unpersönliche Gottesvorstellungen zu befürworten: So wächst die Zustimmung zur Aussage, dass Gott „eine Energie" sei, von 34 % bei den Sechzehnjährigen auf 55 % bei den ca. Achtzehnjährigen an, und dass Gott ein „höhere Macht" sei von 39 % auf 68 %, was allerdings auch mit einer erhöhten Zustimmung zur Aussage, dass Gott jemand sei, „zu dem man sprechen kann" (von 56 % auf 65 %), also mit einer personalisierten Gottesvorstellung, einhergeht (S. 58–59). Hinzu kommen skeptische Haltungen und eine deutlich höhere Zustimmung zu eher naturwissenschaftlich basierten Konzepten zur Entstehung der Welt („Urknall" und „Zufallsprozesse").

Diese Veränderungen können insgesamt als eine Relativierung religiöser Überzeugungen und eine stärker reflexive Auseinandersetzung mit religiösen Fragen gedeutet werden, was auch dadurch unterstützt wird, dass die Auseinandersetzung über Glaubensfragen mit den Eltern, insbesondere aber mit den Gleichaltrigen deutlich steigt (von 38 % bei den Sechzehnjährigen zu 52 % bei den ca. Achtzehnjährigen) (S. 72). Auch in der im Verlauf deutlich wachsenden Zustimmung dazu, vom Glauben der Eltern entfernt einen eigenen Glauben gefunden zu haben oder auf der Suche danach zu sein, dokumentiert sich ein Zuwachs an reflexiver Auseinandersetzung. Wenn zudem die deutlich steigende Kritik an der Kirche als Institution hinzugenommen wird – die Zustimmung zu „Ich sehe kritisch, was die Kirche sagt" steigt von 61 % bei den ca. Sechzehnjährigen auf 72 % bei den ca. Achtzehnjährigen an (S. 67) –, lässt sich hier bei einem relevanten Teil der Jugendlichen eine Intensivierung der kognitiven und diskursiven Auseinandersetzung mit Religion, Kirche und Glaube feststellen – also ein Hinweis auf Jugend als eine Phase kritisch-reflexiver, kognitiver Dezentrierung und Auseinandersetzung.

Allerdings ist auch festzuhalten, dass die Tendenz zur Reproduktion, also zur Fortschreibung von religions- und glaubensbezogenen Haltungen und Praxen deutlich stärker ausgeprägt ist als deren Wandel. Tendenzen zur Transformation werden also von Tendenzen der Reproduktion dominiert. Für diese reproduktive Tendenz zeigt sich die hohe Relevanz der starken oder weniger starken religiösen, familiären Sozialisation und die hohe Bedeutung von bereits zum ersten Erhebungszeitpunkt bestehenden Haltungen und Praxen, die sich eher tradieren als transformieren. Das zeigt sich auch in der Betrachtung der Individualverschiebungen, in denen Tradierung und Fortschreibung von Haltungen und Praxen gegenüber deren Transformation doch deutlich überwiegen (vgl. schon oben).

Wie lässt sich das interpretieren? In eigenen qualitativen Längsschnittstudien zur Reproduktion oder Transformation des Schülerhabitus, also der Schul- und Bildungsorientierungen und -praxen, von der 8. bis zur 12. Klasse (vgl. Helsper et al., 2020) konnten wir ebenfalls eine Dominanz der Reproduktion feststellen. Als idealtypische Konstellationen für Transformation und Beharrung bzw. Reproduktion wurde herausgearbeitet (ebd., Helsper, 2014; 2019): Je konturierter und homogener ein Habitus aufgrund relativ konsistenter und homologer Sozialisationskontexte bereits ausgeformt ist, desto stärker sind die Beharrungs- und Reproduktionskräfte. Je weniger konturiert, ambivalenter und inkonsistenter ein familiär erworbener primärer Habitus ausgeprägt ist, desto deutlicher zeigen sich bereits in einem spannungsreichen oder zerrissenen Habitus Ansatzpunkte für Transformation. Wenn sich ein überwiegend homogener und kohärenter primärer Habitus zudem in Feldern bewegt, die mit den eigenen Orientierungen und Praxen harmonieren – also eine starke harmonische Passung vorliegt –, umso geringer sind die Ansatzpunkte für Transformation, die aus Spannungen und Irritationen zwischen feldspezifischen Anforderungen und dem Habitus resultieren können. Wenn zudem die kindlich-jugendlichen Felder – Familie, Peers und Schule – affine Anforderungen und Orientierungen aufweisen, die wiederum mit einem primären, überwiegend kohärenten Habitus übereinstimmen, desto geringer wird die Wahrscheinlichkeit für grundlegende Transformationen.

Wenn man nun religiöse und Glaubensorientierungen als Teil eines jugendlichen Habitus begreift, dann ist das Überwiegen beharrender Tendenzen vor dem Hintergrund dieser Überlegungen keineswegs überraschend. Das verweist auf die Bedeutung der familiären religiösen Sozialisation, wie sie in der ersten, aber auch der vorliegenden Studie herausgearbeitet werden konnte (vgl. Schweitzer et al., 2018). Allerdings scheinen mir die Anlässe für Transformation, also die Erklärung, warum es doch bei einem Teil der Jugendlichen zu nicht unwesentlichen und in einem kleineren Teil sogar zu gravierenden Veränderungen kommt, nur wenig ausdifferenziert zu sein. Wir konnten in unseren Studien (vgl. Helsper et al., 2020) neben den Inkonsistenzen im Habitus und Spannungen zwischen Habitus und

Feld vor allem auch reflexive Auseinandersetzungen rekonstruieren. Diese wurden durch irritierende biographische Erfahrungen – etwa Leid, Tod, Probleme signifikanter Anderer oder Freunde, Erfahrungen des Widerspruchs zwischen Sein und Sollen – ausgelöst oder auch durch die Auseinandersetzung mit den Schattenseiten und Nebenfolgen der eigenen Orientierungen und Praxen, die ihren Preis haben und „Tribut" fordern. Dadurch konnte – ohne dass grundlegende Orientierungen bereits transformiert wären – eine selbstbezügliche Distanz zu den eigenen Orientierungen erworben werden, die man nun nicht mehr einfach war, sondern die man hatte und mit denen man sich dadurch auch auseinandersetzen konnte.

Diese Andeutungen mögen genügen. Mir scheint allerdings das Potenzial bezüglich der Erklärung und der Rekonstruktion der Bedingungen und Konstellationen für religiöse Transformation in der Studie noch nicht ausgeschöpft. Hierfür wäre eine differenzierte Auseinandersetzung etwa mit den überraschenden Transformationen vom Gottesglauben zur Ablehnung desselben und vice versa sehr sinnvoll gewesen (vgl. etwa Schweitzer et al., 2018, S. 122), was für diese beiden kleinen Gruppen des Samples allerdings kaum erfolgt. Auch wären die Hinweise, wie sie etwa im qualitativen Teil der Studie hinsichtlich biographischer Erfahrungen und Krisen vorliegen (ebd., S. 224–227), systematischer auf Transformation und Reproduktion auszulegen. Zudem ist – das könnte auch die Dominanz der Reproduktion zusätzlich erklären – darauf zu reflektieren, dass der Abstand von t_1 zu t_2 von gut einem Jahr bzw. auch von ca. zweieinhalb Jahren von t_1 zu t_3 nicht sehr groß ist. Vor allem aber ist der Beginn der Frühadoleszenz, also der Zeitraum von zwölf bis sechzehn Jahren und auch der Zeitraum der Postadoleszenz, also bis in die zwanziger Lebensjahre hinein, in diesem Längsschnitt nicht im Blick. Bereits vorher könnten aber wichtige Transformationen stattgefunden haben, und sich erst andeutende Veränderungen könnten bis zur Einmündung in die frühe Erwachsenheit noch deutlicher werden, was aber – aufgrund der untersuchten biographischen Zeiträume – in der Studie nicht in den Blick kommen kann.

5. Pädagogische Relevanz der Studie

Auf die pädagogische Relevanz der Studie kann hier nur noch knapp eingegangen werden.

An vielen Stellen werden ausgehend von den empirischen Ergebnissen Hinweise für die pädagogische Praxis gegeben, insbesondere für den Religions- und Ethikunterricht, der hier ja – auch ein Unterschied zur gängigen Jugendforschung – ebenfalls aus der Sicht der Jugendlichen untersucht wird. Etwa dass das Nachdenken über Glaubens- und Sinnfragen auch bei Schülern mit einer geringeren religiösen Sozialisation zu finden ist und dieses durchaus wachsende Interesse auch im Unterricht stärker zu berücksichtigen sei (ebd., S. 135–136). Und bezüglich des Ergebnisses, dass sich die ohnehin hohen Xenophobiewerte der Berufsschüler im Längsschnitt nochmals verstärken, wird auf die Herausforderung verwiesen, im

Ethik- und Religionsunterricht der Schulen verstärkt interreligiöse Themen und Vorurteile zum Gegenstand zu machen. Und bezüglich der Gruppe der muslimischen Schüler wird im Zusammenhang mit deren sinkendem Interesse am Unterricht, aber der gleichbleibend sehr hohen, bei 91 % liegenden Zustimmung zu der Aussage „Es ist wichtig, dass die Lehrkraft in Religion/Ethik nach unserer Meinung fragt", darauf verwiesen, dieses Bedürfnis auch aufzugreifen (ebd., S. 156). In diesen Beispielen wird deutlich, wie die Studie auf der Grundlage der ermittelten Ergebnisse wichtige Anstöße und Anregungen für die Gestaltung des Unterrichts – etwa auch hinsichtlich der weniger positiven Einschätzung des Religionsunterrichts gegenüber dem Ethikunterricht durch die Jugendlichen – geben kann. Das ist sicherlich eine Stärke dieser stark religions- und glaubensbezogenen Jugendstudie, die gewissermaßen an religionspädagogischen Fragen „dichter dran" ist, als es die allgemeine Jugendforschung sein kann.

Allerdings sind hier einige systematische Hinweise zum Verhältnis von Forschung und pädagogischer Praxis erforderlich. So schimmert an einigen Stellen (vgl. etwa ebd., S. 45) die Hoffnung durch, dass eine derartige Forschung religionspädagogisch anschlussfähiger und befriedigender sein kann und durch die tiefere Ausleuchtung von Religion und Glaube für Jugendliche ein angemessenes und tieferes Verständnis des Jugendalters und des pädagogischen Umgangs mit Jugendlichen möglich wird. Allerdings ist der Weg von – insbesondere quantitativen und auf hohem Aggregierungsniveau ermittelten – empirischen Ergebnissen zum pädagogischen Lehrerhandeln und der Unterrichtsgestaltung sehr weit. Hier muss eher von einer Erkenntnis der Verwendungsforschung ausgegangen werden, nämlich dass in konkreten praktischen Kontexten wissenschaftliches Wissen selektiv gebrochen und je spezifisch verwendet wird – zugespitzt: So wie auch der Habitus Jugendlicher ein Trägheitsmoment aufweist, so weist auch der feldspezifische Lehrerhabitus ein Beharrungsvermögen auf, so dass eher davon auszugehen ist, dass wissenschaftliche Ergebnisse entsprechend der grundlegenden impliziten pädagogischen Orientierungen in diese „eingebaut" werden (vgl. Helsper, 2019; Kramer & Pallesen, 2019).

M. E. rücken hier die qualitativen Teile der Studie „dichter" an die pädagogische Alltagswelt von Lehrkräften heran, indem diese etwa mit einer Vielfalt jugendlicher Deutungsmöglichkeiten gegenüber Religion, Kirche, Glauben und Religions-/Ethikunterricht konfrontiert werden, mit denen sie sich auseinandersetzen können. Noch handlungsnäher – ohne dass die oben skizzierte grundlegende Differenz von wissenschaftlichen Forschungsergebnissen und praktisch-pädagogischem Handeln aufzuheben ist – wären konkrete Fallstudien zu Jugendlichen, die etwa dem Religionsunterricht besonders kritisch bzw. besonders positiv gegenüberstehen, oder von Jugendlichen, die ihre religiösen Orientierungen sehr stark, und anderen, die sie nicht verändern. Besonders relevant wären schließlich Fallstudien zu Unterrichtsinteraktionen zu einem Religions- und Ethikunterricht, der besonders positiv und besonders negativ von den Jugendlichen bewertet wird. Und dies sowohl im gymnasialen als auch im Berufsbildungsbereich.

6. Schluss – eine bilanzierende Einschätzung

Insgesamt ist festzuhalten, dass die hier vorliegende Längsschnittstudie eine wichtige Lücke in der allgemeinen Jugendforschung schließt, indem sie Religions- und Glaubensbezüge von Jugendlichen vertieft und sehr differenziert auszuleuchten vermag. Dadurch kann sie auch allzu einfachen und pauschalen Urteilen über jugendliche Religiosität wie denen der Säkularisierung, der Individualisierung oder der zunehmenden Irrelevanz von Glaubensfragen für Jugendliche differenzierend und korrigierend begegnen. Gleichzeitig wird aber auch deutlich, dass die Studie das im methodischen Design des Längsschnitts und der Triangulation von quantitativen und qualitativen Zugängen vorhandene Potenzial nicht vollständig ausschöpft (vgl. oben). Trotzdem stellt die Studie einen großen Gewinn nicht nur für eine religionspädagogisch orientierte Jugendforschung, sondern auch für die Jugendforschung generell dar, zwingt sie doch zu einem differenzierten und weniger durch sozialwissenschaftliche „Großdiagnosen" zur Jugend voreingenommenen Blick auf das Verhältnis von Jugend, Religion und Glauben.

„Dass man auch Sachen lernt fürs Leben“[1]

Zu möglichen Konsequenzen aus der Studie für den BRU

Bernhard Riesch-Clausecker

1. Zur Bedeutung der Studie

Herausfinden, wie Schülerinnen und Schüler in Sachen Religion ticken, das ist für Lehrpersonen, die Religion unterrichten, ein grundsätzliches Anliegen, vielleicht sogar ein pädagogischer Urwunsch. Die Überwindung des „garstig breiten Grabens“ zwischen von Lehrkräften vorgestellter und tatsächlicher Lebenswirklichkeit der Schülerinnen und Schüler kommt dem Religionsunterricht zugute. Schon die Textsammlung von Robert Schuster aus den 80er Jahren (Schuster, 1984) des letzten Jahrhunderts beschreibt für den Bereich der Beruflichen Schulen ein grundlegendes Interesse an den Schülerinnen und Schülern. Dieses kommt aus der Einsicht, dass ein Religionsunterricht, der nicht konsequent von den Schülerinnen und Schülern ausgeht, an Beruflichen Schulen kaum einen Stand finden wird.

Die jetzt vorgelegte wissenschaftliche Studie „Jugend – Glaube – Religion“ zeigt im Vergleich zu Studien der allgemeinen Jugendforschung ein differenziertes Bild der religiösen Orientierungen Jugendlicher für Baden-Württemberg und erlaubt differenzierende Möglichkeiten der Betrachtung. Aufgrund der longitudinal angelegten Studie liegen jetzt erstmals im deutschsprachigen Bereich Daten für die Entwicklung der Religiosität Jugendlicher und junger Erwachsener über einen Zeitraum von ungefähr drei Jahren vor. Das ist nicht hoch genug einzuschätzen, ermöglicht es doch, im Hinblick auf die pädagogische und die religionspädagogische Praxis, die Wahrnehmungsfähigkeit von Religionslehrerinnen und Religionslehrern zu unterstützen oder zu erweitern sowie Konsequenzen für ihr Selbstverständnis und für den Religionsunterricht abzuleiten.

Unter dem Dach der beruflichen Schulen wohnen ganz unterschiedliche Schularten. Das hat die Studie berücksichtigt, indem sie Schülerinnen und Schüler aus der Berufsschule und aus dem Beruflichen Gymnasium befragte. Ich will mich im Wesentlichen auf die Ergebnisse zu „klassischen“ Berufsschülerinnen und Berufsschülern konzentrieren und mich damit dem „Schmuddelkind der Berufsschule wie der Religionspädagogik“ (Grümme, 2016, S. 141), wie es Bernhard Grümme einmal formulierte, zuwenden, nicht zuletzt deshalb, weil sich die Ergebnisse im Hinblick auf die Schülerinnen und Schüler des Beruflichen Gymnasiums kaum von denen des allgemein bildenden Gymnasiums unterscheiden.

---

1 Schweitzer et al., 2018, S. 236.

Im ersten Schritt stelle ich kurz Ergebnisse der Studie vor, die hinsichtlich Schülerinnen und Schülern im Bereich der beruflichen Schulen besondere Bedeutung haben. Im zweiten Schritt sollen sich davon ausgehend einige Überlegungen für künftige Konzeptionen des BRU anschließen, bevor in einem letzten Schritt offene Fragen zur Sprache kommen sollen.

2. Zentrale Ergebnisse der Studie im Hinblick auf Schülerinnen und Schüler beruflicher Schulen

2.1 Religiöses Interesse Jugendlicher – Religion oder Glaube?

Ein zentrales Ergebnis der Studie ist die Selbsteinschätzung Jugendlicher und junger Erwachsener im Hinblick auf ihre Religiosität bzw. ihren Glauben. Nur 22% bezeichnen sich als „*religiös*", während fast doppelt so viele (41%) sich als „*gläubig*" wahrnehmen (Schweitzer et al., 2018, S. 70–72). Jugendliche und junge Erwachsene im beruflichen Bildungsbereich sind aber genauso interessiert an Fragen der Religion und des Glaubens wie Jugendliche gleichen Alters am allgemeinbildenden Gymnasium. Sie „haben dieselben tiefen Fragen und Motive, sich mit ihrer Weltanschauung, ihrem Glauben und ihrer Religion konstruktiv und kritisch auseinanderzusetzen" (Schweitzer et al., 2018, S. 35). Das religiöse Interesse lässt auch mit zunehmendem Alter nicht nach, das zeigt die Auswertung der dritten Befragung (S. 72–75). Ebenso bleiben die innere Auseinandersetzung über religiöse Fragen sowie das Nachdenken über den Sinn des Lebens und über Gott auf einem durchgehend hohen Niveau.

2.2 „Meine" Religion – „Deine" Religion

Jugendliche und junge Erwachsene im beruflichen Bildungsbereich legen Wert auf eine selbstbestimmte „*eigene* Religiosität und individuelle Gläubigkeit" (Schweitzer et al., 2018, S. 34) und interessieren sich vielleicht gerade deshalb für andere Religionen und Weltanschauungen. Sie wollen mit anderen über religiöse Fragen und Themen nachdenken und sich mit ihnen darüber austauschen. Die t_3-Daten zeigen, dass besonders das „Sprechen mit Freunden über Glaubensfragen" (S. 72–73) zunimmt (von 38% Zustimmung auf 52%). „Toleranz, Offenheit, dialogische Verhältnisse" (Schweitzer et al., 2018, S. 24) sind dabei von großer Bedeutung. Eher Anlass zu Besorgnis gibt in diesem Zusammenhang, dass ein Viertel der Befragten meint, „dass es in Deutschland zu viele Muslime gebe" (Schweitzer et al., 2018, S. 24), und dass fast 58% der Aussage zustimmen, „dass ihnen manche muslimische Gruppen Angst machen" (Schweitzer et al., 2018, S. 24).[2] Die Befragung zum dritten Zeitpunkt weist hier eine größere Differenzierung auf (S. 77).

2 Schülerinnen und Schüler der beruflichen Schulen unterscheiden sich im Hinblick auf den Faktor „Xenophobie" signifikant von denen des allgemeinbildenden und des beruflichen Gymnasiums (vgl. Schweitzer et al., 2018, S. 117).

2.3 Fragen an den Grenzen des Lebens

Die Studie zeigt, dass besonders Fragen an den Grenzen des Lebens Schülerinnen und Schüler beschäftigen. Woher kommt alles? Warum lässt Gott das Leid zu? Was kommt nach dem Tod? Schülerinnen und Schüler reflektieren diese Fragen intensiv und setzen sich dabei mit religiösen Vorstellungen und Inhalten auseinander. Das kann, so die Studie, zur persönlichen Aneignung, aber auch zur kritischen Ablehnung religiöser Überzeugungen führen.

2.4 Sinn oder Gott?

Die Frage nach Gott beschäftigt die Jugendlichen und jungen Erwachsenen deutlich weniger als die nach dem Sinn des Lebens. Glaubensfragen, so die Studie, spielen „in Gestalt von Sinnfragen für viele Jugendliche eine wichtige Rolle“ (Schweitzer et al., 2018, S. 20). Sinnfragen ergeben sich für Schülerinnen und Schüler auch und besonders im Hinblick auf die Arbeit. Jugendliche sind heute anspruchsvoller, was ihre Erwartungen an einen erfüllenden Beruf, ein gutes Betriebsklima, eine gute Ausbildung sowie Rückmeldungen und Anerkennung in der Ausbildung betrifft.[3] Das zeigt sich auch als Thema im Religionsunterricht.

Gleichwohl ist es ein besonderes Ergebnis der Studie, dass rund die Hälfte der Befragten den Glauben an Gott bejaht. Fast die Hälfte stellt sich Gott „als ein Gegenüber, mit dem man kommunizieren kann und das Sicherheit vermittelt“, vor (Schweitzer et al., 2018, S. 21). Für rund drei Viertel „gehört das Gebet zumindest gelegentlich, vielfach aber auch regelmäßig zu ihrem Alltagsleben“ (Schweitzer et al., 2018, S. 21). Dabei ist der Wunsch sehr ausgeprägt, „den eigenen Glauben selbst zu gestalten und in Glaubensfragen frei und individuell entscheiden zu können“ (Schweitzer et al., 2018, S. 20).

2.5 Vom „Nutzen“ des BRU

Für die Mehrheit der Jugendlichen und jungen Erwachsenen liegt der „Nutzen“ des Religionsunterrichts nicht im Erwerb konkreter religiöser Praxis, sondern eher in den Werten, Tugenden und Weltanschauungen, die sie im Religionsunterricht kennenlernen und sich möglicherweise aneignen (Schweitzer et al., 2018, S. 232–236). Schülerinnen und Schüler, auch das ein Ergebnis der Studie, suchen im Religionsunterricht an der Berufsschule auch Orientierungswissen in gesellschaftlichen, politischen und ethischen Fragen. In bioethischen Fragestellungen beispielsweise besitzen sie eine Meinung, äußern diese und lassen sich auf Meinungen anderer ein. Sie diskutieren teilweise leidenschaftlich und erwarten im Religionsunterricht eine offene, tolerante Atmosphäre.

---

3 Im Jahr 2017 wurden 25,7 % der Ausbildungsverträge vorzeitig gelöst (vgl. dazu: Bundesministerium für Bildung und Forschung, 2019, S. 41–42).

2.6 Kirche – was soll das?

Jugendliche und junge Erwachsene im beruflichen Bildungsbereich haben eine ambivalente Einstellung zur Kirche. Einerseits wird das Verhältnis der Jugendlichen und jungen Erwachsenen zur Kirche distanzierter. Bezeichnend dafür ist die hohe Zustimmung der Befragten – die zwar bei den Schülerinnen und Schülern der Berufsschule etwas niedriger ist – zur Aussage, dass die Kirche sich ändern muss, wenn sie eine Zukunft haben will (Schweitzer et al., 2018, S. 165). Andererseits erkennen die Befragten beispielsweise mit hoher Zustimmung an, dass die Kirche viel Gutes für die Menschen tut.

2.7 Akzeptanz von RU und EU

Ein zentrales Ergebnis der Befragung ergibt, dass Ethikschülerinnen und -schüler ihren Unterricht positiver bewerten als Religionsschülerinnen und -schüler den ihren. Dieses Ergebnis setzt sich auch bei der t_3-Befragung im Rückblick auf den erlebten Unterricht fort. Auffallender Weise fällt die Beurteilung im Rückblick insgesamt positiver aus.

3. Mögliche Konsequenzen aus der Studie für den BRU der Zukunft

Die Studie stellt eine große Menge empirisch gewonnener Daten zur Verfügung. Ihre Befunde als didaktische Entscheidungshilfen für den Religionsunterricht nutzbar zu machen ist eine weitreichende Aufgabe. Welche Konsequenzen sind naheliegend? Die Beantwortung dieser Frage bedarf eines breiten Diskussionsprozesses, der in unterschiedlicher Weise bereits stattfindet. Die folgenden Überlegungen verstehen sich als Beitrag zu dieser Debatte. Sie können allerdings vieles nur anreißen und verweisen auch auf bereits bestehende Überlegungen zum künftigen BRU.

3.1 Fragen an den Grenzen des Lebens als Frage nach der Beziehung zwischen Schülerinnen/Schülern und Lehrerinnen/Lehrern

Der BRU hat sich zum einen den Spannungen zu stellen, die Schülerinnen und Schüler erfahren, wenn sie Schwierigkeiten haben, beispielsweise naturwissenschaftliche Erkenntnisse mit der Vorstellung von Gott als Schöpfer zusammen zu denken. Komplementär denken lernen scheint mit die größte Herausforderung im Religionsunterricht zu sein.[4] Daher sollte komplementäres Denken lernen nicht erst

4 Vgl. dazu Schröder, 2018, S. 140: „In dem Maße, in dem Menschen nicht nur auf Sachverhalte reflektieren (‚Objektreflexion‘), sondern auch auf die Medien, Denk- und Ausdrucksformen,

in der Sekundarstufe II zum Thema werden. Die Förderung der hermeneutischen Kompetenz ist in diesem Zusammenhang zentral (Evangelische Kirche Deutschland, 2011, S. 17) Schülerinnen und Schüler erwarten, das ist ein Ergebnis der Studie, einen ansprechenden und anspruchsvollen Religionsunterricht. Nachdenken und vernünftiges Durchdringen des Glaubens kann und soll ihnen zugemutet werden. Schülerinnen und Schüler, so die Studie, haben ein Interesse am Religionsunterricht. Sie wollen miteinander diskutieren und sich ihre eigene Meinung bilden. Sie erwarten einen Religionsunterricht, in dem in einem vorurteilsfreien, freundlichen Umfeld begründet argumentiert und diskutiert wird. Es scheint ein Qualitätsmerkmal für den BRU zu sein, wenn Religionslehrerinnen und Religionslehrer sich dem stellen und dieses Beziehungsangebot annehmen.

Zum anderen ist die Theodizeefrage für Jugendliche und junge Erwachsene nach wie vor von Bedeutung. Vom Verschwinden aufgrund der Veränderung des Glaubens im Jugendalter (Ritter et al., 2006) kann, so die Studie, keine Rede sein. Ebenso beschäftigt Jugendliche und junge Erwachsene die Frage nach einem möglichen Weiterleben nach dem Tod in besonderer Weise. Das muss sich auch in den Bildungsplänen abbilden und in der Unterrichtsentwicklung Berücksichtigung finden. Schülerinnen und Schüler in beruflichen Schulen bringen, wenn im Religionsunterricht eine vertrauensvolle Atmosphäre herrscht, häufig ihre persönlichen Erfahrungen in den Unterricht ein. Religionslehrerinnen und Religionslehrer wissen in der Regel, dass sie in der Lage sein müssen, auf aktuelle Erfahrungen von Leid und Tod auch unvermittelt einzugehen. Sie machen im BRU zudem die Erfahrung, dass sie auf aktuelle Gegebenheiten, die die Schülerinnen und Schüler im Unterricht ansprechen, reagieren müssen. Ob es dafür eine „Didaktik des geschickten Augenblicks“ gibt? Auf jeden Fall zeigt sich in solchen Situationen, dass es im BRU ganz entscheidend auf die Qualität der Beziehung ankommt, die zwischen Schülerinnen und Schülern sowie Religionslehrerinnen und Religionslehrern entsteht. In dieser Beziehung werden Religionslehrerinnen und Religionslehrer danach gefragt, was sie denn meinen, denken und glauben, und müssen Position beziehen können. Neben allem, was didaktisch zu entwickeln ist, gilt hier in besonderer Weise, was Friedrich Schweitzer immer wieder anmerkt: „Das Beste am Religionsunterricht lässt sich nicht messen!“ (vgl. Schweitzer, 2013).

Der BRU hat damit auch eine eminent seelsorgliche Dimension, wenn Religionslehrerinnen und Religionslehrer sich gemeinsam mit ihren Schülerinnen und Schülern auf die Suche nach tragfähigen Antworten begeben oder sich dem gemeinsamen Aushalten von belastenden Situationen aussetzen. In den Krisenteams an beruflichen Schulen arbeiten oft Religionslehrerinnen und Religionslehrer mit. Außerdem gibt es an beruflichen Schulen inzwischen vermehrt Angebote

mit deren Hilfe Sachverhalte zugänglich sind (‚Mittelreflexion‘), werden sie *fähig, komplementär zu denken*“.

von Schulseelsorge (vgl. Diözese Rottenburg-Stuttgart, Evangelische Landeskirche Württemberg & Pädagogisch-Theologisches Zentrum Birkach (2016)).

3.2 Existentielle Grunderfahrungen und Elementarisierung

Ein Religionsunterricht, der bildungstheoretisch begründet ist, muss von der weltanschaulich-religiösen Heterogenität der Schülerschaft her gedacht und konzipiert werden. Dabei bilden die existentiellen Grunderfahrungen der Schülerinnen und Schüler, deren grundlegende Bedeutung die Studie erwiesen hat, den Ausgangspunkt für didaktische Entscheidungen. Christine Lehmann und Martin Schmidt-Kortenbusch haben in Anwendung des Konzepts der Elementarisierung (Schweitzer, 2003a) vorgeschlagen, „die Ebene der Person mit Hilfe kontrastierender Grunderfahrungen, die dem Menschen auf seinem Lebensweg begegnen, konkreter [zu] bestimm[en]“ (Lehmann & Schmidt-Kortenbusch, 2018, S. 345). An diesen kontrastierenden Grunderfahrungen mit den Schülerinnen und Schülern wäre anzusetzen, nicht an den klassischen Themen der (Systematischen) Theologie, „weil die Beschäftigung mit binnentheologischen Themen es ihnen erschwert, eine Verbindung zu ihrem Leben herzustellen“ (Lehmann & Schmidt-Kortenbusch, 2018, S. 346).[5]

Aus diesem Ansatz lässt sich ein dialogorientierter Religionsunterricht entwickeln, der offen ist für Kooperationen mit dem Fach Ethik, aber auch Fächern wie Gemeinschaftskunde, Geschichte, Deutsch oder Biologie. Auch für zukünftige Bildungsplanerstellung müsste dieser Ansatz leitend werden.[6] Allerdings stellt sich hier auch die Frage nach dem rechten Maß. Wie viel Subjektorientierung lassen Schülerinnen und Schüler zu? Wie soll sich der BRU auf lebensweltliche Voraussetzungen beziehen?

3.3 Persönlichkeitsentwicklung oder Berufsbezug des BRU?

Dass es zum Auftrag des BRU zentral gehört, einen Beitrag zur Persönlichkeitsentwicklung und Identitätsfindung der Jugendlichen und jungen Erwachsenen zu leisten, liegt nach den Ergebnissen der Studie unbedingt nahe. Es sind die großen existentiellen Fragen nach Glück, Sinn, Zukunft und Gerechtigkeit, die Schülerinnen

5 Folgende kontrastierende Grunderfahrungen werden vorgeschlagen: 1. Gemeinschaft, Alleinsein und Einsamkeit, 2. Liebe und Hass, 3. Glück und Leid, 4. Gelingen, Schuld und Scheitern, 5. Interesse, Engagement und Gleichgültigkeit, 6. Hoffnung, Angst und Sinnlosigkeit, 7. Leben und Tod, 8. Wahrheit und Lüge, 9. Anpassung und Widerstand, 10. Freiheit, Determination und Unterdrückung.

6 Diesen Hinweis verdanke ich Studiendirektor Karlheinz Reicherter, Fachberater am Regierungspräsidium Tübingen.

und Schüler in der Berufsschule noch einmal oder noch einmal anders in der neuen Lebenssituation der beginnenden Berufsbiographie beschäftigen (Schröder, 2018, S. 134–163). Die mutmaßlich „lebensgeschichtlich letzte Gelegenheit" (Schweitzer et al., 2018, S. 36) zur Auseinandersetzung mit religiösen und wertorientierten Fragen und Themen gehört fundamental zum Bildungsauftrag der Berufsschule. Im Hinblick auf die Legitimation des BRU und auf die Unterrichtsentwicklung ist die Orientierung an der Lebens- und Arbeitswelt der Schülerinnen und Schüler grundlegend. Der Religionsunterricht an der Berufsschule leistet einen Beitrag zu umfassender Bildung. Diese geschieht, so sehen es die Vorgaben der Kultusministerkonferenz vor, im Rahmen der Aneignung umfassender Handlungskompetenz im beruflichen, gesellschaftlichen und privaten Bereich (Kultursministerkonferenz, 2015; Evangelische Kirche Deutschland, 2018). Der Religionsunterricht an der Berufsschule muss und wird daher auch den Arbeits- und Berufsalltag der Auszubildenden mit seinen ganz eigenen Herausforderungen thematisieren und reflektieren (Gronover, Märkt & Schnabel-Henke, 2015, S. 32–38). Diese Lebensphase ist gekennzeichnet durch verschiedene, oft tiefgreifende Veränderungen: Mit dem Erlernen eines Berufs beginnt eine Berufsbiographie mit allen sich daraus ergebenden Identitätsanforderungen. Die Ablösung vom Elternhaus, das Eingehen von stabilen Partnerschaften, die Weiterentwicklung zu einer erwachsenen Identität gehören zu dieser Lebensphase. Ein konsequent subjektorientiert angelegter Religionsunterricht kann auf Berufsbezüge nicht verzichten.

Möglicherweise kann damit auch dem vorher angerissenem Problem begegnet werden, dass es auch ein „Zuviel" von Lebensweltorientierung geben kann, wenn die Berufsbezüge genau wahrgenommen und reflektiert werden. Andreas Obermann hat in verschiedenen Veröffentlichungen gezeigt (Obermann, 2018 und Biewald et al., 2018, S. 225–265), dass beides sich gegenseitig bedingt. Die Entwicklung der Persönlichkeit geschieht bei Schülerinnen und Schülern der Berufsschule gerade auch in ihrem beruflichen Umfeld. Die Identifikation, Beschreibung und Reflexion verschiedener Berufsbezüge[7] können „zu einer besseren gegenseitigen Erschließung von Beruf und Religion führen" (Obermann, 2018, S. 100). Mit dem Unterrichtswerk „reli plus Berufliche Schulen" (Augst et al., 2017) liegt ein berufsbezogenes kompetenzorientiertes Religionsbuch vor, das die Berufs- und Lebenswelt der Schülerinnen und Schüler ins Zentrum stellt (vgl. dazu auch das CrossMedia-Projekt für den Religionsunterricht an berufsbildenden Schulen: „Woran Du Dein Herz hängst", Obermann & Ziemer, 2014).

7 Obermann unterscheidet hier materiale (material-assoziative und material-hermeneutische) und kategoriale (kategorial-identitätsstiftende und kategorial-transzendierende) Berufsbezüge, vgl. Obermann, 2018, S. 98–123.

3.4 BRU und Einstellungsveränderungen – BRU und Demokratiebildung

Kann Unterricht Einstellungen verändern? Diese Frage stellt sich vor allem im Hinblick auf die eher besorgniserregenden Befunde der Studie, was islamophobe Einstellungen Jugendlicher und junger Erwachsener gerade im Bereich der beruflichen Schulen anbelangt. Aus verschiedenen Untersuchungen ist bekannt, dass Veränderungen von Einstellungen auch im Religionsunterricht nicht wie erwünscht, erreicht werden können (Schweitzer, Bräuer & Boschki, 2017). Zudem gilt das Überwältigungsverbot des Beutelsbacher Konsens auch für den Religionsunterricht. Die Auseinandersetzung mit islamophoben oder antisemitischen Einstellungen von Schülerinnen und Schülern ist keinesfalls nur Aufgabe des Religionsunterrichts, sondern vielmehr eine gesamtschulische, ja eine gesamtgesellschaftliche Aufgabe.[8] Untersuchungen im beruflichen Umfeld haben gezeigt, dass sich Einstellungen gegenüber anderen am ehesten dann ändern, wenn Menschen beispielsweise in einer Arbeitsgruppe die Erfahrung machen, dass sie sich aufeinander verlassen können.

Auf den schulischen Bereich übertragen hieße das, Begegnungslernen fächerübergreifend oder außerunterrichtlich in gemeinsamen Projekten und Aktionen zu fördern.[9] Möglichkeiten für Kooperationen mit den Fächern Ethik, Geschichte, Gemeinschaftskunde oder Deutsch wären auch hier auszuloten und zu initiieren. Dass es nicht unerheblich ist, auf den Umgang mit Sprache und die Verwendung von Sprache in politischen Diskussionen und Auseinandersetzungen zu achten, hat die Debatte um das sogenannte Framing gezeigt (Wehling, 2016). Bernhard Grümme hat überzeugend dargelegt, dass sich der Religionsunterricht im Raum der politischen Bildung einbringen kann und soll. „Politische Bildung [...] als Unterrichtsprinzip [...] gilt [...] für alle ordentlichen Fächer der Schule – auch für den Religionsunterricht“ (Grümme, 2019, S. 159–171; S. 161).

3.5 Interreligiöses Lernen – interreligiöse Bildung

Der Religionsunterricht in der Berufsschule wird in aller Regel im Klassenverband erteilt. Die Schülerschaft ist gekennzeichnet durch ein hohes Maß an religiös-weltanschaulicher, kultureller und sozialer Heterogenität. Im Berufsschulunterricht sitzt immer wieder die Absolventin eines Hochschulstudiums neben einem Hauptschüler. Die daraus entstehende, notwendige Differenzierung stellt hohe Anforderun-

---

8 52 % der Gesamtbevölkerung in Deutschland empfinden laut einer Umfrage des Religionsmonitors 2019 den Islam als bedrohlich (El-Menouar, 2019).

9 Als aufgrund der großen Zahlen von geflüchteten jungen Menschen viele VABO-Klassen an beruflichen Schulen eingerichtet werden mussten, sind an einigen Schulen Patenprojekte entstanden. Zu nennen sind hier auch Aktionen wie „Schule ohne Rassismus – Schule mit Courage“ (2019).

gen an Religionslehrerinnen und Religionslehrer. Aber Religionslehrerinnen und Religionslehrer haben darin auch hohe Kompetenzen und zeigen ein großes Engagement für einen dialogisch ausgerichteten Religionsunterricht. Es wird jedoch auch deutlich, dass dieser Unterricht didaktisch weiterentwickelt werden muss, will er als konfessioneller Unterricht überleben. Dazu gibt es Überlegungen (Obermann & Gronover, 2017, S. 2–8; Woppowa, 2017, S. 174–192; Schweitzer, 2014b; Grümme, 2017), die weiterverfolgt werden müssen.

Die Förderung der Sprachfähigkeit und der Dialogfähigkeit der Schülerinnen und Schüler ist eine zentrale Aufgabe des BRU. Aber wie gelingt es, Anlässe für einen Dialog der unterschiedlichen religiösen und nicht-religiösen Anschauungen der Welt, der unterschiedlichen Haltungen und ethischen Orientierungen zu schaffen? Wie gelingt es, den religiösen und weltanschaulichen Pluralismus in reflektierter Weise aufzunehmen und auch Quellen der islamischen Tradition einzuspielen? Wie gelingt es, dass Schülerinnen und Schüler einander in ihrer Verschiedenheit wahrnehmen und aus dem gemeinsamen Nachdenken und Diskutieren religiöser Fragen ein vertiefteres Verständnis ihres eigenen Glaubens, ihrer eigenen Weltanschauung, ihrer eigenen Haltung und Einstellung lernen können? Was heißt Heterogenitätsfähigkeit und Pluralitätsfähigkeit konkret im Berufs- und Lebensalltag der Schülerinnen und Schüler?

Wo es um kooperatives oder interreligiöses Lernen geht, stellt sich immer auch zugleich implizit die Frage nach der Konfessionalität des Religionsunterrichts. Wie gelingt es, dass Schülerinnen und Schüler angesichts der Unübersichtlichkeit möglicher Lebensstile und Lebenshaltungen Position beziehen können? Was ist das „Evangelische" des evangelischen Religionsunterrichts an der Berufsschule? Gibt es das überhaupt? Andreas Obermann hat darauf hingewiesen, dass im Religionsunterricht an der Berufsschule „die Vielfalt protestantischer Überzeugungen nur abbildbar und umsetzbar [ist], wenn die Lehrkräfte ihre Fachkompetenz und konfessorische Freiheit nutzen, um pädagogisch und theologisch verantwortlich als Vertreter ihrer Religionsgemeinschaft deren Themen in ihrer je existentiell-bedingten Konfessionalität (Bindung) bekennend ins Unterrichtsgespräch" (Gronover & Obermann, 2014, S. 232) einbringen.

4. Offene Fragen – ein Ausblick

Mit der Studie liegt eine Fülle empirisch gewonnener Daten vor, die in die religionsdidaktische Diskussion einfließen müssen und einfließen werden. Was bleibt darüber hinaus offen? Zum einen ist sicher darüber nachzudenken, inwieweit die Ergebnisse der Studie auch Konsequenzen für den Religionsunterricht der Sekundarstufe I haben sowohl bezüglich einer subjektorientierten Ausrichtung wie auch im Hinblick auf die Orientierung an der Lebenswelt der Schülerinnen und Schüler. Zum anderen wird in der Studie nicht nach christologischen Themen gefragt, was wohl damit zu tun hat, dass in der Studie die quantitative Befragung aufgrund qualitativer Befragungen von Jugendlichen und jungen Erwachsenen entwickelt wurde. Der zentrale Inhalt des christlichen Glaubens, der Glaube an Jesus Christus, scheint für Jugendliche und junge Erwachsene keine Rolle mehr zu spielen. Über die Frage hinaus, inwieweit die Themen der Theologie oder biblische Grundmotive (Theißen, 2012, S. 263–268) generell zur Lebenswirklichkeit von Jugendlichen und jungen Erwachsenen in Beziehung gesetzt werden können, ist zu fragen, wie sich eine „Christologie von, mit und für Jugendliche“ entwerfen ließe (vgl. dazu Englert & Schweitzer, 2017).

Herausfinden, wie Jugendliche und junge Erwachsene in Sachen Religion ticken. Für alle, die für den Religionsunterricht Verantwortung tragen, ist die vorgestellte Studie eine starke Ermutigung, aufgrund der Äußerungen der Schülerinnen und Schüler sich weiter mit großer Energie für einen guten, ansprechenden und anspruchsvollen Religionsunterricht gerade in der klassischen Berufsschule einzusetzen.

Es ist darüber hinaus ein Zeichen der Wertschätzung und Anerkennung, dass mit dieser Studie der Berufsschulreligionsunterricht in den Mittelpunkt des religionspädagogischen Interesses gerückt wird.

„Religionsunterricht, na klar! Da gehe ich gerne hin, weil ich etwas für mich und mein Leben lerne!?"

Anfragen an und Herausforderungen für den Religionsunterricht und die Religionslehrerausbildung am Gymnasium

Uta Martina Hauf

Der folgende Praxisbeitrag versucht die Ergebnisse der vorliegenden Studie mit aktuellen Erfahrungen aus dem Religionsunterricht abzugleichen, um davon ausgehend Perspektiven aufzuzeigen, wie Religionsunterricht sinnvoll und sinnstiftend gestaltet und erlebt werden kann.

1. Hinführung

Aus den vielfältigen Ergebnissen der Studie werden in diesem Beitrag zunächst zwei Themen, „das existentielle Verhältnis Jugendlicher zum Glauben" und „das Verhältnis der Jugendlichen zur religiös-weltanschaulichen Vielfalt", kurz zusammengefasst, mit Unterrichtserfahrungen aus der eigenen Praxis der letzten 20 Jahre, aus Gesprächen mit Kollegen und Kolleginnen und aus Unterrichtsbeobachtungen bei Unterrichtsbesuchen von Referendarinnen und Referendaren verglichen sowie sich daraus ergebende mögliche Stolpersteine und Herausforderungen für den Religionsunterricht benannt. Im zweiten Schritt wird ein konkreter Unterrichtsverlauf, der die Bedürfnisse der Jugendlichen und die Herausforderungen der Zeit ernst nimmt, vorgestellt, um abschließend Ziele für einen zukunftsfähigen Religionsunterricht zu formulieren. Dabei geht die Autorin vom katholischen Religionsunterricht am Gymnasium in Baden-Württemberg aus und vermutet, dass die Situation im evangelischen Religionsunterricht zu großen Teilen vergleichbar ist.

2. Existentielles Verhältnis Jugendlicher zum Glauben

2.1 Antworten der Jugendlichen

Die Ergebnisse machen deutlich, dass Jugendliche einen Zugang zur religiösen Dimension der Wirklichkeit haben bzw. auf der Suche nach einem solchen Zugang sind. Ihr Interesse an Religion und Glaube ist eng verbunden mit ihrem jeweiligen Lebenskontext, mit ihrer eigenen Biographie sowie mit ihren je individuellen Erfahrungen. Die befragten Jugendlichen geben an, dass Glaubensfragen als Sinnfragen eine große Rolle spielen, z. B. Glaube, der Hoffnung, Kraft und Orientierung gibt.

Passend dazu zeigt sich im Religionsunterricht, dass Schülerinnen und Schüler in der Oberstufe großes Interesse an den Unterrichtseinheiten „Gott", „Anthropologie" und „Ethik" haben, die Kant'schen Fragen „Was kann ich wissen? Was soll ich tun? Was darf ich hoffen? Was ist der Mensch?" können leitend in vielen Unterrichtsstunden sein. Für fast die Hälfte der Jugendlichen wird Gott als ein Gegenüber wahrgenommen. Sich selber bezeichnen Jugendliche eher als gläubig und verbinden damit den Wunsch, den eigenen Glauben selbst zu gestalten und in Glaubensfragen frei und individuell entscheiden zu können. Hier zeigen sich deutliche Individualisierungstendenzen. Dagegen bezeichnen sich die Jugendlichen weniger als religiös, wahrscheinlich weil dieser Begriff Nähe zur institutionell verfassten Religion aufweist.

2.2 Mögliche Stolpersteine

Die Individualisierungstendenzen der Jugendlichen bergen die Gefahr, dass im Religionsunterricht der Weg zur Beliebigkeit in Glaubensfragen nicht weit ist; häufig fallen im Unterricht Sätze, wie z. B. „jeder kann doch glauben, was er will". Möchte der Religionsunterricht die Schülerinnen und Schüler für den Umgang mit den Herausforderungen einer immer komplexer werdenden Welt stark machen, müssen die jungen Menschen auch darin unterstützt werden, dass sie ihre individuellen Glaubenspositionen reflektieren und im Dialog rational begründen können. Wie kann es gelingen, dass Sätze, wie der oben zitierte im Religionsunterricht, weniger werden?

2.3 Herausforderungen für den Religionsunterricht

2.3.1 *Reflektierte Positionalität der Religionslehrer*

Schülerinnen und Schüler lernen, ihre eigene Position im Dialog zu begründen, wenn sie dazu herausgefordert, ermutigt und angeleitet werden. Ein Ermöglichungsgrund dafür ist eine reflektierte Positionalität seitens der Lehrerinnen und Lehrer; diese verhilft dazu, dass Lehrer sich ihres eigenen religiösen Profils bewusst sind, um ihre spirituellen Kraftquellen wissen und eine eigene reflektierte religiöse Praxis leben sowie bei den Schülerinnen und Schülern begründete (Glaubens-)Positionen zulassen und Einseitigkeit und Beliebigkeit in Glaubensaussagen zurückweisen. Als offene Frage bleibt, wo und unter welchen Bedingungen angehende Lehrerinnen und Lehrer eine solche Haltung ausbilden können, wer sie darin unterstützt und wo Räume sind, sich offen und diskursiv über Glaubensfragen auszutauschen.

2.3.2 *Konfessionelle Identität und religiöse Sprach- und Handlungsfähigkeit auf Seiten der Schülerinnen und Schüler*

„Jeder kann glauben, was er will“, zeigt auch das Unvermögen, sich religiöser Sprache zu bedienen und miteinander über Glaubensvorstellungen zu kommunizieren. Schülerinnen und Schüler, die den Religionsunterricht besuchen, sollten aber auskunftsfähig über ihre und andere Glaubensüberzeugungen sein. Vielleicht kann es helfen, wenn Schülerinnen und Schüler öfter als bisher im Religionsunterricht immer wieder ihre eigene (konfessionelle) Glaubensidentität formulieren, sich mit Glaubenszeugen beschäftigen, die eigene Glaubensüberzeugung mit deren Positionen abgleichen und sich in (kreativen) Ausdrucksformen üben. Das ist vielleicht ein Aufruf zurück zum Kerngeschäft: Mehr miteinander reflektieren und diskursiv über Gott und den Glauben reden!

2.3.3 *Relevanz des Religionsunterrichts herausstellen*

Die Studie zeigt, dass Jugendliche an Glaubensfragen nach wie vor interessiert sind, gleichzeitig erkennen sie oft nicht, was den Religionsunterricht mit ihrem eigenen Leben verbindet. Diese Spannung gilt es zu überwinden. Gelingen kann das nur, wenn konsequent die Bedeutsamkeit der verhandelten Themen des Religionsunterrichts allen Beteiligten klar ist. Dies kann gelingen über den didaktischen Weg der Elementarisierung und über die Arbeit mit Leitfragen im Unterricht. Leitfragen fokussieren eine Fragestellung und ermöglichen eine problemorientierte Auseinandersetzung, z. B. im Unterrichtsgespräch. Gleichzeitig sind sie auf Progression im Unterrichtsverlauf angelegt, will doch die Leitfrage am Ende der Stunde/der Unterrichtseinheit zufriedenstellend beantwortet werden. Im Bildungsplan des Gymnasiums von 2016 für das Fach katholische Religionslehre heißt eine zu erwerbende inhaltliche Kompetenz für die Klassenstufe 7/8: „Die Schüler und Schülerinnen können die Botschaft eines Propheten [...] sachgemäß und aktualisierend erläutern“ (Ministerium für Kultus, Jugend und Sport Baden-Württemberg, 2016, S. 25). Bei dieser Kompetenz ist die Lebensrelevanz zunächst nicht sofort offensichtlich, wohl aber, wenn man den Unterrichtsgegenstand mit den Augen der Schülerinnen und Schüler betrachtet und z. B. mit der Leitfrage „Wofür setze ich mich ein?“ arbeitet; in der beginnenden Pubertät eine brisante und lebensrelevante Frage. Unter dieser Fragestellung kann dann alttestamentliche Prophetie im Religionsunterricht einen wertvollen Beitrag zur Beantwortung der Leitfrage liefern.

3. Verhältnis Jugendlicher zur religiös-weltanschaulichen Vielfalt

3.1 Antworten der Jugendlichen

Wie positionieren sich Jugendliche, laut der Studie, zur religiös-weltanschaulichen Vielfalt, die sich in der gegenwärtigen Gesellschaft zeigt? Mehrheitlich ist den

Jugendlichen Toleranz, Offenheit und ein dialogisches Verhältnis unter den Religionen wichtig. Gleichzeitig erwarten sie Toleranz gegenüber ihren Überzeugungen. Ebenfalls zeigt sich deutlich, dass religiös begründete Gewalt und Krieg abgelehnt werden. 67 % sind offen für ein Religionsplural. Sie gehen davon aus, dass mehrere Religionen wahr sein könnten und gleichzeitig geben 60 % an, dass sie manchmal Angst bei bestimmten muslimischen Gruppen spüren. Insgesamt zeigt sich ein wachsendes Interesse am Austausch über Religion und Glauben. Dieses Interesse und vielleicht auch eine Notwendigkeit hat der Bildungsplan von 2016 aufgenommen, ist doch nun der Bereich „Religionen" bei den inhaltsbezogenen Kompetenzen eine feste Größe von Klasse 1 bis zum Abitur. Ebenfalls groß ist das Interesse an Themen der ethischen Orientierung; das ist nicht verwunderlich angesichts der zunehmend globaler werdenden Welt. In diesem Bereich können Religionslehrer sicherlich viel von den Kollegen und Kolleginnen des Faches Ethik/Philosophie lernen. Ein Blick in deren Bildungsplan mag helfen, den eigenen Unterricht um weitere aktuelle Themenbausteine zu ergänzen. In besonderer Weise beschäftigt Jugendliche die Frage nach einem Weiterleben nach dem Tod und ob angesichts vielfältiger Leiderfahrungen der Glaube an einen guten Gott tragfähig ist und bleibt.

3.2 Herausforderungen für den Religionsunterricht

3.2.1 *Notwendigkeit einer religiösen Orientierungskompetenz*

Toleranz zeigen und erleben, miteinander im Dialog sein, sind wichtige Wegmarken für Jugendliche im Kontakt mit der eigenen und fremden Religion(en). Dabei stellen sich für mich folgende Fragen, auf die der Religionsunterricht Antworten finden sollte: Wie kann ein konstruktives Verhältnis zur Pluralität eingenommen werden? Welche didaktischen Modelle nehmen fremde Religionen auf der Folie der eigenen Glaubensüberzeugung wahr? Wie können Jugendliche religiös auskunftsfähig werden, so dass es überhaupt genügend Gesprächsstoff im (inter-)religiösen Dialog gibt? Wie kann ein kritischer Blick auf die eigene und fremde Religion(en) unter der Maßgabe des Wahrheitsanspruches der Religionen gelingen? Für all dies braucht es eine sogenannte religiöse Orientierungskompetenz: Wissen um den eigenen Glauben, sich bewusst der Chancen und Grenzen sein, die die eigene Religion, der eigene Glaube mit sich bringen, aber auch Wissen um fremde Religionen, um überhaupt einen Dialog zu beginnen. Der Religionsunterricht muss also dazu beitragen, dass das eigene religiöse Profil der Jugendlichen gestärkt wird, so dass sie substantiell gerüstet sind, wenn sie Anderen begegnen wollen. Die Erkenntnisse der komparativen Theologie und die didaktischen Modelle des Interreligiösen Lernens bieten hilfreiche Unterstützung, um Religionsunterricht unter diesen Vorzeichen vorzubereiten.

3.2.2 *Gesprächsanlässe im Religionsunterricht kreieren*

Die Zeit „darüber reden wir mal eben miteinander" dürfte hoffentlich im Religionsunterricht vorbei sein. Notwendig ist eher, ein reflektierter und durchaus kontroverser Austausch auf Grundlage von Wissen und Glaubensüberzeugungen. Dazu gehört das Ablegen des sogenannten „Religionsstunden-Ichs" auf Seiten der Schülerinnen und Schüler – nicht auf jedem Bild, das besprochen wird, sieht man Gott Vater, Jesus oder Maria, und die richtige Antwort ist auch nicht immer „Gott hat alle lieb". Viel eher geht es darum, wie unter 2.3.3. bereits besprochen, die Lebensrelevanz für alle Beteiligten herauszuarbeiten und aufzuzeigen und eine symmetrische Kommunikation im Unterricht anzustreben, die ergebnisoffen, aber nicht ergebnisignorant ist. Eine gute Möglichkeit, die symmetrische Kommunikation im Unterrichtsgespräch zu üben, bietet das Unterrichtskonzept des *Dialogischen Lernens* nach Urs Ruf und Peter Gallin (1998), welches die Schüler und ihr individuelles Vorgehen, das Unterrichtsangebot zu nutzen, in den Mittelpunkt stellt.

3.3 Chancen für und Anfragen an den Religionsunterricht

Der Religionsunterricht kann angemessen auf diese Herausforderungen reagieren, indem er sein Potential auch im strukturellen Bereich schöpft. Verstärkte konfessionelle Kooperation auf allen Schulstufen kann den Austausch über konfessionelle Grenzen hinweg fördern. Fächerübergreifender Unterricht bzw. Projekte mit dem Fach Ethik/Philosophie können die Auseinandersetzung über plurale Lebens- und Glaubensvorstellungen unterstützen, und auch interreligiöses Lernen miteinander und voneinander kann in diesen multireligiös besetzen Lerngruppen Gestalt annehmen. Darüber hinaus lohnt es sich, darüber nachzudenken, ob ethisches Lernen oder ein interreligiöser Blick zu Strukturprinzipien des konfessionellen Unterrichts werden können. Ein konkretes Beispiel aus Klasse 6 wäre dann zum Thema „Feste und Feierlichkeiten" nicht singulär den Blick auf christliche Feste zu lenken und dabei mitunter wenig Verständnis für das Tanzverbot an Karfreitag unter den Schülerinnen und Schülern zu erhalten, sondern vielmehr den Rahmen größer zu spannen und die Unterrichtseinheit mit der Fragestellung: „Was ist mir heilig? Was ist meiner Familie, meiner Freundesgruppe heilig? Was ist in Religionen heilig?" zu beginnen und dabei auch die dahinterliegenden Werte und Glaubensvorstellungen zu beleuchten. Ziel dieser Unterrichtseinheit ist es nicht, dass die unterschiedlichen Sichtweisen von allen Beteiligten geteilt werden, wohl aber, dass die jeweiligen Begründungsstrukturen und der dem zu Grunde liegende Sinn erkannt und im besten Fall verstanden werden.

Unklar bleibt, wie Lehrerinnen und Lehrer für solche zu intensivierenden Kooperationen fachlich gerüstet werden. Denkbar wären verpflichtende Kooperationsseminare zwischen der Evangelisch-Theologischen Fakultät, der Katholisch-Theologischen Fakultät, dem Philosophischen Seminar und zusätzlich in Tübingen mit dem Zentrum für Islamische Theologie. Dieses kooperative Lernen müsste in der zweiten Hälfte der Lehrerausbildung an den Seminaren weitergeführt werden, so dass Kooperationen an Schulen an Selbstverständlichkeit gewinnen.

4. Beispiel aus dem katholischen Religionsunterricht in der Oberstufe

Das ausgewählte Beispiel stammt aus dem Oberstufenunterricht an einem allgemeinbildenden Gymnasium, unterrichtet habe ich die Unterrichtseinheit „Gott suchen" im Herbst 2017 im letzten Schuljahr vor dem Abitur. Zu Beginn wurde die Lernausgangslage sowie die Interessenlage der Schülerinnen und Schüler erhoben, dazu malten die Schülerinnen und Schüler ihre eigenen Gottesvorstellungen, verglichen diese untereinander, stellten Gemeinsamkeiten und Unterschiede fest, bildeten Kategorien, verglichen diese mit Gottesdarstellungen in der Kunst und erstellten auf dieser Grundlage einen gemeinsamen Fahrplan für die Unterrichtseinheit, um am Ende auskunftsfähig zu sein. Eines ihrer Wunschthemen in diesem Zusammenhang war die Frage „Was kommt nach dem Tod?".

In der ausgewählten Stunde beschäftigte sich die Klasse mit dieser Leitfrage. Zunächst formulierten die Schülerinnen und Schüler eigene Antwortversuche, verglichen diese und bildeten Kategorien. Im Anschluss daran lernten sie Antwortversuche aus der mittelalterlichen Kunst kennen (Stefan Lochner, Jüngstes Gericht um 1435; Rogier van der Weyden, Das Jüngste Gericht 1448–1451) sowie aus dem Neuen Testament (Mt 25,31-46; Röm 11,25-36) und setzen sich mit Ottmar Fuchs' (2007) These zur unendlichen Versöhnungskraft Gottes, die bewirkt, dass im Himmel Adolf Eichmann neben Anne Frank sein wird, kritisch auseinander. Das Ende der Doppelstunde beschlossen die schriftlichen Schülerantworten in ihren Lernjournalen auf die Frage, was sie heute gelernt haben. Die Lernjournale wurden nach jeder Stunde eingesammelt, ausgewertet, bewertet und der folgende Unterricht wurde inhaltlich darauf abgestimmt. Drei Auszügen aus den Lernjournalen zu dieser Stunde zeigen folgende Ergebnisse:

1.)

> *„Mir ist heute klar geworden, inwiefern das Leben nach dem Tod und deren Facetten definiert ist. Vor allem hat mich aber gewundert, dass es darüber hinaus auch den Gedanken der Allversöhnung gibt. Dennoch finde ich, dass man das Leben nach dem Tod nicht klar definieren kann, weshalb ich finde, dass sich ein jeder selbst seine Gedanken dazu machen oder nicht machen sollte. Mich beeindruckt der Gedanke der Allversöhnung. Der Gedanke an einen Massenmörder welchem im Himmel verziehen wird scheint mir sehr komisch und ich stimme jetzt noch nicht damit ein. Wie wird die Frage in anderen Religionen behandelt?"* (w, 17 Jahre, rk, Religionsunterricht, allgemeinbildendes Gymnasium).

Ehe Sie weiterlesen, setzen Sie sich bitte zunächst mit den zwei folgenden Fragen innerlich auseinander: Was fällt Ihnen beim Lesen dieser Antwort auf? Entdecken Sie in dieser Antwort Ergebnisse aus der Studie oder können Sie Hinweise zum Lernzuwachs bzw. Lernweg erkennen?

Fett gedruckt nun meine Erklärungen zur Schülerinnenantwort:

> *„Mir ist heute klar geworden, inwiefern das Leben nach dem Tod und deren Facetten definiert ist* ***(Wissenserwerb hat stattgefunden)****. Vor allem hat mich aber gewundert, dass es darüber hinaus auch den Gedanken der Allversöhnung gibt* ***(Wissensverknüpfung, die die Schülerin leistet)****. Dennoch finde ich, dass man das Leben nach dem Tod nicht klar definieren kann, weshalb ich finde, dass sich ein jeder selbst seine Gedanken dazu machen oder nicht machen sollte* ***(Individualisierung, Gefahr der Beliebigkeit?)****. Mich beeindruckt der Gedanke der Allversöhnung* ***(Irritation, die vielleicht zum Weiterdenken anregt)****. Der Gedanke an einen Massenmörder welchem im Himmel verziehen wird scheint mir sehr komisch und ich stimme jetzt noch nicht* ***(Weg zur eigenen begründeten Position, um auskunftsfähig zu sein)*** *damit ein. Wie wird die Frage in anderen Religionen behandelt?"* ***(Religionsplural)****.*

2.)

> *„Das man sich ein Leben nach dem Tod nicht richtig vorstellen kann"* (m, 18 Jahre, rk, Religionsunterricht, allgemeinbildendes Gymnasium).

Und erneut die Fragen, ehe Sie weiterlesen: Was fällt Ihnen beim Lesen dieser Antwort auf? Entdecken Sie in dieser Antwort Ergebnisse aus der Studie oder können Sie Hinweise zum Lernzuwachs bzw. Lernweg erkennen?

> *„Das man sich ein Leben nach dem Tod nicht richtig vorstellen kann".* ***(Eine eher dürftige, dem Niveau nicht angemessene Antwort. Um differenzierte Antworten zu erhalten, muss vielleicht ein anderes Unterrichtsangebot an den Schüler ergehen).***

3.)

> *„Heute ist mir klar geworden, was die „Bestrafung" für Sünden ausmacht. Diese besteht nicht aus Leid, das einem von Gott oder anderen zugefügt wird, sondern aus dem ewigen Bewusstsein der eigenen schlechten Taten. Dass Vergebung somit möglich ist, ohne im Widerspruch zur Bestrafung zu stehen und Sünden zu verharmlosen"* (w, 18 Jahre, rk, Religionsunterricht, allgemeinbildendes Gymnasium).

Und ein letztes Mal die Fragen, ehe Sie weiterlesen: Was fällt Ihnen beim Lesen dieser Antwort auf? Entdecken Sie in dieser Antwort Ergebnisse aus der Studie oder können Sie Hinweise zum Lernzuwachs bzw. Lernweg erkennen?

> *„Heute ist mir klar geworden, was die „Bestrafung" für Sünden ausmacht. Diese besteht nicht aus Leid, das einem von Gott oder andere zugefügt wird* ***(dies war offensichtlich die Voramnahme der Schülerin)****, sondern aus dem ewigen Bewusstsein der eigenen schlechten Taten. Dass Vergebung somit möglich ist, ohne im Widerspruch zur Be-*

strafung zu stehen und Sünden zu verharmlosen.“ ***(Wissenserwerb um eine christlich-theologische Position hat stattgefunden, diese könnte eine mögliche Anregung für die eigene begründete Position bieten).***

Die Lernjournale werden von mir zu Hause gesichtet, um den folgenden Unterricht möglichst passgenau anzuschließen. Wenn man die Antworten der Schülerinnen und des Schülers liest, wären folgende inhaltliche Schritte möglich:
- Im Unterricht könnten Antworten aus nichtchristlichen Religionen auf die Frage „Was kommt nach dem Tod?“ behandelt werden (Wunsch Schülerin 1).
- Ebenso könnte eine Auseinandersetzung mit atheistischen Positionen oder weiteren christlichen Positionen erfolgen (Individualisierungstendenz in Schülerantwort 1, noch unzureichender Wissenserwerb in Schülerantwort 2).
- Weiterführend könnte der Unterricht „Gott und das Leid“ thematisiert werden (Schülerantwort 3).
- Grundsätzlich könnte auch die Fähigkeit eingeübt werden, Glaubensaussagen in Beziehung zum eigenen Leben zu setzen und darüber miteinander zu kommunizieren (religiöse Sprachfähigkeit des Schülers 2 verbessern).

5. Ausblick und Zukunftsvisionen

Wenn der Religionsunterricht ein gelingender Unterricht sein und bleiben will, dann wird er nicht nur Antworten auf die skizzierten Herausforderungen finden, sondern sich auch seines originären Profils wieder vergewissern müssen.

5.1 Religionsunterricht ist Beziehungsgeschehen

„Im Mittelpunkt des Religionsunterrichts steht der Mensch, dessen Leben gelingen soll“ (Aus den Leitgedanken zum Kompetenzerwerb des Faches Katholische Religionslehre Gymnasium, Ministerium für Kultus, Jugend und Sport Baden-Württemberg, 2016). Wenn diese Maxime den Religionsunterricht leitend durchzieht, ist der Religionsunterricht im hohen Maße Beziehungsgeschehen. Die Schülerinnen und Schüler lernen mit dem Lehrer oder der Lehrerin in wertschätzender, angstfreier Atmosphäre. In ihrer Lehrerin oder ihrem Lehrer erleben sie einen Glaubenszeugen, für viele Schülerinnen und Schüler übrigens der einzige Kontakt zu Kirche. Im Religionsunterricht wird dann die Lehrperson daran gemessen, ob ihr Reden und Handeln deckungsgleich sind, ob sie wahrhaft und authentisch verkörpert, was sie sagt. Geerdet und zum Himmel offen, könnte man die Haltung beschreiben, in der Lehrerinnen und Lehrer ihren Schülerinnen und Schülern gegenübertreten.

5.2 Religionsunterricht ist Wissensvermittlung und Wissenserwerb

Um in unserer globalen, pluralen und immer komplexer werdenden Welt bestehen zu können, braucht der Mensch u. a. Orientierung für sich und sein Handeln sowie Wissen, um sich zu (religiösen) Fragen positionieren zu können und für sich und sein Leben begründete und eigenverantwortliche Entscheidungen treffen zu können. Hauptaufgabe bleibt es also auch, Schülerinnen und Schülern „strukturiertes und lebensbedeutsames Grundwissen über den Glauben der Kirche[n] zu vermitteln, mit Formen des gelebten Glaubens vertraut zu machen und ihre religiöse Dialog- und Urteilsfähigkeit zu fördern" (Sekretariat der Deutschen Bischofskonferenz, 2005, S. 18). Dann kann ein Miteinander in Respekt, Toleranz, Wertschätzung und bleibender Unterschiedlichkeit gelingen. Auf die Haltung im konkreten Religionsunterricht bezogen, heißt es dann, dass man als Glaubenssucher miteinander unterwegs ist und bleibt. Dafür braucht es mehr denn je gut und umfassend ausgebildete Religionslehrerinnen und Religionslehrer, die erkennen, dass auch ihr Glaubensweg nicht am Ende angekommen ist, die sich selber auch und gerade in der Zusammenarbeit mit ihren Schülerinnen und Schülern als Lernende verstehen und die auf die oft tiefgründigen und gleichzeitig zum Thema unpassenden Fragen Antworten finden. Schülerinnen und Schüler, die wirklich am Religionsunterricht interessiert sind, fragen nicht, was zwei Seiten weiter im Buch steht, sondern fragen kreuz und quer und aus ihrem Herzen heraus. Eine gründliche theologische und philosophische universitäre Ausbildung hilft, dass diese Fragen in einen größeren Bezugsrahmen eingeordnet werden können.

5.3 Deutungsdemut als Haltung im Religionsunterricht

Lehrerinnen und Lehrer wissen hoffentlich viel, aber eben nicht alles. Die Haltung der Deutungsdemut gilt es, im Unterricht stark zu machen. Damit meine ich, dass ich meine Schülerinnen und Schüler dafür sensibilisieren muss, dass ich die Welt, den Anderen, meine Religion und fremde Religionen immer nur aus meiner Perspektive betrachte und dass darin all das eingeschlossen ist, was mich und mein Leben prägt. Mir gelingt also nur ein subjektiver Blick, um den ich weiß, den ich reflektieren kann. Objektivität ist mir und aber auch anderen nicht gegeben, wohl kann ich mich um objektivierende Rede und Betrachtung bemühen. Somit eröffne ich im Unterricht aber immer auch nur Teilaspekte der eigenen und fremder Religion(en). Ich unterrichte also z. B. nicht über das Judentum, sondern beleuchte immer nur Teilaspekte, je nachdem, was ich verstanden, was ich ausgewählt habe oder auch was mich und die Schülerinnen und Schüler interessiert hat. Ziel sollte es sein, das Reden miteinander in gemischten Gruppen zu stärken, damit das Reden übereinander weniger wird. Konkret hilft es auch im Unterricht, wenn ich meine Schülerinnen und Schüler dazu bringe, dass sie nicht müde werden, eigene Fragen und Anfragen zu stellen, anstatt dass ich meine „Fragen" von ihnen beantworten lasse.

5.4 Von der Unselbstverständlichkeit Gottes reden

Unser Reden und Ringen im Religionsunterricht, und vielleicht auch im Ethik-/Philosophieunterricht, bleibt vorläufig, bleibt Stückwerk. Mit den Schülerinnen und Schülern erproben wir uns an theologischer Deutungsarbeit, Gott selbst bleibt uns entzogen, bleibt bleibend unverfügbar und die Warum-Frage bleibt offen. Das Mysterium Gottes möchte ich für und mit meinen Schülerinnen und Schülern offenhalten, weiter bleiben auf der Suche nach dem Sinn. Gottes Zuspruch, aber auch seinen Anspruch möchte ich ins Spiel bringen, keine schnellen Vertröstungen. Wenn all dies immer wieder gelingt, wenn also der Himmel offen bleibt, dann sind im Idealfall der Religions- und Ethik-/Philosophieunterricht Hilfe bei der Suche nach einer eigenen Position und gleichzeitig Hilfe zum Aufbau von Verständnis gegenüber anderen. „Dieser Bildungsprozess zielt auf Identität und Mündigkeit der Schülerinnen und Schüler und auf gelingendes Zusammenleben in solidarischer Verantwortung. Er ist immer ein Prozess der Selbstbildung, in dem sich personale Freiheit verwirklicht, die in christlicher Deutung ihren unverfügbaren Grund in Gott hat“ (Ministerium für Kultus, Jugend und Sport Baden-Württemberg, 2016).

Bedeutung der Befunde für den Religionsunterricht und die Aus- und Fortbildung von Religionslehrkräften

Peter Kliemann

1. Durchdachte Empirie zur rechten Zeit

Die Zeichen stehen auch in der deutschen Bildungslandschaft spätestens seit den von der OECD auf den Weg gebrachten internationalen Schulleistungsvergleichen auf Empirie. Das Bundesland Baden-Württemberg hat im Zusammenhang einer breit angelegten Schul- und Ausbildungsreform am 1. März 2019 ein eigenes Institut für Bildungsanalysen gegründet, in dem in Zukunft vor dem Hintergrund evidenzbasierter Forschung Kriterien und Maßstäbe entwickelt werden, die dann von einem zweiten Institut, dem Zentrum für Schulqualität und Lehrerbildung, möglichst konsequent umgesetzt werden sollen. [1]

In diesem Zusammenhang ist es für den zukünftigen Status des Faches Religionslehre in öffentlichen Schulen von großer Bedeutung, dass Friedrich Schweitzer u. a. jetzt in einer aufwändigen Repräsentativstudie zur Situation des Religions- und auch Ethikunterrichts in der gymnasialen Oberstufe valide Daten zur Beurteilung der Situation vorgelegt haben (Schweitzer et al., 2018). Auch wenn grundsätzliche Rückfragen zur empirischen Bildungsforschung nicht einfach vom Tisch gewischt werden können (vgl. dazu z. B. Baumert & Tillmann, 2016; Dammer, 2015): Es wird in den kommenden Jahrzehnten nicht mehr genügen, aufgrund subjektiver Eindrücke und Erfahrungen nur zu behaupten, dieses oder jenes Thema sei gut angekommen, die Schülerinnen und Schüler hätten heftig diskutiert, oder die Jugendlichen hätten zurückgemeldet, der Unterricht habe „Spaß gemacht". Man wird tatsächliche Effekte und messbare Erträge vorweisen oder zumindest plausibel machen müssen.

Die vorliegende Untersuchung konnte im Jahr 2015 mit einem ersten Fragebogen über 7000 Oberstufenschülerinnen und -schüler aus baden-württembergischen Gymnasien und beruflichen Schulen erreichen (t_1). Bei einer zweiten Datenerhebung im Jahr 2017 (t_2) lag der Rücklauf bei etwa 3000. Bei einer dritten Erhebung (t_3), die, da die Jugendlichen ihre Schulzeit inzwischen beendet hatten, online durchgeführt wurde, konnten nur noch die Daten von 559 Personen berücksichtigt werden. So einleuchtend es ist, sich nicht nur mit einer Momentaufnahme zu begnügen, man sieht auch, wie schwierig es sein kann, durch Mehrfachbefragungen

1 Zum aktuellen Stand des baden-württembergischen Qualitätskonzepts vgl. Ministerium für Kultus, Jugend und Sport Baden-Württemberg (2019).

über mögliche Langzeitwirkungen von Unterricht gesicherte Aussagen zu machen. Die Veränderungen zwischen t_1 und t_3 scheinen mir, angesichts der doch eingeschränkten Datenbasis, mit Vorsicht zu interpretieren und bilden vielleicht eher den Ausgangspunkt für weitere Forschungen. Freuen werden die Kolleginnen und Kollegen an den Schulen sich immerhin, dass die sowieso schon zustimmende Beurteilung sowohl des Ethik- als auch des Religionsunterrichts aus dem Abstand von t_3 noch etwas positiver ausfällt (S. 79–82). Möglicherweise lernt man im Unterricht also doch für das Leben und nicht nur für die Schule.[2]

Besonders wichtig ist an der von Friedrich Schweitzer et al. (2018) durchgeführten Untersuchung, dass die quantitativen Fragebogenerhebungen durch über 70 Gruppendiskussionen ergänzt wurden. Dass es mehr als sinnvoll ist, dieses qualitativ ausgerichtete Instrument nicht nur im Rahmen von Pretests anzuwenden, sondern es als wichtige und gleichwertige Ergänzung zu quantitativen Verfahren zu sehen, zeigt die Frage, in welchem Maß sich die Schülerinnen und Schüler selbst als „religiös" bezeichnen würden (Schweitzer et al., 2018, S. 71). Viele Religionslehrkräfte, zahlreiche Unterrichtsmaterialien und große Teile der religionsdidaktischen Literatur gehen davon aus, dass „Religiosität" im Unterschied zu „Kirchlichkeit" für Jugendliche etwas Positives und somit ein Ansatzpunkt für den Religionsunterricht sein könnte. Die vorliegende Untersuchung zeigt im Zusammenspiel von quantitativen und qualitativen Verfahren das Gegenteil: Viele Jugendliche belegen auch schon den Begriff „religiös" mit dem Verdacht kirchlicher Vereinnahmung. Annehmbarer erscheint für viele in überraschender Weise die Vokabel „gläubig", wobei auch bei diesem Ausdruck sehr deutlich wird, dass zumindest die nichtmuslimischen Schülerinnen und Schüler damit nicht von einer Institution oder Tradition nahegelegte Glaubensinhalte, sondern ihren eigenen, sehr persönlichen, von Erwachsenen oft als „Patchwork" etikettierten Zugang zur religiösen Thematik meinen. Bei solch komplexen und offensichtlich auch sensiblen Themenfeldern helfen Fragebögen nur bedingt, und die Untersuchung von Friedrich Schweitzer u. a. setzt hier zurecht auf das direkte Gespräch mit den Probanden.

Ich kann dieses Phänomen noch an einem eigenen Unterrichtsbeispiel illustrieren, und zwar an der Frage, die auch in „Jugend – Glaube – Religion" gestellt wird, nämlich, ob Glaube im Alltag von Jugendlichen noch eine Bedeutung habe. Die Ergebnisse aus „Jugend – Glaube – Religion" mögen manchen schon erschrecken: 45 % der Befragten finden, dass ihr Glaube im Alltag *keine* Rolle spielt (ebd., S. 74). In einem äußerst gesprächsfreudigen Oberstufenkurs, der an den von mir im Religionsunterricht angebotenen Themen ungewöhnlich großes Interesse zeigte,[3] war die Antwort auf eine ähnlich gestellte Frage geradezu niederschmetternd. Bei

2 Allerdings wäre es auch möglich, dass bei t_3 vor allem diejenigen antworteten, für die der Religions- oder Ethikunterricht in besonderer Weise bedeutsam war.

3 Dieser Kurs füllte übrigens 2015 und 2017 auch den Fragebogen der Untersuchung aus. Einige Schülerinnen und Schüler merkten dabei an, dass sie einen ganz ähnlichen Fragebogen auch schon im Rahmen des Konfirmandenunterrichts ausgefüllt hätten (vgl. dazu Schweitzer,

einer Erhebung zur Frage „Wer bin ich?“ standen auf der Liste der Auswertung ganz oben die Identitätsmarker „Familie“, „Freunde“, „Reisen“, „Musik“, „Sport“, auch „Schule“, aber nur sehr vereinzelt Begriffe, die sich dem Themenfeld „Religion“ zuordnen ließen. In einer anschließenden Diskussion darüber, wie dieser Befund mit dem hohen Engagement des Kurses im Religionsunterricht zusammenpasse, erklärten die Schülerinnen und Schüler die geringe Nennung von Religion so, dass Religion nicht ihren Alltag bestimme, nicht im Vordergrund stehe, sondern erst dann relevant werde, wenn man sich Zeit zum Nachdenken nehme, Abstand gewinne, also z. B. im Religionsunterricht. Religion war für diesen Oberstufenkurs also so etwas wie eine Reflexionskategorie zweiter Ordnung, eine Einsicht, die manche religionssoziologische Umfrage noch einmal in einem anderen Licht erscheinen lässt (vgl. zum Kontext der Unterrichtserfahrung Kliemann, 2019, S. 30ff.).

2. Ausgewählte Befunde und Beobachtungen

„Jugend – Glaube – Religion“ enthält eine große Fülle von interessanten und wichtigen Daten, die im vorgegebenen Rahmen nicht umfassend gewürdigt werden können. Herausgegriffen werden deshalb drei Aspekte, die mir im Hinblick auf die weitere Entwicklung des (Oberstufen-)Religionsunterrichts und die Aus- und Fortbildung von Religionslehrkräften besonders wichtig erscheinen. Mein eigener Hintergrund ist dabei der des evangelischen Religionsunterrichts an allgemeinbildenden Gymnasien.[4]

2.1 Konfessionelle Kooperation

Evangelische wie katholische Kirche plädieren in Deutschland inzwischen gemeinsam für den Ausbau eines konfessionell-kooperativen Religionsunterrichts. Erfahrungen dazu liegen seit Jahrzehnten vor, und zumindest theoretisch ist seit langem geklärt, dass konfessionelle Kooperation keine organisatorische Notlösung sein kann und auch nicht nur auf einem inhaltlichen Minimalkonsens beruhen darf. Die Zielsetzung gerade auch im Oberstufenunterricht muss lauten „Gemeinsamkeiten stärken – Unterschieden gerecht werden“ (so der Titel von Schweitzer et al., 2002). Umso überraschender ist es, dass die zur Diskussion stehende Repräsen-

---

2016); dies ist möglicherweise ein weiterer Hinweis auf methodische Tücken von Mehrfachbefragungen. In der alltäglichen Kommunikation hätte es vermutlich etwas Irritierendes, wenn einem dieselben Fragen immer wieder gestellt würden.

4 Auf die spezifischen Aspekte, die muslimische Schülerinnen und Schüler und den Religionsunterricht an beruflichen Schulen betreffen, kann ich im gesteckten Rahmen leider ebenso wenig eingehen wie auf das heikle Thema „Xenophobie“.

tativumfrage kaum mehr Unterschiede zwischen evangelischen und katholischen Jugendlichen erkennen lässt. Im Kapitel „Spezielle Schülergruppen“ (Schweitzer et al., 2018, S. 146-167) werden Musliminnen und Muslime sowie die Schülerinnen und Schüler des Ethikunterrichts und des beruflichen Unterrichts in den Blick genommen und an einigen Stellen der Publikation werden Besonderheiten freikirchlich sozialisierter Jugendlicher erwähnt, spezifisch katholische oder evangelische Profile sind bei den Jugendlichen offensichtlich aber kaum mehr zu erkennen. War es bisher ein gewichtiges Argument für den konfessionellen Religionsunterricht, dass Kinder und Jugendliche ein Recht haben, in der Schule ihre eigene konfessionelle und religiöse Tradition besser kennenzulernen und zu durchdenken, so hat diese Intention angesichts des kaum mehr zu differenzierenden Befundes bei baden-württembergischen Abiturientinnen und Abiturienten zumindest keine signifikante Spuren hinterlassen. Die Untersuchung ergibt das Bild einer Schülerschaft, die in ihrer großen Mehrheit religiöse Diversität ausdrücklich bejaht und der an der Beschäftigung mit anderen Kulturen sehr gelegen ist (ebd., S. 111–113).

Könnten diese kurz vor dem Abitur stehenden Jugendlichen aber über die Unterschiede zwischen christlichen Konfessionen Auskunft geben? Was wissen sie von der Vielfalt und Widersprüchlichkeit der Religionen weltweit? Für ein Sich zurechtfinden in einer globalen Welt erscheint mir – unabhängig von der jeweils eigenen Verortung – der Aufbau einer solchen Differenzierungskompetenz für Abiturientinnen und Abiturienten durchaus erstrebenswert. Mark, ein evangelischer Gymnasiast, wird in „Jugend – Glaube – Religion“ mit folgendem Satz zitiert: *„… ich finde, man sollte sich nicht an Unterschieden aufhalten, sondern eher die Gemeinsamkeiten halt finden, weil ich find's viel wichtiger, weil Gemeinsamkeiten sind besser“* (m, 17 Jahre, ev, Religionsunterricht, allgemeinbildendes Gymnasium) (ebd., S. 193). Ich wünsche Schülern wie Mark Lehrkräfte, die sein Bedürfnis nach Gemeinsamkeit ernst nehmen und unterstützen, die ihm aber auch zu zeigen versuchen, dass es sich lohnt, religiöse und weltanschauliche Unterschiede wahrzunehmen, ihre historischen und gesellschaftlichen Hintergründe besser zu verstehen und Differenzen auch auszuhalten.[5]

2.2 Religions- und Ethikunterricht

Es ist ein großes Verdienst von „Jugend – Glaube – Religion“ erstmals auch empirische Daten zum Verhältnis von Religions- und Ethikunterricht vorzulegen. Zunächst zeigt sich, dass die Aufteilung der Schülerschaft nach dem Kriterium „religiös“/ „nicht-religiös“ nicht so recht funktioniert. Weniger als die Hälfte derer,

---

5 Gerade im Hinblick auf den Oberstufenunterricht scheint mir die Publikation von Böhm & Bosold (2010) den richtigen Weg zu weisen. In dieser Weise wäre weiterzuarbeiten, inzwischen sicherlich unter Einbeziehung muslimischer, freikirchlicher und auch nicht religiöser Positionen.

die den Religionsunterricht besuchen, verstehen sich als „religiös" oder „gläubig"; unter den Ethikschülerinnen und -schülern bezeichnet sich immerhin noch ein Drittel als „gläubig" (ebd., S. 70–72). Sowohl die Teilnehmerinnen und Teilnehmer des Religions- wie auch die des Ethikunterrichts zeigen in ihrer großen Mehrheit ein ambivalentes bis negatives Verhältnis zur Institution Kirche (ebd., 2018, S. 88), andererseits ist ein überraschend großer Teil aller Oberstufenschülerinnen und -schüler dem Phänomen „Gebet" gegenüber sehr aufgeschlossen (ebd., S. 91–94).

Geben schon solche Daten Anlass, über die Spezifika des Religionsunterrichts neu nachzudenken, so zeigt sich die eigentliche Herausforderung in dem Befund, dass Ethikschülerinnen und -schüler ihren Unterricht interessanter finden als die Religionsschülerinnen und -schüler den ihren (ebd., S. 110) und dass Religionsunterricht im Verdacht steht, weniger ergebnisoffen angelegt und intellektuell weniger herausfordernd zu sein (ebd., S. 230–234). Die 18-jährige Agnes, die vom katholischen Religionsunterricht in das Fach Ethik gewechselt ist, beschreibt es so: *„Ich finde, im Ethikunterricht lernt man zu denken und man muss wirklich denken und da geht's eben und da hatte ich im Religionsunterricht eben, das sind jetzt nur meine Erfahrungen, immer das Gefühl, es wird einem vorgegeben, wie lesen jetzt die Stelle in der Bibel, schreibt raus, was Jesus getan hat oder sowas. ‚Herzlichen Glückwunsch, Sie wissen jetzt Bescheid'"* (w, 18 Jahre, rk, Ethikunterricht, berufliches Gymnasium) (ebd., S. 231).

Dass der Ethikunterricht der Oberstufe bei der baden-württembergischen Schülerschaft große Resonanz findet, zeigt nicht zuletzt auch die hohe Zahl derer, die selbst Ethiklehrinnen und -lehrer am Gymnasium werden wollen – und das, obwohl die Einstellungschancen für dieses Fach durchaus begrenzt sind. Nach der Studierendenstatistik der Universität Tübingen waren im Sommersemester 2019 für den Bachelor of Education 120 Studierende im Fach Evangelische Religionslehre, 69 Studierende im Fach Katholische Religionslehre, 49 Studierende im Fach Islamische Religionslehre, im Studiengang Philosophie/Ethik aber 310 Studierende eingeschrieben (Universität Tübingen, 2019).

2.3 Curriculumentwicklung

Insgesamt signalisieren die Befunde von „Jugend – Glaube – Religion" größere Umbrüche in der Religiosität der Schülerschaft, so dass man wohl zu Recht von einer *Transformationskrise* (vgl. Englert et al., 2014) des Religionsunterrichts sprechen und eine *Periode des Experiments* nahelegen kann.[6] Die Oberstufenbildungspläne im Fach Religionslehre beruhen auf den für die damalige Zeit klugen Entscheidungen der 70er und 80er Jahre des letzten Jahrhunderts, sind nun aber

6 Die Formulierung „Periode [...] des Experiments" findet sich bei Troeltsch (1919, S. 324), und wurde in jüngster Zeit von Kubik und Schmoll neu ins Spiel gebracht (Kubik, 2017; Schmoll, 2017).

wohl doch in die Jahre gekommen. Auch das oft wenig konsistente und verwirrende neue Gewand der Kompetenzorientierung kann darüber nicht hinwegtäuschen. Früher oder später wird man sich deshalb mit einer grundlegenden Neubestimmung und Neustrukturierung der Inhalte beschäftigen müssen (vgl. dazu in der notwendigen Differenzierung z. B. Bauer, 2019; Dieterich, 2018; Kliemann & Kasper, 2016; Kropač, 2019; Lehmann & Schmidt-Kortenbusch, 2017; Riegel, 2018). Vor dem Hintergrund der vorliegenden Befunde würde es sich dabei sicherlich anbieten, dass bei einer solchen Neuordnung nicht nur evangelische und katholische Religionslehre, sondern auch die Religionslehren mit dem Fach Ethik eng zusammenarbeiten. Eine neue Generation der Bildungspläne sollte die Gemeinsamkeiten, Unterschiede und auch Gegensätze[7] zwischen den beteiligten Fächern deutlicher herausarbeiten und damit den Weg frei machen für Kooperationen, die den Unterricht für alle beteiligten Schülerinnen und Schüler interessanter und auch inhaltlich lehrreicher machen.[8] Das Zusammenleben in modernen Gesellschaften wird in Zukunft ein hohes Maß an Pluralitätskompetenz erfordern und es gibt keinen Grund, warum angehende Abiturientinnen und Abiturienten diese Fähigkeiten im Oberstufenunterricht nicht schon praktizieren und einüben sollten. Samy, eine 17-jährige Schülerin, die den katholischen Religionsunterricht besucht, spricht vermutlich für viele:

> *„Also, ich find's auch gut, dass wir immer diskutieren. Und das ist auch gut an der Lehrerin, weil dadurch lernt man auch Meinungen von anderen kennen und man lernt sie quasi zu akzeptieren. Und ich finde, das gehört auch zu Religion, dass man einfach andere Meinungen respektieren kann. Und dadurch lernst du auch viel mehr über andere und kannst andere Sichtweisen vielleicht dann besser verstehen, wenn du da einfach mit denen darüber diskutierst."* (w, 17 Jahre, rk, Religionsunterricht, berufliches Gymnasium) (Schweitzer et al., 2018, S. 234)

Im Einzelnen bietet „Jugend – Glaube – Religion" eine ganze Reihe von Hinweisen, welche Themen sowohl in einem zukünftigen Religions- als auch in einem zukünftigen Ethikunterricht für die Schülerinnen und Schüler der Oberstufe von Belang sein könnten:

- Zunächst ist offensichtlich: Das *Interesse* der Abiturientinnen und Abiturienten *an anderen Religionen, Kulturen und wohl auch Philosophien* ist – über die Fächergrenzen hinweg – groß (ebd., S. 190–196; ebd., S. 29–30.) und jeder einzelne

---

7 Dass es um mehr als nur Unterschiede geht, betont in einem neuen, sehr lesenswerten Gutachten zum Hamburger Religionsunterricht zu Recht Härle (2019).

8 Geht man – kompetenzorientiert – von dem aus, was Schülerinnen und Schüler am Ende ihrer Schulzeit können sollten, dann hätten die Kategorien und Themenfelder, die man für die Bildungspläne der Oberstufe wählt, Konsequenzen für die Bildungspläne der vorausgegangenen Schulstufen. Der Weg ergibt sich sozusagen aus dem Ziel. Diese Logik wurde in der bisherigen Curriculumarbeit viel zu wenig beachtet.

Bildungsplan einer Fächergruppe Religion/Ethik wird das als gemeinsamen Rahmen berücksichtigen müssen.

- Die *Frage nach dem Sinn des Lebens* spielte früher in den Bildungsplänen für die Klasse 11 eine große Rolle. Es sieht so aus, als wollten die Schülerinnen und Schüler sich die Fragestellung – gewissermaßen gegen den theologischen und philosophischen Fachtrend und ihrem eigenen Bedürfnis nach Orientierung folgend – zurückerobern. Tendenzielle Zustimmung über die Fächergrenzen hinweg: 70 %, in t_3 sogar 77 % (ebd., S. 103; S. 90).
- Bei der Zustimmung zum Thema *Gott* zeigen sich – wenig überraschend – signifikante Unterschiede zwischen den Teilnehmerinnen und Teilnehmern des Religions- bzw. des Ethikunterrichts (Schweitzer et al., 2018, S. 75). Wenn dennoch 38 % der Ethikschülerinnen und -schüler ankreuzen, sie glaubten an Gott, dann ist *Gott* sicherlich auch ein gemeinsames, zum Diskurs einladendes Thema für beide Unterrichtsfächer. Dies gilt umso mehr, als auch die Gottesvorstellungen der „religiösen" oder „gläubigen" Abiturientinnen und Abiturienten keineswegs immer der Dogmatik der jeweiligen Konfession entsprechen.
- Sowohl Religions- wie auch Ethikschüler signalisieren ein überraschend großes Interesse an der *Frage nach einem möglichen Leben nach dem Tod*. In der dritten Befragung steigt dieses Interesse sogar weiter an, wobei allerdings 78 % der Befragten der Überzeugung sind, dass man nicht wissen könne, was nach dem Tod geschieht (S. 89). Es handelt sich also um ein Thema, das sich auch in der Oberstufe noch einmal anzugehen lohnt und das gerade wegen seines zwangsläufig offenen Ausgangs auch in besonderer Weise zur kontroversen Diskussion einlädt. Da das Thema „Tod und Jenseits" auch schon in der Mittelstufe eine Rolle spielt, wäre zu überlegen, ob eine Verschränkung mit Kategorien wie „Zeit", „Zukunft" und „Ewigkeit" hier für einen begrifflich anspruchsvollen, oberstufengemäßen Zuschnitt sorgen könnten. Auch die Einbettung in einen interreligiösen und interkulturellen Kontext böte sich an.
- Die *Theodizeefrage* spielt hingegen nur noch für ein gutes Drittel aller Oberstufenschülerinnen und Schüler eine Rolle. Man wird sie deshalb wohl sinnvollerweise nicht mehr, wie in den 80er Jahren des 20. Jahrhunderts, als „Einfallstor des Glaubens" (vgl. Nipkow, 1987) bezeichnen können, eine bleibende Herausforderung ist sie aber sowohl für den Ethik- wie den Religionsunterricht allemal, schon weil unverschuldetes und verschuldetes Leid und die Vorstellung eines gütigen, gerechten Gottes so schnell nicht aus der Welt zu schaffen sind. Vermutlich kommt vieles auf die richtige Fragestellung an (vgl. Dietz, 2011); mit einem Durchdeklinieren des klassischen Epikurdilemmas ist in konkreten Lebenszusammenhängen wenig geholfen.
- In der dritten Umfrage (t_3) der Tübinger Studie wurde explizit nach Themen gefragt, die für den Religions- bzw. Ethikunterricht besonders wichtig seien: Allen Schülerinnen und Schüler waren rückblickend das Thema *Gerechtigkeit* sowie ethische und philosophische Fragestellungen wichtig. Die Ethikschülerinnen und -schüler interessierte beim Thema Gerechtigkeit – bildungsplangemäß –

eher die generelle Fragestellung, diejenigen Schülerinnen und Schüler, die den Religionsunterricht besuchten, der Aspekt der sozialen Gerechtigkeit (S. 85). Da die Gerechtigkeitsfrage ohne Zweifel eine global relevante Frage ist, sollte das Thema nicht so zwischen verschiedenen Schülergruppen aufgeteilt werden. Es wäre nach einem gemeinsamen Unterrichtskonzept zu suchen, bei denen auch die theologisch herausfordernde Frage nach dem Verhältnis von göttlicher und menschlicher Gerechtigkeit nicht ausgespart wird.

- Dass das Thema *Schöpfung / Weltentstehung* trotz aller Bemühungen bisher zu keinem überzeugenden Unterrichtserfolg führt, wird auch durch „Jugend – Glaube – Religion" wiederum sehr deutlich bestätigt (vgl. dazu ansonsten Kliemann & Schweitzer, 2018). Nur etwa ein Drittel aller Befragten konnten ein komplementäres Verständnis von Schöpfungsglaube und naturwissenschaftlichen Weltentstehungstheorien erreichen (Schweitzer et al., 2018, S. 84), bei t_3 liegt der Prozentsatz sogar noch niedriger (S. 65). Auch die Didaktik des Ethik- und Philosophieunterrichts sollte sich dieser Problematik verstärkt annehmen; die Entwicklung einer gemeinsamen erkenntnistheoretisch ausgerichteten Unterrichtssequenz zu den Begriffen „Wirklichkeit" und „Wahrheit" oder zum Verhältnis von „Logos" und „Mythos" läge nahe. Auch eine enge Zusammenarbeit mit Kolleginnen und Kollegen aus den Naturwissenschaften wäre, gerade in der Oberstufe, anzustreben.
- Erstaunlich ist, dass Dreiviertel aller Befragten angeben, gelegentlich oder regelmäßig zu beten, von den Teilnehmerinnen und Teilnehmern des Ethikunterrichts immerhin noch mehr als die Hälfte. Auch das Thema *Gebet* wäre also – vermutlich im Zusammenhang mit Kontemplation, Meditation, philosophisch anspruchsvoller Mystik und Mindfulnessübungen – ein Phänomen, das Unterricht an öffentlichen Schulen nicht einfach ausblenden kann.
- Die Ergebnisse zum Thema *Kirche* sind, wie in vielen anderen Untersuchungen – auch bei sehr wohlwollender Lesart –, für die Vertreterinnen und Vertreter der Kirchen wenig ermutigend (Schweitzer et al., 2018, S. 88–90; ebd., S. 128–131; S. 66–71), und man wird sich folgerichtig hüten, den Jugendlichen Kirche als „Zeichen des Heils" (so noch im baden-württembergischen Bildungsplan für katholische Religionslehre an Gymnasien 1984) vorzustellen. Dass über Anspruch und Wirklichkeit einer historisch, kulturgeschichtlich und soziologisch hochbedeutenden Institution wie der Kirche aber ausführlich und sachlich informiert und diskutiert werden sollte, müsste eigentlich auch für die Kolleginnen und Kollegen des Faches Ethik auf der Hand liegen.
- Schließlich noch eine Anmerkung zum Thema *Jesus Christus*, die mich nachdenklich stimmt: Das Thema spielt im Zusammenhang mit „Jugend – Glaube – Religion" kaum eine Rolle, weder im positiven noch im negativen Sinn. Im Oberstufenunterricht der christlichen Religionslehren und auch im Abitur nimmt das Thema hingegen einen breiten Raum ein. Fragt man die Schülerinnen und Schüler zu Beginn eines Kurses, was sie interessiert, steht das Thema „Jesus Christus" nicht selten ganz am Schluss der gewünschten Unterrichtseinheiten.

Nach Abschluss eines christologischen Halbjahreskurses, der durchaus einige Anstrengung erfordert, zeigt die Evaluation dann oft völlig Gegenläufiges: Das sei alles völlig neu gewesen und man habe wirklich etwas gelernt …

3. Konsequenzen für die Lehrerbildung

Was für Lehrpersonen brauchen die in „Jugend – Glaube – Religion" vorgestellten Abiturientinnen und Abiturienten und wie sollte man sie aus- und fortbilden?

Offensichtlich scheint mir in einer deutlich pluraler werdenden Situation, dass die Lehrkräfte der Fächer Religionslehre und Ethik über ein fundiertes Fachwissen verfügen sollten. Sie sollten Bescheid wissen über die Vielfalt und die Besonderheiten der einzelnen christlichen Konfessionen, sie sollten über nicht christliche Religionen gründlich informiert und mit den wichtigsten philosophischen und ethischen Ansätzen vertraut sein. Die Schwerpunkte mögen in einem theologischen und einem philosophischen Studium jeweils anders liegen, aber das gemeinsame Themenfeld und die gemeinsame Schülerschaft lassen es nicht zu, dass Theologiestudentinnen und -studenten philosophisch-ethische Fragen umgehen und dass Philosophiestudentinnen und -studenten sich nicht für Fragen der Theologie und Religionsgeschichte interessieren. Bedenkt man, dass ein Lehramtsstudium inzwischen noch viele andere Aspekte und Praxiselemente beinhaltet und dass ein Bachelor-Master-Studium nur einen sehr begrenzten Rahmen bietet, so wird diese fachwissenschaftliche Kompetenz in der Lehrerausbildung sicherlich nur exemplarisch erworben werden können. Viele Inhalte wird man sich erst im weiteren Verlauf der Lehrerlaufbahn erarbeiten. Hierzu sind entsprechende Materialien, Internetplattformen und systematisch aufgebaute Lehrerfortbildungen nötig.

Unerlässlich ist, dass die Ethik- und Religionslehrkraft ihre eigene Religiosität bzw. Nicht-Religiosität im Kontext der eigenen Bildungsgeschichte reflektiert. Dabei ist davon auszugehen, dass die oft sehr jungen Lehramtsstudierenden nicht weniger auf der Suche nach dem eigenen Standpunkt sind als die in „Jugend – Glaube – Religion" beschriebenen, oft nur wenige Jahre jüngeren Schülerinnen und Schüler. Nur wer weiß, wie er sich theologisch oder philosophisch selbst positioniert, wer weiß, welche anderen Positionen er aus welchen Gründen ablehnt, kann im Unterricht souverän und professionell auf andere Sichtweisen reagieren. 91 % (in t_3 sogar 93 %), der in der Tübinger Studie Befragten wollen nicht, dass andere sie überreden, an etwas Bestimmtes zu glauben (Schweitzer et al., 2018, S. 112; S. 77). Nichts kommt im Ethik- und Religionsunterricht offensichtlich schlechter an als Lehrpersonen, *„die […] versuchen, einen zwanghaft von ihrem Standpunkt zu überzeugen"* (Henriette, w, 17 Jahre, ev, Religionsunterricht, allgemeinbildendes Gymnasium) (Schweitzer et al., 2018, S. 213). Die Reflexion der eigenen Positionalität, das Ausloten von blinden Flecken und Schatten, das Wahrnehmen von impliziten Stereotypen und Feindbildern sollten wichtige Bestandteile der Ausbildung von Religions- und Ethiklehrkräften werden. Bisher geschieht in der Hinsicht sehr wenig. Inwieweit Formen kirchlicher Begleitung für Religionslehrkräfte in diesem Zusammenhang hilfreich sind, wäre kritisch zu prüfen (vgl. dazu Heim, Weinhardt & Weinhardt, 2013).

Wer gelernt hat, die eigene Positionalität mit den Erfordernissen einer pluralen Situation theoretisch in Einklang zu bringen, muss sich dann aber noch sehr konkret erarbeiten, wie man entsprechende Diskurse in Gang bringt und moderiert. Das auf eineinhalb Jahre verkürzte Referendariat kann hierfür allenfalls den Grundstock legen und auf typische Grundprobleme der Gesprächsführung aufmerksam machen. Denkbar wären wiederum entsprechende Lehrerfortbildungen, in denen Videographie und supervisorische Elemente eine besondere Rolle spielen könnten. Dringend notwendig wäre auf jeden Fall die verbindliche Etablierung einer Berufseingangsphase, mit der in Baden-Württemberg bislang nur experimentiert wurde.

Insgesamt also hohe Anforderungen, die die Religionslehren und das Fach Ethik am besten gemeinsam angehen sollten. Dazu bietet es sich an, Differenz- und Pluralitätskompetenz in allen drei Phasen der Lehrerbildung in gemeinsamen Veranstaltungen einzuüben. In Tübingen kann man hierzu sowohl an der Universität als auch am Studienseminar seit langem auf positive Erfahrungen zurückgreifen (vgl. z. B. Bosold, Bosold, & Schweitzer, 2002 sowie Seminar für Ausbildung und Fortbildung der Lehrkräfte Tübingen (Gymnasium), 2019). In zahlreichen Veranstaltungen hat sich immer wieder gezeigt, dass es sich lohnt, verschiedene Blickrichtungen zusammenzubringen, die Grenzen der eigenen Sprachspiele zu kennen, sich bewusst zu machen, wie schwierig es sein kann, sich gegenüber Andersdenkenden verständlich zu machen, zu erleben, dass unterschiedliche Standpunkte eine Bereicherung und keine Bedrohung sein müssen.

Überlegungen zu möglichen Konsequenzen aus der Studie für den Ethikunterricht

Christof Schilling

Die empirische, quantitativ und qualitativ ausgerichtete Studie „Jugend – Glaube – Religion“ (Schweitzer et al., 2018) bietet eine Fülle von, auch für das Fach Ethik sowie für das Verhältnis der Fächer Religionslehre und Ethik, interessanten Einsichten. Zwei signifikante Ergebnisse der Studie sollen im Folgenden auf ihren möglichen Zusammenhang mit der rechtlichen Verfasstheit der beiden Fächer sowie im Hinblick auf Elemente ihrer jeweiligen Didaktik befragt werden. In den jeweiligen Abschnitten ergeben sich hieraus Gesichtspunkte zur Bestimmung des Verhältnisses beider Fächer. Im dritten Abschnitt wird knapp nach dem möglichen Beitrag des Ethikunterrichts zur Entwicklung einer religiösen Mündigkeit auf Seiten der Schülerinnen und Schüler gefragt.

1. Gläubige Schülerinnen und Schüler im Ethikunterricht? – Rechtliche Regelungen zur Teilnahme am Ethikunterricht in Baden-Württemberg

Erstaunlich vor dem Hintergrund der rechtlichen Regelungen zur Teilnahme am Religions- bzw. Ethikunterricht in Baden-Württemberg ist der Befund der Studie zum Gottesglauben der am Ethikunterricht teilnehmenden Schülerinnen und Schüler:

> „39 % der Ethikschülerinnen und -schüler sind … Kirchenmitglieder. …. Fast ein Drittel dieser Schülerinnen und Schüler (32 %) stimmen zu, dass Gott die Menschen liebt und sich um sie kümmert. Noch mehr übernehmen für sich die Aussage, dass sie an Gott glauben (38 %). Weiterhin sagen 30 %, dass der Glaube ihnen in schwierigen Situationen helfe“ (Schweitzer et al., 2018, S. 29; vgl. S. 75; S. 82–83).

Dieser Befund gibt Anlass, darüber nachzudenken, ob die (rechtlichen) Bestimmungen zur Teilnahme am Ethikunterricht in Baden-Württemberg sinnvoll bzw. haltbar sind.

Denn erstaunen muss dieses Ergebnis der Studie vor dem Hintergrund, dass eine Teilnahme am Ethikunterricht in Baden-Württemberg für kirchlich registrierte Schülerinnen und Schüler an eine Abmeldung aus „Glaubens- und Gewissensgründen“ (§100 Abs. 1, bwSchulG) gebunden ist. Gut ein Drittel der Ethikschülerinnen und -schüler müsste also, wenn die baden-württembergischen Regelungen tatsächlich greifen würden, durch den Religionsunterricht in Glaubens- und Gewissensnöte gestürzt worden sein.

Das Bundesverfassungsgericht definiert eine Gewissensentscheidung als „jede ernste sittliche, d. h. an den Kategorien von Gut und Böse orientierte Entscheidung […], die der einzelne in einer bestimmten Lage als für sich bindend und unbedingt verpflichtend innerlich erfährt, so daß er gegen sie nicht ohne ernste Gewissensnot handeln könnte“ (BVerfGE 12, 45, 55). Derartige Gründe könnten ins Feld geführt werden, wenn der Religionsunterricht für die Schülerinnen und Schüler in ihrem spezifischen Glauben unerträglich wäre oder wenn dieser sie als Religionsunterricht per se in Glaubens- und Gewissensnöte stürzen würde. Unter diesen Bedingungen dürften am Ethikunterricht eigentlich nur Schülerinnen und -schüler teilnehmen, die ihre spezifische Religiosität durch den Religionsunterricht gefährdet sehen, aber keine Schülerinnen und Schüler, die auf irgendeine andere, „liberalere“ Weise gläubig sind: Denn aus welchen Gründen sollte sie der Religionsunterricht in derart existentielle Nöte stürzen können? Es legt sich mithin der Schluss nahe, dass für viele Schülerinnen und Schüler nicht „Glaubens- und Gewissensgründe“, sondern ganz andere Gründe ausschlaggebend für die Teilnahme am Ethikunterricht sind. Praxis und rechtliche Regelung klaffen hier auseinander.

Legt man also die unrealistische Annahme, dass die Mehrzahl der gläubigen Ethikschülerinnen und Ethikschüler durch den Religionsunterricht zu einer Gewissensentscheidung genötigt worden sind, beiseite, so bedeutet das, dass die Vorgaben der Kirchen und des Kultusministeriums in Baden-Württemberg nur eingeschränkt umgesetzt bzw. umgangen werden. Das ist zu begrüßen. Denn rechtliche, aber auch ethische und pädagogische Gründe sprechen dafür, die Regelungen zur Teilnahme am Ethikunterricht in Baden-Württemberg grundsätzlich zu revidieren.

Maßgeblich für die baden-württembergische Praxis zur Abmeldung vom Religionsunterricht sind die „Gemeinsame[n] Informationen des Kultusministeriums und der evangelischen Landeskirchen und katholischen (Erz-)Diözesen in Baden-Württemberg zum evangelischen und katholischen Religionsunterricht an öffentlichen Schulen“ (Ministerium für Kultus, Jugend und Sport Baden-Württemberg, 2008, S. 200). Diese Informationen knüpfen an eine Verwaltungsvorschrift aus dem Jahre 2000 an, die 2009 erneuert wurde (Az.: 41-6520.40/326, Landesrecht Baden-Württemberg) und verschärfen die verwaltungsrechtlichen Bestimmungen zur Abmeldung vom Religionsunterricht. Die Verwaltungsvorschrift leitet mit einer nur als tollkühn zu bezeichnenden Logik daraus, dass „das Recht auf Abmeldung vom Religionsunterricht ein höchst persönliches Recht der Erziehungsberechtigten bzw. des religionsmündigen Schülers ist“ (Az.: 41-6520.40/326, Abs. 2.5), ab, dass die Schule die Schülerinnen und Schüler nicht über eine beabsichtigte Abmeldung befragen und auch keine Formulare für eine Abmeldung bereit halten darf (ebd.). Die „Informationen“ des Kultusministeriums und der Kirchen, die als „Informationen“ also nicht einmal den Rechtsstatus einer Verwaltungsvorschrift haben, gehen darüber hinaus, indem sie hervorheben, dass an den Schulen auch nicht der „Eindruck einer Wahlmöglichkeit“ (Ministerium für Kultus, Jugend und Sport Baden-Württemberg, 2008, S. 200) erweckt werden dürfe.

Aber nicht nur diese Regelungen, auch die grundlegende Aussage der Verwaltungsvorschrift (Abs. 1.1) und der „Informationen“ (Abs. 1), die aus dem Status des Religionsunterrichts als „ordentliches Lehrfach“ (Art. 7 Abs. 3 GG) eine grundsätzliche Pflicht von Kirchenmitgliedern zur Teilnahme am Religionsunterricht des eigenen Bekenntnisses ableitet, ist höchst fragwürdig.

Denn laut Grundgesetz (Art. 7 Abs. 2) haben die Erziehungsberechtigten „das Recht ..., über die Teilnahme am Religionsunterricht zu bestimmen“; gemäß Art. 18 der baden-württembergischen Landesverfassung bleibt die Teilnahme „der Willenserklärung der Erziehungsberechtigten ... überlassen“ (Art 18 BWVerf). Die in diesen Bestimmungen enthaltene Bindung der Teilnahme am Religionsunterricht an eine positive Entscheidung der Erziehungsberechtigten bzw. religionsmündigen Schülerinnen und Schüler wird zwar noch vom baden-württembergischen Schulgesetz in § 100 Abs. 1 aufgenommen. Das Recht, über die Teilnahme zu bestimmen, wird hier jedoch, das Grundgesetz und die Landesverfassung um eine weitere Voraussetzung ergänzend bzw. verschärfend, an Glaubens- und Gewissensgründe gebunden: „Über die Teilnahme am Religionsunterricht bestimmen die Erziehungsberechtigten. Nach Eintritt der Religionsmündigkeit steht dieses Recht aus Glaubens- und Gewissensgründen dem Schüler zu“ (§ 100 Abs. 1 bwSchulG).

Dem Wortlaut nach ist zwar mit dem Verb „bestimmen“ nicht nur die Abmeldung, sondern auch die Teilnahme am Religionsunterricht an Glaubens- und Gewissensgründe gebunden. § 100 Abs. 2 Schulgesetz setzt aber ohne Weiteres eine Zustimmung zu einer Teilnahme am Religionsunterricht voraus, sofern die Schülerinnen und Schüler einer entsprechenden Religionsgemeinschaft angehören, indem er für die Nicht-Teilnahme nicht etwa das Ausbleiben einer Anmeldung, sondern eine explizite Abmeldung verlangt. Dem möglichen Argument, dass mit dem Status des Religionsunterrichts als ordentlichem Lehrfach auch eine primäre Teilnahmepflicht entspreche, steht §100a Abs. 1 Schulgesetz entgegen: Denn auch der Ethikunterricht wird als „ordentliches Unterrichtsfach“ (§100a Abs. 1 bwSchulG) eingerichtet, sodass in dieser Hinsicht beide Fächer vom Gesetzgeber als gleichrangig eingestuft werden.

§ 100 Schulgesetz sowie der darauf aufbauenden Verwaltungsvorschrift und den „Informationen“ (s. o.) liegt somit eine inkonsistente Argumentation zugrunde. Besonders verwunderlich ist aber, dass sich die Verantwortlichen noch 2009 explizit und implizit in der Anwendung der Regelungen bis heute eindeutig gegen einen Urteilsspruch des Bundesverwaltungsgerichts aus dem Jahr 1998(!) stellen:

> „§100a Abs. 1 bwSchulG fordert in verfassungskonformer Auslegung und Handhabung nach allem, daß Ethikunterricht nicht nur als ordentliches Lehrfach erteilt, sondern im Verhältnis zum Religionsunterricht auch als eine gleichwertige und deshalb uneingeschränkt frei wählbare Alternative angeboten wird“ (BVerwG 6 C 11.97 / VGH 9 S 1126/95, Abs. 3.5).

Die baden-württembergische Regelung zur Abmeldung vom Religionsunterricht bzw. zur Anmeldung für den Ethikunterricht ist demnach rechtlich unhaltbar (vgl.

Erwin, 2001, S. 209). Sie sollte umgehend zumindest zugunsten einer vollständigen Wahlfreiheit zwischen beiden Fächern aufgehoben werden.

Darüber hinaus ist diese Regelung auch pädagogisch und ethisch bedenklich. Die unrealistische Annahme, dass Glaubens- und Gewissensqualen die Schülerinnen und Schüler zu einer Abmeldung vom Religionsunterricht bewegen, wird auch von der Studie „Jugend – Glaube – Religion“ nicht gestützt. Laut dem von der Forschungsgruppe zu „Jugend – Glaube – Religion“ verfassten Datenbericht werden von den Befragten im Rückblick auf ihre Schulzeit als die „häufigsten Gründe für einen Wechsel in den Ethikunterricht [...] ein anderer Glaube oder das ‚Nicht-Religiös-Sein‘ (dazu gehört auch das Desinteresse an Religion und die Nicht-Identifikation damit)“ (S. 87) genannt. Gewissensfragen werden nicht erwähnt.

Es mag zwar durchaus sein, dass für Schülerinnen und Schüler, bspw. aus manchen freikirchlichen Gemeinden, ein wissenschaftlich orientierter Religionsunterricht existentiell irritierend ist und sie deshalb den Ethikunterricht vorziehen. Die stärker verbreiteten Gründe für eine Ablehnung des Religionsunterrichts scheinen aber auf einer anderen Ebene zu liegen.

> „Dieser wird häufig als zu eng gefasst und als nicht differenziert genug beschrieben. [...] Der Ethikunterricht wird im Allgemeinen als freier wahrgenommen. Insbesondere biete dieser Unterricht mehr Raum für Diskussionen und die wertfreie Entfaltung der eigenen (religiösen) [sic!] Meinung“ (Schweitzer et. al., 2018, S. 231).

Die Mehrzahl der Schülerinnen und Schüler, die sich für den Ethikunterricht entscheiden, dürfte mithin bei der Berufung auf Glaubens- und Gewissensgründe zu einer Lüge gezwungen sein, um am Ethikunterricht teilnehmen zu können. Damit lernen sie schon frühzeitig, dass man es mit Glaubens- und Gewissensgründen offensichtlich nicht so genau zu nehmen braucht und dass diese strategisch angeführt werden können, um andere Motive zu verdecken. Im Ethikunterricht werden sie dann mit der Frage konfrontiert, ob und inwiefern das Lügen moralisch zu verurteilen sei. Sie lernen philosophische Positionen, wie bspw. die kantische Moralphilosophie kennen, der gemäß die Lüge einen Menschen „in seinen eigenen Augen zum Gegenstande der Verachtung [macht], und [...] die Würde der Menschheit in seiner eigenen Person [verletzt]“ (Kant, 1798/1982, A 83, 84). Dem Ethikunterricht wird damit durch die Regelungen für die Abmeldung vom Religionsunterricht die pädagogische Absurdität einbeschrieben, dass er mit einer Lüge beginnt und dann aber die moralische Verwerflichkeit des Lügens zum Thema macht.

Die zitierten Ergebnisse der Studie „Jugend – Glaube – Religion“ verdeutlichen, wie weit die schon rechtlich in sich inkonsistenten Regelungen zum Ethikunterricht von der Wirklichkeit der Schülerinnen und Schüler entfernt sind und welche ethisch problematischen und pädagogisch absurden Folgen sich für die Schülerinnen und Schüler zeigen. Auch rechtlich sollte dem in der Studie festgehaltenen Anliegen der Schülerinnen und Schüler Rechnung getragen werden, „selbstbestimmt über ihre religiöse Entwicklung und damit auch über die Wahl des Unterrichtsfachs entscheiden zu können“ (Schweitzer et. al., 2018, S. 230).

2. Die unterschiedliche Erfahrung der Gesprächskultur im Religions- und Ethikunterricht

> „Religions- und Ethikunterricht können junge Menschen bei der Klärung ihrer Glaubens- und Sinnfragen unterstützen ... Im Idealfall sind Religions- und Ethikunterricht eine Hilfe bei der Suche nach einer eigenen Position und gleichzeitig zum Aufbau von Verständnis gegenüber anderen.
> Ethische und religiöse Mündigkeit sind – das zeigen die Ergebnisse – keine voneinander losgelösten Dimensionen von Bildung. Beide Fächer sind als *safe space* zu begreifen (vgl. Signposts, 2014), der einen offenen Gedankenaustausch möglich macht" (Schweitzer et. al., 2018, S. 35).

Das Bild des Klassenraums als eines *safe space* geht zurück auf die vom Europarat herausgegebene Handreichung Signposts (Jackson, 2014), die Entscheidungsträger und -trägerinnen, Schulen und Lehrer- und Lehrerinnenausbildende bei der weiterführenden Diskussion und Umsetzung von Empfehlungen des Ministerrats „on the dimension of religions and non-religious convictions within intercultural education" (Jackson, 2014, S. 7) unterstützen soll.

> „‚Safe space' has become a shorthand term for a desired classroom atmosphere. In a safe classroom space, students are able to express their views and positions openly, even if these differ from those of the teacher or peers. However, there need to be ground rules which all participants must understand and agree to, in terms of civility and sensitivity, ensuring inclusion and respect for others" (Jackson, 2014, S. 48).

Konzediert man als eine Gemeinsamkeit von Ethik- und Religionsunterricht, dass in beiden Fächern u. a. auch letzte Fragen – „Sinn- und Glaubensfragen" – angstfrei diskutiert werden sollen, so stellt sich die Frage, woher die in „Jugend – Glaube – Religion" festgehaltenen Unterschiede in der Einschätzung der Gesprächskultur beider Fächer durch die Schülerinnen und Schüler rühren.

Hierfür ist eine an prominenter Stelle der Studie zitierte Äußerung einer römisch-katholischen Schülerin aus dem Ethikunterricht aufschlussreich:

> *„Ich finde im Ethikunterricht lernt man zu denken und man muss wirklich denken und da geht's eben und da hatte ich im Religionsunterricht eben, das sind jetzt nur meine Erfahrungen, immer das Gefühl, es wird einem vorgegeben, wir lesen jetzt die Stelle in der Bibel, schreib raus, was Jesus getan hat oder sowas. ‚Herzlichen Glückwunsch. Sie wissen jetzt Bescheid.' Also so hatte ich immer das Gefühl im Religionsunterricht und in Ethik, grad durch unsere Lehrerin, die regt uns dazu an nachzudenken, eine eigene Meinung zu bilden, die dann auch wirklich mit anderen zu diskutieren und zu gucken: was denken Andere drüber, denken die anders als ich? Und das finde ich eben das Schöne an Ethik, es wird viel mehr zugelassen als im Religionsunterricht"* (w, 18 Jahre, rk, Ethikunterricht, berufliches Gymnasium) (Schweitzer et. al., 2018, S. 231).

Nun ist das sicherlich eine Einzeläußerung, die aber von den Autoren der Studie offenbar als symptomatisch eingeschätzt wurde. Zu ihr passt, dass die Ethikschülerinnen und -schüler ihren Unterricht mit mehr Interesse wahrnehmen und ihm eine höhere Lebensrelevanz zusprechen, als das bei Religionsschülerinnen und -schülern der Fall ist (vgl. Schweitzer et. al., 2018, S. 33; S. 110; S. 161–162). Interessant finden die Religionsschülerinnen und Religionsschüler zudem neben den Themen „Weltreligionen" und „Leben nach dem Tod" vor allem spezifisch ethische Fragestellungen, die ihren genuinen Ort in einem philosophisch orientierten Ethikunterricht haben: Werte, Normen und Gerechtigkeit sowie bioethische Dilemmata (vgl. Schweitzer et. al., 2018, S. 232). Auffällig ist auch, welche genuin theologisch verankerte Themen keine Erwähnung finden: Weder die Gottesfrage noch die Auseinandersetzung mit dem christlichen Verständnis von Schöpfung noch die biblische Weisheitsliteratur noch die Christologie werden als interessante Themen genannt – die Liste ließe sich deutlich erweitern. Im Rückblick auf die Schulzeit nennt jedoch der nun deutlich kleinere teilnehmende Kreis bei der dritten Datenerhebung (t_1: 7246 vs. t_3: 559 Befragte (S. 44)) auch klassische Themen des Religionsunterrichts wie „Bibel, Jesus, Bergpredigt, Gott, ebenso Theodizee-Frage und Leben nach dem Tod" (S. 86).

In ihrer Zusammenschau legen diese Befunde die Frage nahe, ob die von den Schülerinnen und Schülern positiv erfahrene Gesprächskultur des Ethikunterrichts und das hohe Interesse der Religionsschülerinnen und Religionsschüler an ethischen Fragen auch mit den jeweiligen rechtlichen Rahmenbedingungen der beiden Fächer zusammenhängen könnten. Empirischen Studien zum Religionsunterricht können allenfalls indirekte Hinweise darauf entnommen werden, inwieweit sich der tatsächliche Religionsunterricht an rechtliche Vorgaben bindet bzw. wie frei er sich zu diesen verhält (vgl. bspw. Pohl-Patalong et al., 2016; Englert, Hennecke & Kämmerling, 2014). Entsprechende Studien zum Ethikunterricht liegen nicht vor. Doch ungeachtet dessen ist jedenfalls evident, dass weder der Religionsunterricht noch der Ethikunterricht völlig unabhängig von ihren rechtlichen Rahmenbedingungen stattfinden können.

Rechtlich gesehen ist laut einem Urteil des Bundesverfassungsgerichts von 1987 der Gegenstand des Religionsunterrichts „der Bekenntnisinhalt, nämlich die Glaubenssätze der jeweiligen Glaubensgemeinschaft. Diese als bestehende Wahrheiten zu vermitteln, ist seine Aufgabe" (BVerfGE Bd. 74, S. 252). Dem Religionsunterricht wird hier ein dogmatischer Grundzug zugeschrieben, der sich sowohl in der Verordnung für die Verleihung der „Missio Canonica" für den katholischen Religionsunterricht als auch der Vokationsordnung der Evangelischen Landeskirche Baden-Württembergs wiederfindet. Die Erteilung der Lehrbefugnis für den katholischen Religionsunterricht erfordert von den Lehrenden „den Religionsunterricht in Übereinstimmung mit der Lehre der Kirche zu erteilen" (Diözese Rottenburg-Stuttgart, 2005). Hier wird eine klare hierarchische Unterordnung verlangt: Eine „Lehre der Kirche" wird vorgegeben, mit der der Religionsunterricht übereinzustimmen hat. Nicht die kritische Auseinandersetzung mit Lehrsätzen der Kirche oder das Hinterfragen theologischer Inhalte sind gefragt, sondern vielmehr eine Vermittlung vorgegebener, „bestehender Wahrheiten" (vgl. BVerfGE Bd. 74, S. 252).

Eine ähnliche Struktur gibt die Vokationsordnung der evangelischen Landeskirche Baden-Württemberg dem Religionsunterricht vor. Evangelische Religionslehrerinnen und Religionslehrer sollen mithelfen, „dass das Evangelium von Jesus Christus, wie es in der Heiligen Schrift gegeben und in den Bekenntnissen der Reformation bezeugt ist, aller Welt verkündigt wird" (§ 2 Abs. 2 Vokationsordnung, 2010). Die Religionslehrerinnen und -lehrer verpflichten sich zur Verkündigung von festgelegten, „gegebenen" Glaubensinhalten. Zwar soll, so die Evangelische Kirche in einer Denkschrift von 2014, „die Auslegung und Vermittlung der Glaubensinhalte auf wissenschaftlicher Grundlage und in Freiheit des Gewissens" (Kirchenamt, 2014, S. 50) vorgenommen werden. Damit werden aber lediglich Kriterien für die vorgegebenen Glaubensinhalte festgehalten, die als solche „vermittelt" oder eben „verkündigt" werden sollen.

Die dogmatische Grundtendenz kommt auch beispielsweise noch in der 5. Auflage des Standardwerks „Religionspädagogisches Kompendium" (Adam & Lachmann, 1997) zum evangelischen Religionsunterricht zum Tragen.[1] Dort bestimmt Schmidt den Beitrag des Religionsunterrichts zur Entwicklung einer allgemeinen religiösen Mündigkeit der Schülerinnen und Schüler im Rahmen eines problemorientierten Unterrichts:

> „*Problemorientierung* meint eine Brücke zwischen Lebensproblemen und Glaubensinhalten, die in beiden Richtungen befahren werden kann: Von Antworten auf ethische Fragen kann zu den sie begründenden Glaubensinhalten hinübergeschritten werden (1). In umgekehrter Richtung fragt man nach den ethischen Konsequenzen bestimmter Glaubensinhalte (2)" (Schmidt, 1997, S. 383).

Während Weg zwei im Modus des Fragens und damit auch Suchens und kritischen Diskutierens begangen werden soll, liegt auf Weg eins im Abschnitt des „Hinüberschreitens" gewissermaßen eine didaktische Falle. Es bestünde ja die Möglichkeit, Glaubensinhalte offen und kritisch – im wörtlichen Sinne von „κρίνειν" – auf ihr Erschließungs- und Orientierungspotential zu befragen, der Text legt aber eher eine Frage-Antwort-Relation nahe und verdeutlicht das an einem Beispiel: „Warum hat der Christ eine besondere Verantwortung gegenüber der natürlichen Umwelt? – Weil sie ihm vom Schöpfer anvertraut ist (Urgeschichte)" (Schmidt, 1997, S. 383).

„Herzlichen Glückwunsch. Sie wissen jetzt Bescheid" (Schweitzer et. al., 2018, S. 231) – so würde vermutlich die oben zitierte Agnes diesen Unterrichtsgang kommentieren.

Fast karikaturistisch verkürzt kommt hier das mit den oben dargestellten rechtlichen Rahmenbedingungen gegebene und von Schülerinnen und Schülern als Enge empfundene (vgl. Schweitzer et. al., 2018, S. 231) Problem des Religionsunterrichts

---

1 In der aktuellen 9. Auflage fehlt der unten zitierte Text. Es fehlt aber auch dort der Registereintrag „Mündigkeit", der in der 5. Auflage noch einer Erwähnung wert war.

zum Ausdruck: Antworten auf grundlegende Fragen erscheinen immer schon vorgegeben. Diese Struktur steht in einem Spannungsverhältnis zu einem Verständnis religiöser Mündigkeit bzw. mündiger Religiosität in der neueren protestantischen religionspädagogischen Literatur:

> „Zur religiösen Mündigkeit gehören nach evangelischer Auffassung ein eigenes Verständnis des Glaubens sowie eine aktive Verständigung über Glaubenswahrheiten und Bekenntnisinhalte" (Schlag & Schweitzer, 2012, S. 18).
> „Jeder und jede Einzelne soll in die Lage versetzt werden, den eigenen christlichen Glauben wirklich in seiner Bedeutung zu verstehen und dadurch zu einer kritischen Urteilsfähigkeit im Glauben zu gelangen" (Schweitzer, 2019, S. 139).

Auch auf katholischer Seite wird eine „argumentative Darlegung des Glaubens" (Die deutschen Bischöfe, 2005, S. 27) eingefordert. Als zentrale Aufgaben des Religionsunterrichts gelten hier neben der Vermittlung von Grundwissen die „Förderung der religiösen Dialog- und Urteilsfähigkeit [...] sowie die reflexive Erschließung von Formen gelebten Glaubens" (Die deutschen Bischöfe, 2016, S. 13).

Bei aller Betonung der Ausbildung einer kritischen Urteilsfähigkeit in Glaubensfragen bleibt die Grundstruktur des didaktischen Gedankenganges die konfessionell imprägnierte *fides quaerens intellectum.* Wesentliche Inhalte dieses Glaubens werden als „gegeben" (§ 2 Abs. 2 Vokationsordnung) vorausgesetzt. Dem *safe space* gemeinsamen Nachdenkens im Religionsunterricht werden Fundamente verliehen, die die Gefahr bergen, einen zu engen Rahmen für kritisches Nachdenken abzustecken.

> „Ein anspruchsvoller [, sic] Unterricht, in dem argumentiert und diskutiert wird, scheint vielen Jugendlichen eine wünschenswerte Alternative gegenüber der *‚klischeehafte[n] mit Kreuzweg und Mandalas malen und solche[n] Sachen‘ (Felix, m 25 Jahre, rk, berufliche Schule)* zu sein" (Schweitzer et. al., 2018, S. 233–234).

In analoger, aber abgeschwächter Form kann allerdings auch für den Ethikunterricht ein derartiges Spannungsverhältnis zwischen rechtlichen Rahmenbedingungen, die einen gewissen Dogmatismus festschreiben, und dem Bildungsziel der Mündigkeit von Schülerinnen und Schülern, das die eigenständige, kritische Reflexions- und Urteilsfähigkeit der Schülerinnen und Schüler betont, nachgewiesen werden.

Laut baden-württembergischem Schulgesetz dient der Ethikunterricht

> „der Erziehung der Schüler zu verantwortungs- und wertbewusstem Verhalten. Sein Inhalt orientiert sich an den Wertvorstellungen und den allgemeinen ethischen Grundsätzen, wie sie in Verfassung und im Erziehungs- und Bildungsauftrag des §1 niedergelegt sind. Der Unterricht soll diese Vorstellungen und Grundsätze vermitteln sowie Zugang zu philosophischen und religionskundlichen Fragestellungen eröffnen" (§100a Abs. 2 bwSchulG).

Dieser Vermittlungsauftrag kann allerdings nur eingeschränkt gelten, sofern Bundesrecht Landesrecht bricht (vgl. Art. 31 GG): Die Formulierungen des Erziehungs-

und Bildungsauftrages in Art. 12 Abs. 1 Landesverfassung Baden-Württemberg sowie in § 1 Abs. 2 Schulgesetz, die einen expliziten Bezug zur christlichen Religion beinhalten, stehen im Widerspruch zur religiösen und weltanschaulichen Neutralität, zu der der Ethikunterricht aufgrund der in Art. 4 Abs. 1 GG garantierten, nicht nur positiven, sondern auch negativen Religionsfreiheit verpflichtet ist (vgl. Roew & Kriesel, 2017, S. 17–20). Im Einklang mit dem Grundgesetz ist dagegen dem Ethikunterricht aufgegeben, die „Wert- und Ordnungsvorstellungen der freiheitlich-demokratischen Grundordnung" zu vermitteln, welche „nicht in Frage gestellt werden darf" (§ 1 Abs. 2 bwSchulG).

Damit steht der Ethikunterricht jedoch vor einem Dilemma: Der gesetzlich vorgegebene Vermittlungsauftrag steht in einem grundsätzlichen Widerspruch zum sokratischen Logosprinzip bzw. zum kantischen *Sapere Aude*. Diese aufklärerische Ausrichtung ist mutatis mutandis ein Grundzug der heutigen didaktischen Ansätze für das Fach Ethik. Sie beinhaltet, dass die Geltung jeglicher normativer Orientierungen rückgebunden wird an die Kraft des besseren Arguments. „Die Radikalität des philosophischen ‚*Sapere Aude*' offenbart sich in seiner prinzipiellen Unverträglichkeit mit normativen Zielvorgaben. Dies gilt auch für die Erziehungsauflagen der Landesverfassungen und des Grundgesetzes" (Tiedemann, 2015, S. 27).

Der philosophische Ethikunterricht geht somit notwendig über die vorgegebene bloße Vermittlungsaufgabe von Grundwerten hinaus. „Gesinnungserziehung und philosophische Bildung [sind] unvereinbar" (Tiedemann, 2015, S. 27). Denn das Charakteristikum des Ethikunterrichts ist gerade die Freiheit, alle vorgegebenen Normen, Werte und Traditionen hinterfragen und kritisch überprüfen zu können. Damit ist die Bereitschaft verbunden, die Geltung aller, auch die Geltung von zentralen normativen Überzeugungen, wie etwa des Prinzips der Menschenwürde, an die Überzeugungskraft ihrer Begründungen zu binden. Die Ethiklehrerinnen und Ethiklehrer sind also einerseits dazu verpflichtet, Grundwerte der Verfassung zu vertreten, andererseits verlangt der philosophische Charakter des Faches von ihnen auch die Fähigkeit, diese Grundwerte kritisch zu hinterfragen und argumentativ begründen zu können.

Diese Freiheit zur radikalen Kritik und die Bereitschaft zur Übernahme der Begründungslast auch in normativen Kernbereichen, die Ermunterung zu selbständigem Denken bleibt darüber hinaus, zumindest in sokratischer Tradition, eingebettet in die ernsthafte Suche nach Wahrheit bzw. Orientierung. Sinnfragen werden gestellt, entsprechende Einsichten werden gesucht, das Spektrum möglicher Antworten ist jedoch weit und jedes philosophische Angebot muss sich argumentativ bewähren, um überhaupt als Kandidat einer existentiellen Aneignung für die Schülerinnen und Schüler eine Rolle zu spielen.

Gelingt es, den Ethikunterricht in diesem Spannungsverhältnis von Kritik und Orientierungssuche zu entfalten, so dürfte sich der *safe space* des angstfreien Austausches um das Merkmal eines *brave space* erweitern:

> „Brave spaces are those learning environments in which the primary purpose of the interaction is a search for the truth, rather than support for a particular group of students,

> even insofar as some of the discussions will be uncomfortable for certain students [...]. The creation of both brave spaces and safe spaces entails creating environments in which students are at once challenged and supported in their learning" (Palfrey, 2017, Introduction).

Konstitutiv für die Suche nach Orientierung, Einsicht oder Wahrheit im Ethikunterricht bleibt somit das Wechselspiel von Kritik und Begründung, in dem auch verfassungsrechtlich geschützte normative Kernbereiche zur Disposition gestellt und an die Kraft des besseren Arguments gebunden werden. Vielleicht liegt gerade in diesem Merkmal des Ethikunterrichts ein Grund dafür, dass die Schülerinnen und Schüler ein hohes Interesse an ethischen Fragen entwickeln und dass sie die Gesprächskultur des Ethikunterrichts offener als die des Religionsunterrichts erfahren (vgl. Schweitzer et. al., 2018, S. 231; S. 213).

3. Philosophische Religionskritik als Beitrag zur Entwicklung religiöser Mündigkeit?

Die Befähigung zu eigenständigem Denken sowie zu einer kritischen Urteilskraft in grundlegenden Lebensfragen und in diesem Sinne zur Mündigkeit kann als ein gemeinsames Ziel des Ethik- und des Religionsunterrichts gelten. Da nun aber auch eine erhebliche Anzahl mehr oder weniger religiöser Schülerinnen und Schüler am Ethikunterricht teilnehmen, stellt sich die Frage, ob und in welchem Sinne der Ethikunterricht auch zur Ausbildung religiöser Mündigkeit beitragen kann.

Ein Kategorienfehler wäre es, den radikalen Begründungsanspruch des philosophischen Ethikunterrichts auf Glaubensinhalte auszudehnen: Ein letztbegründeter Glaube wäre eine *contradictio in adiecto*. Ein Bestandteil des Ethikunterrichts kann jedoch die religionsphilosophische Religionskritik sein. Nicht die Frage nach der Begründung von Glaubensaussagen, sondern die Frage nach rational zulässigen Glaubensinhalten kann die Religionskritik leiten. „Die Zielrichtung ist eine kritische: Von manchen Glaubensinhalten soll gezeigt werden, dass für sie innerhalb der Grenzen der Vernunft kein Platz ist" (Rohs, 2013, S. 15). Für den rational zulässigen Glauben stellt wiederum die Mündigkeit der Gläubigen eine „formale Bedingung" (Rohs, 2013, S. 14) dar. Die Ausrichtung einer derartigen Religionskritik sei abschließend kurz im Anschluss an ein weiteres Ergebnis der Studie skizziert.

78 % der muslimischen und 11 % der evangelischen Schülerinnen und Schüler äußerten die Überzeugung, dass der Koran oder die Bibel wortwörtlich wahr sei (vgl. Schweitzer et. al., 2018, S. 150). Das hier zum Ausdruck kommende inspirationstheoretische Offenbarungsverständnis ist unvereinbar mit mündigem Denken: Es ist einerseits logisch zirkulär (vgl. v. Kutschera, 1991, S. 86–99) und andererseits in einem mythischen Denken gefangen, welches annimmt, dass Götter mit Menschen reden könnten (vgl. v. Kutschera, 2008, S. 46). Maßstab für die Überprüfung der Wahrheit von Offenbarungen ist die vorausgesetzte Autorität der

Offenbarungsquelle, der sich der Gläubige zu unterwerfen hat. Eine weitergehende Bestätigung können in diesem Religionsverständnis Offenbarungen nur durch andere Offenbarungen erhalten, die wiederum von Offenbarungen gestützt werden. Mündiges Denken hat hier keinen Raum. Die vernunftwidrigen und amoralischen Abgründe dieses Offenbarungsverständnisses buchstabiert Kierkegaard in seiner Auseinandersetzung mit der Abraham-Isaak-Erzählung unnachahmlich aus (vgl. Kierkegaard, 1843/2004, S. 56; S. 63–64; S. 76; dagegen Kant 1798/1982, A 103).

Zur Entwicklung religiöser Mündigkeit kann die religionsphilosophische Kritik im Ethikunterricht also u. a. dadurch beitragen, dass sie Glaubensinhalte einerseits auf ihre logische Konsistenz befragt und andererseits deren mythische Elemente kenntlich macht.

Hieraus ergibt sich als eine mögliche Perspektive für die Zusammenarbeit von Ethik- und Religionsunterricht, dass im Rahmen einer themenbezogenen Kooperation (vgl. Schröder, 2018b, S. 366; S. 375–376) der Ethikunterricht seine spezifisch philosophischen Kompetenzen einbringt und die Schülerinnen und Schüler der verschiedenen Lerngruppen sich gemeinsam mit zentralen religiösen bzw. theologischen Themen – man denke nur an das spannende Feld einer entmythisierenden Auseinandersetzung mit christologischen Fragen (vgl. Rohs, 2013, S. 131–138; v. Kutschera, 2008, S. 112–124) – auseinandersetzen können.

Teil 5
Didaktische Analysen

Religion und Glaube, „religiös" und „gläubig"

Reinhold Boschki und Matthias Gronover

Einleitung

Religiös oder gläubig zu sein ist für Jugendliche ein wichtiger Unterschied. Der Religionsunterricht hat vergleichsweise wenig Zeit zur Verfügung, um die „großen Fragen der Menschheit" zu bearbeiten. Den Religionen geht es aber genau darum, die großen Fragen wachzuhalten, den Menschen zu helfen, mit diesen Fragen zu leben und für sich persönlich Antworten zu finden. Auch Jugendliche sind, wie die Befunde der Studie „Jugend – Glaube – Religion" insgesamt zeigen, an den „großen Fragen" interessiert. Jedoch unterscheiden sie stark zwischen ihrem individuellen Glauben und der verfassten Religion. Viel stärker bezeichnen sie sich als gläubig denn als religiös, das bedeutet, sie stellen ihre Fragen stärker individuell, vor dem Hintergrund ihrer Lebenswelt und nicht so sehr in Bezug auf die vorhandenen Religionsgemeinschaften. Eine Konkretion der Unterscheidung von Religion und Glaube für den Unterricht sollte also vor allem das Verhältnis von einer Orientierung an Glaubensgrundsätzen, wie sie die Religionen und auch die christlichen Kirchen anbieten, und einer Orientierung an jugendlicher Glaubenssuche austarieren.

1. Befunde: Institutionelle Religion und jugendlicher Glaube?

Religion beschäftigt sich mit den großen Fragen der Menschen. Woher komme ich? Was geschieht nach dem Tod? Wie ist die Welt entstanden? Wie gelingt mein Leben? Diese großen Fragen beantworten Menschen in ganz unterschiedlicher Weise. Ihr Antwortverhalten ist abhängig von ihrer Lebensphase, ihrem sozialen Umfeld und nicht zuletzt von ihrer Sozialisation. Die vorliegende Studie zeigt eindrücklich, wie eine religiöse Sozialisation das Antwortverhalten beispielsweise im Blick auf Glaubensaussagen nachhaltig beeinflusst.

In der Studie „Jugend – Glaube – Religion" geben 45 % der Befragten an, dass ihr Glaube im Alltag keine Rolle spiele. Gleichzeitig geben 43 % eine Bedeutung des Glaubens in ihrem alltäglichen Leben an. Der Glaube an Gott findet mit 52 % tendenzielle Zustimmung. Schon dieses Schlaglicht auf Items zum Thema Glaube zeigt, dass diese Dimension in der Wahrnehmung der Jugendlichen hoch differenziert ist. Denn unter Glaube verstehen sie offensichtlich nicht nur ihre Beziehung zu Gott oder zu einer höheren Macht, sondern wahrscheinlich beziehen Jugendliche ihren Glauben generell auf ihre Einstellungen gegenüber etwas je Größerem. So findet das Item *„Ich stehe zu meinem Glauben“* mit 72% eine mehrheitliche, deutliche Zustimmung (Schweitzer et al., 2018, S. 74).

Wie schon angedeutet stimmt etwas mehr als die Hälfte (52%) der Jugendlichen dem Item *„Ich glaube an Gott“* zu. Wenn gleichzeitig nur 22% der Befragten angeben, dass sie sich als religiös bezeichnen, sollte vor allem dem, was Jugendliche unter „religiös“ verstehen, nachgegangen werden. Studie „Jugend – Glaube – Religion“ arbeitet mit der Unterscheidung zwischen religiös und gläubig. Dies kommt der Sprache der Jugendlichen entgegen, weil sie mehrheitlich unter dem Adjektiv „religiös“ eine Verbundenheit zur traditionellen Religion und damit auch zu den Kirchen verstehen. Demgegenüber bezieht sich den Ergebnissen der Studie zufolge „gläubig“ sowohl auf die Beziehung zu Gott oder einer höheren Macht als auch zu den eigenen Einstellungen.

Darin steckt Neues wie Altbekanntes. Neu ist, dass diese Unterscheidung unabhängig vom Religions- oder Ethikunterricht getroffen wird. Neu ist auch, dass sie in aller Deutlichkeit getroffen wird. Dieser Befund wird durch die t_3-Daten unterstrichen: Während in dem gematchten Sample die Selbstzuschreibung „gläubig“ über die Zeit bei einer konstanten Zustimmung von um die 49% bleibt, sinkt, wie oben im Kapitel „Befunde“ dargestellt, die Zustimmung zu der Selbstzuschreibung „religiös“ von 29% bei t_1 auf 18% bei t_3.

Ein ähnliches Ergebnis wurde bereits in früheren Studien zur jugendlichen Religiosität ermittelt. Der Befund einer Unterscheidung zwischen „religös“ und „gläubig“ liegt bereits in der Studie „Religiöse Signaturen heute“ vor (Ziebertz, Kalbheim & Riegel, 2003, S. 125–157). Die untersuchten Jugendlichen bezeichnen sich dort zu ca. 22% als „religiös“, was etwa den Werten der vorliegenden Studie entspricht. Dennoch sagen sie keineswegs, dass „Glaube altmodisch und überholt“ sei, weitere ca. 30% sind sich unsicher (ebd., S. 130). Auch wenn der Begriff „Glaube“ mit den überlieferten Glaubensüberzeugungen in Zusammenhang gebracht werden könnte, legen die Aussagen der jungen Menschen doch nahe, dass sie für sich selbst einen von den religiösen Institutionen unabhängigen, also „eigenen Glauben“ (Pearce & Denton, 2011; Schweitzer, 1996), befürworten. Auch in US-amerikanischen Studien liegen die Werte derer, die an einen persönlichen Gott glauben, dies aber relativ unabhängig von der verfassten Religionen tun, bei weit über der Hälfte der Befragten (Pearce & Denton, 2011, S. 31–56).

An dieser Stelle sind auch die Befunde der vorliegenden Studie aufschlussreich, die die Gottesvorstellungen (siehe unten Abschnitt zu „Gott“) und das persönliche Gebet betreffen. Die hohen Zustimmungswerte zu Gott als jemand, zu dem man sprechen kann (47%), und zum Gebet (37% beten ab und zu) signalisiert, dass Jugendliche ihren Glauben durch Gebete ausdrücken. Der in der Studie gefundene Faktor „Glaubenssuche“ bestätigt neben diesem Gestaltungswillen auch das jugendliche Streben nach Autonomie. Für die monotheistischen Religionen wäre die Bezeichnung der „höheren Macht“ eher unpersönlich und nicht kompatibel mit einer persönlichen Gottesvorstellung. Junge Menschen erweisen sich in ihrer Gläubigkeit auch hier als Suchende, die gerade mit Blick auf ihre Beziehung zu Gott und ihre Vorstellung von Gott nach Eigenständigkeit streben.

Die Differenz zwischen „religiös“ und „gläubig“ im Selbstverständnis junger Menschen taucht in anderer Gestalt auch in neueren Jugendstudien wieder auf. Die Forschungsgruppe um Ulrich Kropač geht im Blick auf Jugendliche von einer starken Unterscheidung zwischen Religion und Religiosität aus (Kropač, Meier & König, 2012) und arbeitet mit dem Begriff der „ungebundenen Religionskulturen“ Jugendlicher: „Ungebunden sind Erscheinungsformen der Religionskultur, die sich außerhalb einer sichtbaren Bindung an religiöse Traditionen artikulieren“ (Kropač, Meier & König, 2015, S. 16). Dies korrespondiert deutlich mit den Befunden aus „Jugend – Glaube – Religion“, wonach eine Selbstbezeichnung wie „gläubig“ sich von institutionalisierten Formen der Religion abgrenzt, auch wenn die Begrifflichkeit der Studie eine andere ist.

Das Verhältnis der Jugendlichen zu institutionalisierten Formen von Religion ist also weder eindeutig vorhanden noch eindeutig gebrochen. Auch in den europaweiten Studien zur Konfirmandenarbeit wurde die Religiosität und Kirchenverbundenheit von Konfirmandinnen und Konfirmanden ermittelt. Dabei zeigte sich, dass sich mehr als Dreiviertel der Befragten als „weniger“ und „überhaupt nicht religiös“ bezeichnen, als „ziemlich religiös“ dagegen nur knapp 20 % (Schweitzer et al., 2015, S. 44).

Die entscheidende Frage ist nun, was hinter der Differenz von „religiös“ und „gläubig“ steckt. Was verstehen Jugendliche unter „religiös“, was verstehen sie unter „gläubig“? Weiter oben wurde gezeigt, dass Jugendliche verfassten Formen von Religion distanziert gegenüberstehen.

Jugendliche stehen vor der zentralen Entwicklungsaufgabe, ihre eigene Identität im Blick auf die sie umgebenden Institutionen und Gemeinschaften zu entwickeln, d. h. vor allem im Kontext ihrer Sozialbeziehungen (Lohaus, 2018). Dadurch wird auch die Einbindung des eigenen Glaubens in bestehende Religionsformen auf die Probe gestellt (beispielsweise dass die Schule gut für die eigene Entwicklung sei) und kritische Haltungen befördert (beispielsweise dass die Schule in einigen Fächern ganz gut sei, in anderen aber überflüssig). Das betrifft natürlich auch die religiöse Dimension und die in der Studie befragten Themenfelder. Dies alles sollte zum Verständnis des Folgenden mitbedacht werden.

Die religionssoziologische – und in ihrem Gefolge auch die religionspädagogische – Diskussion des Begriffs der Religion betont immer wieder zwei Aspekte von Religion, die wichtig für ein adäquates Verständnis sind (zusammenfassend: Kropač, 2019): Zum einen zeigt der *substanzielle* Aspekt die konkreten rituellen und inhaltlichen Ausgestaltungen von Religion auf. Er konturiert beispielsweise das Christentum als Religion, die kirchlich organisiert ist und Tod und Auferstehung Jesu Christi als zentralen Glaubensinhalt seines Selbstverständnisses ansieht. Zum anderen betont der *funktionale* Aspekt die Bedeutung und Relevanz von Religion für die Gesellschaft und die einzelnen Menschen. Dabei wird hervorgehoben, dass Religion vor allem auch sozial die Lücke zwischen Fassbarem und Sichtbarem und dem Unsichtbaren und Unfassbaren schließt.

An einem Beispiel kann dieser Sachverhalt in besonderer Weise verdeutlicht werden: Im Islam wird die Differenz von Sichtbarem und Unsichtbarem durch das absolute Bilderverbot realisiert, das wiederum in Kalligraphien sichtbar gemacht wird. Die religiösen Vorstellungen dürfen demnach nur geschrieben, also in Sprache gefasst, nicht in Bildern dargestellt werden. Das Unsichtbare bleibt der künstlerischen Phantasie ebenso wie der Vorstellungskraft der einzelnen Gläubigen entzogen.

Die beiden erwähnten Aspekte, der substanzielle und der funktionale, verhelfen Religionen dazu, die großen Fragen der Menschheit zu bearbeiten. „Damit sind keine Rand- oder Restfragen gemeint, die durch die Maschen eines (natur-)wissenschaftlichen und zweckrationalen Zugriffs auf Welt fallen, sondern Grundprobleme von existenzieller Tragweite, die Menschen in der Vergangenheit bewegt haben und die Menschen der Gegenwart nicht weniger ‚unbedingt angehen'" (Kropač, 2019, S. 369). Religion in diesem substanziellen Verständnis nimmt also immer eine inhaltlich und sozial reflexive Gestalt an. Inhaltlich verpflichten sich Religionen auf ein Selbstverständnis. Etwas vergröbernd kann gesagt werden: Im Christentum sind dies in erster Linie die Glaubensgrundsätze und Bekenntnisse, im Islam sind es neben den Glaubensgrundsätzen insbesondere die Rechtsprechung aus der Tradition, im Judentum bestimmt die jeweilige Auslegung der Thora über die inhaltliche und soziale Realisierung. Sozial nehmen Religionen in Kirchengemeinden, Moscheen oder Synagogen eine distinkte Gestalt an.

Diese reflexive Gestalt von Religion, die sich in den jeweiligen Selbstverständnissen niederschlägt, ist die Basis für das Verständnis einer religionspädagogischen Reflexion von Religion und dem *individuellen Glauben*. Letzterer umschreibt – zumindest vor dem Hintergrund eines christlich-theologischen Verständnisses – die individuelle *Beziehung zu Gott*, wobei sich diese Beziehung aus einer Mischung von sinnstiftenden Handlungen (Gebet, Weltdeutung, Solidarität zu Mitmenschen) und Gefühlen ergibt. Glaube ist damit ein sehr weiter Begriff, der sich in vielen Fällen aus einer bestimmten Religion heraus verstehen lässt, keineswegs aber immer auf sozial verfasste Religionen zurückzuführen ist. Glaube, wie oben beschrieben und wie er aus den qualitativen Daten im ersten Teil der Studie konturiert werden kann, findet sich auch jenseits von Religion. *„Mein Glaube ist unabhängig von Religionen"* (w, 16 Jahre, oR, Ethikunterricht, allgemeinbildendes Gymnasium) (Bohner, Nowack & Wissner, 2019, S. 31).

Um dies zu verstehen, kann es hilfreich sein, den *Begriff der Religiosität* genauer zu beleuchten. Religiosität kann als Terminus stärker auf die subjektive Dimension von Religion zielen (Angel, 2006), also die bei den Einzelnen konkret vorfindbaren religiösen bzw. gläubigen Überzeugungen, individuellen Praktiken und Lebensweisen.

Gerade für jugendliche Religiosität kann im Anschluss daran gefolgert werden, dass die „Religiosität [...] sich von Inhalten [löst], vor allem von Glaubenssätzen […]. Die – für die Theologie hochbedeutsame – Wahrheitsfrage spielt für sie keine Rolle." (Kropač, 2019, S. 36) Das ist vor dem Hintergrund der Befunde der hier vorgelegten Studie richtig, wenn man unter dem Inhalt des christlichen Glaubens zum Beispiel den Tod und die Auferstehung Jesu Christi und ein personales Gottesbild versteht. Die Zustimmung dazu wurde in der Studie „Jugend – Glaube – Religion" durch Items wie *„Gott ist jemand, zu dem man sprechen kann"* (47 % Zustimmung) oder *„Gott ist eine Energie"* (29 % Zustimmung) erfragt. Sich Gott als Gesprächspartner vorzustellen impliziert eine personale Vorstellung von ihm. Dennoch lässt sich nicht daraus schließen, dass dann auch der zentrale Inhalt des christlichen Glaubens impliziert ist.

Religiosität und individueller Glaube entstehen nicht im luftleeren Raum, quasi unabhängig von gesellschaftlich-kulturellen Bedingungen. Im Gegenteil, auch jugendliche Religiosität „zehrt, stärker als vermutet, vom ‚Altvertrauten' des Christentums. Untypisch für die Religiosität junger Menschen ist ein konkretes Bekenntnis wie etwa das christliche Credo. Typisch ist eher ein Weltbild, das allgemein religiös aufgeladen ist" (Kropač, 2019, S. 36). Im Blick auf Religiosität kann festgehalten werden, dass Jugendliche durchaus auf christliche Begriffe zurückgreifen und dass sie, zwar sehr selektiv, auf christliche Tradition rekurrieren. Jugendliche Religiosität und vermutlich auch jugendlicher individueller Glaube können demnach als eine religiöse Haltung beschrieben werden, die verschiedene Traditionen aus unterschiedlichen Religionen miteinander kombinieren kann, die weniger auf Inhalte konzentriert sind, und an der Wahrheitsfrage kaum Interesse zeigt. Sie ist stark emotional aufgeladen, wobei sie gleichzeitig als funktional im Sinne eines Sicherheitsgewinns zu beschreiben ist. Darauf deuten auch die Befunde der vorliegenden Studie mit ihren hohen Zustimmungswerten zur Aussage *„Gott oder das Göttliche ist für mich persönlich … etwas, das Sicherheit gibt"* ganz deutlich hin.

Die drei Begriffe Religion, Glaube und Religiosität spielen also durchaus ineinander, wobei der Begriff des Glaubens dabei derjenige ist, der die Individualität religiöser Sinnkonstruktionen am deutlichsten beschreibt. Im angelsächsischen Bereich ist die Unterscheidung zwischen der Beziehung zur verfassten Religion und dem individuellen Glauben in der Unterscheidung zwischen den religiösen Siedlern und den spirituell Suchenden bekannt. Diese Charakterisierung stehen für ganz unterschiedliche Arten und Weisen, sich zum Transzendenten zu verhalten. Während die Siedler eher traditionelle Formen der Religion leben und religiösen Autoritäten und ihrem Gewissen höheres Gewicht beimessen, streben die religiös Suchenden nach Autonomie, nach Selbstbestimmung auch bei moralischen Fragen und nach Freiheit im Blick auf religiöse Praktiken (Wuthnow, 1998; Roof, 1999; Schambeck, 2015).

Es wird damit deutlich, dass die Selbstauskunft der Jugendlichen, gläubig zu sein, eine hoch individualisierte Form der Bezugnahme auf ein „mehr als alles" sein dürfte. Sie ist jedenfalls keine Form einer inhaltlich bestimmten Religiosität, die sich an eine verfasste Religion anlehnt. Die hohe Konstanz der Zustimmungswerte zur Selbstauskunft „ich bin gläubig“ über den Erhebungszeitraum hinweg weist darauf hin, dass die darin angezeigte Autonomie – also das Streben nach Selbstbestimmung in moralischen und religiösen Fragen – von institutionellen Vorgaben unberührt bleibt. Dafür spricht auch, dass die entsprechenden Werte für die Selbstauskunft „ich bin religiös“ deutlich sinken.

Ein Blick auf die in der Studie „Jugend – Glaube – Religion“ vorgenommen qualitativen Schülerinterviews fasst das bisher Gesagte zusammen:

> *„Ich meine, dass religiös jetzt nicht unbedingt bedeutet, dass man in die Kirche gehen muss. Sondern einfach, dass man an irgendwas Höheres glaubt. Aber das nicht unbedingt mit Kirche oder so verbinden muss“* (w, 17 Jahre, ev, Religionsunterricht, allgemeinbildendes Gymnasium) (Schweitzer et al., 2018, S. 219).

Klar wird hier der individuelle Transzendenzbezug betont, der auch ganz ohne Kirche auskommen kann. Gleichzeitig bestätigt sich die religionspädagogische Erkenntnis, dass Kirche und die christliche Sprache bzw. deren Begriffe die Hintergrundfolie zur Gewinnung der eigenen Autonomie bilden.

> *„Ich glaube nicht an eine schriftliche Verfassung der versch. Religionen (Koran, Bibel, …). Ich bin eher misstrauisch gegenüber Religionen. An eine höhere Macht glaube ich dennoch.“* (w, 16 Jahre, oR, Ethikunterricht, allgemeinbildendes Gymnasium) (Bohner et al., 2019, S. 31)

Auch hier wird deutlich, wie autonom der individuelle Glaube verstanden wird. Dezidiert wird das Verhältnis zu den Religionen – also nicht nur zur Kirche oder zum Islam, sondern generalisiert – als „misstrauisch“ deklariert. Das zeigt, dass es nicht nur um eine kognitive Auseinandersetzung geht, sondern durchaus auch ein Gefühl gegeben ist, sich kritisch zu distanzieren und einen „eigenen Glauben“ leben zu wollen.

2. Didaktische Bewertung: Chancen der Differenzierung

Für die didaktische Bewertung des Befundes, dass viele Jugendliche, die auf der Suche nach Sinn sind, sich konstant als „gläubig“ bezeichnen und bis zum Erhebungszeitpunkte t_3 die Zustimmungswerte für das Item „religiös“ sehr deutlich abnehmen, sind zwei Merkmale zentral wichtig: Zum einen geht es um das generelle Streben der Jugendlichen nach Autonomie, das sich auch auf die verfasste Religion bezieht. Zum anderen kommt es ganz entscheidend darauf an, dass religiöse Bildung ihr zentrales Ziel der religiösen Mündigkeit noch stärker als bisher betonen muss. Denn religiöse Mündigkeit bedeutet nach dem oben Gezeigten, das jugendliche Streben nach Selbstbestimmung den traditionellen Glaubensüberzeugungen nicht einfach bei- oder unterzuordnen, sondern die Sinnsuche Jugendlicher damit ins Gespräch zu bringen.

Im Kapitel zum Religionsunterricht und zum Ethikunterricht wird deutlich gemacht, dass Jugendliche dem Ethikunterricht stärker unterstellen, ihre eigene Meinung aufzunehmen und weiter zu verarbeiten. Das ist insofern für religiöse Bildungsprozesse herausfordernd, als der Religionsunterricht ja genau diesen Anspruch an sich selbst formuliert. Wenn es zutrifft, dass die Jugendlichen, wenn sie sich als religiös bezeichnen würden, damit meinen, kirchliche oder muslimische Formen des Glaubens zu leben und zu denken, dann wird wohl der Religionsunterricht auch genau unter diesen Vorzeichen wahrgenommen. Gewissermaßen ist dann die „Religion des Religionsunterrichts“ in der Wahrnehmung der Jugendlichen genau das, was der Religionsunterricht demnach vermitteln soll: distinkte Glaubensüberzeugungen, zu denen sich die Jugendlichen eine Meinung bilden bzw. sich verhalten sollen.

Berücksichtigt man die deutliche Unterscheidung zwischen „gläubig“ und „religiös“, wird man insbesondere im Religionsunterricht noch viel stärker als bisher den Begriff der Religion – im Sinne auch des „gläubig“ Seins – und sein Verhältnis zum Religionsunterricht beleuchten müssen. Der Religionsunterricht wird bekanntlich in Übereinstimmung mit den Grundsätzen der Religionsgemeinschaften (Grundgesetz, Art. 7,3) erteilt. Der Akzent liegt in dieser Hinsicht auf der Gemeinschaft und den hier geltenden Glaubensüberzeugungen. Vor dem Hintergrund der vorliegenden Ergebnisse wäre religionsdidaktisch stärker zu problematisieren, wie sich ein allgemeiner, abstrakter Religionsbegriff in diesen Glaubenssätzen wiederfindet und welche Freiheiten diese Glaubensgrundsätze auf der anderen Seite eröffnen, damit jugendliche Glaubensvorstellungen darin einen Platz haben.

In der religionspädagogischen Diskussion wird dies derzeit unter dem Stichwort der „Positionalität“ diskutiert, wobei offen ist, inwieweit der konfessionelle Rahmen des Religionsunterrichts hier eine notwendige Bedingung darstellt (Verburg, 2017). In den Wahrnehmungen der Jugendlichen dürfte dieser konfessionelle Rahmen eher als einengend wahrgenommen werden. Dennoch kann Religionsunterricht den Blick der Schülerinnen und Schüler weiten, indem er das Positionelle und Konfessionelle nicht als einengende Größen lehrt und lebt, sondern den Unterricht im Horizont einer dialogischen und offenen Positionalität, die zum Teil auch „transparente Positionalität“ genannt wird (Schröder, 2017, S. 40–42), gestaltet. Hier können die Lernenden erfahren, dass die Religionen und Glaubensgemeinschaften ein Angebot an religiösen Sprach-, Denk- und Handlungsmöglichkeiten zur Verfügung stellen, aber dass sie sich als Schülerinnen und Schüler frei dazu verhalten können, also ihr eigenes „gläubig-Sein“ in der Kommunikation über Religion und Glaube sowie in der der direkten Begegnung damit selbst finden können.

Ein weiterer wichtiger Aspekt im Kontext von „religiös“ und „gläubig“ ist, dass derzeit unter dem Stichwort der religiösen „Heterogenität“ diskutiert wird, wie viel Vielfalt Unterricht zur Geltung bringen kann, ohne sich letztlich in Einzelarbeit aufzulösen (Grümme, 2017). In dieser Spannung bewegt sich auch die Unterscheidung zwischen Religion und Glaube in der Wahrnehmung der befragten Schülerinnen und Schüler. Unterricht ist gemeinschaftliches Lernen, das auf Bildung zielt. Deswegen ist religiöse Bildung auch immer auf seine soziale Dimension hin zu reflektieren. Religion und Glaube spiegeln insofern eine fruchtbare Spannung, die im Unterricht selbst schon angelegt ist. Hier hat der Religionsunterricht wiederum die Chance, die Perspektive der Lernenden zu öffnen und deren religiöse Sprach- sowie Unterscheidungsfähigkeit zu erweitern.

3. Konkretionen: Öffnung für eigene Verortungen der Schülerinnen und Schüler

Religionsunterricht hat, wie gesehen, vielfältige Potentiale, die Frage nach eigener Gläubigkeit, nach Religiosität und Religion, sowie deren Differenzen und Zusammenhänge zu klären. Dieser Fragenkomplex verweist eher auf eine Querschnittsaufgabe in den verschiedenen Klassenstufen und Schularten als auf ein eigenes Thema innerhalb einer bestimmten Unterrichtseinheit. Eine offene, dialogische und transparente Positionalität zu lehren und zu leben, ist Aufgabe religiöser Bildung von der Grundschule bis zum Abitur, in allgemeinbildenden ebenso wie in berufsbildenden Schulen.

Dabei ist auf Seiten der Lehrkräfte insbesondere eine „diagnostische Wahrnehmungskompetenz“ (Rothgangel, 2012) hilfreich, um die unterschiedlichen Verortungen und Selbstzuschreibungen, zum Teil auch die implizit vorhandenen Religiositätsmuster der Schülerinnen und Schüler wahrzunehmen und aufzuspüren. So können die Lernenden konstruktiv in das Unterrichtsgeschehen hineingenommen werden. Beispielsweise kann am Beginn des Schuljahrs eine kurze Unterrichtseinheit stehen, die gerade auch religionsskeptische Schülerinnen und Schüler sowie Distanzierte anspricht, um auch die kritischen Stimmen im Religionsunterricht ernst zu nehmen und im weiteren Verlauf auf ihre Anfragen und Wünsche reagieren zu können.

Didaktische Realisierungsmöglichkeiten ergeben sich beispielsweise in folgenden Unterrichtssettings:

– *Biographieorientiertes Arbeiten* ist eine für den Religionsunterricht bewährte und weithin akzeptierte Möglichkeit, Schülerinnen und Schüler anhand konkreter Lebensgeschichten von anderen ins Nachdenken über ihre eigenen biografischen Prägungen zu bringen (u. a. Kalloch, Leimgruber & Schwab, 2014, S. 301–311). Das Lernen an fremden Biographien kann hier ebenso relevant sein wie das Nachdenken über die eigenen Lebenswege: An welchen Stellen habe ich „religiöse“ und/oder „gläubige“ Menschen schon erlebt? Was haben sie gesagt, getan, gelebt? Waren sie allein oder in einer Gemeinschaft als religiöse Menschen erkennbar? Kann ich mich an Gespräche mit ihnen erinnern? Haben mich diese Begegnungen in meiner eigenen Weise, religiös zu denken oder gläubig zu sein, beeinflusst? Und wenn ja, wie? etc.

- Wie bei allen in diesem Band vorgeschlagenen Themen gilt, dass man als Lehrkraft *Äußerungen von den hier befragten Schülerinnen und Schülern* als Einstieg in eine Auseinandersetzung mit dem jeweiligen Thema verwenden kann. Solche Äußerungen finden sich im ersten Band der Studie (Schweitzer et al., 2018) und in der eigens zusammengestellten Broschüre mit Schüleräußerungen zu „Jugend – Glaube – Religion“ (Bohner et al., 2019). Äußerungen wie die folgenden können junge Menschen ermuntern, sich eigene Gedanken dazu zu machen und in das Gruppen- oder Klassengespräch einzubringen:

  > „*Ich glaube, ich würde da einen Unterschied setzen zwischen gläubig und religiös. Ich würde sagen, dass religiös einfach das ist, wenn man diese Riten macht, also in die Kirche gehen und so, aber einfach, weil's halt jeder macht oder so an Weihnachten mal in die Kirche gehen. Und gläubig wäre dann eher für mich diese persönliche Beziehung zu Gott*“ (m, 17 Jahre, ev, Religionsunterricht, allgemeinbildendes Gymnasium) (Bohner et al., 2019, S. 33).

- In eine ähnliche Richtung gehen Unterrichtsarrangements, die Videos von jungen Menschen in den Mittelpunkt stellen, in denen die Jugendlichen über ihren eigenen Glauben, ihre Gläubigkeit und Religiosität, ihre Verbundenheit und Distanz zu institutionalisierten Formen der Religion sprechen. Beispielsweise gibt es Videoreihen zum Thema „Was glaubst Du?“, in denen Jugendliche aus unterschiedlichen Religionen sowie solche, die keiner Religion angehören oder sich als atheistisch bezeichnen, über ihre Vorstellungen von Glaube und Religion, ihr eigenes Gläubigsein sowie ihre Partizipation oder kritische Anfragen an überlieferten Glaubensformen zum Ausdruck bringen (Medienprojekt Wuppertal, 2011). Dies können religionsdidaktisch wichtige Ausgangspunkte sein, die Schülerinnen und Schüler herausfordern, ihren eigenen Glauben oder Nicht-Glauben zu reflektieren und darüber im Unterricht zu diskutieren.
- In einer Religionsdidaktik des „standpunktbefähigenden Lernens“ (Woppowa, 2018, S. 185–191) können Positionalitäten ermöglicht werden, unabhängig vom religiösen, konfessionellen oder konfessionslosen Hintergrund der Schülerinnen und Schüler. Standpunkte oder Verortungen können insbesondere durch multiperspektivische und perspektivenverschränkende Zugänge diskutiert werden. Hierzu werden inhaltliche Perspektiven aus christlicher oder auch aus konfessionsspezifischer Sicht mit anderen Perspektiven aus kultur- und geistesgeschichtlicher Sicht sowie aus fremdreligiöser Sicht gegenübergestellt. Die Deutungsmuster der Religionslehrkraft und die subjektiven Perspektiven der Schülerinnen und Schüler, also deren eigene Deutungsmuster, können daraufhin ins Gespräch kommen. Dies ist auch auf die möglichen Kooperationen mit dem islamischen Religionsunterricht zu beziehen.
- In diesem Zusammenhang ist die Arbeit mit *konträren Perspektiven*, die direkt aufeinander bezogen werden, eine gute Möglichkeit, um „kontroverses Lernen“ (ebd., S. 188) einzuüben, das gegen einen harmonisierenden Zugang zu Religion und Glaube steht. In Glaubensfragen, so können die Schülerinnen und Schüler

lernen, gibt es kein Einheitsmodell – auch nicht das der Religionslehrkraft –, sondern eine Multiperspektivität, die verschiedene Glaubensoptionen ermöglicht. Auch gibt es im religiösen Bereich kein „schwarz und weiß“, weshalb „komplementäres Lernen“ (ebd.) für religiöse Bildung wesentlich ist. Hier können konfessionalistische oder gar fundamentalistische Positionen problematisiert, gleichzeitig aber auch eigene Standpunktgewinnung und Verortungen ermöglicht werden.

Schülerwahrnehmungen zum Religions- und zum Ethikunterricht: Religionsdidaktische Herausforderungen und Perspektiven

Friedrich Schweitzer

Die Studie „Jugend – Glaube – Religion" zeichnet sich u. a. dadurch aus, dass repräsentativ Schülerinnen und Schüler im Religions- und im Ethikunterricht befragt wurden. Dadurch werden vergleichende Beobachtungen möglich, die für beide Fächer und Fachdidaktiken aufschlussreich sind (als ältere vergleichende Studie aus Ostdeutschland vgl. Petzold, 2003). Im Folgenden soll jedoch, der Kompetenz des Verfassers folgend, nur aus religionsdidaktischer Perspektive gefragt werden. Ethikdidaktische Reflexionen finden sich in einem weiteren Beitrag im vorliegenden Band (Schilling, S. 205–215).

Neben dem unmittelbaren Vergleich, der sich aus dem Nebeneinander von Befunden auf parallele Fragen zum Religionsunterricht auf der einen und zum Ethikunterricht auf der anderen Seite ergeben, sind noch weitere Deutungen möglich, die aus dem Verhältnis der beiden Fächer zueinander resultieren: Wer aus dem Religionsunterricht austritt, muss – zumindest in Baden-Württemberg sowie in den meisten anderen westlichen Bundesländern – den Ethikunterricht besuchen. Daher ist davon auszugehen, dass insbesondere die evangelischen und katholischen Schülerinnen und Schüler im Ethikunterricht zuvor einmal den Religionsunterricht besucht haben und dass der Wechsel in den Ethikunterricht mit ihrer Wahrnehmung des Religionsunterrichts zu tun hat. Deshalb soll gefragt werden, ob und wie sich diese Gruppe von Schülerinnen und Schülern im Ethikunterricht von den Schülerinnen und Schülern im Religionsunterricht unterscheidet. Eine solche Betrachtung kann Aufschluss darüber geben, wer sich vom Religionsunterricht nicht angesprochen fühlt (vgl. dazu auch Wissner & Schweitzer, 2019).

Besonders aufschlussreich zum Verhältnis zwischen Religions- und Ethikunterricht sind in der Studie „Jugend – Glaube – Religion" zugleich die Freitextantworten und die Interviews, in denen zum Teil sehr differenzierte Wahrnehmungen zu diesem Thema geäußert werden. Auch wenn sich quantitative und qualitative Befunde nicht einfach aufeinander abbilden lassen und qualitative Befunde die quantitativen nicht erklären, können hier die quantitativen und qualitativen Befunde doch in ein sinnvolles Verhältnis zueinander gebracht werden.

In diesem Kapitel geht es nicht um ein Thema für den Religionsunterricht (obwohl es durchaus sinnvoll sein könnte, in der Religionsgruppe einmal dieses Verhältnis zwischen Religions- und Ethikunterricht zu thematisieren und beide Angebote miteinander zu vergleichen), sondern es geht um eine grundlegende

Herausforderung für den Religionsunterricht insgesamt. Die am Ende des Kapitels gebotenen Konkretionen beziehen sich entsprechend auf diese Herausforderung.

1. Befunde: Wie Schülerinnen und Schüler den Religions- und Ethikunterricht jeweils wahrnehmen

Religionsdidaktisch erfreulich ist zunächst die positive Wahrnehmung des Religionsunterrichts (vgl. zum Folgenden Schweitzer et al., 2018, S. 108–111). 52 % der Befragten waren in t_1 der Auffassung, dass es hier spannende Themen gibt, und 46 % bejahten, dass ihnen der Religionsunterricht Denkanstöße gebe. Allerdings stehen dieser positiven Bewertung auch 49 % der Befragten gegenüber, die sagen, dass ihnen der Religionsunterricht „persönlich wenig" bringe. Etwas enttäuschend fällt auch die Zustimmung zu der Aussage *„Der Religionsunterricht hilft mir bei schwierigen Lebensfragen"* aus, die bei 15 % lag. Gleichwohl ist dies ein insgesamt erfreuliches Bild.

Ähnliches gilt allerdings noch mehr für den Ethikunterricht, bei dem 68 % von „spannenden Themen" sprechen und 59 % von Denkanstößen, die ihnen dieser Unterricht gebe. Und auch bei der Hilfe „in schwierigen Lebenslagen" schneidet der Ethikunterricht mit 24 % Zustimmung besser ab als der Religionsunterricht.

Im Vergleich zwischen den Bewertungen durch die Schülerinnen und Schüler im Religionsunterricht einerseits und die Schülerinnen und Schüler im Ethikunterricht andererseits – bewertet wird der jeweils besuchte Unterricht, da die Befragten nicht beide Angebote gleichzeitig belegen können – macht auch insgesamt deutlich, dass der Ethikunterricht im Schülerurteil besser abschneidet als der Religionsunterricht. Auch die Annahme, dass der Religionsunterricht im Blick auf das persönliche Leben und Glauben mehr erreiche, bewahrheitet sich diesen Befunden zufolge nicht. Darin liegt eine erste religionsdidaktische Herausforderung.

Die Befunde aus dem dritten Befragungszeitpunkt ergänzen und erhärten dieses Bild (vgl. in diesem Band S. 79–87). Im Rückblick beurteilen sowohl die früheren Religions- als auch die früheren Ethikschülerinnen und -schüler den Unterricht zum Teil besser als in der Schulzeit selbst. Zugleich bleibt der beschriebene Unterschied bestehen: Auch jetzt fällt das Urteil im Blick auf Ethik besser aus als im Blick auf Religion.

Befunde aus den qualitativen Interviews fügen dem noch eine zweite Herausforderung hinzu, die sich auf die grundsätzliche Wahrnehmung von Religionsunterricht im Verhältnis zum Ethikunterricht bezieht (vgl. Schweitzer et al., 2018, S. 230–231). In den Interviews heben die Jugendlichen beispielsweise hervor, dass man sich im Ethikunterricht besser aufgehoben fühle, wenn der eigene Glaube sich von den in der Erziehung übernommenen Vorstellungen weg entwickelt habe. Eine Schülerin etwa spricht in diesem Sinne davon, dass sich ihr Glaube „verändert" habe (Zitat im Wortlaut in diesem Band S. 113). Nach Auffassung dieser Schülerin war der Religionsunterricht, den sie offenbar viele Jahre lang besucht hat, umso weniger für sie geeignet, je mehr sich ihr Glaube „verändert" hat. Mit diesem veränderten Glauben, für den sie die „eigene Vorstellung" betont, fühlt sie sich im Ethikunterricht „um einiges besser verstanden". Mit anderen Worten: Dem Urteil dieser Schülerin zufolge ist im Religionsunterricht nicht auf ein Verständnis für einen Glauben zu hoffen, der sich an „eigenen Vorstellungen" orientiert.

In eine etwas andere, aber doch ähnliche Richtung geht auch eine weitere Schüleräußerung:

> *„Ich finde im Ethikunterricht lernt man zu denken und man muss wirklich denken und da geht's eben und da hatte ich im Religionsunterricht eben [...] immer das Gefühl, es wird einem vorgegeben, wir lesen jetzt die Stelle in der Bibel, schreib raus, was Jesus getan hat oder sowas. ‚Herzlichen Glückwunsch, Sie wissen jetzt Bescheid.' [...] in Ethik, grad durch unsere Lehrerin, die regt uns dazu an nachzudenken, eine eigene Meinung zu bilden, die dann auch wirklich mit anderen zu diskutieren und zu gucken: was denken Andere drüber, denken die anders als ich? Und das finde ich eben das Schöne an Ethik, es wird viel mehr zugelassen als im Religionsunterricht"* (w, 18 Jahre, katholisch, Ethikunterricht, berufliches Gymnasium) (Schweitzer at al., 2018, S. 231).

Zunächst bestätigt dieses Zitat eine Beobachtung aus der religionspädagogischen Unterrichtsforschung, der zufolge der Religionsunterricht (untersucht wurde der Religionsunterricht der Grundschule) zu wenig intellektuelle Herausforderung im Sinne der kognitiven Aktivierung mit sich bringe (vgl. Englert et al., 2014). In der Schüleräußerung wird dies aber noch weiter zugespitzt mit der kritischen Wahrnehmung, dass einem im Religionsunterricht „vorgegeben" wird, was man tun und verstehen soll. Umgekehrt sei im Ethikunterricht das eigene Denken und Nachdenken – sich „eine eigene Meinung zu bilden" – gefragt. Darüber hinaus werde die gemeinsame Diskussion geschätzt. Und wiederum heißt es: „es wird viel mehr zugelassen als im Religionsunterricht".

Die Schüleräußerungen aus dem qualitativen Teil von „Jugend – Glaube – Religion" können natürlich nicht verallgemeinert werden, da es sich um Einzelbefunde handelt. Zusammen genommen machen sie aber doch deutlich, dass zumindest mitunter eine Wahrnehmung von Religionsunterricht verbreitet ist, die diesen Unterricht durch festliegende Erwartungen und eine geringe Offenheit für vom christlichen Glauben abweichende oder diesen kritisch hinterfragende Auffassungen bietet. Weniger eigenes Nachdenken sei hier gefragt als ein Zustimmen zu vorgegebenen Überzeugungen.

In einer solchen Wahrnehmung von Religionsunterricht liegt eine zweite Herausforderung für den Religionsunterricht.

In einer Spezialauswertung der Daten aus „Jugend – Glaube – Religion" wurde genauer untersucht, wen der Religionsunterricht nicht erreicht (vgl. Wissner & Schweitzer, 2019; vgl. S. 114–116). Dazu wurde die Gruppe der evangelischen und katholischen Schülerinnen und Schüler, die den Ethikunterricht besuchen, genauer ins Auge gefasst. Immerhin macht diese Gruppe 50 % der Schülerinnen und Schüler im Ethikunterricht aus.

Bei dieser Auswertung zeigte sich, dass sich die evangelischen und katholischen Schülerinnen und Schüler im Ethikunterricht systematisch von denen im Religionsunterricht unterscheiden. Sie glauben weniger an Gott (28 % versus 55 %), weniger an Jesu Auferstehung (15 % versus 38 %), weniger an ein Leben nach dem Tod (40 % versus 55 %) und auch weniger an Gott als den Schöpfer der Welt (13 % versus 30 %).

Ähnlich fallen die Unterschiede auch bei der Einschätzung der Kirche aus. Die evangelischen und katholischen Schülerinnen und Schüler im Ethikunterricht sehen kritischer, was die Kirche sagt, wollen häufiger aus der Kirche austreten, seltener in einer Kirche heiraten und haben auch ein weniger positives Bild von dem, was die Kirche für die Menschen tut.

Diese Befunde könnten so verstanden werden, dass Jugendliche mit größerer Distanz zu Glaube und Kirche gleichsam naturgemäß zum Ethikunterricht tendieren. Führt man sich jedoch vor Augen, dass wohl die allermeisten in dieser Gruppe zuvor den Religionsunterricht besucht haben, sprechen die Befunde eher dafür, dass der Religionsunterricht eine bestimmte Gruppe von Schülerinnen und Schülern deutlich weniger erreicht und anspricht als andere. So gesehen treten diese Schülerinnen und Schüler aus diesem Grund am Ende aus dem Religionsunterricht aus und gehen in den Ethikunterricht. Der Austritt aus Religion kann in diesem Sinne auf eine fehlende Passung zwischen den entsprechenden Schülerinnen und Schülern auf der einen und dem Religionsunterricht oder jedenfalls dessen Wahrnehmung durch die Schülerinnen und Schüler auf der anderen Seite zurückgeführt werden.

Zusammenfassend lässt sich die Frage, warum sich evangelische und katholische Schülerinnen und Schüler vom Religionsunterricht verabschieden, dann so beantworten:

Sie sind

- weniger religiös und weniger stark religiös sozialisiert als die Jugendlichen im Religionsunterricht;
- und/oder machen Erfahrungen im Religionsunterricht, die ihnen den Eindruck vermitteln, eher in den Ethikunterricht zu „passen“,
- wobei der Ethikunterricht zudem häufig attraktiver erscheint.

Dazu noch einige Äußerungen aus den Freitextantworten:

> *„Ich wurde im Unterricht (kath. Religion) gefragt, wie die Welt entstanden ist. Meine Antwort war ‚durch den Urknall‘. Die gewollte Antwort war ‚durch Gott‘. Das zeigte mir, dass ich im Ethikunterricht besser aufgehoben bin, da ich nicht mehr an Gott glaube.“* (w, 15 Jahre, rk, Ethikunterricht, allgemeinbildendes Gymnasium) (Bohner et al., 2019, S. 51)

> *„Meine Religionslehrer, die ich über die Jahre hatte, waren schon immer sehr konservativ, wenig modern, haben wenig andere Meinungen zugelassen und das widerspricht mir einfach. So lange man darüber diskutieren kann und andere Meinungen akzeptiert, ist*

> *das super, aber sobald jemand eben versucht, mich von meiner Meinung abzubringen, indem er mir einen anderen Glauben aufdrücken möchte, das möchte ich einfach nicht. Und das hatte ich bei Religionslehrern wirklich, bei meinen zumindest, immer das Gefühl, dass sie einfach wenig Freiraum lassen. Für die gab's oft nur eine Richtung und die stimmt und es gibt nichts Anderes und bei Ethiklehrern auch. Die, die ich bis jetzt hatte, hab ich mich bis jetzt immer besser aufgehoben gefühlt in dem Sinne, [dass] meine Meinungen akzeptiert [wurden], es wurde konstruktiv drüber diskutiert."* (w, 18 Jahre, rk, Ethikunterricht, berufliches Gymnasium) (Bohner et al., 2019, S. 52)

Erneut fällt die Wahrnehmung auf, dass im Religionsunterricht nur „wenig andere Meinungen zugelassen" würden.

Doch soll hier nicht der Eindruck erzeugt werden, als käme der Religionsunterricht durchweg schlecht weg. Es gibt auch ausgesprochen positive Stimmen, die hier ebenfalls zu Wort kommen sollen:

> *„Durch Religionsunterricht wurde Glauben und Religion klarer und verständlicher, weswegen ich mehr Vertrauen aufbauen konnte und somit Religion eine größere Rolle als zuvor einnehmen konnte."* (m, 17 Jahre, rk, Religionsunterricht, allgemeinbildendes Gymnasium) (Bohner et al., 2019, S. 49)

> *„Durch den Religionsunterricht in der Schule hat sich mein Glaube verändert. Ich glaube nicht alles was mir gesagt wird und sehe manche kirchlichen Dinge kritisch oder bezweifle sie sogar."* (m, 21 Jahre, ev, Religionsunterricht, berufliches Gymnasium) (Bohner et al., 2019, S. 50)

Und schließlich:

> *„Ich glaube, beim Religionsunterricht ist's auch so, dass es total vom Lehrer abhängt. Also ich glaube, wir haben eine richtig gute Lehrerin."* (w, 18 Jahre, rk, Religionsunterricht, berufliches Gymnasium) (Bohner et al., 2019, S. 51)

2. Didaktische Bewertung: Verkannter und missverstandener Religionsunterricht?

Vermutlich werden sich viele Religionslehrkräfte bei der Lektüre der Schüleräußerungen schon gefragt haben, woher solche Wahrnehmungen von Religionsunterricht eigentlich kommen. Gibt es hier Klischees und überkommene Vorstellungen von einem kirchlich normierten Unterricht? Hat der Religionsunterricht einfach ein schlechtes Image, zumindest bei manchen Schülergruppen?

Sicher ist es nicht möglich, aus den Schülerwahrnehmungen einfach auf die Realität des Religionsunterrichts schließen zu wollen. Es wäre im Extrem sogar denkbar, dass sich die oben zitierten positiven und negativen Wahrnehmungen auf ein und denselben Unterricht beziehen. Schönheit liegt bekanntlich im Auge des Betrachters!

Und doch ist nicht zu übersehen, dass die Wahrnehmung von Religionsunterricht als eines die Schülerinnen und Schüler festlegenden Angebots so ziemlich allem widerspricht, was in der Religionspädagogik der Gegenwart an Erwartungen vertreten wird. Der Religionsunterricht soll offen sein für alle Schülerinnen und Schüler, die sich dafür interessieren. So heißt es ausdrücklich in einer Denkschrift der EKD zum Religionsunterricht (vgl. Evangelische Kirche Deutschland, 2014, S. 40). Und wohl niemand in der Religionspädagogik würde widersprechen, wenn gesagt wird, dieser Unterricht soll gerade solchen Schülerinnen und Schülern etwas bieten, die beispielsweise aufgrund einer schwachen oder überhaupt fehlenden religiösen Sozialisation in der Herkunftsfamilie in religiöser Hinsicht noch nicht so viel mitbringen.

Herausfordernd ist aber auch die von den Schülerinnen und Schülern so gering eingeschätzte Lebensbedeutsamkeit des Religionsunterrichts. Die religionspädagogische Selbsteinschätzung zielt doch gerade auf einen Unterricht, der etwa im Namen der Subjekt-, Erfahrungs- oder Lebensweltorientierung Kindern und Jugendlichen wirklich „etwas bringen“ will, und weithin wird dies auch als ganz realistisch erachtet.

Und schließlich: Versteht sich der Religionsunterricht nicht ganz ausdrücklich als ein Ort der Freiheit und des freien Denkens, ehrlichen Sprechens und kritischen Urteilens?

Kein Zweifel: Schülerwahrnehmungen, die all dies in Zweifel ziehen, rühren gleichsam an das Fundament der heutigen Religionspädagogik und des Religionsunterrichts ebenso wie an Grundüberzeugungen der Religionslehrerschaft. Umfragen, wie sie in verschiedenen Bundesländern durchgeführt wurden, machen immer wieder deutlich, dass auch in der Sicht der Religionslehrerschaft das Ziel des Unterrichts in der eigenen Urteilsbildung der Kinder und Jugendlichen liegen soll (vgl. etwa Pohl-Patalong et al., 2016; Rothgangel et al., 2017). Sie wollen ihre Schülerinnen und Schüler nicht einseitig beeinflussen oder gar indoktrinieren, und eine allzu große Nähe zur Kirche und zum kirchlichen Glauben liegt ihnen ohnehin eher fern.

Zugleich stehen die Schülerwahrnehmungen in der Studie „Jugend – Glaube – Religion“ aber keineswegs allein. Andere groß angelegte Untersuchungen wie die bundesweiten und internationalen Konfirmandenstudien stellen auch der Konfirmandenarbeit das Zeugnis aus, dass sie bei denen am meisten erfolgreich ist, die bereits eine ausgeprägte religiöse Sozialisation mitbringen und die zudem weiblich und bildungsnah sind (vgl. etwa Schweitzer et al., 2015). Zu ähnlichen Befunden führt auch eine aktuelle Untersuchung zum interreligiösen Lernen, die ebenfalls in Baden-Württemberg durchgeführt wurde (vgl. Unser, 2019). Die neue Diskussion über Heterogenität im Religionsunterricht fügt solchen Wahrnehmungen einen didaktischen Horizont hinzu, der die Bedeutung solcher Befunde weiter unterstreicht (vgl. Grümme, 2017).

Die Frage, wen der Religionsunterricht tatsächlich erreicht und wem er was zu bieten vermag, wurde in der Vergangenheit – auch in der Religionsdidaktik – erstaunlich wenig diskutiert. Sie stellt sich aber unausweichlich, und sie gehört, genauer betrachtet, zu den zentralen religionspädagogischen Fragen. Der Sinn von

Religionsunterricht kann nicht – oder wenigstens nicht nur – darin bestehen, solche Kinder und Jugendlichen weiter zu fördern, die dafür vom Elternhaus bereits günstige Voraussetzungen mitbringen.

Davon zu unterscheiden ist der zweite Kritikpunkt, der aus den Schülerwahrnehmungen hervorgeht: die Erwartung, dass im Religionsunterricht nicht frei gedacht, gesprochen oder gar geglaubt werden darf. Es mag durchaus ein Vorurteil sein, dem der Religionsunterricht hier begegnet, aber auch dies würde nichts daran ändern, dass angesichts dieser Wahrnehmung entschieden nach Möglichkeiten gesucht werden muss, wie der Religionsunterricht ein anderes Bild von sich selbst vermitteln kann.

3. Exemplarische Konkretion: Wie sich der Religionsunterricht verändern kann

Beim Verhältnis zwischen Religions- und Ethikunterricht handelt es sich, anders als bei den parallelen Artikeln in diesem Teil des Buches, in der Regel nicht um ein einzelnes Thema (auch wenn dieses Verhältnis – wie gesagt – gelegentlich durchaus zum Thema gemacht werden kann und auch gemacht werden sollte). Insgesamt geht es eher um grundlegende Fragen, die die Grundausrichtung von Religionsunterricht betreffen (vgl. die Diskussionsbeiträge in Schröder & Emmelmann, 2018).

Offenbar wird der Religionsunterricht, wie aus den Befunden von „Jugend – Glaube – Religion“ sichtbar geworden ist, von den Schülerinnen und Schülern als ein tendenziell geschlossenes, auf den christlichen Glauben festgelegtes und vor allem die Schülerinnen und Schüler festlegendes Angebot wahrgenommen. Auch wenn dies aus der Sicht der Religionslehrkräfte keineswegs der Fall ist und auch nicht der Fall sein soll, müssten solche Wahrnehmungen ernstgenommen werden. Denn auch ohne Anhalt an einer Realität sind sie auf jeden Fall doch wirksam, und dies in einer Weise, die religionspädagogisch problematisch ist. Schülerinnen und Schüler, die den Religionsunterricht so wahrnehmen, lehnen ihn in aller Regel ab.

Die Vermutung liegt nahe, dass es sich hier über individuelle Einzelwahrnehmungen hinaus um ein allgemeines Image-Problem des Religionsunterrichts handelt. Deshalb muss gezielt an diesem Image gearbeitet werden. Dazu gehört an erster Stelle, dass auch für die Schülerinnen und Schüler deutlich ist – und mit zunehmenden Alter ihnen auch ausdrücklich kommuniziert werden muss –, in welcher Weise der Religionsunterricht konfessionell oder christlich ist, was dies bedeutet und was nicht. Nach heutigem Verständnis betreffen solche Bindungen die Ausrichtung oder Konfessionszugehörigkeit der Lehrkraft, die durch die Konfessionalität des Angebots transparent gemacht werden soll, aber eben ausdrücklich nicht deshalb, weil am Ende alle Schülerinnen und Schüler in die Überzeugung der Lehrkraft oder der Religionsgemeinschaft einstimmen sollen (vgl. beispielsweise Evangelische Kirche Deutschland, 2014). Beabsichtigt ist vielmehr, dass sich Schülerinnen und Schüler mit einer transparent fassbaren Position auseinandersetzen können – um sie sich nach einer kritischen Prüfung begründet zu eigen zu machen oder eben nicht.

Insofern müssen alle Diskurse im Religionsunterricht freiheitlich sein und bleiben. Dies ergibt sich schon aus der Freiheitsorientierung des christlichen Glaubens, wie sie in besonderer Deutlichkeit im Johannes-Evangelium oder bei Paulus zum Ausdruck kommt.

Folgerungen sind daraus ebenso für die Unterrichtsvorbereitung wie für die Unterrichtsgestaltung zu ziehen. Wann kann und darf im Unterricht einfach von „wir" die Rede sein? Wie wird vermieden, dass Schülerinnen und Schüler einfach als „Christen" adressiert und vereinnahmt werden? Welche Lernanforderungen machen deutlich, dass sich der Religionsunterricht nicht nur an solche Schülerinnen und Schüler wendet, die von ihrer religiösen Sozialisation her dem christlichen Glauben besonders nahe stehen? Oben wurde bereits darauf verwiesen, dass der Religionsunterricht weit mehr, als dies allgemein bewusst oder gar gewollt ist, in seiner derzeitigen Praxis vor allem solche Schülerinnen und Schüler erreicht, die über eine ausgeprägte religiöse Sozialisation verfügen und die sich in ihren Überzeugungen dem christlichen Glauben besonders verbunden fühlen. In Zukunft wird es darauf ankommen, den Unterricht so zu öffnen, dass auch andere Schülerinnen und Schüler davon profitieren können. Vor dem Hintergrund von „Jugend – Glaube – Religion" ist es sehr zu begrüßen, wenn sich neuere religionspädagogische Publikationen ausdrücklich solchen Herausforderung stellen wollen und nach den Fragen, die bei „Reli" vor allem „keine Lust und keine Ahnung" assoziieren (vgl. Altmeyer et al., 2019). Die Befunde unterstreichen allerdings zugleich die Notwendigkeit, sich als Religionslehrkraft nicht allzu schnell mit Negativreaktionen oder zur Schau getragenem Desinteresse auf Schülerseite zufrieden zu geben und bestimmte Schülerinnen und Schüler etwa als „religiös unmusikalisch" abzuschreiben. Die religiösen Suchbewegungen von Jugendlichen reichen jedenfalls nach wie vor weiter als beispielsweise ihre Kirchlichkeit. Dabei ist allerdings ebenfalls nicht zu übergehen, dass es Erwachsenen immer schwerer zu fallen scheint, diese Suchbewegungen in ihrem religiösen Gehalt wahrzunehmen.

Eine insgesamt noch wenig praktizierte Möglichkeit könnte angesichts der beschriebenen Befunde auch in Kooperationen zwischen dem Ethik- und dem Religionsunterricht bestehen (vgl. Schweitzer, 2018). Dabei wäre ebenfalls Gelegenheit, einem verzerrenden Negativ-Image von Religionsunterricht zu begegnen – nicht durch den Verzicht auf klare Positionen religiöser und nicht religiöser Art, sondern dadurch, dass die für den Religionsunterricht – seinem Anspruch nach – kennzeichnende Offenheit und Freiheitlichkeit zum Tragen kommt.

Leben nach dem Tod als Thema im Religionsunterricht

Matthias Gronover

Die Thematisierung von Vorstellungen eines Lebens nach dem Tod im Unterricht erfordert immer Fingerspitzengefühl. Das betrifft eine inhaltlich orientierte, thematische Bearbeitung genauso wie existenzielle Unterrichtsgespräche darüber. Wie die Studie „Jugend – Glaube – Religion" zeigen konnte, sind Jugendliche stark am Thema interessiert und wünschen sich eine Bearbeitung der Fragestellung (Erdmann, 2017, S. 49–55). Das Thema ist stark emotional. So brach eine Jugendliche beim Ausfüllen eines Fragebogens zum Thema in Tränen aus (Erdmann, 2017, S. 273). Die Situation musste sofort besprochen werden. In der Studie „Jugend – Glaube – Religion" war das Thema nur 8 % der befragten Jugendlichen *„egal"*.

Diese einleitende Problematisierung soll verdeutlichen, dass die existenzielle Frage nach dem Leben nach dem Tod im Religionsunterricht auch existenziell besprochen werden sollte. Neben der Möglichkeit, dass Schülerinnen und Schüler persönlich betroffen sind, gibt es immer auch die Möglichkeit, dass Schülerinnen und Schüler davon nicht betroffen sein wollen. Für beides sollte der Unterricht Raum geben. Die grundlegende Empfehlung, die hier ausgearbeitet werden soll, besteht darin, das Gespräch über dieses Thema über die jugendlichen Vorstellungen davon, was nach dem Tod ist, zu entwickeln und dabei genau darauf zu achten, dass die Situation dieses Gespräch auch gut zulässt. Der Übergang dieses Gesprächs *über das Thema* Tod zum Gespräch der Schülerinnen und Schüler über die Relevanz des *Themas für sie* ist dabei fließend.

1. Befunde: Jugendliche Jenseitsvorstellungen

In der Konzeption der Erhebung in der Studie „Jugend – Glaube – Religion" wurden vor allem zwei Aspekte berücksichtigt und operationalisiert, die für die Frage nach jugendlichen Jenseitsvorstellungen entscheidend sind: Zum einen sollten die Jugendlichen mit ihren Vorstellungen zu Wort kommen und die Häufigkeitsverteilungen verschiedener Aussagen erfasst werden. Zum anderen wurden in diesem Zuge auch religiös-traditionelle Deutungsmuster und vermeintlich säkulare Sichtweisen erhoben. Weil die Befragung im Religions- und im Ethikunterricht stattfand, sollte möglichst auch die Heterogenität der Vorstellungen abgebildet werden.

Deshalb wurden sowohl religiös-traditionelle Deutungsmuster vom Jenseits (*„Es gibt ein Leben nach dem Tod"*, *„Ich bin im Paradies"*) wie auch Deutungsmuster, die säkular geprägt sind (*„Das kann man nicht wissen“, „Mich gibt es da nicht mehr“*), erhoben.

Mit dem Zurückweichen christlicher Sozialisationsmuster aus der Breite der Bevölkerung und der Fokussierung religiöser Bildung auf den Religionsunterricht und, wo dies als Angebot (noch) wahrgenommen wird, auf die Gemeindearbeit (also der Konfirmandenarbeit und der Katechese), ist der Zusammenhang von jugendlichen Jenseitsvorstellungen und traditionalen, kirchlichen Jenseitsvorstellungen von besonderem Interesse.

In der Studie „Jugend – Glaube – Religion“ stimmten 54% der Befragten der Aussage *„Es gibt ein Leben nach dem Tod“* tendenziell zu. Eine etwa gleich große Zahl geht dabei davon aus, dass ihre Seele dabei weiterlebe (53%). Das Item *„Mich gibt es dann nicht mehr“* findet mit 40% tendenzielle Zustimmung. 30% der Befragten geben an, *„Ich bin im Paradies“*, 28% *„Ich begegne Gott“*. 24% geben an, dass *„Gläubige in den Himmel kommen“*; nur 8% glauben, dass *„Ungläubige in die Hölle kommen“* (Schweitzer et al., 2018, S. 82).

Die Studie konnte im Blick auf den Gottesglauben einen klaren Zusammenhang zwischen individueller Gläubigkeit und religiöser Sozialisation finden. Dies bildete sich so auch in den Vorstellungen vom Jenseits ab. Insbesondere weibliche Befragte und Personen mit stärkerer religiöser Sozialisation zeigten einen intensiveren Jenseitsglauben. Dies zeigte sich schon beim ersten und zweiten Erhebungszeitpunkt und wurde beim dritten bestätigt. Diejenigen, die religiös sozialisiert wurden, ließen einen Jenseitsglauben auf stabilem, hohem Niveau erkennen. Dies stellt sich vor allem im Vergleich zu denjenigen Personen dar, die wenig oder nicht religiös sozialisiert sind und geringere Zustimmungswerte beim Jenseitsglauben aufwiesen.

Dieser Befund deckt sich mit Beobachtungen, die Vorstellungen vom Jenseits vor dem Hintergrund religiöser, also nicht nur christlicher, Traditionen erhoben. Hier zeigt sich, dass „eigene Überlegungen“, das „persönliche Umfeld“ und „wissenschaftliche Erkenntnisse“ sowie „Zweifel an den offiziellen Lehren der Institutionen“ entscheidend dafür sind, wie individuelle Vorstellungen vom Jenseits ausgestaltet sind (Tesche, 2017, S. 73). Die Beobachtungen von Tesche basieren auf qualitativen Interviews mit 24 Personen, von denen etwas mehr als die Hälfte „eigene Überlegungen“ angaben, die anderen Faktoren wurden von ca. acht Personen angegeben. Die im gleichen Projekt erhobenen Daten aus der quantitativen Online-Befragung (N 1001) zeigen, dass durch „‚Deinstitutionalisierungsprozesse‘ in Form einer Abkehr von den sogenannten ‚sichtbaren‘, institutionellen Religionsformen und einer Hinwendung zu unterschiedlichen Spielarten von noch weitgehend ‚unsichtbarer‘ Religion und Spiritualität“ (Tesche, 2017, S. 98) religiös-traditionelle Vorstellungen ausgetauscht, ergänzt und/oder komplementiert werden. Neben diesem Einzelbefund zeigt die Forschung von Tesche jedenfalls, dass eine Differenzierung der Ergebnisse nach Lebensphasen auch im Blick auf die Frage nach Jenseitsvorstellungen dringend geboten ist. Es bestätigt sich allerdings in dieser Studie mit Erwachsenen der schon in der Religionspädagogik diskutierte Befund, dass Jenseitsvorstellungen stark von den tradierten Mustern abweichen können.

Die Forschung zeigt einen klaren Zusammenhang zwischen religiöser Selbsteinschätzung und der Zustimmung zur Frage, ob es ein Jenseits überhaupt gebe (Erdmann, 2017, S. 75). Insbesondere, aber nicht nur für diese Gruppe der religiösen bzw. religiös-interessierten Personen ist die Differenzierung zwischen der Vorstellung vom Jenseits und Vorstellungen davon, was sich im Todesmoment ereignet, nochmals wichtig. Dominant ist hier die Idee, dass das „eigene Leben [...] wie ein Film noch einmal an einem vorbei" ziehe (Erdmann, 2017, S. 77; 40,1 % bei N 1558).

Die Frage *„Hast du schon mal einen Todesfall in deinem näheren Umfeld (zum Beispiel Familie, Freundeskreis) gehabt?"* haben nur 15,7 % der Befragten 1555 Jugendlichen verneint. Alle anderen Jugendlichen hatten einen oder mehrere Todesfälle zu beklagen. Unabhängig davon befürworten ca. 67 % der Befragten die Existenz eines Jenseits. Die persönliche Erfahrung hat offenbar keinen Einfluss auf die Beantwortung dieser Frage (Erdmann, 2017, S. 79). Erhebt man die Relevanz des Jenseitsglaubens der Jugendlichen, so kann man zwischen Ablehnungen, Unentschiedenen und Befürwortern unterscheiden. „Wer ein Jenseits befürwortet, hält es meist für relevant (36,3 % *eher wichtig* / 44 % *sehr wichtig* = 80,3 %), wer nicht daran glaubt, hält es für irrelevant (26,9 % *eher nicht wichtig*/ 34,9 % *nicht wichtig* = 61,8 %), und wer sich nicht für oder gegen ein Jenseits entschieden hat, ist hinsichtlich der Relevanz ebenfalls noch nicht festgelegt (Höchstwert bei *„weiß nicht":* 32,5 %)" (Erdmann, 2017, S. 220). In allen drei Gruppen gilt, dass der Glaube an ein Jenseits und dessen Relevanz zusammenhängen und dass ein großer Teil der jeweiligen Gruppe sich der Logik Glaube = Relevanz/ Unglaube = Irrelevanz entzieht. Auch das zeigt, dass Jugendliche in dieser Frage auf der Suche sind und religiös-traditionelle Deutungsmuster weiterentwickeln bzw. hinterfragen.

Die Studie „Jugend – Glaube – Religion" hat die religiöse Dimension von Jenseitsvorstellungen mit den Items *„Es gibt ein Leben nach dem Tod", „Ich werde wiedergeboren", „Gläubige kommen in den Himmel"/„Ungläubige kommen in die Hölle", „Meine Seele lebt weiter", „Ich sehe alle wieder, die ich kenne"* erfragt. Das letztgenannte Item weist dabei eine erhebliche Differenz zwischen dem Befragungszeitpunkt t_1 und t_2 von 13 Prozentpunkten auf. Die Zustimmungswerte hierfür nehmen ab. Beim dritten Befragungszeitpunkt (t_3) sind die Werte stabil und identisch mit dem Befragungszeitpunkt t_2. Gleichzeitig ist festzuhalten, dass die Zustimmung für das Item „Meine Seele lebt weiter" von 58 % Zustimmung bei t_1 auf 64 % Zustimmung bei t_3 steigt. Das ist eine deutliche Zunahme, die inhaltlich einerseits in Zusammenhang mit dem Item *„Ich sehe alle wieder, die ich kenne"* steht. Faktisch aber sind die Entwicklungsdynamiken dieser beiden Items über die Befragungszeitpunkte hinweg gegenläufig. Es wäre genauer zu beleuchten, was Jugendliche unter der Seele verstehen.

Auch das nicht christliche Item *„Ich werde wiedergeboren"* weist eine Entwicklung von t_2 (16 %) zu t_3 (23 %) auf. Auch hier wäre interessant zu erfahren, wie genau Vorstellungen der Wiedergeburt ausgestaltet sind.

Die offensichtlich nicht religiös geprägten Items *„Mich gibt es dann nicht mehr“*, *„Das kann man nicht wissen“* und *„Das ist mir egal“* sind über die drei Befragungszeitpunkte stabil.

Die von der Studie erhobenen, qualitativen Daten widersprechen anderen Befunden deutlich, wonach die Jugendlichen „gelassen“ mit dem Thema umgehen. Vielmehr werden die Eindringlichkeit und Bedeutsamkeit des Themas unterstrichen. Todesfälle, die hier geschildert werden, sind immer einschneidend und haben Auswirkungen auf die Beziehung zu Gott.

> *„Der Tod meiner Oma. Dieses Ereignis hat mein Glaube an Gott geschwächt. Es gibt auch keine Nachweise dafür, dass man in den Himmel/Paradies gelangt und dort weiterleben kann.“* (w, 19 Jahre, rk, Religionsunterricht Berufschule) (Schweitzer et al., 2018, S. 22)

Das Ringen dieser jungen Erwachsenen ist deutlich. Ihr Glaube wurde geschwächt durch den Tod der Oma; in naturwissenschaftlichen Kategorien denkend sucht sie nach „Nachweisen“ über den Verbleib der Oma.

> *„Ich habe eine persönliche Bedeutung für mich gefunden. Bei einem Todesfall durch Krebs war ‚Gott‘ die einzige Instanz, mit der ich ‚sprechen‘ konnte (obwohl es nichts an der Situation veränderte).“* (w, 17 Jahre, ev, Religionsunterricht allgemeindbildendes Gymnasium) (Bohner et al., 2019, S. 11)

Diese junge Schülerin hat eine Antwort auf die Relevanz des Jenseitsglaubens gefunden. Für sie ist Gott ein Gegenüber, mit dem man sprechen kann. Im Moment des Todes war er sogar „die einzige Instanz“, mit der sie kommunizieren konnte.

> *„Durch den Selbstmord meines Kumpels wurde mein Glaube an Gott zuerst schwächer, da ich nicht verstehen konnte wie er dies zulassen konnte, doch nun bin ich an dem Punkt, wo ich einfach nur hoffe, ihn wiedersehen zu können. Ich möchte mir nicht vorstellen, dass es nach dem Tod vorbei ist“.* (w, 17 Jahre, rk, Religionsunterricht allgemeindbildendes Gymnasium) (Schweitzer et al., 2018, S. 172)

Diese Schülerin entwickelt eine Vorstellung vom Jenseits, in dem sie die Hoffnung äußert, einen „Kumpel“ wieder sehen zu dürfen.

2. Didaktische Bewertung: über das Jenseits im Diesseits mit Jugendlichen sprechen

Die Studien „Jugend – Glaube – Religion“ zeigt deutlich, dass Vorstellungen vom Leben nach dem Tod sehr verschieden und den Jugendlichen zugleich sehr wichtig sind. Unter anderem werden diese Vorstellungen stark vom jeweiligen religiösen Hintergrund her beschrieben. Deswegen zeigt sich auch eine stark unterschiedliche Akzentuierung von Paradiesvorstellungen bis zur Vorstellung, mit dem Tod sei alles aus. Die Rahmenlehrpläne der Kirchen für den Religionsunterricht sehen für die Sekundarstufen die Einheit „Jesus Christus“ vor, in der Tod und Auferstehung Jesu Christi als Zentrum des christlichen Glaubens und der Tradition thematisiert werden. Gleichwohl ist dies vor dem Hintergrund der Studie mit Blick auf die nichtchristlichen und nichtreligiösen Vorstellungen vom Leben nach dem Tod zu differenzieren.

Über Jahrhunderte war im katholischen Christentum die Vorstellung dominant, den Tod als Übergang ins Himmelreich zu verstehen. Dieser Übergang wurde durch das Letzte Gericht und die Läuterung der Seelen im Fegefeuer bildlich vereindeutigt. Die religiöse Erziehung war entsprechend geprägt von einem Denken, das die irdischen Taten in einen Zusammenhang mit der Läuterung im Jenseits verstand. In beiden Konfessionen spielte dabei das Letzte Gericht eine große Rolle.

Der in der religiösen Erziehung funktionalisierte Zusammenhang von irdischem Tun und Gottesgericht führte zu dramatischen Fehlentwicklungen, die katholischerseits erst mit einem Umdenken seit etwa 1968 bereinigt wurden. Mit Tilmann Mosers Buch „Gottesvergiftung“ (Moser, 1980) fand diese negative, religiöse Erziehung einen resümierenden Abschluss, der vor allem die entwicklungshemmenden und -verkrümmenden Aspekte solcher Jenseitsvorstellungen betonte.

Seitdem arbeitet die Religionspädagogik an Konzepten, die vor allem zwei Aspekte deutlich betonen: Zum einen geht es theologisch um die Deutung des Jenseits als das ganz Andere, das anthropomorphe Projektionen immer wieder dekonstruiert. Religionspädagogisch wird diese Erkenntnis vor allem dadurch eingeholt, dass Jenseitsvorstellungen eng an biblischen Texten erarbeitet und diskutiert werden. So wird beispielsweise im Unterricht Jes 11 unter dem Gesichtspunkt der Gerechtigkeit Gottes und des himmlischen Friedens besprochen, und Matthäus 25,31-46 besonders unter dem Aspekt betrachtet, dass die Nächstenliebe Richtschnur des eigenen Handelns sein sollte und dass sich daran das Gottesgericht ausrichte.

So kann das Jenseits als das je Andere für Jugendliche und junge Erwachsene in allgemeinbildenden und auch berufsbildenden Schulen zugänglich werden.

Zum anderen betont die Religionspädagogik immer wieder im Sinne der Subjektorientierung, dass die Vorstellungen der Schülerinnen und Schüler deutlich zu Wort kommen sollen und dass mit diesen Vorstellungen zu arbeiten sei. Dabei dürfe nicht entscheidend sein, ob diese Vorstellungen den traditionalen Mustern der Überlieferungen entsprechen. Gleichwohl bietet die christliche Tradition einen weiten Raum an Interpretationsmöglichkeiten der leiblichen Auferstehung, die sowohl die soziale Bedeutung des Totengedenkens als auch die transzendente Dimension der Erlösung kennen. Die personale Akzentuierung dieser Pole kann didaktisch gut, aber auch kritisch ins Gespräch mit Vorstellungen von Seelenwanderung und Karma gebracht werden.

Die Studie „Jugend – Glaube – Religion“ zeigt, dass dieses Thema dringend der schulischen Bearbeitung bedarf. Der Religionsunterricht steht vor der Aufgabe, Jugendliche nicht mit dem Thema alleine zu lassen. Dabei könnten Kooperationen zwischen Religions- und Ethikunterricht vor allem dann sehr ertragreich durchgeführt werden, wenn religiöse Vorstellungen und philosophische Vorstellungen miteinander ins Gespräch gebracht werden. Denn genau in dieser Bandbreite bewegen sich auch die Vorstellungen der Jugendlichen. Daraus aber zu schließen, dass religiöse Vorstellungen aus Judentum, Christentum und Islam einfach obsolet wären und durch vermeintlich säkulare Vorstellungen substituiert würden, ist falsch und erscheint auch didaktisch nicht ratsam. Das würde die Ungewissheit, die die Frage nach dem Jenseits immer in sich birgt, in eine falsche Vereindeutigung führen. Das wird den philosophischen, religiösen und jugendlichen Vorstellungen nicht gerecht. Vielmehr sollte der Unterricht den Jugendlichen ermöglichen, religiöse mit nichtreligiösen Vorstellungen (etwa transhumanistische, wonach der Tod technisch überwunden werden könne) ins Gespräch zu bringen.

Bei der religionsdidaktischen Reflexion des Themas ist hohes Augenmerk auf die soziale, situative Einbettung zu legen. Das Thema setzt voraus, dass es sowohl vom Lebensalter her als auch vom sozialen Setting her bearbeitbar ist. Als existenzielle Frage soll es zwar auch existenziell bearbeitet werden, darf aber zugleich nicht mit Trauerarbeit verwechselt werden. Dies scheint sehr wichtig zu sein, denn die Erfahrung des Todes ist im Jugendalter keine Ausnahmeerfahrung.

Eine existenzielle Bearbeitung des Themas ist selbstverständlich auch über vermittelnde Medien möglich. Hier bieten sich Erfahrungsberichte genauso an wie biblische Geschichten der Trauer und Auferstehung. Inwieweit dabei die aus religiöser Sicht zentrale Frage nach dem letzten Gericht thematisiert wird, hängt in hohem Maße von den Zielsetzungen des Unterrichts ab. Zugleich ist aber evident, dass die Frage nach der letzten Instanz für Friede und Gerechtigkeit durchaus eine hohe Relevanz für Vorstellungen vom Jenseits hat. Diese Frage ist ja auch aus Sicht der Schülerinnen und Schüler ganz zentral. Viele Vorstellungen von einem Weiterleben nach dem Tod, ob im Modus des Wiedersehens oder des Seelenlebens, sind ja konnotiert von dem Bedürfnis des Ausgleichs irdischer Ungerechtigkeiten. Manche Jugendliche möchten sich „einfach nicht vorstellen, dass mit dem Tod alles vorbei ist". Das „Alles" wird irgendwie ins Jenseits verlängert und findet dort hoffentlich die erwünschte Erfüllung.

Das Thema macht erforderlich, den Unterricht wirklich als geschützten Raum zu etablieren, und setzt vertrauensvolle Kommunikation voraus. Diese kann nicht unmittelbar mit dem Thema entwickelt werden, wohl aber durch es vertieft werden. Gesprächsregeln helfen hierbei, auch weil sie unpassende Äußerungen von Anfang an sanktionieren. Bei all dem sollte aus religionspädagogischer Perspektive beachtet werden, dass das Gespräch vertrauensvoll, aber nicht therapeutisch sein darf. Die Differenz zwischen Trauerarbeit und Unterricht muss gewahrt bleiben.

3. Konkretion: Vorstellungen vom Leben nach dem Tod

Das Thema „Jenseits“ entsteht nicht einfach so und aus dem Unterricht heraus. Es ist eines der Themen, über das Schülerinnen und Schüler nur dann sprechen, wenn sie der Gesprächssituation vertrauen. Entsprechend sorgfältig sollte das Thema in den Unterricht hineingetragen werden. Die folgenden Konkretionen beziehen sich darauf und entwickeln drei Merkmale, die unterrichtspraktisch beachtenswert sind. Dabei wird gemäß der Befunde nicht allein auf christliche Vorstellungen abgehoben, sondern von einer Vorstellungsvielfalt ausgegangen. Konkretionen für zum Beispiel berufsbildende Schularten wurden bereits vorgelegt (Marose et al., 2017).

(1) Primat der Schülerorientierung

Es ist deutlich geworden, dass die Vorstellungen der Jugendlichen auseinandergehen. Religiös sozialisierte Jugendliche haben einen intensiveren Jenseitsglauben als nicht religiös sozialisierte. Gleichzeitig gibt es eine sehr große Anzahl an unentschiedenen und indifferenten Einstellungen zu diesem Thema. Unterricht sollte hier ansetzen und sowohl die entschiedenen Vorstellungen zu Wort kommen lassen als auch die indifferenten. Gleichzeitig sollten diese Vorstellungen so präzise wie möglich artikuliert bzw. anschaulich gemacht werden. Dies unterstützt nicht nur die Würdigung subjektiver Anschauungen, sondern bildet gleichzeitig auch die Grundlage für die adäquate Bearbeitung des Themas *als Thema.* Denn die Jugendlichen können im Bildungsprozess ihre eigene Vorstellung nur dann weiter entwickeln und differenzieren, wenn sie sich darüber im Klaren sind, wie diese Vorstellung aussieht und was sie für sie – zumindest im Moment – bedeutet. Deswegen sollte von einem klaren Primat der Schülerorientierung im Blick auf dieses Thema ausgegangen werden.

(2) Perspektivenvielfalt ermöglichen

Wenn gerade diejenigen Jugendlichen, die noch keine intensiven Jenseitsvorstellungen entwickelt haben, im Unterricht nur wenige Perspektiven auf dieses Problem erhalten, werden sie in ihrer Suche nach Orientierung schlecht unterstützt. Deswegen sollte der Religionsunterricht darauf Wert legen, biblische Vorstellungen genauso zu entfalten wie naturwissenschaftliche und philosophische. Da es in diesem Unterricht zum einen um eine thematische Orientierung geht, zum anderen aber immer auch um die persönliche Relevanz des Themas für die eigene Person, liegt in dieser Perspektivenvielfalt der Schlüssel für die Entwicklung einer entsprechenden philosophischen und/oder religiösen Kompetenz.

Perspektivenvielfalt hängt aber nicht nur von den eingebrachten Bildern und Texten ab, sondern entscheidend auch von der Gestaltung des Gesprächsraumes. Nur ein Unterricht, der es schafft, eine vertrauensvolle Gesprächsatmosphäre zu etablieren, wird der Bedeutung und Tragweite dieses Themas gerecht. D. h. für die Lehrenden vor allem, dass sie die Klasse und Lerngruppe sehr gut kennen müssen; und für die Schülerinnen und Schüler, dass sie ihre Lehrkräfte schätzen. Nur so kann das didaktische Ineinander von Thema, Lerngruppe und persönlicher Relevanzbildung gelingen.

(3) Relevanzen diskutieren

Neben der Etablierung von Gesprächsatmosphäre und der Bearbeitung des Themas auf inhaltlicher Ebene sollte im Unterricht auch die Schlüssigkeit eines Konzepts bzw. einer individuellen Vorstellung überprüft werden. Das ist ein entscheidender Beitrag zu einer Meinungsbildung, die ermöglicht, mit diesem Thema kompetent umzugehen.

Dabei ist es schwierig, den individuellen Jenseitsglauben eines Jugendlichen so zu begegnen, dass diese Vorstellung sich dem Gespräch öffnet und nicht verschließt. Zu Recht betonen Jugendliche oft, dass sie in ihrer Glaubensvorstellung frei seien. Das darf aber nicht bedeuten, sich in der eigenen Vorstellung einzuigeln. Wenn es zutrifft, dass Religionen einen Beitrag zu einem gelingenden Leben leisten, dann muss den Schülerinnen und Schülern auch begreiflich gemacht werden, welche Relevanz Jenseitsvorstellungen für ihr Leben haben können. Was bedeutet der Glaube an die Auferstehung, wenn man den Tod eines lieben Verwandten betrauert? Was bedeutet die muslimische Vorstellung vom göttlichen Gericht im Blick auf das Leben im Hier und Jetzt? Und was bedeutet die hinduistische und buddhistische Vorstellung der Wiedergeburt im Blick darauf? Und warum ist Karma erstrebenswert? Das sind die Fragen, denen sich der Religionsunterricht stellen sollte.

Schöpfung, Bibel und Naturwissenschaft

Friedrich Schweitzer

> *„Ich finde es schwierig, die Vorstellung, dass Gott die Welt schuf, mit der naturwissenschaftlichen in Einklang zu bringen. [...] Aus diesem Grund habe ich begonnen, an der Bibel und der Kirche zu zweifeln [...].“* (w, 17 Jahre, ev, Religionsunterricht, allgemeinbildendes Gymnasium) (Schweitzer et al., 2018, S. 179)

Das Verhältnis zwischen Schöpfungsglaube und Naturwissenschaft gehört einerseits zum Grundbestand des Religionsunterrichts in der Sekundarstufe II. Andererseits scheint dieses Thema, den Wahrnehmungen der Jugendlichen und jungen Erwachsenen in der Studie „Jugend – Glaube – Religion“ zufolge, durch den Unterricht bislang nicht in einer für sie überzeugenden Weise geklärt zu sein. Immer wieder wird diese Thematik in den Interviews aufgeworfen – zumeist mit dem Ergebnis, dass man „daran“ einfach nicht glauben könne. So gesehen handelt es sich um eine Frage, die die jungen Menschen stark bewegt und die auch für ihren Glauben insgesamt große Bedeutung hat. Es geht offenbar nicht um eine isolierte Problemstellung, sondern in gewisser Weise zugleich auch um eine Grunddimension für den Religionsunterricht. Wenn der Schöpfungsglaube nicht (mehr) überzeugt, verliert auch der christliche Glaube insgesamt seine Glaubwürdigkeit und damit auch die Kirche, die sich auf diesen Glauben beruft.

1. Befunde: Was die Jugendlichen – nicht mehr – glauben

Die Befunde sprechen im Blick auf den Schöpfungsglauben eine eindeutige Sprache (vgl. Schweitzer et al., 2018, S. 83–85). Der Aussage *„Die Welt ist von Gott erschaffen“* stimmen in t_1 weniger als ein Drittel der Befragten zu (31 %). Die größte Zustimmung findet hingegen die Aussage *„Die Welt ist durch den Urknall entstanden“* (70 %). Dabei waren allerdings Mehrfachantworten möglich, so dass noch weitere Antwortvarianten ins Spiel kommen. So zeigen sich 42 % der Befragten überzeugt, dass die Welt „nur das Ergebnis von Zufallsprozessen“ sei, woraus die Frage abgeleitet werden kann, wie sich der von 70 % bejahte Urknall zu den „Zufallsprozessen“ verhält, denen weit weniger der Befragten zustimmen. Daneben gibt es auch eine starke Tendenz zu einer agnostischen Einstellung (*„Das kann man nicht wissen“*, 40 %).

Insgesamt lässt sich dieser Befund so zusammenfassen, dass der Zweifel am Schöpfungsglauben sehr weit verbreitet, zugleich für die Jugendlichen aber auch besonders herausfordernd bleibt. Durch den Zweifel am Schöpfungsglauben erledigen sich die auf die Herkunft der Welt und des Menschen bezogenen Fragen für die Jugendlichen offenbar nicht. Nur 9 % der Befragten sagten zu der Frage nach der Entstehung der Welt *„Das ist mir egal“*. Dies zeigt an, dass es sich um eine sehr wichtige Frage handelt, die gerade in den Augen junger Menschen nach Klärung und eigener Entscheidung verlangt. Durch den Zweifel verliert sie nicht ihr Gewicht – eher trifft das Gegenteil zu.

Bemerkenswert ist auch noch ein weiterer Befund: Nur wenige der Befragten gehen davon aus, dass der Glaube an einen Schöpfergott und die Erklärung der Weltentstehung durch den Urknall beide wahr sein können und damit auch gleichermaßen zustimmungsfähig (s. die Einzelangaben unten). Zwischen beiden Sichtweisen muss man sich demnach, der großen Mehrheit der Befragten zufolge, klar entscheiden bzw. haben die Befragten selbst auch bereits eine solche Entscheidung für sich getroffen. In aller Regel fällt die Option dann zugunsten der „glaubwürdigeren" naturwissenschaftlichen Sichtweise aus.

Wie stellt sich die weitere Entwicklung bei diesem Thema dar? Auch hier sprechen die Befunde vom dritten Befragungszeitpunkt eine eindeutige Sprache. Der Glaube, dass Gott die Welt erschaffen habe, sinkt von 37 % bei t_1 auf 34 % bei t_3. Gleichzeitig steigt die Zustimmung zu der Aussage *„Die Welt ist durch den Urknall entstanden"* in dieser Zeit von 75 % auf 79 %. Am deutlichsten ist der Zustimmungsanstieg zu der Aussage *„Die Welt ist nur das Ergebnis von Zufallsprozessen"* von 42 % bei t_1 auf 53 % bei t_3.

Auch hinsichtlich komplementärer Sichtweisen, die Raum für beides – für den Schöpfungsglauben wie für naturwissenschaftliche Erklärungen – bieten, zeigen sich entsprechende Veränderungen (zum Denken in Komplementarität vgl. grundlegend Fetz et al., 2001). Die Analyse der t_1-Daten hatte ergeben, dass etwa ein Viertel der Befragten sowohl der Urknalltheorie als auch dem Schöpfungsglauben zustimmten, während die Mehrheit der Befragten nur einen der beiden Ansätze zur Erklärung der Weltentstehung bejahten. Bei der t_3-Stichprobe zeigt sich der Effekt, dass die Hälfte (51 %) der Befragten die Urknalltheorie befürwortet und dabei zugleich den Schöpfungsglauben ablehnt, nur 21 % können sich beides vorstellen. Das komplementäre Denken, d. h. die Verbindung beider Ansätze zur Weltentstehung, ist also im t_3-Sample noch weniger vorhanden als bei der t_1-Stichprobe.Weder der Unterricht noch andere Erfahrungen und Impulse haben demnach eine wirksame Stärkung komplementären Denkens mit sich gebracht.

Auch in den Freitextantworten und Interviews tritt die von den Schülerinnen und Schülern wahrgenommene Spannung zwischen Schöpfungsglaube und Naturwissenschaft deutlich hervor:

> *„Ich bin mehr zu ‚realen' Themen gekommen. Befasse mich z. B. lieber mit Physik, was bisher herausgefunden wurde. Gott ist für mich nebensächlich, d. h. je mehr ich über Physik und Meteorologie lerne, desto schwächer wird mein Glaube.* ☺" (m, 17 Jahre, ev. Religionsunterricht, berufliches Gymnasium) (Bohner et al., 2019, S. 18)

Oder die zu Beginn dieses Kapitels im Ausschnitt zitierte Äußerung, nun in vollem Wortlaut:

> *„Ich finde es schwierig die Vorstellung, dass Gott die Welt schuf, mit der naturwissenschaftlichen in Einklang zu bringen. Mein Glaube wurde in dem Sinne schwächer, dass*

> *ich mich nicht entscheiden kann, wie beide Theorien in Einklang miteinander zu bringen sind. Aus diesem Grund habe ich begonnen, an der Bibel und der Kirche zu zweifeln, da mir in der Schule Dinge beigebracht wurden, die nicht zu den kirchlichen Theorien und Aussagen passen."* (w, 17 Jahre, ev, Religionsunterricht, allgemeinbildendes Gymnasium) (Schweitzer et al., 2018, S. 179)

In dieser Äußerung klingt an, dass der Zweifel am Schöpfungsglauben sich immer auch auf die Bibel beziehen kann oder von der Wahrnehmung der Bibel ausgelöst wird. Offenbar ist es ein bestimmtes Bild oder Verständnis der Bibel, das den Jugendlichen den Schöpfungsglauben so wenig glaubwürdig erscheinen lässt. Noch deutlicher tritt dies in der folgenden Äußerung hervor, die sich auch auf das Gottesbild „in der Bibel" bezieht:

> *„Ich glaube zwar an einen Gott, jedoch nicht wie er in der Bibel beschrieben ist. Es muss einfach eine höhere Macht geben. Es kann nicht alles aus dem Nichts entstehen. Die Bibel ist von Menschenhand geschrieben und Menschen machen Fehler. Klar, man könnte sagen, aber Gott hat ihre Hand geführt. Wieso hat er dann nicht von Anfang an gesagt, dass die Erde rund ist oder gesagt, dass alles aus dem Urknall entstanden ist und nicht er einfach alles hingezaubert hat?"* (m, 16 Jahre, ev, Religionsunterricht, allgemeinbildendes Gymnasium) (Bohner et al., 2019, S. 20)

Oder noch einmal mit anderem Akzent ausdrücklich gegen die Glaubwürdigkeit der Bibel und gegen die Haltbarkeit der in der Bibel zu findenden Sichtweisen gerichtet:

> *„Mein Glaube wurde schwächer, da ich gemerkt habe, dass viele Dinge, die in der Bibel stehen, veraltet sind und nicht stimmen. Zum Beispiel: Dass Homosexualität keine wahre Liebe ist oder dass die Erde in sieben Tagen erschaffen wurde."* (w, 16 Jahre, ev, Religionsunterricht, allgemeinbildendes Gymnasium) (Schweitzer et al., 2018, S. 179)

In der Wahrnehmung dieser Befragten gibt es also einen Zusammenhang zwischen dem Schöpfungsglauben und der Bibel. Sie sehen den Schöpfungsglauben gleichsam als zentralen Inhalt oder als Prämisse der Bibel, und wenn sie dem Schöpfungsglauben nicht (mehr) zustimmen, entfällt auch ihre Zustimmung zur Bibel – oder umgekehrt. Diese Beobachtung unterstreicht weiter den inneren Zusammenhang des Schöpfungsthemas mit dem Glauben insgesamt, auch wenn dabei die von manchen Jugendlichen für sich in Anspruch genommene Unterscheidung zwischen dem eigenen Glauben und dem, was zumindest ihrer Auffassung zufolge, in Religionsunterricht oder Kirche vertreten wird, nicht übergangen werden darf. Wie sich ein Glaube im Sinne der religiösen Individualisierung zum Zweifel am Schöpfungsglauben genau verhält, müsste allerdings noch weiter in Spezialstudien untersucht werden.

Den Aussagen der Befragten zufolge rühren die beschriebenen Zweifel in vielen Fällen aus dem Verhältnis zwischen Glaube und Naturwissenschaft. Naturwissenschaftliche Welterklärungen etwa im Sinne der Evolutionstheorie sind für die Jugendliche plausibler als der biblische Schöpfungsglaube, und Vermittlungsmöglichkeiten zwischen den beiden Weltzugängen stehen ihnen nicht vor Augen.

Die Befunde aus der Studie „Jugend – Glaube – Religion“ finden durch Ergebnisse aus anderen Studien eine weitere Bestätigung. Beispielsweise unterstreichen die Befunde aus den beiden bundesweiten und internationalen Untersuchungen mit Konfirmandinnen und Konfirmanden in mehrfacher Hinsicht den verbreiteten und offenbar zunehmenden Zweifel am Schöpfungslauben. Die Rückläufigkeit der Zustimmung zu dem Item *„Die Welt ist von Gott erschaffen“* ist dabei sowohl altersabhängig zu konstatieren wie im Zeitvergleich (vgl. Schweitzer et al., 2016 und 2017). Für die Befragten – bei dieser Untersuchung im Alter von 13, 14 und 16 Jahren – ist ein markantes Absinken der entsprechenden Zustimmung zu beobachten. Deutlich weniger als die Hälfte der Befragten finden den Schöpfungsglauben noch zustimmungsfähig. Ähnlich geht die Zustimmung im Vergleich zwischen den beiden Studien 2007/2008 und 2012/2013 zurück. Im europäischen Vergleich ist besonders eindrücklich, dass die Zustimmungswerte in manchen Ländern noch weit geringer ausfallen als in Deutschland – vor allem in Schweden, wo die Zustimmung nur knapp über 20% liegt. Beim Zweifel am Schöpfergott handelt sich also um eine weit verbreitete Tendenz (vgl. auch die qualitativen Befunde bei Höger, 2011). Ganz allgemein ist festzustellen: Der Schöpfungsglaube ist in seiner Plausibilität stark unter Druck geraten. Wohl vor allem vor dem Hintergrund evolutionstheoretischer Erklärungen der Weltentstehung leuchtet es offenbar immer weniger ein, dass die Welt auf einen göttlichen Schöpfungsakt zurückzuführen sei.

Zu bedenken ist dabei auch der Aspekt der Individualverschiebungen, d. h. die Frage, ob sich auf der Individualebene weitere Beobachtungen machen lassen, die nicht einfach den auf Gruppenebene erfassten Trend – hier also die zunehmende Ablehnung des Schöpfungsglaubens – bestätigen. In der Studie „Jugend – Glaube – Religion“ gehört der Schöpfungslaube im Sinne des Items *„Die Welt ist von Gott erschaffen“* zu den Fragen, bei denen weder besonders viele noch besonders wenige Veränderungen auf der Individualeben festzustellen waren (vgl. S. 65). Gleichwohl gibt es aber doch Befragte, die zwischen t_1 und t_3 eine zustimmendere Haltung entwickelt haben. Bei den Konfirmandenstudien, bei denen ebenfalls die Individualebene mit untersucht wurde, gab es zahlreiche Fälle, in denen es zu einer Zunahme bei der Bejahung des Schöpfungsglaubens kam (vgl. Schweitzer et al., 2016, S. 54–74). Wie im nächsten Abschnitt noch genauer zu zeigen sein wird, ist dieser Befund didaktisch besonders interessant, weil er auf mögliche Ansatzpunkte u. a. für den Religionsunterricht verweisen kann.

Zuvor soll am Ende dieses Abschnitts aber noch eine kritische Rückfrage aufgenommen werden, die in Gesprächen mit Religionslehrkräften wiederholt aufkam. Wird der Schöpfungsglaube durch das dafür eingesetzte Item *(„Die Welt ist von Gott erschaffen“)* nicht allzu sehr eingeengt, weil die Befragten dann nur ein wortwörtliches Verständnis der biblischen Schöpfungsgeschichte ablehnen, das gerade auch theologisch nicht einfach mit dem Schöpfungsglauben gleichzusetzen ist. So gesehen wäre dann die zunehmende Ablehnung bei den Jugendlichen von vornherein erwartbar. Es ist in der Tat denkbar, dass eine andere Formulierung, die beispielsweise auf eine von Gott beeinflusste „Herkunft der Materie“ u.ä. zielen könnte, mehr Zustimmung erhalten würde. Bei diesem Einwand ist jedoch umgekehrt zu bedenken, dass etwa auch das Apostolische Glaubenskenntnis die Formulierung „Ich glaube an Gott [...] den Schöpfer des Himmels und der Erde“ enthält und dass gerade solche Formulierungen die Wahrnehmung des christlichen Glaubens bei Jugendlichen (und ähnlich wohl auch Erwachsenen) prägen. Nicht in Zweifel zu ziehen ist allerdings die Folgerung, dass zum Schöpfungsglauben weitere Untersuchungen sinnvoll wären.

2. Didaktische Bewertung: Schöpfungsglaube – mehr als ein Einzelproblem

Die Befunde machen also zunächst eindrücklich deutlich, dass der Schöpfungsglaube weithin rückläufig ist und dass nur eine Minderheit der Jugendlichen (noch) an einen Schöpfergott glauben kann. Dieser Befund wird von weiteren Studien bestätigt, so dass hier von einer breit belegten Tendenz zu sprechen ist. Dabei ist es wohl vor allem das Gegenüber zu naturwissenschaftlichen Welterklärungen, durch das der Schöpfungsglaube problematisch erscheint. Den allermeisten Jugendlichen ist nicht einsichtig, welchen Sinn ein Schöpfungsglaube haben soll, wenn beispielsweise die Evolutionstheorie viel plausiblere, vor allem wissenschaftlich nachprüfbare Erklärungsmöglichkeiten etwa zur Weltentstehung zu bieten vermag.

Auch über empirische Befunde aus der religionsbezogenen Jugendforschung hinaus liegt es auf der Hand, dass das Verhältnis zwischen Schöpfungsglaube und naturwissenschaftlichen Theorien der Welterklärung, insbesondere auch der Evolutionstheorie, ein epochales Problem der Moderne betrifft. Mit der Moderne treten die verschiedenen religiösen und nicht-religiösen, glaubensbezogenen und (natur-)wissenschaftlichen Deutungen der Welt immer stärker auseinander (vgl. etwa Dressler, 2006). In der Gestalt unterschiedlicher Wissenschaften folgen sie gleichsam verschiedenen Rationalitäten, die sich bis hinein in die Schule mit ihren verschiedenen Schulfächern fortsetzen. Zugleich scheint der Unterricht in den verschiedenen Fächern, etwa den Befunden von „Jugend – Glaube – Religion“ zufolge, nur wenig dazu beizutragen, die verschiedenen Deutungsweisen in ein sinnvolles Verhältnis zueinander zu bringen. Dabei braucht nicht unterstellt zu werden, dass die in der Religionslehrerschaft tradierte Aussage des Biologielehrers – „Jetzt erfahrt ihr, wie es wirklich gewesen ist“ – zutreffen müsste. Es genügt schon, wenn beispielsweise im Biologieunterricht nicht ausdrücklich auf die Grenzen der Aussagekraft naturwissenschaftlicher Erklärungen reflektiert wird. Solche Erklärungen erscheinen dann ganz von selbst als die einzig möglichen, auf die sich ein „vernünftiger Mensch“ wird einlassen können.

Ob und in welchem Maße die Bildungspläne auf die demnach stark zunehmenden Herausforderungen bei einer auch für junge Menschen überzeugenden Verhältnisbestimmung zwischen Schöpfungsglaube und naturwissenschaftlichen Welterklärungen eingestellt sind, müsste eigens untersucht werden. Vorliegende exemplarische Analysen verweisen hier eher auf ein Defizit (vgl. Kliemann & Schweitzer, 2018). Während beispielsweise von entwicklungspsychologischen Theorien her zu erwarten und zu wünschen wäre, dass das Schöpfungsthema den Religionsunterricht in der gesamten Sekundarstufe begleitet, wird es in den Bildungsplänen offenbar eher selten aufgeführt sowie mit rückläufiger Tendenz im Vergleich der Lehrplangenerationen. Darüber hinaus fehlt es bislang auch an überzeugenden Vorschlägen, wie angemessene Verhältnisbestimmungen beispielsweise zu Beginn der Sekundarstufe I angebahnt werden können.

Seit den in dieser Hinsicht gleichsam klassisch gewordenen Untersuchungen von Reich, Fetz und Valentin (Fetz et al., 2001) wird in der Religionsdidaktik weithin angenommen, dass das Ziel des Religionsunterrichts bei dieser Thematik in einem komplementären Denken bestehen muss (vgl. etwa Schweitzer, 2012). Vorbild sind dabei komplementäre Erklärungen in der Physik, die einander zwar widersprechen, die aber doch gleichermaßen erforderlich sind. Das bekannteste Beispiel ist die Modellierung von Licht als Welle und als Teilchen. Ähnlich wäre demnach das Verhältnis religiöser und naturwissenschaftlicher Aussagen zu bestimmen: Sie liegen von vornherein nicht auf derselben Ebene, bringen Unterschiedliches zum Ausdruck und sind zugleich unverzichtbar, um die Fülle der menschlichen Wahrnehmungen, Empfindungen, Erkenntnisse und Einsichten in sich aufnehmen zu können.

Genau ein solches Denken in Komplementarität ist aber den Befunden der Studie „Jugend – Glaube – Religion" zufolge bislang bei den Befragten noch sehr wenig verbreitet. Dies spricht dafür, dass weder ihre lebensweltlichen Erfahrungen noch mediale Einflüsse oder auch der (Religions-)Unterricht in ausreichender Weise Unterstützung dafür bietet, ein solches Denken auszubilden.

Da die Befunde zugleich deutlich machen, dass es sich beim Schöpfungsglauben keineswegs um ein isoliertes Element handelt, sondern dass Zweifel an dem Schöpfergott auf andere Glaubensbereiche ausstrahlen und von den Jugendlichen als eine Art Hindernis des Glaubens überhaupt angesehen werden, kann es nur als dringlich bezeichnet werden, diesem Thema im Religionsunterricht vermehrt Aufmerksamkeit – und eben auch Zeit – zu widmen.

Den Freitextäußerungen und den Interviews ist weiterhin eine Verknüpfung zu entnehmen, die in der Religionsdidaktik so noch nicht immer bewusst ist oder in Vorschlägen für den Unterricht hergestellt wird. Für die Jugendlichen ist es ganz offenbar die biblische Beschreibung der Schöpfung – in der Exegese noch immer missverständlich als „Schöpfungsbericht" bezeichnet („Berichte" zielen bekanntlich auf Tatsachen, nicht auf den Glauben) –, auf die sich die Zweifel beziehen. Insofern ist auch eine im Religionsunterricht in der Sekundarstufe II wohl häufig anzutreffende Vorgehensweise, die beispielsweise einen naturwissenschaftlichen

Text mit einem systematisch-theologischen Text ins Gespräch zu bringen sucht, nicht ausreichend. Klärungen müssen sich ausdrücklich auch auf das Schöpfungsverständnis in der Bibel beziehen. Dass die Bibel beispielsweise von Schöpfung keineswegs nur protologisch, sondern auch eschatologisch spricht und dass Schöpfung nicht einfach am Anfang geschieht, sondern in kontinuierlich-welterhaltender Weise – das scheint im Schöpfungsverständnis der Jugendlichen und jungen Erwachsenen kaum angekommen zu sein. Auch hier müssten die Bildungspläne daraufhin geprüft werden, welches vielleicht zu einlinige Schöpfungsverständnis sie transportieren.

Eine weitere Frage betrifft die im Religionsunterricht wohl, anhand der Bildungspläne geurteilt, ebenfalls häufig gewählte Strategie, sich beim Schöpfungsthema auf die – vermeintlich – auch für junge Menschen plausible Schöpfungs*ethik* zu konzentrieren – zeigen doch aktuelle Entwicklungen wie „Fridays for future" mit Nachdruck, wie aktuell der christliche Glaube in einer solchen Perspektive erscheinen könnte. Doch muss man sich auch in dieser Hinsicht klarmachen, dass eine schöpfungsethische Argumentation für Menschen, die selbst nicht an eine göttliche Schöpfung glauben, gleichsam grund- und bodenlos ist. Wem die Voraussetzungen einer solchen Ethik nicht einleuchten, wird sich auch nicht von den Konsequenzen überzeugen lassen, die im Übrigen auch gut mit ökologischen Argumenten und damit wissenschaftlich untermauert werden können.

3. Konkretion: Den Schöpfungsglauben neu erschließen

Vier Konkretionen, die im Horizont von „Jugend – Glaube – Religion" besonders wichtig erscheinen, sollen im Folgenden zumindest umrissen werden. Einen repräsentativen Überblick zur derzeitigen religionsdidaktischen Diskussion zum Thema Schöpfung in Religionsunterricht bietet im Übrigen das Jahrbuch der Religionspädagogik (Altmeyer et al., 2018).

(1) Wenn gerade die beiden ersten Kapitel der Bibel auf so viel Widerspruch stoßen, weil sie den Jugendlichen einfach nicht mehr glaubwürdig erscheinen, dann liegt es nahe, dass diese Texte neu mit ihnen erschlossen werden sollten. Mit „neu" ist dabei gemeint, dass diese Erschließung bewusst die in der alttestamentlichen Wissenschaft heute geläufigen Interpretationen aufnehmen sollte (vgl. dazu etwa die übersichtliche Zusammenstellung bei Schmid, 2012). Die biblischen Schöpfungstexte müssen also etwa als Ursprungsgeschichten gelesen werden, die sich zwar der damaligen wissenschaftlichen Erklärungsweisen durchaus bewusst waren, aber nicht mit diesen konkurrieren wollen. Es geht vielmehr um die Macht Gottes und um das drohende Chaos, um die Möglichkeiten des Lebens und Überlebens für die Menschheit und die gesamte Kreatur. Es geht um Bilder von eindringlicher Kraft, die neue Hoffnung geben können, sowie um die Hoffnung auf den Gott, der mit seinem ordnenden Han-

deln beständig Lebensmöglichkeiten schafft und erhält. Und nicht zuletzt geht es um die Würde des Menschen, der mit der Gottebenbildlichkeit beschenkt wird.
Bei alledem kann auch Jugendlichen und jungen Erwachsenen aufgehen, dass solche Sichtweisen auf Mensch und Welt mit naturwissenschaftlichen Erklärungen gar nicht vergleichbar sind. Erfahrungen mit dem Sinn unterschiedlicher Deutungen machen Jugendliche wohl vor allem im Bereich von Freundschafts- oder Liebesbeziehungen, bei denen ihnen unmittelbar vor Augen steht, wie wenig der allein biologisch-medizinische Blick auf diese Menschen über ihre Attraktivität, Schönheit und Freundlichkeit zu sagen weiß. Selbst wenn sich die Sozialität des Beziehungswesens Mensch durchaus auch evolutionär interpretieren lässt, stehen solche Interpretation der Erfahrungswelt Jugendlicher doch abstrakt gegenüber. Die Sprache der Liebe lässt sich nicht durch die Sprache der Wissenschaft ersetzen oder korrigieren.

Dies verweist bereits weiter auf die zweite Konkretion:

(2) Wie die Befunde aus „Jugend – Glaube – Religion" erneut belegen, gelangen tatsächlich nur wenige Jugendliche oder junge Erwachsene zu einem komplementären Denken im Blick auf Schöpfungsglaube und Evolutionstheorie oder andere naturwissenschaftliche Welterklärungen. Insofern liegt die Forderung nahe, dass dem Denken in Komplementarität in Zukunft verstärkt gezielte Aufmerksamkeit im Religionsunterricht gewidmet werden sollte. Die Untersuchungen von Reich u. a. legen dabei zwei Möglichkeiten nahe, die sich auch miteinander verbinden lassen:

- Zum einen wird komplementäres Denken dann einsichtig, wenn nicht nur über Sachverhalte in der Welt reflektiert wird, sondern über das Denken selbst. Dies bedeutet, dass die Formen der Welterschließung reflektiert werden müssen, indem beispielsweise geklärt wird, was eigentlich eine Beobachtung, eine Messung, eine Theorie oder eine Hypothese ist und wie sich diese jeweils auf Erfahrungsdaten beziehen. Die genannten Formen des Denkens gehören in den Bereich der Wissenschaft, weshalb darüber hinaus auch zu klären ist, welche anderen Formen des Erfahrens, Denkens und Sprechens es außerhalb der Wissenschaft gibt und wie sich diese von wissenschaftlichen Denkformen unterscheiden. Und wie steht es um das Verständnis von Wahrheit? Welche unterschiedlichen Wahrheitsbegriffe lassen sich voneinander unterscheiden und einander zuordnen? Auch in dieser Hinsicht stellen sich grundlegende Klärungsaufgaben, die im Religionsunterricht vermehrt Beachtung verdienen (vgl. etwa Nipkow, 2000; Schweitzer, 2000)
  Reich u. a. nennen dies die „Mittelreflexion", in der sie eine notwendige Voraussetzung für komplementäres Denken sehen (vgl. Reich et al., 2001). Im Religionsunterricht gibt es in verschiedenen Zusammenhängen Ansätze, durch welche die Ausbildung einer solchen Mittelreflexion unterstützt werden kann (vgl. schon Rothgangel, 1999). Die in diesem Band berichteten

Befunde legen freilich nahe, dass solche Ansätze weiter verstärkt werden sollten – als eigenes Thema oder im Rahmen anderer Unterrichtseinheiten.

– Auch komplementäres Denken dürfte am besten dadurch eingeübt werden, dass seine Anwendung und Anwendbarkeit in verschiedenen Bereichen erprobt wird. Das kann mit dem berühmten Beispiel vom Licht in der Physik beginnen, sich über Fragen beispielsweise musikalischer Begabung im Verhältnis zu strengem Üben fortsetzen und bis hin zu unterschiedlichen Wahrnehmungen zwischenmenschlicher Beziehungen, wie sie oben am Beispiel der Liebe angesprochen wurden, reichen.

(3) Trotz der kritischen Rückfragen an eine in erster Linie schöpfungs*ethische* Ausrichtung von Religionsunterricht beim Schöpfungsthema sollten selbstverständlich auch ethische Themen im Blick bleiben, schon aufgrund ihrer großen Aktualität. Die didaktische Herausforderung liegt hier allerdings darin, auch die Voraussetzungen einer solchen Ethik im Schöpfungsglauben konsequent mit einzubeziehen und deutlich zu machen, worin der Mehrwert einer Schöpfungsethik gegenüber einer ökologischen Ethik denn bestehen könnte. Den Schülerinnen und Schülern steht ein solcher Mehrwert in aller Regel gerade nicht vor Augen.

Ausdrücklich thematisiert werden sollte dabei auch, was schöpfungsethische Perspektiven für Menschen bedeuten (oder nicht bedeuten), die weder an Gott noch an eine göttliche Schöpfung glauben. Kann eine Schöpfungsethik noch allgemeine Verbindlichkeit in Anspruch nehmen? Stellt sie gleichsam eine alternative Möglichkeit dar, die für diejenigen entfällt, die „nicht“ oder „nichts“ glauben (können)? Und: Halten Christen sich für bessere Menschen?

Der Unterricht sollte gerade auch vor kontroversen Fragen nicht Halt machen. Vor allem muss dabei deutlich sein, dass im Religionsunterricht nicht nur diejenigen willkommen sind, die an Gott als den Schöpfer der Welt glauben.

(4) Auch wenn sich eine weitere Konkretion im Alltag der Schule nicht so ohne Weiteres realisieren lässt, sondern häufig eine seltene Ausnahme bleibt, soll sie hier aufgrund ihrer sachlichen Bedeutung doch erwähnt werden: Gemeint ist ein *fächerverbindender Unterricht* beispielsweise mit Biologie zum Thema Evolution. Denn kaum etwas dürfte für die Schülerinnen und Schüler eindrücklicher sein als die Erfahrung, dass zwischen Theologie und Biologie in dieser Hinsicht durchaus sinnvolle Gespräche möglich sind und dass sich dabei klären lässt, was die mit diesen beiden Wissenschaften verbundenen unterschiedlichen Weltzugänge in ihrem Verhältnis zueinander bedeuten.

Da Forderungen nicht immer nur an andere gestellt werden sollen, sei an dieser Stelle auf eine Kooperation zwischen dem Verfasser dieses Kapitels und dem Biologen Sven Gemballa verwiesen, die auf die Frage bezogen war, was Biologieunterricht und Religionsunterricht voneinander erwarten können (vgl. Gemballa & Schweitzer, 2010). Dabei wurde u. a. als Ergebnis formuliert, dass Biologie- und Religionsunterricht unterschiedliche Sichtweisen auf die Welt und ihre Deutung präsentieren. Aus der Sicht des Biologieunterrichts kommt es darauf an, dass Schülerinnen und Schüler das Evolutionstheorem verstehen und dass ihnen die naturwissenschaftlichen Grundlagen (Experimente, datengestützte Sichtweisen) einleuchten. Dies setzt jedoch nicht voraus, dass religiöse Metaphern oder Weltdeutungen deshalb abgelehnt werden müssten. Im Gegenteil kann sogar davon gesprochen werden, dass ein Perspektivwechsel zwischen religiösen und naturwissenschaftlichen Sichtweisen die Plausibilität beider verstärken kann und dass korrespondierende Ergebnisse möglich sind. Als Beispiele für solche Korrespondenzen werden eine Ethik der Verantwortung genannt, die Wahrnehmung der Einheit von Natur und Schöpfung, einschließlich der Einheit der Menschheit u. a. m.

An solchen Aspekten lässt sich ganz offenbar auch der Sinn komplementären Denkens verdeutlichen.

Gott, Gottesbilder und Gottesfrage

Friedrich Schweitzer

Wenn das Thema Gott und Gottesbilder hier als zentral für den Religionsunterricht bezeichnet wird, ist dies natürlich wenig neu. Wie schon beispielsweise am Apostolischen Glaubensbekenntnis abzulesen ist („Ich glaube an Gott"), steht der Gottesglaube im Zentrum des christlichen Glaubens insgesamt. Die gesamte Bibel ist als geschichtlicher Niederschlag von Erfahrungen zu lesen, die Menschen mit Gott oder dem Gottesglauben gemacht haben. Kein Wunder also, wenn das Thema Gott auch im Religionsunterricht als zentral erscheint.

Doch hat Karl Ernst Nipkow schon vor mehr als 30 Jahren darauf aufmerksam gemacht, dass die Aussagen, Einstellungen und Fragen junger Menschen auf eine neue Dringlichkeit nicht einfach des Themas „Gott" verweisen, sondern vielmehr auf neue Herausforderungen der Gottes*frage* (vgl. Nipkow, 1987). Die von ihm damals ausgewerteten Schülertexte hatten ihm eindringlich vor Augen geführt, dass für junge Menschen viele auf Gott bezogene Fragen keine angemessene Antwort mehr finden – nicht für Gott als den Schöpfer der Welt, nicht bei Gottes ausbleibender Hilfe (Theodizee) und schließlich auch dann nicht, wenn es um die Existenz von Gott selber geht (Gott als Fiktion, von Menschen ausgedacht). Vor diesem Hintergrund drängender Fragen, so hieß es dann später, in der ersten Denkschrift der EKD zum Religionsunterricht, müsse die Gottesfrage geradezu als „Kerncurriculum" für den Religionsunterricht angesehen und etabliert werden (vgl. Evangelische Kirche Deutschland, 1994, S. 18–19). Ein Unterricht, der sich in grundlegenden Glaubensfragen nicht auch den Zweifeln junger Menschen aussetzt und stellt, habe keine Zukunft.

Andere haben diese Einschätzung später in Zweifel gezogen. Viele der damals von Nipkow identifizierten Herausforderungen hätten schon deshalb ihre Aktualität eingebüßt, weil sie von einem theistischen Gottesbild ausgehen, das bei jungen Menschen inzwischen nicht mehr zu finden sei. Auch die Theodizee-Frage könne deshalb nicht länger mit Nipkow als „Einbruchsstelle für den Glauben" angesehen werden (vgl. Ritter et al., 2006; mit anderer Argumentation vgl. Dressler, 2012).

Obwohl sich diese Diskussion neben theoretischen Überlegungen durchaus auch auf kleinere Umfragen berief und insofern auf eine ansatzweise als empirisch zu bezeichnende Grundlage bezog, gab es doch bislang keine mit der Untersuchung „Jugend – Glaube – Religion" vergleichbare Studie, die auf breiter Basis auch weiterreichende Einblicke in den Umgang von Jugendlichen mit der Gottesfrage erlaubt hätte. Umso interessanter sind die Befunde aus dieser Repräsentativuntersuchung auch im Blick auf dieses Thema.

1. Befunde: Glauben Jugendliche noch an Gott?

Wie schon deutlich geworden ist, begleitet die Frage, ob Jugendliche noch an Gott glauben und wie sie dies gegebenenfalls tun, die Religionspädagogik schon seit Jahrzehnten. Mitunter war sogar von „Jugend ohne Gott" die Rede. Wie aber steht es nun um diesen Glauben heute?

Die Befunde aus der Studie „Jugend – Glaube – Religion" geben dazu eine auf den ersten Blick verwirrende, weil widersprüchliche Auskunft: Mehr Jugendliche halten sich für „gläubig" als für „religiös", zugleich gibt es einen deutlichen Anteil von Jugendlichen, die nach eigener Aussage an Gott glauben, sich aber nicht als „gläubig" ansehen, und noch einmal weit mehr Jugendliche beten zumindest gelegentlich, obwohl sie offenbar nicht an Gott glauben. Ist das überhaupt möglich? Und was ergibt sich aus diesen einander widersprechenden Antworten der Jugendlichen und jungen Erwachsenen?

Eines ist damit von vornherein klar: Auf einen einfachen Nenner lässt sich der Gottesglaube im Jugendalter demnach nicht bringen. Sich nur auf die eine Seite (sie glauben nicht mehr an Gott) zu konzentrieren oder allein die andere Seite wahrzunehmen (aber sie beten zu Gott), um irgendwie doch einen eindeutigen Trend zu identifizieren, führt hier nicht weiter. Offenbar ist der Umgang mit der Gottesfrage bei heutigen Jugendlichen komplex und in sich selbst spannungsgeladen, und genau dafür müssen dann auch die Deutungen der Befunde offen und sensibel sein. Kritisch ausgedrückt: Viele der gängigen Deutungen bleiben offenbar zu einfach und einlinig, weil sie beim Gottesglauben junger Menschen nicht mit inneren Widersprüchen rechnen.

Vor einer Gesamteinschätzung müssen aber die Befunde im Einzelnen noch einmal genauer betrachtet werden. Zunächst zum ersten Befragungszeitpunkt (vgl. Schweitzer at al., 2018, S. 70–81): 22 % der Befragten halten sich hier für „religiös", 41 % für „gläubig" (S. 71). 52 % bejahen die Aussage *„Ich glaube an Gott"* (S. 74). Und 75 % der Befragten beten zumindest gelegentlich (ebd., S. 92). Diese in sich als widersprüchlich anmutenden Antworten lassen sich vielleicht am besten so interpretieren, dass der Gottesglaube bei den Jugendlichen zwar eine weitreichende Verankerung in der Lebenspraxis besitzt und dass sich diese Bedeutung zumindest gelegentlich – etwa in Notsituationen – in Gestalt einer Hinwendung zu Gott im Gebet auch manifestiert, dass aber die eher lehrhaft klingenden allgemeinen Formulierungen zum Gottesglauben aus der christlichen und besonders der kirchlichen Tradition von den Jugendlichen selbst damit nicht in Verbindung gebracht werden. Deshalb sagen – so gesehen – viele, dass sie nicht an Gott glauben, obwohl sie zu Gott beten. Der Gott, an den sie sich im Gebet wenden, ist nicht der Gott, von dem beispielsweise die Kirche spricht. In diesem Sinne lässt sich auch die Zurückhaltung bei der Selbstbezeichnung als „religiös" verstehen, auch wenn diese Bezeichnung vermutlich noch weitere Implikationen beispielsweise im Sinne der Teilnahme an kirchlichen Angeboten oder einer rituellen Praxis einschließt. Für die Jugendlichen scheint der Gottesglaube vor allem eine individuelle und persönliche Angelegenheit zu sein, die sie eher mit „gläubig“ als mit „religiös“ assoziieren (vgl. S. 109).

In diese Richtung weisen auch andere Angaben, die zeigen, dass die lebenspraktische Bedeutung des Gottesglaubens im Blick auf die eigene Person nach Einschätzung der Jugendlichen weniger weit reicht als die Bejahung dieses Glaubens selbst: Den 52 %, die für sich den Gottesglauben bejahen, stehen nur 39 % gegenüber, denen die „Beziehung zu Gott“ wichtig ist, sowie 40 %, die der Aussage zustimmen *„In schwierigen Situationen hilft mir mein Glaube an Gott“* (Schweitzer et al., 2018, S. 74). Auch wenn die Zustimmung bei diesen Fragen geringer ausfällt als beim Gottesglauben als solchem, unterstreichen die Antworten zugleich, dass dieser Glaube einem erheblichen Anteil der Befragten hinsichtlich ihres Lebens doch wichtig ist. Das kommt auch darin zum Ausdruck, dass es nur 45 % sind, die sagen, dass der Glaube in ihrem Alltag keine Rolle spiele (ebd., S. 74).

In anderen Kapiteln des vorliegenden Bandes wurde bereits herausgearbeitet, dass auch die Theodizee-Frage keineswegs einfach verschwunden ist, auch wenn sie sich nicht allen Jugendlichen gleichermaßen stellt (vgl. S. 121–124; S. 279–284). Ebenso verliert die Frage nach Gott als den Schöpfer der Welt mit dem sich im Jugendalter ausbreitenden Zweifel am Schöpfungsglauben keineswegs ihre Bedeutung, auch wenn gerade der Schöpfungsglaube massiv in Zweifel gezogen wird (vgl. S. 64–66). Eher ist davon zu sprechen, dass der Gottesglaube im Jugendalter in diesen Hinsichten besonders kontrovers ist. Der in Frage gestellte Glaube beschäftigt viele aber offenbar auch weiterhin – gerade deshalb.

Bemerkenswert sind auch die differenzierten Einblicke, die die Studie „Jugend – Glaube – Religion“ im Blick auf die Gottesbilder und -vorstellungen der Jugendlichen zulässt. Besonders ausgeprägt ist schon bei der ersten Befragung die Auffassung, dass Gott „Sicherheit“ geben kann (52 %) und dass man zu Gott „sprechen kann“ (50 %) (Schweitzer et al., 2018, S. 79). Bei den späteren Befragungszeitpunkten zeigt sich dann, dass der Gottesglaube der Jugendlichen gleichsam in Bewegung ist und dass die sonst in Umfragen oft üblichen Momentaufnahmen nicht ausreichen, um solche Bewegungen oder Veränderungen verlässlich einzufangen. Insgesamt sinkt dabei der Anteil derer, die der Aussage *„Ich glaube an Gott“* zustimmen (von t_1 auf t_2 von 52 % auf 49 %; in der kleineren Stichprobe derer, die bei allen Zeitpunkten den Fragebogen ausgefüllt haben, steigt die Zustimmung in t_3 allerdings auf 58 % an, was erneut die Notwendigkeit einer differenzierenden Betrachtung bewusst macht (vgl. S. 49). Zugleich erweist sich die Zustimmung zu der Aussage, dass man zu Gott „sprechen kann“, als stabil (51 % bzw. 50 %, im gematchten Sample ist für t_3 wiederum ein deutlicher Anstieg zu verzeichnen, von 56 % bei t_1 in diesem Sample auf 65 % (vgl. S. 45–46; S. 58–59)). Im t_3-Sample kommt es zugleich zu einer deutlichen Zunahme bei der Zustimmung zu der Vorstellung von Gott als Energie, also zu einem unpersönlichen Gottesbild (ähnlich auch bei Gott als Natur), und auch die Fiktivität der Gottesvorstellung (nur „ausgedacht“) wird in t_3 stärker bejaht (vgl. S. 59).

Auch dieser Befund mutet als widersprüchlich oder jedenfalls inkonsistent an, aber dies ist die Wahrnehmung von Erwachsenen, nicht der Jugendlichen selbst.

Allerdings lassen die Befunde nur erkennen, dass die unterschiedlichen Gottesvorstellungen bei den Jugendlichen nebeneinander stehen und für sie nebeneinander stehen können, aber wie sie darüber selbst genau denken, kann diesen Angaben nicht entnommen werden.

Führen hier die qualitativen Interviews weiter? Auch die im Rahmen von „Jugend – Glaube – Religion“ mit Jugendlichen geführten Gespräche zeigen vor allem ein facettenreiches Bild. In diesen Gesprächen ist es Gott als „höhere Macht“, der vielen Jugendlichen besonders wichtig ist (vgl. Schweitzer et al., 2018, S. 214), wobei diese „Macht“ auch hier immer wieder vom überlieferten Gottesglauben abgesetzt wird („*Also ich glaub nicht an Gott. Nicht an den Gott, den Kirche versucht uns zu beschreiben.*“ (ebd., S. 215). Daneben aber gibt es im Einzelnen vielerlei Vorstellungen von Gott als „Teil von Gott in jedem Menschen“ oder einfach als „Kraft“ und als das „Verbindende“ (ebd., S. 215). Und immer wieder wird – dann auch in den Freitextantworten im Fragebogen – der Zweifel an Gott als dem Schöpfer der Welt angesprochen. Ähnliches gilt für Theodizee-Fragen.

Hier einige beispielhafte Formulierungen aus Freitextantworten (bislang größtenteils noch nicht veröffentlicht):

> *„Ich habe viel darüber nachgedacht; Religion hat wenig mit Glauben zu tun. Früher habe ich den ‚Gott‘ der Kirche geglaubt, heute habe ich meine eigene Vorstellung von einem ‚Gott‘“.* (w, 17 Jahre, rk, Religionsunterricht, allgemeinbildendes Gymnasium)
>
> *„Ich denke, dass jeder Mensch für sein Leben selbst verantwortlich ist, und die Menschen, die in die Kirche gehen, etwas brauchen, um sich daran festzuhalten, da sie mit der Komplexität des Lebens nicht zurechtkommen und sich in einer religiösen Gemeinschaft wohler fühlen. Ich brauche das nicht, ich glaube an mich selbst, denn das ist das Wichtigste im Leben“.* (w, 17 Jahre, ev, Ethikunterricht, berufliches Gymnasium)
>
> *„Es gab Momente, in denen es leer war und Gott der einzige war, mit dem man reden konnte“.* (w, 16 Jahre, oR, Ethikunterricht, allgemeinbildendes Gymnasium) (Schweitzer et al., 2018, S. 172)
>
> *„Gott ist eine Illusion. Wissenschaft hat meinen Glauben verändert.“* (m, 16 Jahre, rk, Religionsunterricht, allgemeinbildendes Gymnasium)
>
> *„Für mich ergibt es keinen Sinn, an eine höhere Macht zu glauben und vor allem durch die Kirche oder religiösen Extremismus hat sich mein Bild geändert. Dennoch finde ich es schön, wenn andere in Religion Halt und Hilfe finden, solange sie mir ihren Glauben nicht aufzwingen“.* (w, 18 Jahre, rk, Religionsunterricht, berufliches Gymnasium)

Zusammengenommen machen die qualitativen und quantitativen Befunde aus „Jugend – Glaube – Religion“ deutlich, dass die etwa im Anschluss an die Shell-Jugendstudien vertretene Thesen von der allgemeinen Rückläufigkeit des Gottesglaubens bei weitem zu einfach sind (vgl. zuletzt Shell Deutschland Holding, 2019, S. 150–157). Schon die in den Shell-Studien ins Zentrum gerückte Frage nach dem Glauben an einen „persönlichen Gott“ (z. B. Deutsche Shell Holding, 2015, S. 253) greift offenbar zu kurz, wenn die Vielfalt des Gottesglaubens im Jugendalter eingefangen werden soll. Von einem „persönlichen Gott“ war in den Gesprächen mit den Jugendlichen auch nie die Rede – offenbar trifft schon die Kategorie die Vorstellungen der Jugendlichen und ihre Sprache nicht.

Trotz solcher kritischer Hinweise bleibt aber auch festzuhalten, dass sich die in der Studie „Jugend – Glaube – Religion“ beobachteten Gesamttrends durch die Befunde anderer Untersuchungen wie den Shell-Jugendstudien oder dem – allerdings nicht speziell auf Jugendliche bezogenen – Religionsmonitor (Bertelsmann Stiftung, 2013) weiter bestätigen. Nach wie vor besitzt der Gottesglaube eine bemerkenswerte Reichweite. Wie besonders die Konfirmandenstudien zeigen, findet dieser Glaube speziell bei jüngeren (evangelischen) Jugendlichen Zustimmung (75 %), ist dann aber auch bei dieser Gruppe mit zunehmendem Lebensalter rückläufig (Schweitzer et al., 2016, S. 331). Insgesamt scheint der Glaube an Gott bei gut der Hälfte der Jugendlichen dauerhaft Zustimmung zu finden, daneben zu etwa gleichen Teilen auf Ablehnung zu stoßen oder ungewiss erscheinen.

Wichtig bleibt aber auch am Ende vor allem die Forderung, die zum Teil sehr selektiven Befunde zum Gottesglauben junger Menschen nicht vorschnell als Grundlage für verallgemeinernde Schlüsse zu nehmen. Der Facettenreichtum des Gottesglaubens und der Vorstellungen von Gott, wie er in „Jugend – Glaube – Religion“ hervortritt, sollte in der Jugendforschung ebenso wie in der Religionspädagogik wahr- und ernst genommen werden – gerade auch dort, wo er den Erwachsenen vor allem widersprüchlich erscheint.

2. Didaktische Bewertung: Zentrale Bedeutung des Gottesglaubens – Grenzen von Unterricht

Wie vor allem die Äußerungen der Jugendlichen aus den qualitativen Teilen der Studie erkennen lassen, stehen Gottesglaube und Gottesbild in einem jeweils sehr engen Verhältnis zu Lebenserfahrungen und zur persönlichen Entwicklung. Der Gottesglaube, wie er sich den Jugendlichen darstellt und wie sie ihn zum Teil in ihrem eigenen Leben erfahren, ist etwas zutiefst Persönliches. Für viele der Befragten besteht ein unauflöslicher Zusammenhang zwischen Gott und der eigenen Lebensgeschichte (vgl. Schweitzer, 2016). Insofern ist von vornherein klar, dass sich ein solcher Glaube nicht einfach durch Unterricht vermitteln lässt. Gerade beim Glauben an Gott treten die Grenzen der Lehrbarkeit des Glaubens besonders deutlich hervor. Auch kann es nicht Ziel sein, den vielgestaltig persönlichen Gottesglauben durch Unterricht auf den Nenner einer allgemeinen theologischen Gotteslehre oder eines kirchlichen Bekenntnisses bringen zu wollen, so widersprüchlich der Gottesglaube der Jugendlichen auch erscheinen mag. Eine solche Lehre ist zwar theologisch ebenso wie die Formulierungen beispielsweise in altkirchlichen Bekenntnissen wie dem Apostolikum vielfach präziser als die von den Jugendlichen gewählten Ausdrucksformen, aber die herkömmlichen, theologisch und kirchlich geprägten Ausdrucksformen würden den angesprochenen individuellen Lebenszusammenhängen wohl gerade deshalb vielfach fremd und äußerlich bleiben. Zwar kann und soll der Religionsunterricht hier durchaus Übersetzungsarbeit leisten, aber die Erfolge bleiben insbesondere dann erwartbar begrenzt, wenn es um die den Jugendlichen eigene Sprachwelt geht.

Wenn der Glaube an Gott im Religionsunterricht thematisiert werden soll, muss es demnach um ein anderes Ziel gehen als um den Versuch, hier Konsistenz zu erreichen. Die vielfach von den Jugendlichen geäußerten Fragen und Zweifel, die es religionsdidaktisch nach wie vor nahelegen, im Sinne Nipkows eher von der Gottes*frage* als einfach vom Gottes*glauben* zu sprechen, verweisen auf eine grundlegende religionsdidaktische Aufgabe: Der Religionsunterricht sollte es sich zur Aufgabe machen, sich gezielt auf solche Fragen und Zweifel einzulassen. Wenn beispielsweise immer wieder gesagt wird, dass man an Gott „nicht mehr" so glauben könne, wie er in der Bibel dargestellt wird, dann könnte es sich lohnen, gemeinsam mit den Jugendlichen zu fragen, wie Gott denn eigentlich in der Bibel dargestellt wird. Welche Vorstellungen haben sie im Blick auf biblische Gottesbilder und -verständnisse? Wie verhalten sich dazu die biblischen Texte selbst? Ähnlich könnte im Blick auf die Kirche und den – in der Sicht der Jugendlichen – von der Kirche erwarteten oder tradierten Gottesglauben verfahren werden. So gesehen käme dem Religionsunterricht bei diesem Thema vor allem die Aufgabe zu, solche Hindernisse für den Gottesglauben aus dem Weg zu räumen, die in unzutreffenden Annahmen etwa im Blick auf Bibel und Kirche gründen.

Weitere Fragen der Schülerinnen und Schüler beziehen sich auf die Denkbarkeit Gottes. Hier könnten Modelle und Vorstellungen aus der Systematischen Theologie im Unterricht herangezogen werden, um darüber nachzudenken, wie Glaube und Denken oder Wissen und Wissenschaft zueinander stehen.

Zum Teil verweisen die Äußerungen in den Freitextantworten auch auf das Gottesverständnis in anderen Religionen. Damit verbindet sich besonders die bekannte Frage, ob Christen und Muslime, Juden und Hindus eigentlich alle an denselben Gott glauben. Im Sinne des interreligiösen Lernens sind solche Fragen heute zentral, und die Befunde aus „Jugend – Glaube – Religion" unterstreichen, dass dabei auch ausdrücklich der Gottesglaube oder die Gottesfrage einbezogen werden sollte. Es geht nicht nur um das Verhältnis der verschiedenen Religionen zueinander, sondern immer auch um die Glaubwürdigkeit des Glaubens an Gott insgesamt.

Die Bedeutung von Unterricht zum Thema „Gott" ergibt sich jedoch nicht nur von den Schülerinnen und Schülern her, sondern auch aus der Sicht von Glaube und Theologie. Der Glaube an Gott ist für den gesamten biblisch-christlichen Glauben von grundlegender Bedeutung – angefangen bei der Schöpfung und bis hin zu endzeitlichen Erlösungshoffnungen, die im Christentum nicht vom Gottesglauben abzulösen sind. Insofern greifen didaktische und (systematisch-)theologische Bewertungen an dieser Stelle ineinander. Das zeigen beispielsweise auch verschiedene

Beiträge aus der aktuellen religionspädagogischen Diskussion zu diesem Thema (einen guten Überblick zu dieser Diskussion bietet noch immer Englert, 2009).

Zu erinnern ist an dieser Stelle schließlich auch daran, dass Schülerinnen und Schüler, die vom Religionsunterricht wenig oder gar nicht erreicht werden und die zum Teil dann in Ethik übertreten, häufig auch einen weniger ausgeprägten Gottesglauben aufweisen (vgl. Wissner & Schweitzer, 2019; vgl. auch S. 114–116). Mitunter scheint der Eindruck vorzuherrschen, dass der Religionsunterricht nur für diejenigen offen sei, die (fest) an Gott glauben. Insofern ist es besonders wichtig, dass der Religionsunterricht das Thema „Gott“ nicht nur tatsächlich eigens aufnimmt und fokussiert, sondern in einer Weise behandelt, die auch für solche Schülerinnen und Schüler attraktiv ist, die hier mehr Fragen als Antworten sehen. Dabei dürfte nicht nur die Klärung theoretischer Zusammenhänge eine Rolle spielen, sondern ebenso der mögliche Lebensbezug. Denn darauf kommt es für die Jugendlichen am Ende entscheidend an: Was der Glaube an Gott für ihr Leben bedeutet – oder eben nicht bedeutet. Auch für Unterricht zum Thema „Gott“ gilt, dass das Thema elementarisiert werden muss, wozu die Befunde aus der Studie „Jugend – Glaube – Religion“ vielfach Anregungen und Hilfestellungen bieten, etwa im Blick auf elementaren Erfahrungen, aber auch hinsichtlich der elementaren Zugänge.

3. Didaktische Konkretionen: Den Gottesglauben nicht einfach voraussetzen, sondern klären

Die beschriebenen Befunde machen zunächst deutlich, dass auch im Religionsunterricht der Glaube an Gott bei den Schülerinnen und Schülern nicht einfach vorausgesetzt werden darf. Viele von ihnen sind sich in dieser Frage unsicher, andere lehnen den Glauben an Gott für sich ab. Damit wird beim Gottesglauben exemplarisch deutlich, was an anderer Stelle in diesem Buch im Detail herausgearbeitet wird: Wenn der Religionsunterricht alle erreichen will, die an ihm teilnehmen, muss er sich auf sehr unterschiedliche Haltungen zum christlichen Glauben einzustellen bereit sein und dies auch deutlich signalisieren (vgl. S. 229–236). Darin liegt eine erste übergreifende religionsdidaktische Konsequenz. Die Befunde aus „Jugend – Glaube – Religion“ lassen es dabei als eher ungesichert erscheinen, dass diese Konsequenz in der Praxis bereits genügend eingeholt ist.

Eine zweite Konsequenz ergibt sich aus der Klärungsbedürftigkeit des Gottesglaubens: Was heißt es eigentlich genau, an Gott zu glauben? Bedeutet dieser Glaube, dass es keine Zweifel mehr gibt? Oder trifft eher zu, wie es in der Theologie heißt, dass der Zweifel den Glauben beständig begleitet? Wenn sich ein erheblicher Anteil der Schülerinnen und Schüler im Blick auf den Gottesglauben unsicher zeigt oder diesen Glauben überhaupt ablehnt, lässt dies einen entsprechenden Klärungsbedarf erwarten. Zum Beispiel: Wie kann oder soll ich an etwas glauben, das ich zugleich bezweifle?

Ein dritter Aspekt betrifft die Frage der Lebensbedeutsamkeit eines solchen Glaubens. Bei den Befunden fällt auf, dass die Zustimmung zu einem allgemeinen Gottesglauben deutlich weiter reicht als die empfundene Lebensbedeutsamkeit dieses Glaubens. Insofern erstreckt sich der Klärungsbedarf auch auf die Frage, was der Glaube an Gott eigentlich lebenspraktisch bedeutet und bedeuten kann. Jugendliche können dies manchmal sehr direkt und für Erwachsene erschreckend drastisch ausdrücken: „Was bringt es eigentlich, an Gott zu glauben? Was bringt es mir?" Auch für solche Fragen sollte im Religionsunterricht ausdrücklich Raum sein – im Sinne eines freiheitlichen Diskurses, bei dem sehr unterschiedliche und kontroverse Meinungen geäußert und diskutiert werden können.

Schon deutlich geworden ist, dass es nicht unproblematisch wäre, wenn der Religionsunterricht einfach auf eine größere Konsistenz der auf Gott bezogenen Glaubensvorstellungen Jugendlicher zielen wollte. Aus Erwachsenensicht und besonders der Theologie erscheint der Gottesglaube Jugendlicher tatsächlich inkonsistent und in sich selbst höchst widersprüchlich. Zu erinnern war jedoch grundsätzlich an den Unterschied zwischen einer auf möglichst große Konsistenz zielenden Gotteslehre im Sinne der Theologie auf der einen und dem gelebten Glauben junger Menschen auf der anderen Seite. Vielleicht sind die von den Lehrkräften wahrgenommenen Inkonsistenzen für die Jugendlichen auch dann kein Problem, wenn sie ihnen stärker ins Bewusstsein treten. Angemessener könnte es deshalb sein, unterschiedliche Aspekte im Gottesglauben, wie ihn Jugendliche zum Ausdruck bringen, als Lernanlässe zu nutzen. Dafür eignen sich etwa die Schüleräußerungen aus der Studie, wie sie oben bei den Freitextantworten wiedergegeben wurden (ausgewählte Freitextantworten wurden deshalb als Materialsammlung für den Unterricht separat bereitgestellt; vgl. Bohner et al., 2019). Anhand dieser Texte könnten Gespräche über verschiedene Aspekte des Gottesglaubens im Jugendalter in Gang kommen, ohne dass sich die Schülerinnen und Schüler selbst dabei outen müssen.

Ein gutes Beispiel für einen solchen Ausgangspunkt für Gespräche könnte etwa folgende Äußerung sein, die gleich eine ganze Reihe typischer Motive enthält:

> *„Ich glaube nicht an Gott, ich bin ein Mensch, der Fakten und Beweise braucht. Trotzdem finde ich es gut, dass es Kirchen und den Glauben gibt, da unsere Gesellschaft sonst zusammenbrechen würde und Gott gibt auch vielen Menschen Halt."* (w, 16 Jahre, rk, Religionsunterricht, berufliches Gymnasium)

Mögliche Gesprächsthemen wären hier „Gottesglaube und Beweise", die „Beweisbarkeit Gottes" (Gottesbeweise), „Wahrnehmung der Kirche", „Bedeutung des Glaubens für die Gesellschaft", der „Glaube als Halt für Menschen" – und nicht zuletzt die Frage, warum eine Jugendliche, die nicht an Gott glaubt, das alles so wahrnehmen und sagen kann. Was genau bedeutet es eigentlich, wenn eine solche Jugendliche sich nicht als „gottesgläubig" wahrnimmt? Und was unterscheidet ihre so emphatisch geäußerten Überzeugungen vom Glauben?

Auf jeden Fall, so ist zusammenfassend festzuhalten, stellt das Thema im Sinne der Gottes*frage* nach wie vor ein zentrales und auch überaus spannendes Thema für den Religionsunterricht dar. Insofern ist die zu Beginn dieses Kapitels beschriebene Sicht Nipkows auch heute bedeutsam. Ob man dann von einem Kerncurriculum sprechen sollte oder eher von einem Roten Faden, der den Religionsunterricht durchzieht, muss hier nicht entschieden werden.

Umgang mit Kritik an der Institution Kirche

Rebecca Nowack

1. Befunde: Ambivalente Haltung zur Kirche

Jugendliche haben eine zum Teil sehr ambivalente Einstellung zur Institution Kirche. Dies zeigt sich in den Daten der ersten beiden Befragungszeitpunkte und besonders deutlich nochmals in der dritten Erhebung: 72 % der Jugendlichen stimmen hier der Aussage zu, dass sie kritisch sehen, was die Kirche sagt. Gleichzeitig stimmen 67 % zu, dass die Kirche viel Gutes für die Menschen tut (vgl. S. 67). Hierbei gibt es auch Unterschiede bei den Jugendlichen hinsichtlich der Religionszugehörigkeit. Kirchenmitglieder sahen in der ersten Befragung etliche dieser Themen sogar kritischer (Schweitzer et al., 2018, S. 88).

Diese Ambivalenz zieht sich durch die persönliche und gesellschaftliche Auseinandersetzung mit der Kirche. Die Erwartung, dass sich die Kirche ändern muss, und eine eher kritische Sichtweise verstärken sich über die drei Befragungszeitpunkte hinweg bei denselben Befragten. Der Aussage „*Die Kirche muss sich ändern, wenn sie eine Zukunft haben will*" stimmen in der ersten Erhebung 66 % zu, 76 % in der zweiten Erhebung und 84 % in der dritten Erhebung. Auch grenzen die Jugendlichen ihren persönlichen Glauben immer stärker von der Institution Kirche ab. Zwei Drittel der Jugendlichen geben an, dass ihr Glaube nichts mit der Kirche zu tun hat, in der ersten Befragung waren es etwas weniger als die Hälfte (t_1: 46 %, t_2: 57 %, t_3: 66 %) (S. 67).

In den qualitativen Aussagen aus den Interviews wird deutlich, woher diese Ambivalenz kommt: Es besteht eine große Diskrepanz zwischen positiven Erfahrungen in Jugendgottesdiensten und der Jugendarbeit, der wertvollen sozialen diakonischen Arbeit auf der einen und den Skandalen in der katholischen Kirche sowie der wahrgenommenen veralteten kirchlichen Strukturen auf der anderen Seite. Letztere sind auch oft die Begründung für die Abgrenzung des eigenen Glaubens von der Kirche.

Kritik an der Institution Kirche bezieht sich in den Interviews überwiegend auf die katholische Kirche, da die Kirchenskandale in den Medien sehr präsent sind. Der größte Kritikpunkt liegt bei veralteten kirchlichen Strukturen, als langweilig empfundenen Gottesdiensten, die hauptsächlich auf älteres Publikum zielten, sowie der für Jugendliche unverständliche und in ihren Augen nicht mehr zeitgemäßen kirchlichen Haltung zu Homosexualität, Frauenordinariat und Zölibat. Das negative Bild der Kirche wurde durch den Umgang mit den Missbrauchsvorfällen, die wahrgenommene Doppelmoral und die nicht nachvollziehbare kirchliche Finanzierung verstärkt.

Einige beispielhafte Äußerungen in den Interviews bringen dies deutlich zum Ausdruck:

> *„Die Kirche muss sich ändern, z. B. in Sachen Eheschließung von Priestern oder Gleichberechtigung von Homosexuellen. So hat aber die Kirche bei mir verloren."* (m, 24 Jahre, rk, Ethikunterricht, berufliche Schule) (Schweitzer et al., 2018, S. 23)

> *„Die Einstellungen der Kirche zu manchen Sachen sind veraltet und nicht nachvollziehbar. Es gab vieles, was ich glaube Gott zu verdanken, dass es so gekommen ist. Der Glaube an die Kirche ist schwächer geworden. Der Glaube an Gott stärker."* (m, 27 Jahre, rk, Religionsunterricht, berufliche Schule) (Bohner et al., 2019, S. 25)

> *„Früher gab es viele „Aktionen" der Kirche, wie einen Kinderspiele-Nachmittag oder das Krippenspiel an dem ich teilgenommen habe. Somit habe ich mich automatisch mehr mit Religion beschäftigt. Jetzt gibt es nichts mehr in der Kirche, was meine Altersstufe direkt anspricht."* (w, 16 Jahre, rk, Religionsunterricht, allgemeinbildendes Gymnasium) (Bohner et al., 2019, S. 29)

Hier distanzieren sich die jungen Menschen stark von der Institution Kirche. Bei anderen besteht durchaus Interesse an Jugendarbeit und ehrenamtlichem Engagement, Bereiche, in denen zum Teil gute Erfahrungen gemacht werden.

> *„Mein Glaube hat sich durch den Konfirmandenunterricht und besonders durch Jugendgottesdienste verändert. Ich nehme den Glauben mehr als stärkende Kraft und Leitfaden für ein gutes Leben wahr und engagiere mich selbst in der Gemeinde, da mir der Gemeinschaftssinn gefällt. Es gab auch einige Probleme, welche durchzustehen mir der Glaube geholfen hat."* (w, 16 Jahre, ev, Religionsunterricht, allgemeinbildendes Gymnasium) (Bohner et al., 2019, S. 27)

Kirchliche Angebote nehmen Jugendliche besonders dann wahr, wenn sie sich persönlich angesprochen fühlen und ihnen die Möglichkeit geboten wird, aktiv teilhaben zu können. Dies geschieht oft in altersgerechten Jugendgottesdiensten, dabei ist besonders wichtig, dass die Musik ansprechend ist. Wünsche an die Kirche sind demnach vielfach mehr aktiv gestaltete Jugendgottesdienste, mehr Flexibilität und Offenheit.

> *„Ich finde, es wäre schon mal ein guter Start, wenn es eben auch so Jugendgottesdienste gibt. Also meine Verbindung zu Gott ist eigentlich stärker, nur durch unsere Jugendgruppe, also die KJG ist das. Weil's da eben dann auch so Jugendgottesdienste gibt, neuer gemacht, die Pfarrer sind mega cool. Und die Gottesdienste sind einfach anders gestaltet, mit so kleinen Rollenspielen oder dass da auch anderes gesungen wird, mit einer Gitarre gespielt wird und manchmal ist sogar eine Band da oder sowas, also dass es einfach bisschen neuer gemacht wird. Und dann ist es ein ganz anderes Erlebnis. Und man ist auch mehr in den Gottesdienst eingebunden. Also es ist oft dann so, dass man selber was aufschreibt oder selber was sagt oder irgendwie so. Also das ist – ganz anders wird das halt erlebt."* (w, 18 Jahre, rk, Religionsunterricht, berufliches Gymnasium) (Bohner et al., 2019, S. 24)

> *„Es gibt dann so Jugendgottesdienste, die dann eben auch darauf abgestimmt sind. Also da kommen dann auch irgendwelche Leute und machen Musik und zum Beispiel die Predigten werden dann nicht so lang gehalten. Aber ich würde jetzt zum Beispiel*

> *nie eine Predigt oder so weglassen, weil das gehört ja auch irgendwie dazu. Aber so ist es jetzt halt so gestaltet, dass man jetzt nicht so da drin hockt und fast einschläft. Also es animiert dann schon zum Mitmachen.*" (w, 17 Jahre, ev, allgemeinbildendes Gymnasium) (Schweitzer et al., 2018, S. 220)

Die ambivalente Haltung Jugendlicher zur Kirche zeigt sich auch in den methodisch zwar nicht unumstrittenen, aber dennoch für Tendenzaussagen hilfreichen sog. Sinus-Milieu-Studien, deren Teilstudien zu jungen Menschen den Titel „Wie ticken Jugendliche?" tragen (u. a. die jüngste: Calmbach et al., 2016). Sie nehmen die Lebens- und Glaubenswelten von jungen Menschen in den Fokus. Im Blick auf das Verhältnis von Glaubenseinstellungen und Kirchenzugehörigkeitsgefühl kommen die Autorinnen und Autoren zum Ergebnis: „Der individuelle Glaube, die Zugehörigkeit zu einer Glaubensgemeinschaft und die aktive Mitwirkung in dieser Glaubensgemeinschaft stehen für viele Jugendliche nach wie vor in keinem direkten Zusammenhang, sondern werden unabhängig voneinander betrachtet" (Calmbach et al., 2016, S. 338). Die Nähe zu kirchlichen Einrichtungen oder die Bereitschaft, an kirchlichen Angeboten teilzunehmen ist u. a. abhängig von den jeweiligen Milieus, in denen sich Jugendliche bewegen. In erster Linie sind familiäre Bezüge zur Kirche ausschlaggebend für eigene Zugänge zu kirchlichem Leben. Attraktiv für manche Jugendlichen sind Beziehungsnetze, in denen sie nicht das Gefühl haben, einem Wettbewerb ausgesetzt zu sein, z. B. „der Coolste" zu sein oder einem bestimmten Aussehen und einem Kleidungsstil Genüge tun zu müssen, um dazu zu gehören. Hier sind kirchliche Gruppen und Gemeinschaften oft ein Rückzugsraum (ebd., S. 57), auch wenn eine grundsätzliche Kritik an kirchlichen Großstrukturen und Haltungen gegeben ist. Auch die neueste Shell-Jugendstudie bestätigt diese Ergebnisse: Zunächst gilt: „Die Institution Kirche wird von insgesamt mehr als einem Drittel aller Jugendlichen – unabhängig davon, ob konfessionell gebunden oder nicht – positiv gesehen: 69 % finden es gut, dass es die Kirche gibt (75 % der katholischen, 79 % der evangelischen und sogar 45 % der konfessionslosen Jugendlichen)" (Shell Deutschland Holding, 2019, S. 26). Gleichzeitig sagen mehr als zwei Drittel der katholischen und evangelischen Jugendlichen „Die Kirche muss sich ändern, wenn sie eine Zukunft haben will" (ebd., S. 156) und 59 % beider Gruppen sind der Meinung „Die Kirche hat keine Antworten auf die Fragen, die mich wirklich bewegen" (ebd.).

2. Didaktische Bewertung

Die didaktische Bewertung des Befundes zur Wahrnehmung der Jugendlichen von Kirche muss vor dem Hintergrund des Abschnitts „Glaube und Religion" bzw. „gläubig und religiös" erfolgen. Hier zeigte sich, dass Jugendliche unter Religion vor allem die institutionalisierte und verfasste Religion in der Kirche bzw. den Kirchen verstehen. Dazu haben sie ein kritisches und distanziertes Verhältnis, das sich in niedrigeren Zustimmungswerten ausdrückt – z. B. im Vergleich zur Aussage „Ich bin gläubig“. In diesem Kontext ist die Wahrnehmung der Kirche vorwiegend zwiegespalten. Wo die Jugendlichen die Kirche fast ausschließlich als Institution verstehen und an dieser, in ihren Augen, berechtigte Kritik üben, fehlt oft die Perspektive für die anderen Dimensionen und Funktionen der Kirche.

Für die didaktische Aufbereitung des Themas ist deshalb besonders wichtig, dass die jugendliche Kritik an Kirche ernst genommen wird und ihre Meinung differenziert wahrgenommen wird. Die Differenzierung und das Begreifen der Kirche in den vier Dimensionen (als Gebäude, als Gemeinschaft, als Organisation, als Glaubensort (Riegel & Kindermann, 2017, S. 23–24)) ist essentiell. Diese baut jedoch auf einem profunden Wissen über die Kirche auf, das bei den Schülerinnen und Schülern nicht mehr vorausgesetzt werden kann, sondern das im Religionsunterricht vermittelt werden muss – allerdings in der Weise, dass die Lernenden zu kritischem und differenziertem Denken im Blick auf die Ambivalenz von Kirche angeregt werden.

Die Lernziele bei dem Thema „Kirche und Kirchenkritik“ sind die Auseinandersetzung mit den verschiedenen Aspekten von Kirche und dem daraus folgenden Verständnis im Umgang mit Ambivalenz (Boschki, 2016). Dazu gehört auch die Reflexion des eigenen Glaubens und dessen Bezug zur Kirche. Ziel der Beschäftigung mit der Institution Kirche im Religionsunterricht ist die Entwicklung einer „Ambivalenzkompetenz“ (ebd.) bei den Lernenden, die dazu befähigt, positive und negative Aspekte von Kirche in Geschichte und Gegenwart wahrzunehmen, ohne Kirche pauschal zu verurteilen, die ambivalenten Aspekte zu deuten und dazu eine eigene, begründete Haltung zu entwickeln. Die Einübung von Perspektivenübernahme kann mithilfe von Konzepten der Geschichtsdidaktik erfolgen.

Die didaktische Herausforderung beim Thema Kirche und Kirchenkritik ist, dass der Religionsunterricht viele positive Erfahrungen mit Kirche nicht direkt leisten kann. Dazu gehören vor allem die Erfahrungen, die die Jugendlichen bei Jugendgottesdiensten oder in der Jugendarbeit machen. Allerdings sind Exkursionen für das persönliche Erfahren der Kirche sinnvoll. Auch Besuche von Vesperkirchen sind denkbar, die die diakonische Arbeit der Kirche verdeutlichen.

3. Konkretion: Kirche erfahren und Ambivalenz akzeptieren

Für die Bearbeitung des Themas „Kirche und Kirchenkritik“ im Religionsunterricht bieten sich folgende Orientierungspunkte an:

Geschichtlichkeit von Kirche

„Historische Kompetenzen sind die Grundlage dafür, zentrale gesellschaftliche Herausforderungen der Moderne zu meistern“ (Trautwein & Bertram et al., 2017, S. 116). Dazu gehört die Fähigkeit, aktuelle Entwicklung in Relation zur Vergangenheit zu setzen und diese einzuordnen und in einen Diskurs zu bringen. Durch die Einordnung der Fragestellung in den Prozess historischen Denkens können sich die Schülerinnen und Schüler auch mit der Geschichtlichkeit von Kirche auseinandersetzen.

Ein Beispiel: Die aktuelle Fragestellung, (1) ob Religion mehr oder weniger Toleranz braucht, soll in einen historischen Bezug gesetzt werden, z. B. durch (2) die Betrachtung der Spaltung der Kirche durch die Reformation mit (3) Streitschriften theologischer Gelehrter gegen die Reformation. Ein mögliches Ergebnis (4), ist die Erkenntnis, dass Andersdenken zu unterdrücken nicht legitim sein kann und Toleranz für andere Religionen und Menschen die eigene Religion nicht schwächt (ebd., S. 69).

Aber auch andere historische Aspekte von Kirche können im Unterricht reflektiert werden, solche, die als positiv gelten und solche, die aus heutiger Sicht erheblich zu kritisieren sind. Beispielsweise können an der Geschichte des Heiligen Franziskus, wenn sie historisch gut erarbeitet wird (u. a. Leppin, 2018), kritikwürdige Aspekte von Kirche wie Macht- und Hierarchiezentrierung, Reichtum, Intrigen, Konzentration auf Äußerlichkeit etc. thematisiert werden, gleichzeitig aber auch das Moment der notwendigen Reformen, die Aufbruch- und Erneuerungsbewegungen sowie konstruktive Kirchenkritik am Maßstab des Evangeliums erlernt werden.

Kirche als Beziehungsraum

Da der Unterricht mehrheitlich nicht die Mittel hat, um die positiven Erfahrungen zur Kirche direkt im Klassenzimmer zu vermitteln, ist die Erfahrung von Exkursionen hilfreich. Gute Möglichkeiten und Angebote sind Jugendkirchen und Jugendgottesdienste, die mit niederschwelligen Angeboten Aktivitäten bieten, die die jungen Menschen nicht vereinnahmen. Denkbar sind Gespräche mit Vertreterinnen und Vertretern von Jugendkirchen oder mit Jugendseelsorgerinnen und -seelsorgern, mit denen die Ambivalenz – also notwendige Kritik und mögliche Chancen von Kirche – offen diskutiert werden kann.

Auch Klassenfahrten nach Taizé oder zu Taizé-Events auf regionaler und überregionaler Ebene (z. B. Kirchentagen) können Anknüpfungspunkte für die unterrichtliche Behandlung des Themas bieten: Fragen wie „Was ist das Neue und Andere an solchen kirchlichen Angeboten? Warum lockt es junge Menschen aus ganz Europa an? Was ist kritisch zu sehen?“ können mit Beteiligten vor Ort oder bei der Nachbereitung im Religionsunterricht diskutiert werden.

Eine Möglichkeit ist auch, Schülerinnen und Schüler den Auftrag zu geben, Interviews mit Mitgliedern der Kirchengemeinde zu führen. Über das Pfarrbüro können Kontakte hergestellt werden oder die Jugendlichen befragen Menschen im Verwandtenkreis bzw. in der Nachbarschaft. Es gibt allerdings auch die Möglichkeit, auf dem Kirchplatz Spontaninterviews nach dem sonntäglichen Gottesdienstbesuch der Gläubigen zu führen. Leitfragen für die Kurzinterviews können zuvor mit der Klasse erarbeitet werden. Hier wäre es wichtig, dass die jungen Menschen auch ihre kritischen Anfragen bei der Entwicklung der Fragen einbringen können.

Es sollten *ihre* Frage und Anfragen gestellt werden, worauf die Kirchenmitglieder reagieren können. Es ist zu erwarten, dass die Befragten ihre Zustimmung, aber gleichzeitig auch ihre Kritik an der Institution Kirche äußern, was für die Schülerinnen und Schüler zur eigenen Standpunktfindung äußerst hilfreich sein kann. Im Klassenzimmer werden dann die Ergebnisse der Befragung ausgewertet und gemeinsam interpretiert.

Kirche als Erfahrungsraum und Fremdheitserfahrung

Exkursionen zu Kirchen gelten als eines der wichtigen Beispiele religiösen Lernens im schulischen Kontext, denn sie bieten Erfahrungen und Beobachtungen, die im Klassenzimmer nicht machbar sind oder zumindest die Berührung damit. Eine gute Annäherung an das Thema wird heute zum Beispiel in der Kirchenraumpädagogik diskutiert, die den Kirchenraum und die unterschiedlichen Dimensionen der Kirche erfahrbar machen will (u. a. Rupp, 2016). Die Kirchenraumpädagogik will hierbei für religiöse Erfahrungen sensibilisieren, Kenntnisse vermitteln und den Bezug zur Gemeinschaft der Glaubenden ermöglichen (Riegel & Kindermann, 2017, S. 22). Durch drei didaktische Prinzipien können Schülerinnen und Schüler den Kirchenraum neu entdecken. Die Prinzipien beruhen auf Entschleunigung und ganzheitlicher Erfahrung des Kirchenraums mit allen Sinnen, dem Erkunden aller Dimensionen der Kirche (die neben dem physischen Raum das Zuhause einer religiösen Gemeinschaft ist) und kulturellen und architektonischen Perspektiven (ebd., S. 23–24). Das partizipative und experimentelle Lernen bei Exkursionen zu lokalen Kirchen können die Einstellung und das Wissen der Schülerinnen und Schüler zu Kirchengebäuden verbessern. Voraussetzung ist hier, dass die jungen Menschen nicht nur kognitiv gefordert werden, sondern, nach den didaktischen Prinzipien, sich zuerst mit der Kirchenumgebung und dem -raum vertraut machen können (ebd., S. 143–144).

Anhand der Erfahrungen mit dem Raum einer Kirche – oder besser noch: mit verschiedenen sakralen Orten – können die Lernenden in der Nachbereitung über das Thema Kirche insgesamt ins Gespräch kommen, können kirchliche Räume, Kirche, die aus gläubigen Menschen besteht, Kirche als religiöse und soziale Institution gegeneinander abgegrenzt und kritisch reflektiert werden. Exkursionen zu und das Erleben von Vesperkirchen binden auch den diakonischen Charakter ein, den die Jugendlichen zu schätzen wissen.

Für die konkrete Umsetzung und die Möglichkeit der Kritik, Differenzierung und Reflexion der Kirche im Religionsunterricht bieten sich folgende Ansätze an:

1. *Kritik sehen*

Auch wenn die Kritik an der Kirche zu einem hohen Teil aus einem Wissen genährt wird, das die Jugendlichen aus den Medien, dem Umfeld oder von Zuhause übernommen haben und nicht auf direkten und eigenen Erfahrungen beruht, muss diese doch sehr ernst genommen werden. Den Fragen, Meinungen und kritischen

Wahrnehmungen der Schülerinnen und Schüler soll Raum gegeben werden und mit anderen Positionen ins Gespräch gebracht werden.

2. *Differenzierung ermöglichen*

Durch das Erkunden der Dimensionen und der Vielschichtigkeit von Kirche, wird den Schülerinnen und Schülern ermöglicht zu differenzieren.

Das Ziel ist, die Kirche in den vier Dimensionen zu begreifen:

- Kirche als christliche Gemeinschaft
- Kirche als Organisation
- Kirche als Erfahrungsraum des Glaubens, Ort für Spiritualität und Einkehr
- Kirche als kulturelles, architektonisches Gebäude

3. *Positionalitäten fordern, Kirche erfahren*

Durch Auseinandersetzung mit den Dimensionen, dem eigenen Wissen und der eigenen Position soll eine kritische Auseinandersetzung und Stellungnahme ermöglicht werden.

Diskutiert werden kann u. a. über Impulsfragen wie:

- Welcher Ort ist mein Lieblingsplatz in der Kirche? Was gefällt mir an Kirchenbesuchen?
  - o Alternative Perspektiven und Erfahrungen von Kirchen über die Kirchenraumpädagogik sind auch im Klassenzimmer mit Medien möglich.
- Die Kirche tut Gutes für die Gesellschaft: Ist es mein Geld wert?
  - o Konkretion, was die Kirche Gutes für die Gesellschaft tut.
- Hat mein Glaube wirklich nichts mit der Kirche zu tun?
  - o Reflexion über den Zusammenhang des eigenen Glaubens oder Nicht-Glaubens und der Kirche (in welcher Funktion); Versuch einer Begriffsdefinition und Abgrenzung von „Kirche“, „Glaube“ und „Religion“
- In welcher Funktion (s. Differenzierung) gefällt/missfällt die Kirche?

Anregungen bietet u. a. das 2. Heft 2019 der Zeitschrift „entwurf“ zum Thema „Kirche(n) entdecken“ (Friedrich Verlag GmbH, 2019) zur Klärung des eigenen Gottesbegriffs in Zusammenhang mit Kirche, ihrem diakonischen Wirken und Engagement.

Offenheit für andere Religionen und Kulturen versus Feindlichkeit gegenüber Fremden, Juden und Muslimen?

Reinhold Boschki und Matthias Gronover

Hinführung

Sind junge Menschen heute eher offen gegenüber anderen Religionen und Kulturen oder ihnen gegenüber ablehnend bzw. feindlich eingestellt? Die vorliegende Studie hat zu dieser Frage spannende Ergebnisse hervorgebracht. In jedem Fall gilt: Junge Menschen sind „Kinder unserer Zeit" und partizipieren an den allgemeinen gesellschaftlichen Entwicklungen, Krisen und Herausforderungen. Aufgrund der durchgängigen Verwendung von internetbasierten Medien mit ihren Chatrooms, Blogs und unaufhörlich aufpoppenden „breaking news" sind Jugendliche stets „am Puls der Zeit" und nehmen Vorgänge in der Öffentlichkeit, Diskurse, Meinungen, Stimmungen – gerade auch „Stimmungsmache" – sehr genau und sensibel wahr. Und selbstverständlich sind Klassenzimmer, Schulhöfe, Sportvereine etc. sowie bei Berufsschulen und Berufskollegs auch die Arbeitsplätze Teil der Gesellschaft, an der junge Menschen partizipieren.

An all diesen realen und digitalen Orten tauchen Fragen der Zugehörigkeit, der Mehrheits-, Minderheitsverhältnisse, der aktuellen bzw. der schon vor Generationen erfolgten Zuwanderung auf und werden höchst umstritten diskutiert. Dort werden Vorbehalte, Ressentiments und Feindlichkeit gegenüber Fremden, insbesondere Juden und Muslimen zum Ausdruck gebracht, es tauchen auch Äußerungen gegen andere Religionen und Kulturen auf, die sich bis zur manifesten Ablehnung von Fremden steigern oder gar in Fremdenfeindlichkeit, Islamfeindlichkeit, Judenfeindlichkeit und Hass umschlagen können.

Junge Menschen partizipieren an diesen Entwicklungen und Meinungen ebenso wie Erwachsene. Sie machen eigene Erfahrungen in Familie, Schule und Freizeit, sie haben ihren eigenen sozialen, kulturellen, religiösen, ethnischen Hintergrund, mit dem sie sich weniger oder mehr identifizieren. Aus diesem Grunde artikulieren sie auf die Nachfragen in den Interviews und Fragebögen auch in der vorliegenden Studie ihre Meinung über Fremde, Juden und Muslime.

1. Befunde: Offenheit versus Ablehnung und Feindlichkeit

Wie im ersten Band der Studie „Jugend – Glaube – Religion" dargestellt (Schweitzer et al., 2018, S. 111–117; S. 141–145), sind die befragten Jugendlichen mehrheitlich sehr offen gegenüber anderen Religionen und Kulturen. Beim ersten Befragungszeitpunkt sagen 65 % der Teilnehmerinnen und Teilnehmer *„Ich finde es spannend, mich mit anderen Kulturen zu beschäftigen“*, bei t_2 sind es sogar 74 %. 61 % stimmen der Aussage *„Mich interessiert, was Mitschüler einer anderen Religion denken“* zu. Etwa zwei Drittel sagen, mehrere Religionen können wahr sein und 58 %, dass in jeder Religion Wahrheit zu finden sei. Diese interessierte, offene Haltung bleibt über alle drei Befragungszeitpunkte im Wesentlichen erhalten.

Einige Aussagen der Befragten illustrieren diese offene Haltung:

> *„Da einige meiner Freunde Muslime sind und mir öfters darüber erzählen, merke ich, dass ich an ziemlich das gleiche glaube wie sie.“* (w, 16 Jahre, rk, Religionsunterricht, berufliches Gymnasium) (Schweitzer et al., 2018, S. 111)

> *„Ich habe [im Religionsunterricht] andere Glaubensrichtungen (Islam) kennen gelernt und merke, wie wenige Unterschiede es zu meiner Religion gibt. Ich bin nun offener und in meinem Glauben nicht mehr festgelegt.“* (w, 18 Jahre, ev, Religionsunterricht, allgemeinbildendes Gymnasium) (Schweitzer et al., 2018, S. 24)

> *„Ich interessiere mich jetzt sehr für alle Religionen und ihre Gemeinsamkeiten.“* (w, keine Angabe zu Alter und Konfession, Religionsunterricht, berufliche Schule) (Schweitzer et al., 2018, S. 175)

> *„Ich bin auch tolerant gegenüber anderen Religionen, ich habe da überhaupt kein Problem damit. Ich habe nur ein Problem damit, wenn die Religionen extrem ausgeübt werden. Natürlich ist es jetzt nicht der Hauptfall, aber ich kann es einfach nicht akzeptieren, dass Menschen andere Menschen für ihren Glauben umbringen. Und deswegen bin ich einfach gegen die Extrema. Aber gegen andere Religionen habe ich an sich nichts.“* (keine Angabe zum Geschlecht, 17 Jahre, rk, Religionsunterricht, allgemeinbildendes Gymnasium) (Bohner et al., 2019, S. 43)

Allerdings gibt es, wie oben in Teil 2 dargestellt (S. 76–79), auch ablehnende Haltungen. Etwa ein Fünftel der Befragten zum ersten und zweiten Zeitpunkt stimmen der Aussage zu *„Es gibt zu viele Muslime in Deutschland“*. Ein recht geringer Teil (t_1: 5 %; t_2: 4 %) sind der Meinung, *„Es gibt zu viele Juden in Deutschland“*. Bemerkenswert ist die Differenz zwischen beruflichen Schulen und allgemeinbildenden Gymnasien: Im Berufsschulbereich gibt es höhere Zustimmungswerte (bei der Frage nach den Muslimen etwa ein Drittel der Teilnehmenden in t_1 und t_2). Zum dritten Befragungszeitpunkt, auf den dieser Band fokussiert, liegen die Werte bei beiden Fragen (Muslime, Juden) niedriger (16 %, 2 %). Jedoch steigen bei der Aussage *„Manche muslimische Gruppen machen mir Angst“* die Werte von ca. zwei Drittel aller (gematchten) Teilnehmenden in t_1 und t_2 bis fast Dreiviertel bei der dritten Befragung an.

Auch hier wieder können einige Aussagen der Schülerinnen und Schüler die Einstellungen, die hinter den Zahlen stehen, illustrieren:

> *„Alle Religionen sind schuld an Kriegen. Kriege entstehen durch Religionen. Würde Gott alle lieben, hätten wir Frieden auf dieser Welt.“* (m, 19 Jahre, rk, Religionsunterricht, berufliche Schule) (Schweitzer et al., 2018, S. 113)

> *„Der Islam ist für mich nun nur noch eine Religion, die Terror und Tod verbreitet (ISIS – 13.11.15 Paris z. B.). Das Christentum (bin katholisch) ist für mich sozusagen die reinste Religion, da sie vor allem keinen Terror verbreitet."* (w, 17 Jahre, rk, Religionsunterricht, berufliches Gymnasium) (Bohner et al., 2019, S. 46)

> *„Religionen stiften Unruhe. Bis zu einem gewissen Alter glaubte ich teilweise einer Religion, doch nun erkenne ich immer mehr wie grausam sich Menschen, die sich als streng religiös bezeichnen, ihren Mitmenschen gegenüber verhalten. Es heißt ‚liebe deinen Nächsten' und sie quälen und töten sich gegenseitig. Mein Glaube gilt Gott, vielleicht einem anderen als dem, an den andere glauben, denn ich glaube stark an seine Güte, Barmherzigkeit und Hilfe und nicht an die z. B. biblisch erzählten, kaltherzigen Taten."* (w, 17 Jahre, ohne Religionszugehörigkeit, Religionsunterricht, allgemeinbildendes Gymnasium) (Bohner et al., 2019, S. 46)

> *„Das hat mich aber trotzdem gestört an diesen Menschen, die das halt falsch interpretieren, dass sie versuchen, ihren eigenen Glauben anderen aufzuzwingen und das mit Gewalt versuchen zu lösen. Ich denke, das wird niemals klappen. Eine Religion sollte für was Gutes stehen und immer gewaltfrei bleiben."* (m, 17 Jahre, ev, Religionsunterricht, allgemeinbildendes Gymnasium) (Schweitzer et al., 2018, S. 194)

Angesichts dieser Befunde und Aussagen bezüglich Offenheit und Feindlichkeit gegenüber anderen Religionen besteht kein Grund zur Entwarnung. Denn im Bildungssystem Schule sollten demokratische, tolerante und wertschätzende Haltungen gegenüber Andersdenkenden und Andersglaubenden sowie gegenüber Zugewanderten und deren Nachfahren eingeübt werden. Offensichtlich gelingt dies nur teilweise.

Stellt man die hier dargestellten Daten in den Horizont empirischer Untersuchung zur Islamfeindlichkeit und Judenfeindlichkeit in Deutschland und Europa, zeigt sich ein differenziertes Bild.

Bei der Studie „Fragile Mitte" (Zick & Klein, 2014) stimmten der Aussage *„Durch die vielen Muslime hier fühle ich mich manchmal wie ein Fremder im eigenem Land"* 15,8 % der befragten Erwachsenen „voll und ganz zu" und weitere 15,7 % „eher zu" (ebd., S. 67). In der gleichen Studie stimmen dem Satz *„Juden haben in Deutschland zu viel Einfluss"* 5,2 % der Befragten „voll und ganz zu" und weitere 8,5 % „eher zu" (ebd., S. 68). Allerdings ist zu beachten, dass durch die Ereignisse um Flucht und Migration ab dem Jahr 2015 die gesellschaftliche Debatte hitziger geführt wird und antiislamische Stimmen lauter sowie ablehnende Haltungen gegenüber Muslimen stärker geworden sind (Frindte & Dietrich, 2017), was auch unter dem Stichworten „Ablehnungshaltung" (Möller & Neuscheler, 2018) diskutiert wird.

Allgemein wird festgestellt, dass islamfeindliche, fremdenfeindliche und antijüdische Haltungen in Deutschland und Europa zunehmen. Beispielsweise zeigen Metaanalysen verschiedener Studien zur Haltung gegenüber dem Islam, „dass es sich bei Muslimfeindlichkeit keineswegs nur um ein Randphänomen einzelner europäischer Gesellschaften handelt, sondern vielmehr um ein gesamteuropäisches Phänomen. Besonders ernüchternd ist, neben der Omnipräsenz der Muslimfeindlichkeit, die Tatsache der wachsenden Salonfähigkeit des Phänomens, das inzwischen nicht nur eine rechtspopulistische Klientel anspricht, sondern zunehmend auch die Diskurse der gesellschaftlichen Mitte mitbestimmt" (Montero Lange & Ziegler, 2017, S. 71–72). Bei der Verbreitung solcher Haltungen kommt dem Internet, besonders den sozialen Medien, eine hervorgehobene Bedeutung zu.

Wer feindselige Haltungen gegen Muslime näher unter die Lupe nehmen will, sieht sich erst einmal einem begrifflichen Wirrwarr ausgesetzt. In Öffentlichkeit und Medien werden Termini verwendet wie: Islamfeindlichkeit, Islamkritik, Muslimenfeindlichkeit, Muslimenkritik, antimuslimischer Rassismus, Islamophobie (zur speziellen Problematik dieses Begriffs s. Dietrich, 2017; der Autor rät von einer Verwendung des Begriffs Islamophobie ab, da er unterbestimmt und irreführend sei). Auch weitere Autoren sind gegenüber diesem Terminus skeptisch (Pfahl-Traugber, 2019), während er in anderen wissenschaftlichen Diskursen als etabliert gilt (z. B. Bleich, 2011).

Strukturanaloges, wie bezüglich der Zunahme von Islamfeindlichkeit, kann von den wieder neuaufkeimenden judenfeindlichen Haltungen gesagt werden (Unabhängiger Expertenkreis Antisemitismus, 2017). Denn auch der Antisemitismus ist wieder ein europäisches, ja globales Phänomen (Embacher, Edtmaier & Preitschopf, 2019). Seit Bekanntwerden antisemitischer Vorfälle an deutschen Schulen und gegenüber Kippa-tragenden Juden im Jahr 2018 ist ein Wiederaufleben antisemitischer Meinungsäußerungen und judenfeindlicher Haltungen auch hierzulande festzustellen (u. a. Blume, 2019). Dabei trägt insbesondere das Internet aufgrund der Möglichkeit zur Anonymität und des inflationären Gebrauchs zur Verstärkung antisemitischer Haltung in der Gesellschaft bei (Schwarz-Friesel, 2019; 2018). Die Zugänglichkeit zu Antisemitismen „mit einem Klick" (Schwarz-Friesel, 2019, S. 93–108) im Web 2.0 ist enorm gesteigert, Hasssprache und antijüdische Gefühlsbekundungen können nahezu ungehindert geäußert und von Empfängern abgerufen werden. Dabei geht es keineswegs nur um rechtsradikale oder neonazistische Websites, im Gegenteil, der Anteil von Antisemitismus hat sich in Mainstream-Seiten des Internet (Facebook, Youtube, WhatsApp, weitere Chatrooms, auch scheinbar harmlose Seiten wie hausaufgaben.de oder gute-frage.net etc.) erheblich gesteigert. Daran partizipieren junge Menschen in jeder Hinsicht und können so auch mit impliziten und expliziten judenfeindlichen Äußerungen konfrontiert werden. Neben dem Internet sind auch andere gesellschaftliche Größen an der Entstehung und Kultivierung antijüdischer Vorurteile und Haltungen beteiligt, beispielsweise Sport- und Fußballvereine (Schubert, 2019).

Diese hier nur angedeuteten gesamtgesellschaftlichen Entwicklungen im Blick auf Ressentiments gegen Muslime, Juden und Fremde sind der Kontext für die Frage nach der Bedeutung der in dieser Studie vorgelegten Daten für schulisches Handeln, insbesondere für den Religionsunterricht.

2. Reflexion der Befunde und didaktische Bewertung

Die Bekämpfung antiislamischer und antijüdischer Haltungen sowie der Ablehnung von Fremden ist eine Querschnittsaufgabe für alle schulischen Fächer, wobei je nach Disziplin besondere Kompetenzen angesprochen bzw. gefördert werden, etwa in Gesellschafts- oder Gemeinschaftskunde, in Geschichte oder Ethik bzw. Praktischer Philosophie. Für den Religionsunterricht ergeben sich ebenfalls spezifische Aufgaben, da er sich qua Selbstverständnis insbesondere mit Religion, Religionen und religiösen Phänomenen beschäftigt.

Da die Mehrheit der befragten Schülerinnen und Schüler in der Studie „Jugend – Glaube – Religion“, wie gesehen, eine aufgeschlossene und interessierte Haltung gegenüber anderen Religionen zeigt, bieten die Unterrichtseinheiten über Islam, Judentum und andere Weltreligionen die besondere Chance, diesem Interesse entgegen zu kommen. Dabei ist gewiss eine solide Informationsbasis die Grundlage für ein vertieftes Kennenlernen. Doch im Blick auf interreligiöses Lernen sind weitere Kompetenzen wichtig, die gefördert werden sollten. Stephan Leimgruber hat schon vor Jahren folgende Lernwege vorgeschlagen, um interreligiöse Kompetenzen zu erwerben (Leimgruber, 2007, S. 101–102):

- „fremde Personen und Zeugnisse wahrnehmen lernen“
- „religiöse Phänomene deuten können“
- „einen neuen Zugang zum eigenen Glauben ermöglichen“
- „durch Begegnungen lernen“
- „das Gemeinsame und das Fremde entdecken“
- „in existenzielle Auseinandersetzung verwickeln“.

Friedrich Schweitzer hat diese Gedanken für interreligiöse Bildung weiter differenziert (Schweitzer, 2014b, S. 76–81):

1. „Menschen mit nicht-christlicher Religionszugehörigkeit in der Gesellschaft und in der einen Welt respektvoll begegnen, ihre Glaubensüberzeugungen kennen lernen und sich gemeinsam mit ihnen für ein Zusammenleben in Frieden, Toleranz und Gerechtigkeit einsetzen.“
2. „Kein vorschneller (Schein-)Konsens zwischen den Religionen – keine Einigungsversuche „oberhalb“ bestehender Differenzen.“
3. „Toleranz muss aus der Verständigung selbst erwachsen. Sie kann nicht durch eine immer weiter reichende Ausdehnung des Bereichs weltanschaulicher Neutralität erzwungen werden.“
4. „In der Begegnung der Religionen verbinden sich Dialog, Mission bzw. gegenseitiges Zeugnis und Konvivenz.“
5. „Die Frage nach dem Verständnis anderer Religionen muss als theologische Frage aufgenommen und weiter geklärt werden.“

Als entscheidend für den Erwerb interreligiöser Kompetenz (vgl. auch Schambeck, 2013) hat sich noch ein weiterer Aspekt erwiesen, der ebenfalls als Fähigkeit in schulischer Bildung eingeübt und bei den Lernenden gestärkt werden muss: die Kompetenz zum Perspektivenwechsel (vgl. Schweitzer, Bräuer & Boschki, 2017), also die Fähigkeit, zumindest ansatzweise die Perspektive von Menschen anderer Religionen einzunehmen und der Versuch, die Welt mit ihren Augen zu sehen.

In Unterrichtsarrangements, die diese Kompetenzen in den Mittelpunkt stellen, können Schülerinnen und Schüler ermutigt werden, ihre offene Haltung und ihr Interesse an anderen Religionen auszubauen sowie ihre Kenntnisse und ihr Verständnis zu vertiefen.

Doch dies ist nur die eine Seite der Medaille. Wie die Ergebnisse der vorliegenden Studie zeigen, gibt es auch von Schülerinnen und Schülern ablehnende und feindliche Äußerungen zu anderen Religionen, insbesondere zum Islam, aber auch zum Judentum, wenn auch die Werte zu antijüdischen Haltungen sehr gering anmuten. Religionsunterricht muss diese Meinungen und Haltungen wahr- und ernstnehmen, er darf nicht so tun, als seien alle Lernenden gleichermaßen interessiert oder zumindest neutral gegenüber anderen Religionen. Im Anpacken „heißer Eisen" und Aufgreifen auch kritischer, vielleicht unerwünschter Meinungsäußerungen können Religionslehrkräfte ihre Kompetenz zur Konfliktlösung, zum Umgang mit Kritik und Ablehnung erweisen. Wenn sich der Religionsunterricht mit Judentum oder Islam beschäftigt, müssen auch die negativen Haltungen gegen diese Religionen zum Thema gemacht werden.

Kommt etwa eine Meinung wie die oben zitierte Schüleräußerung im Unterricht zutage, dass nämlich der Islam eine Religion sei, die nur Terror und Tod verbreite, kann man diese Äußerung nicht einfach ignorieren oder kurzerhand als „falsch" verurteilen und verbieten. Sie ist vielleicht Ausdruck von Bildern, die aus den Medien übernommen wurden und sich als Vorurteilsbilder bei einzelnen oder mehreren Lernenden festgesetzt haben. Sie kann auch aus einer Angst hervorgehen, die von bestimmten islamistischen Gruppen ausgeht und die dann verallgemeinernd auf alle Muslime projiziert wird. (Zu den verschiedenen Formen antimuslimischer Stereotypen, Vorurteile, Haltungen und Feindschaften vgl. Uçar & Kassis, 2019.) Solche Meinungen bzw. Haltungen dürfen keineswegs unter den Teppich gekehrt, sondern müssen bearbeitet werden, auch wenn es viel Energie und Kraft kostet, sich damit auseinander zu setzen.

Die Vermittlung eines positiven Bildes des Islam und die Bearbeitung von Islamkritik müssen im Unterricht Hand in Hand gehen. Berechtigte Kritik – etwa an fundamentalistischen Gruppierungen in allen Religionen – und vorurteilsgeleitete Pauschalisierungen müssen auseinandergehalten werden. Die herausragende Bildungsaufgabe hierbei ist die Kompetenz zur differenzierten Sichtweise auf den Islam und andere Religionen.

Im Blick auf antisemitische Tendenzen und Äußerungen, die im Schulbereich, etwa auf dem Schulhof aufkommen, ist für den Religionsunterricht nochmals eine andere theologische und religionspädagogische Aufmerksamkeit erforderlich. Denn Antisemitismus in der europäischen Tradition ist unlöslich mit dem christlichen Antijudaismus verbunden, der die Geschichte der christlichen Religion wie ein roter Faden durchzieht und einerseits auf die jüdische Herkunft des Christentums, andererseits auf die Prozesse der Abgrenzung der Christen vom Judentum verweist (zusammenfassend: Boschki, 2019). „Für die Entstehung der abendländischen Judenfeindschaft kommt dem konflikthaften Ablöseprozess der frühen Christen vom Judentum zentrale Bedeutung zu." (Bergmann, 2016, S. 9)

Christlicher Religionsunterricht muss diese Negativtraditionen, besonders die eigene Schuldgeschichte aufarbeiten, um zu einer realistischen Einschätzung heutiger judenfeindlicher Tendenzen zu gelangen. Denn ohne die religiösen Traditionen sind die extremen Verzerrungen und Verteufelungen der Juden im Antisemitismus des 20. Jahrhunderts bis in gegenwärtige Formen des Judenhasses in Internet und Gesellschaft nicht zu verstehen. Das aktive Thematisieren des Antisemitismus im Religionsunterricht (wie in anderen Fächern) ist unverzichtbar (Salzborn & Kurth, 2019, S. 10–12).

Die „Erklärung der Katholischen Kirche zu den nichtchristlichen Religionen" (Nostra Aetate) im Zweiten Vatikanischen Konzil, ebenso die zahlreichen Verlautbarungen protestantischer Kirchen hierzulande und weltweit, insbesondere des Ökumenischen Rats der Kirchen (Genf), weisen auf, dass die Religionen in besonderem Maße aufgefordert sind, gegenseitige Kenntnis zu fördern, Wertschätzung und Respekt untereinander sowie gegenüber allen Menschen einzuüben und zu leben, sowie Feindschaft und Hass gegen anderer Religionen und gegen Fremde aktiv zu bekämpfen. Diese Aufgaben sind in hervorgehobener Weise Pflichtprogramm religiöser Bildung – auch und gerade in den Schulen.

3. Exemplarische Konkretionen

Um die in diesem Abschnitt angesprochenen Themen zu bearbeiten, hat der Religionsunterricht, wie bereits erwähnt, besondere Chancen und Potentiale. Er bemüht sich um Religion, Religionen und Wertebildung auf religiöser Basis. Deshalb sind Behandlung und Darstellung von Islam, Judentum, anderer Religionen und Weltanschauungen ein Kernthema, das sich in verschiedenen Schulstufen und Schularten wiederfindet. Eine Fülle von religionsdidaktischen Materialien zu den Weltreligionen liegt vor. Zusammenfassend können folgende unterrichtliche und außerunterrichtliche Unternehmungen durchgeführt werden.

- Vermittlung von Basiskenntnissen zu Judentum und Islam sowie anderen Religionen;
- Aufzeigen von Gemeinsamkeiten und Differenzen zwischen Judentum und Christentum, Islam und Christentum sowie anderen Religionen;
- Im Blick auf das Judentum: Theologische Auseinandersetzung mit allen Formen einer expliziten und impliziten Substitutionslehre, z. B. anhand von mittelalterlichen Darstellungen der *Synagoga* und *Ekklesia*; keine Darstellung des Judentums als einer vom Christentum *abgelösten* oder von Gott *verworfenen* Religion;

- Herbeiführung von Begegnungen mit Synagogen- und Moscheegemeinden, Einladung jüdischer und muslimischer Expertinnen und Experten, z. B. auch jüdischer Jugendlicher über Projekte wie „*Rent a Jew*" (www.rentajew.org/) oder „*Likrat*" (www.likrat.de/);
- Aufsuchen von regionalen Spuren jüdischen Lebens in der Geschichte;
- Aufklärung über die christlichen Wurzeln des Antisemitismus, z. B. anhand von judenfeindlichen Texten aus Bibel und Kirchengeschichte, judenfeindlichen Darstellungen aus der christlichen Kunstgeschichte;
- Bearbeitung islamfeindlicher Vorurteile, Haltungen und Überzeugungen; Herausarbeiten der religiösen Tiefenstrukturen von Islamfeindlichkeit;
- Nachweis der Kontinuität zwischen religiösem und politischem Antisemitismus bis hin zum rassistisch motivierten Judenhass (z. B. durch fächerübergreifende Projekte zwischen Religionsunterricht, Ethik bzw. Praktische Philosophie; Geschichte, Gemeinschaftskunde etc.);
- Biographieorientiertes Lernen von Schicksalen jüdischer Menschen: ihr Leben, ihr Glaube, ihre Verfolgungsgeschichten bis hin zum Holocaust;
- Jedoch Darstellung des Judentums nicht allein im Horizont von Verfolgung und Vernichtung; Vermeidung einer ausschließlichen Opferperspektive; dagegen Aufzeigen des Reichtums jüdischer Glaubensweise, Geschichte und Kultur in Deutschland und Europa;
- Beschäftigung mit Biographien muslimischer Menschen in Deutschland (z. B. erste, zweite, dritte Generation von Zugewanderten); heutige Fluchtgeschichten, Fluchtursachen; Bedeutung der Religion für Geflüchtete;
- Besuchen von Mainstream-Internet-Seiten zusammen mit Schülerinnen und Schülern; Suche nach und Entlarvung von antisemitischen und antiislamischen Äußerungen; etc.

Ob in Blick auf Islam, Judentum, andere Religionen oder auf Fremde, der Religionsunterricht muss sich bei all den angedeuteten didaktischen Möglichkeiten als Teil der gesamten Fächerpalette der Schule verstehen und in fachübergreifenden und fächerverbindenden Projekten die Offenheit der Schülerinnen und Schüler für andere Religionen bzw. Kulturen fördern, sowie die Vorbehalte und Ressentiments gegenüber Fremden, Juden und Muslimen bekämpfen. Letztlich sind die Aktivitäten des Religionsunterrichts in eine Schulkultur einzubetten, die auf Anerkennung und Wertschätzung beruht (vgl. Jäggle et al., 2013) und an der alle an der Schule Beteiligten – Lernende, Lehrende, Eltern – ihren Beitrag zu leisten haben.

Theodizee – noch ein Thema für den Unterricht?

Golde Wissner

Ob die drängende Frage nach Gott im Zusammenhang mit Leiderfahrungen heutzutage für junge Menschen noch eine Rolle spielt, ist in der Religionspädagogik umstritten. Eine viel beachtete qualitative Studie, in deren Rahmen Gruppeninterviews von insgesamt 392 Jugendlichen im Religionsunterricht an Schulen in Ost- und Westdeutschland ausgewertet wurden, kam vor gut 10 Jahren zu dem Ergebnis, dass die Theodizee-Frage für die meisten der Befragten keine zentrale Rolle (mehr) spiele (Ritter et al., 2006). Dagegen wird an anderer Stelle an Karl Ernst Nipkows These festgehalten, dass das Infragestellen von „Gott als Helfer und Garant des Guten" im Zusammenhang mit der Theodizee-Frage eine charakteristische Einbruchstelle des Glaubens im Jugendalter darstelle (Nipkow, 1987, insb. S. 52–54; Nipkow, 2005, S. 226): Nach wie vor könne die Theodizee in dieser Sichtweise für einen Teil der Jugendlichen als eine Schlüsselfrage für das (sich wandelnde) Gottesbild bezeichnet werden (z. B.: Simojoki, 2009; Neruda, 2012; einen Überblick über das Thema im religionspädagogischen Kontext bietet Stögbauer-Elsner, 2019). Die Befunde der Studie „Jugend – Glaube – Religion" eröffnen die Chance, dieser Frage auf einer breiteren Grundlage weiter auf den Grund zu gehen.

1. Befunde: Der Zusammenhang zwischen Religiosität und Theodizee-Frage

Im Blick auf die Theodizee-Frage sind mehrere Fragen und Zugänge in der Studie „Jugend – Glaube – Religion" aufschlussreich. Zunächst sollen als Annäherung die Befunde zu einer offenen Frage im Fragebogen skizziert werden: Die Schülerinnen und Schüler wurden bei der ersten Erhebung gefragt, ob und wie sich ihr Glaube in den letzten Jahren verändert habe. Sie konnten dafür in einem freien Textfeld ihre Äußerungen verschriftlichen. Neben vielen anderen Aspekten spielte in den Antworten auch das Thema der Theodizee für einige der Befragten eine zentrale Rolle. Manche Jugendliche berichten dabei von einer persönlichen Betroffenheit durch eine schwierige Lebenssituation, andere Befragte nennen Beobachtungen wie „das Leid auf der Welt", Hunger, Naturkatastrophen, Gewalt und Krieg. Solche Erfahrungen, die sie als leidvoll und oft als unerklärlich beschreiben, werden dann in einer Spannung zu der eigenen Gottesvorstellung wahrgenommen:

„Warum sollte Gott – der nur das Beste für seine Schöpfung im Sinn hat – all das Unheil in der Welt zulassen?!“ (w, 16 Jahre, rk, Religionsunterricht, allgemeinbildendes Gymnasium) (Schweitzer et al., 2018, S. 171)

„Durch krankheitsbedingte Schicksalsschläge verlor ich mein Vertrauen in Gott und somit auch meinen Glauben an ihn.“ (w, 16 Jahre, ev, Religionsunterricht, berufliches Gymnasium) (Bohner et al., 2019, S. 14)

In der Auswertung der Schüleräußerungen sowohl aus dem Fragebogen als aus den Interviews wurde deutlich, dass die Auseinandersetzung mit der Theodizee-Frage für die religiöse Entwicklung im Jugendalter eine große Bedeutung haben kann. Dies wird hier mit den abgedruckten Äußerungen exemplarisch veranschaulicht: Während die eine Schülerin durch „krankheitsbedingte Schicksalsschläge“ ihr Vertrauen zu Gott verloren hat, sind es für die andere Schülerin gerade die schwierigen Lebenssituationen, die sie Gott wieder näher gebracht haben:

„Durch verschiedene Schicksalsschläge habe ich wieder zu Gott und meinem Glaube gefunden.“ (w, 17 Jahre, rk, Religionsunterricht, berufliches Gymnasium) (Schweitzer et al., 2018, S. 170)

Leiderfahrungen können also Anstoß für *unterschiedliche* religiöse Entwicklungsverläufe sein. Die qualitativen Befunde zeigen, dass die Erfahrung von Leid und die innere Auseinandersetzung damit sowohl zu einer Abschwächung als auch zu einer Intensivierung des subjektiv erlebten Glaubens bei Jugendlichen führen können.

Hinzuweisen ist an dieser Stelle zudem darauf, dass das Thema „Tod“ in den Schüleräußerungen sehr häufig im Zusammenhang mit der Theodizee-Frage auftaucht. Beides (Theodizee und Tod) sind für die Jugendlichen wichtige Themen (zum Thema Tod bzw. Jenseitsvorstellungen siehe auch S. 55–58), die von ihnen oftmals miteinander verbunden werden, da der Tod an sich (u. a. Realisierung der eigenen Sterblichkeit) ebenso wie die unmittelbare Betroffenheit durch einen Todesfall häufig die Frage nach Gottes Gerechtigkeit und Allmacht aufbrechen lassen. Dazu zwei Äußerungen, die wiederum darauf hinweisen, wie unterschiedlich die Jugendlichen mit ihren Erfahrungen umgehen und diese einordnen:

„Wenn man älter wird, merkt man erst was für schreckliche Dinge passieren können, hauptsächlich wenn etwas Schlimmes passiert, wie mit dem Tod konfrontiert zu werden, glaube ich an Gott und an ein Leben danach.“ (w, 16 Jahre, ev, Religionsunterricht, berufliches Gymnasium)

„Im Jahr 2010 verstarb mein Vater, als ich 13 Jahre alt war. Des Weiteren kamen in den nächsten Jahren weitere Schicksalsschläge. Dadurch distanzierte ich mich von der Religion.“ (m, 18 Jahre, rk, Religionsunterricht, berufliches Gymnasium)

Die quantitativen Befunde zeigen, dass bei der ersten Erhebung ein gutes Drittel der über 7000 befragten Schülerinnen und Schüler in einer Leid-Situation die Theodizee-Frage stellen würde (36 %). Bei der zweiten Befragung steigt die Zustimmung dazu noch weiter an (40 %). Die differenziertere Auswertung zeigt, dass gerade solche Jugendliche, die einen intensiveren Gottesglauben haben, sich in einer Leid-

Situation fragen „*Wie kann Gott das zulassen?*" (S. 123). Leid ist für sie kein Zufall (S. 125), und gerade darum wohl Anlass, Gott zu hinterfragen. Gleichzeitig korreliert die Zustimmung zu dem Theodizee-Item mit der Vorstellung von Gott *„als etwas, das Sicherheit gibt"* und Gott als *„jemand, zu dem man sprechen kann"*. Weitere Befunde weisen darauf hin, dass das Gebet für einige der Befragten ein zentraler Ort ist, um sich mit Gott über das erfahrene Leid auseinanderzusetzen und ihn eventuell zu einer Änderung der leidvollen Situation zu bewegen (S. 123). 62% der Personen mit höherer Theodizee-Tendenz stimmen der Aussage *„Gott liebt jeden Menschen und kümmert sich um uns"* zu, während dies nur 36% der Befragten mit niedrigerer Theodizee-Tendenz bejahen.

Je zugewandter, ansprechbarer und helfender Gott gesehen wird, desto größer ist die Wahrscheinlichkeit, dass die Theodizee-Frage gestellt wird (siehe zu diesem Befund auch: Stögbauer, 2010). Ist der Gottesglaube hingegen wenig ausgeprägt, ist auch die Frage, wie Gott zu Leiderfahrungen steht, weniger bedeutsam. Ähnlich argumentieren auch Werner Ritter u. a. in der eingangs erwähnten Erhebung (Ritter et al., 2006). Allerdings ist neben dem deutlich kleineren Sample und der anderen methodischen Herangehensweise im Vergleich zu der Studie „Jugend – Glaube – Religion" die Befundlage bei Ritter u. a. und deren Interpretation wesentlich anders: Hier wird der Schluss gezogen, dass ein (theistischer) Gottesglaube für heutige Jugendliche obsolet sei und diese darum von der Theodizee-Frage kaum mehr persönlich betroffen seien. In dem deutlich breiter angelegten Sample in der Studie „Jugend – Glaube – Religion" konnten hingegen im Blick auf die Theodizee-Thematik verschiedene Gruppen von Jugendlichen identifiziert werden, wobei es, wie oben dargestellt, durchaus Schülerinnen und Schüler gibt, die sich von der Theodizee-Thematik betroffen zeigen. Darunter sind bemerkenswerterweise gerade auch Jugendliche, die angeben, dass sich ihr Glaube im Vergleich zur Kindheit intensiviert habe. Etwa ein Drittel der Befragten gibt bei der zweiten Befragung an, dass Erfahrungen von Leid ursächlich für eigene Glaubensveränderungen sind. Die religiöse Entwicklung kann also entscheidend von der Auseinandersetzung mit der Theodizee-Frage abhängen.

2. Didaktische Bewertung: Theodizee mit unterschiedlicher persönlicher Relevanz

Kann die Theodizee (noch) – Nipkow folgend – als zentrale Einbruchstelle des Glaubens im Jugendalter bezeichnet werden? Ausgehend von den Befunden der Studie „Jugend – Glaube – Religion" kann diese Frage unterschiedlich beantwortet werden: Ja, für einen Teil der Jugendlichen, die eine vertrauensvolle Gottesbeziehung haben, scheint die Auseinandersetzung mit Leiderfahrungen eine Anfechtung dieses Glaubens darzustellen, während ein anderer Teil der an Gott glaubenden Jugendlichen durch die Konfrontation mit Leiderfahrungen sogar eine Intensivierung ihres Gottesglaubens erlebt. Vielleicht wäre es daher sinnvoller, von einer *Herausforderung* für den Glauben durch die Auseinandersetzung mit der Theodizee-Frage zu sprechen, die die religiöse Entwicklung in verschiedene Richtungen beeinflussen kann (ähnliche Schlussfolgerung auch bei: Freudenberger-Lötz, 2013). Daneben sollten aber auch die Jugendlichen nicht übergangen werden, für die die Theodizee-Frage keine große Rolle spielt. Ihr Gottesglaube wird wohl durch die Konfrontation mit Leiderfahrungen deshalb nicht auf die Probe gestellt, weil die Gottesbeziehung für sie ohnehin insgesamt weniger zentral ist.

Der enge Zusammenhang der Theodizee-Frage mit bestimmten Vorstellungen von Gott – zum Beispiel, ob Gott als Gesprächspartner gesehen oder als „liebend und kümmernd" wahrgenommen wird – zeigt, dass das Thema nach wie vor religionspädagogisch hoch bedeutsam sein kann. Auch Jugendliche, die solchen personalen Gottesvorstellungen nicht zustimmen, können von der Diskussion darüber profitieren, weil sie ihre eigene Position im Kontrast festigen oder auch hinterfragen können.

Die Theodizee ist für einen Teil der Jugendlichen ein Thema, das sich nicht von ihrer Religiosität abspalten lässt. Darum ist es wichtig, dieses Thema nicht nur zu behandeln, sondern dabei auch zu berücksichtigen, dass es für ein gutes Drittel der Schüler und Schülerinnen in der Klasse persönliche Relevanz hat und ihre eigene Antwort auf die Theodizee-Frage für ihre weitere religiöse Entwicklung entscheidend sein kann. Wie bei allen Unterrichtsthemen gilt auch hier die Prämisse, dass es nicht darum gehen darf, die Jugendlichen zu einem bestimmten Glauben zu bewegen, sondern darum, ihnen bei ihrer persönlichen Entwicklung und ihren Fragen zur Seite zu stehen.

Außer Frage steht bei alldem, dass es in der Theodizee-Debatte inhaltlich keine endgültige und befriedigende theologische Lösung gibt. Dies darf jedoch kein Grund sein, das Thema im Unterricht zu umgehen. Die Vermeidung dieser besonders für religiöse Jugendliche zentralen Frage könnte zur Folge haben, dass die Glaubwürdigkeit der Lehrkraft und des Faches Religion leidet. Von einer Lehrkraft, die hingegen zugibt, dass sie selbst – und neben ihr viele andere Theologen zuvor – die Theodizee als Anfechtung bzw. als Herausforderung für den Glauben erlebt haben, können die Schülerinnen und Schüler profitieren, indem sie erfahren, dass Glaube auch Zweifel und Fragen beinhaltet, aushält und eventuell sogar daran wachsen kann.

3. Konkretion: Die Theodizee-Frage im Unterricht

Die Befunde zeigen, dass die Theodizee-Frage nicht primär abstrakt und theoretisch diskutiert werden sollte, sondern immer von den Erfahrungen der Schülerinnen und Schüler ausgehen muss, so dass die persönliche Bedeutung, die die Theodizee-Frage zumindest für einen Teil der Jugendlichen hat, Raum finden kann. Dies soll im Folgenden exemplarisch im Blick auf verschiedene Aspekte der Unterrichtsplanung und -gestaltung weiter konkretisiert werden.

Einstieg

Als Einstieg in eine Unterrichtseinheit zum Thema „Wie kann Gott das zulassen?“ bietet es sich an, über Erfahrungen von Ungerechtigkeit und unerklärlichem Leid ins Gespräch zu kommen.

Bereits beim Einstieg in das Thema, muss immer die nötige Sensibilität gewahrt werden und auch von den Mitschülerinnen und Mitschülern untereinander eingefordert werden. Es empfiehlt sich, dieses Thema nicht zu Beginn eines Schuljahres zu behandeln, sondern erst wenn das nötige Vertrauen in der Gruppe und zur Lehrkraft gewachsen ist. Denn es ist möglich, dass – je nach Vertrauensverhältnis in der Lerngruppe – sehr persönliche und schmerzhafte Erfahrungen genannt werden (z. B. „Warum musste mein Bruder so früh sterben?“). Eine weitere Möglichkeit besteht darin, statt über eigene Erfahrungen stellvertretend über verschiedene Äußerungen Gleichaltriger zur Theodizee-Frage zu sprechen (Anregungen bietet: Bohner et al., 2019).

Zu erwägen ist, dass es für die Reaktionen der Schülerinnen und Schüler einen Unterschied machen kann, ob methodisch von einer Leidsituation ausgegangen oder ob „Gott“ direkt zu Beginn ins Spiel gebracht wird (Neruda, 2012). Die erste Option ist offener und anschlussfähig für alle Schülerinnen und Schüler, wobei zu erwarten steht, dass die Theodizee in den Diskussionen dann zumeist nicht sofort im Vordergrund steht. Bei der zweiten Option hingegen tritt die Theodizee-Frage gleichsam automatisch auf und wird erfahrungsgemäß auch von Schülerinnen und Schülern, denen dieser Zusammenhang nicht spontan in den Sinn kam, interessiert diskutiert.[1]

Zu beachten ist weiterhin, dass das Thema jederzeit an die Religionslehrkraft herangetragen werden kann. Dies kann sowohl „nur“ durch eine bestimmte unerwartete Frage einer Schülerin sein als auch durch besonders einschneidende Erfahrungen der Jugendlichen, etwa den Suizid eines Mitschülers, den Unfalltod einer bekannten Person, eine schwere Krankheit in der Familie, Gewalt oder Terroranschläge in der Umgebung usf., bei denen die Frage *„Wie kann Gott das zulassen?“* aufbrechen kann. Daher ist es sinnvoll und notwendig, gerade in der Aus- und Fortbildung von Religionslehrkräften nicht nur auf Methoden der praktischen Krisenintervention zu achten, sondern auch auf die Frage, wie man die drängenden Fragen der Schülerinnen und Schüler in solchen Situationen auf der inhaltlichen Ebene sensibel aufnehmen kann, um sie damit nicht allein zu lassen.

1 Dieser Sachverhalt ist unter anderem zu bedenken, wenn vorschnell geurteilt wird, dass die Theodizee heute keine Bedeutung für die Jugendlichen mehr habe: Nur weil manche die Theodizee-Frage nicht spontan von sich aus stellen, bedeutet dies nicht, dass sie dieses Thema gar nicht interessieren würde.

Vertiefungsmöglichkeiten

Üblicherweise werden mit den Schülerinnen und Schülern im Religionsunterricht verschiedene Konzepte und „Antworten“ auf die Theodizee-Frage besprochen. Gerade im gymnasialen Bereich besteht mitunter die Gefahr, dass der Unterricht dabei zu abstrakt bleibt. Es gibt für den Unterricht zur Theodizee-Frage insgesamt vielfältiges gutes Material[2] und zum Teil bewährte Herangehensweisen: Nicht nur philosophische und theologische Texte, auch Filme, (zeitgenössische) Musik, Kunst und Lyrik geben interessante Anregungen und wertvolle Informationen.

Allerdings sollte bei allem inhaltlichen Input darauf geachtet werden, dass die Jugendlichen nicht mit zu vielen komplexen Texten, Bildern und Ideen so überhäuft werden, dass sie das Gefühl bekommen, selbst nicht mehr gefragt zu sein. Dieser Hinweis gilt für Schülerinnen und Schüler am Gymnasium ebenso wie an beruflichen Schulen und natürlich nicht nur für das Thema „Theodizee“, muss aber hier nochmals hervorgehoben werden, da der existentielle Bezug des Themas in diesem Fall für jede und jeden Einzelnen einen besonderen Raum bekommen sollte. Eine Hilfe kann es dabei sein, immer wieder auf unterschiedliche Äußerungen anderer Gleichaltriger zurückzugreifen, die sich um das Thema drehen. Solche Meinungen können für die Jugendlichen einen Anreiz geben, sich selbst zu positionieren und eigene Worte für ihre Auffassung zu finden.

Es ist bereits angeklungen, dass es bei dem Thema „Theodizee“ Überschneidungen mit den Themenfeldern „Gott“ (bzw. Gottesvorstellungen) und „Tod“ (bzw. Jenseitsvorstellungen) gibt. Diese Überschneidungen können in ihrer wechselseitigen Ergänzung didaktisch genutzt werden und sollten bei der Planung des Unterrichts über das Schuljahr hinweg bedacht werden.

Abschluss und Ziel

Selbstverständlich ist das Ziel der Unterrichtseinheit zur Theodizee-Frage nicht, dass am Ende alle Schülerinnen und Schüler ein und dieselbe, dem christlichen Glauben entsprechende Antwort auf ihre Fragen gefunden haben. Sie sollten sich jedoch einer eigenen begründeten Position angenähert, sich dabei mit verschiedenen Erklärungsansätzen auseinandersetzt haben und mit der christlichen Botschaft vertraut sein, die die Frage „Mein Gott, mein Gott, warum hast du mich verlassen?“ ebenso wie die eschatologische Hoffnung auf Überwindung allen Leides kennt.

---

2 Exemplarisch hinzuweisen ist neben vielen anderen Materialien an dieser Stelle auf: Böhnke et al., 2007. Daneben gibt es in der Reihe „entwurf“ sowohl Ideen, wie man mit den Schülerinnen und Schülern über die dunkle Seite Gottes ins Gespräch kommen kann, als auch Anregungen, den Film „Adams Äpfel“ im Unterricht bei der Behandlung der Theodizee zu nutzen (Friedrich Verlag GmbH, 2012). Speziell für den Kontext der beruflichen Schulen bietet das BRU-Magazin (2010) gute Impulse.

Religion und Glaube in meinem Leben

Golde Wissner

Dass die Jugend in vielerlei Hinsicht eine Zeit des Wandels ist, ist unumstritten. Dass auch die Religiosität von diesem Wandel nicht unbeeinflusst ist und sich selbst in dieser entscheidenden Lebensphase wandelt, wird religionspädagogisch seit vielen Jahrzehnten mehr und mehr beachtet und untersucht. Wurden „Jugendreligionen" in den 1980er Jahren noch in erster Linie als Öffnung für diverse New Age Bewegungen gesehen (Viertelhaus & Weidinger, 1980), liegt heute der Fokus vielmehr auf der Individualisierung der jugendlichen Religiosität, die gerade auch innerhalb der christlichen Religion stattfindet. Die Studie „Jugend – Glaube – Religion" möchte den Blick öffnen für die Variationen heutiger jugendlicher Religiosität. Zudem sollen durch die Längsschnittuntersuchung auch intraindividuelle Entwicklungen dargestellt werden, so dass sichtbar wird, dass Religiosität nicht statisch zu verstehen ist und es zudem nicht *die* eine religiöse Entwicklung im Jugendalter gibt. Die Befragungen zeigen, wie unterschiedlich die Jugendlichen selbst ihre religiöse Entwicklung und auch die Gründe für diese beschreiben.

Jugendliche reflektieren ihre eigene Biographie, wobei sich im Zusammenhang mit der eigenen Lebensgeschichte auch religiöse Haltungen festigen oder aber hinterfragt werden. Es kann ein Gewinn sein, diese Selbstreflexionen nicht nur im Hintergrund bei der Unterrichtsvorbereitung einzubeziehen, sondern sie selbst mit den Jugendlichen zum Thema zu machen.

1. Befunde: Wie sich die Religiosität der Jugendlichen in ihren Augen wandelt

Die Darstellung der Befunde zur religiösen Entwicklung im Jugendalter kann die Gefahr der Verallgemeinerung bergen: Was im Durchschnitt gilt, trifft längst nicht für jede und jeden Jugendlichen zu. Neben Gruppenunterschieden in Bezug auf bestimmte Entwicklungen, die sich auf das Geschlecht, die Religionszugehörigkeit etc. beziehen (siehe Schweitzer et al., 2018), konnte mit den Bewegungen auf Individualebene gezeigt werden, dass es in der Stichprobe verschiedene Linien in der religiösen Entwicklung gibt (S. 45–91). Es gibt unterschiedliche Veränderungen auf verschiedenen Ebenen, die durchaus auch gegen den offensichtlichen „Trend" des statistischen Durchschnitts gehen. Wenn nach Gründen für diese unterschiedlichen Entwicklungslinien gesucht wird, ist es unentbehrlich, die Jugendlichen selbst zu fragen, was in ihren Augen ausschlaggebend für ihre religiöse Entwicklung war.

Was sind Gründe für die verschiedenen Veränderungen in den religiösen Haltungen und Einstellungen?

Die quantitativen Analysen heben an vielen Stellen die Bedeutung der familiären religiösen Sozialisation für bestimmte religiöse Entwicklungen hervor. Jedoch zeigen insbesondere die qualitativen Befunde, dass die Befragten selbst hierin nicht die Hauptursache für ihre persönliche religiöse Entwicklung sehen. Bei der ersten Fragebogenerhebung gab es ein offenes Feld im Fragebogen, in dem die Befragten von ihren „Glaubensveränderungen" in den letzten Jahren berichten konnten. 2832 Schülerinnen und Schüler antworteten schriftlich auf folgende Einleitung: *„Wie und warum hat sich Ihr Glaube verändert? Wenn Sie möchten, beschreiben Sie es uns (z. B. ob Sie jetzt an etwas anderes glauben, ob es besondere Erlebnisse gab ...)."*.

> *„Ich bin älter geworden und habe für mich entschieden, was Glaube bedeutet. Im Laufe der Jahre ist mir klargeworden, dass sich Religion für mich nicht auf den Wortlaut der Bibel oder die Kirche runterbrechen lässt, sondern vielmehr eine innere Einstellung zu sich selbst, dem Leben und den Mitmenschen ist. Dies passt auch gut in eine moderne und von Wissenschaft geprägte Welt, im Gegensatz zum teilweise starrsinnigen Beharren von Lehrkräften auf wortwörtlicher Auslegung der Bibel und zum Verurteilen anderer Meinungen."* (w, 15 Jahre, ev, Religionsunterricht, allgemeinbildendes Gymnasium) (Bohner et al., 2019, S. 21)

Diese Schülerin berichtet von „starrsinnigem Beharren von Lehrkräften auf wortwörtlicher Auslegung der Bibel" und vom „Verurteilen anderer Meinungen". Solche Erfahrungen haben sie wohl dazu gebracht, selbst zu *entscheiden,* „was Glaube bedeutet". Diese Äußerung steht stellvertretend für viele andere Berichte von Schülerinnen und Schülern, die auf ihr eigenständiges Denken und Entscheiden verweisen, das nun im Vergleich zur Kindheit bewusster wahrgenommen und ausgeübt wird und mit zu einer Umbewertung von Glaubensfragen beiträgt. „Die Suche nach eigenem Glauben" (Schweitzer, 1996) kommt bei den Jugendlichen immer wieder zum Ausdruck. Herausgefordert wird diese eigenständige Auseinandersetzung nicht nur durch den Religionsunterricht (der neben solchen kritischen Äußerungen wie oben teilweise auch als positiv anregend genannt wird), und sie führt auch nicht zwangsläufig zu einer Abwendung von der (erfahrenen) Religion – dies zeigt folgende Äußerung:

> *„Ich war diesen Sommer in Taizé. Durch die intensive Beschäftigung mit existenziellen Fragen bin ich Gott und der Antwort auf die Sinnfrage etwas nähergekommen: Ich möchte in meinem Leben Gottes Liebe verbreiten, also Gutes tun, barmherzig sein etc."* (w, 16 Jahre, ev, Religionsunterricht, allgemeinbildendes Gymnasium)

Diese Jugendliche hat sich auf einer Reise in Taizé mit „existenziellen Fragen" beschäftigt und gibt an, dabei Gott näher gekommen zu sein. Neben der innerlichen Auseinandersetzung mit religiösen Themen sind es oftmals bestimmte Erfahrungen, die laut den Befragten zu einer Veränderung des individuellen Glaubens geführt haben. Dabei sind es besonders Leiderfahrungen wie der Tod eines Angehörigen, die die Jugendlichen beschäftigten. Bemerkenswerterweise werden solche Erfahrungen sowohl im Zusammenhang mit einer Abschwächung als auch mit einer Zunahme der erlebten Glaubensintensität genannt.

> *„Meine Schwester ist mit 19 Jahren gestorben. Seit dem Tag kann ich nicht mehr wirklich an Gott und sein ‚Vorhaben' mit uns Menschen glauben."* (w, 17 Jahre, rk, Ethikunterricht, berufliches Gymnasium)

Folgende Äußerung zeigt, dass das Thema Tod unabhängig von der unmittelbaren Erfahrung eines Todesfalls die Jugendlichen sehr beschäftigen kann und dieses Nachdenken das Verhältnis zum Glauben an Gott beeinflussen kann:

> *„Früher dachte ich nicht an Gott und das Leben danach bzw. wusste nicht, ob ich glauben soll. Aber durch Angst vor dem Tod und viel Nachdenken über den Sinn des Lebens glaube ich an Gott. Ich weiß nur nicht, ob das glauben oder hoffen ist."* (w, 18 Jahre, rk, Religionsunterricht, berufliche Schule) (Bohner et al., 2019, S. 8)

Eine Herausforderung stellt häufig die wahrgenommene Spannung zwischen Naturwissenschaft und dem, was als das biblische Zeugnis wahrgenommen wird, dar, die in vielen Fällen zu einer Abwendung von „der Religion" und teilweise auch vom persönlichen Glauben an Gott führt (siehe auch S. 64–66). Folgende Äußerungen klingen fast wie „naturwissenschaftliche Glaubensbekenntnisse" und führen vor Augen, wie schwer es einigen der Befragten fällt, naturwissenschaftliche Theorien und religiöse Deutungen miteinander zu verbinden:

> *„Es gibt nur sehr wenige unerklärbare Dinge, meist sind ‚Wunder' aus Zufall durch z. B. Reaktionen in der Natur entstanden. Ich glaube, was sich beweisen lässt, zumindest fast."* (m, 17 Jahre, ev, Religionsunterricht, berufliche Schule)

> *„Ich glaube an die wissenschaftlichen Belege, ich bin zwar noch evangelisch, aber sehe mich als Atheist an."* (w, 17 Jahre, ev, Ethikunterricht, berufliche Schule)

Dass Kirche oftmals mit dem Begriff der Religion verbunden wird, legt folgende Äußerung nahe:

> *„Meiner Meinung nach beutet die Kirche aus und manipuliert Menschen. Religion nervt mich."* (w, 16 Jahre, ev, Ethikunterricht, allgemeinbildendes Gymnasium)

Kirchenkritik wird teilweise als Grund dafür genannt, sich von der bekannten Religion abzuwenden (s. auch Schweitzer et al, 2018, S. 174). Jugendliche, die als Kind das Gefühl hatten, gedrängt worden zu sein, in die Kirche zu gehen, und die sich nun freiwillig dazu verhalten können, wenden sich zum Teil von der Kirche ab, wenn sie beispielsweise keinen persönlichen Sinn im Kirchgang sehen:

> *„Keine Lust und Zeit mehr in die Kirche zu gehen. Früher wurde man nicht gefragt, ob man mit will. Ich musste."* (m, 17 Jahre, rk, Religionsunterricht, berufliche Schule)

Neben kritischen Stimmen und negativen Erfahrungen mit Kirche gibt es aber auch positive Erfahrungen, für die folgende Äußerung einer Schülerin steht, die von einer „Stärkung" ihres Glaubens durch den Konfirmandenunterricht berichtet:

> *„Durch den Konfirmandenunterricht habe ich vieles, was in der Bibel steht, besser verstanden, das hat meinen Glauben an Gott gestärkt. Ich habe nun eine engere ‚Beziehung' zu Gott."* (w, 17 Jahre, ev, Religionsunterricht, allgemeinbildendes Gymnasium)

Folgende Bereiche, die Einfluss auf ihre religiöse Entwicklung haben, werden also von den Befragten hauptsächlich genannt:

- eigenständiges Denken (oftmals im Kontrast zu früheren kindlichen Vorstellungen)
- Erfahrungen (insbes. Tod)
- wahrgenommene Spannungen zwischen „der Religion" und naturwissenschaftlichen Theorien
- Kirchenkritik und positive Erfahrungen mit Kirche.

Zu beachten ist, dass in vielen Bereichen eine bestimmte Erfahrung oder Bewertung sowohl zu einer Zunahme als auch zu einer Abnahme der subjektiven Glaubensintensität führen kann.

2. Didaktische Bewertung: Individuelle religiöse Entwicklung als Unterrichtsthema

Üblicherweise werden Modelle der religiösen Entwicklung bei der Unterrichtsvorbereitung berücksichtigt, um angemessen auf die Besonderheiten der religiösen Wahrnehmungen und Einstellungen der Jugendlichen eingehen zu können. Die Befunde der Studie „Jugend – Glaube – Religion" haben erneut belegt, was in der Gegenwart auch sonst vielfach beobachtet wird: Es gibt nicht *die* eine Religiosität oder *den* Glauben bei Jugendlichen. Insofern sind die Modelle der religiösen Entwicklung eine sehr vereinfachende Brille, die den Blick auf die Religiosität Jugendlicher nicht immer schärft, sondern bestimmte Entwicklungen übersehen lässt.

Doch wie soll nun angemessen auf die immer pluraler werdenden Formen religiöser Haltungen und Einstellungen im religionspädagogischen Kontext eingegangen werden?

Wenn 20 Jugendliche vor der Lehrkraft sitzen, bringen diese 20 unterschiedliche Lebensgeschichten und damit auch 20 unterschiedliche Versionen des ganz eigenen Verhältnisses zu Religion und Glaube mit. Welche besonderen Erfahrungen und Fragen sich daraus für die Jugendlichen ableiten, bleibt der Lehrkraft aber zunächst verborgen. Darum sollte die eigene „Glaubensgeschichte" der Schülerinnen und Schüler im Unterricht zum Thema gemacht werden.

Mögliche Einwände gegen diesen persönlichen Zugang könnten allerdings sein,

- dass die Thematisierung der eigenen „Glaubensbiographie“ für manche Schülerinnen und Schüler zu intim sein könnte.
- oder dass die eigene Biographie kein „Wissensthema“ ist, das man in der Klausur abfragen könnte.

Doch das Nachdenken über die eigenen Lebenswege ist wichtig, weil: „An den lebensgeschichtlichen Erfahrungen wird geprüft, was tragfähig ist und worauf man sich verlassen kann. Damit wird Lebensgeschichte zum Bezugspunkt religiöser Gewißheit, aber auch zum Ausgangspunkt religiöser Zweifel“ (Schweitzer 2010, S. 9). Die Befunde haben gezeigt, dass die Schülerinnen und Schüler wenig persönliche Relevanz im Religionsunterricht sehen und dieser ihnen in schwierigen Lebensfragen kaum Unterstützung bietet (Schweitzer et al., 2018, S. 110). Dieses Ergebnis lässt aufhorchen und macht deutlich, wie wichtig es ist, sich den ganz persönlichen Erfahrungen und Meinungen der Jugendlichen zu widmen.

Zu entgegnen ist auf mögliche Einwände zudem, dass biographieorientiertes Arbeiten eine in der Praktischen Theologie (siehe bereits Grötzinger & Luther, 1987) und für den Religionsunterricht (Religionspädagogisches Institut Loccum, 2011) bereits bewährte Möglichkeit ist, Schülerinnen und Schüler anhand konkreter Lebensgeschichten von anderen ins Nachdenken über ihre eigenen biographischen Prägungen zu bringen (u. a. Kalloch, Leimgruber & Schwab, 2014, S. 301–311). Es kann zunächst einfacher sein, über fremde Biographien ins Gespräch zu kommen, um sich dann in einem weiteren Schritt der eigenen (Lebens-)Geschichte zu nähern. Begleitende Fragen können dabei sein: *An welchen Stellen habe ich „religiöse“ und/oder „gläubige“ Menschen schon erlebt? Was haben sie gesagt, getan, erlebt? Waren sie allein oder in einer Gemeinschaft als religiöse Menschen erkennbar? Kann ich mich an Gespräche mit ihnen erinnern? Haben mich diese Begegnungen in meiner eigenen Weise, „religiös“ zu denken oder „gläubig“ zu sein, beeinflusst? Und wenn ja, wie?* etc.

Die „eigene Glaubensgeschichte“ soll also Thema des Religionsunterrichts sein, unter anderem, weil letztlich gerade sie die persönliche Bedeutung des Religionsunterrichts für die Schülerinnen und Schüler deutlich machen kann. Diese Bedeutung sollte bei allen Unterrichtsinhalten immer wieder an geeigneten Stellen für die Jugendlichen sichtbar gemacht werden, aber auch als eigenes Thema vorkommen – idealerweise mehrmals in der Schullaufbahn. Selbstverständlich muss dabei mit Fingerspitzengefühl für die persönlichen Grenzen der Schülerinnen und Schüler vorgegangen werden. Niemand sollte ausgefragt werden oder das unangenehme Gefühl bekommen, etwas ganz Privates sagen zu *müssen*. Es sollten vielmehr weitere Formen und Methoden verwendet werden, die neben der großen Gruppendiskussion in der Klasse die persönliche Auseinandersetzung in einem geschützteren Rahmen ermöglichen.

Die große Offenheit und Bereitschaft, mit der die Jugendlichen in den Interviews und auch im Fragebogen von ihren religiösen Erfahrungen und Einstellungen berichteten, ist eindrücklich. Diese Bereitschaft zeugt auch von einem Bedürfnis nach Mitteilung, dem der Religionsunterricht noch mehr gerecht werden kann, wenn er sich den individuellen Geschichten der Jugendlichen öffnet.

So wie jede und jeder einzigartig ist, so ist auch jede Lebensgeschichte einzigartig und unverwechselbar. Nicht zuletzt kann der Blick auf den Einzelnen und auf seine einzigartige Beziehung zu Gott biblisch-theologisch begründet werden. Wo sich der Mensch als einzigartiges Geschöpf Gottes begreift, das sich in der Spannung zwischen persönlicher Freiheit und Angewiesensein auf Gott bewegt, kann dies eine bereichernde Erkenntnis sein.

Die Einstellungen und Meinungen der Schülerinnen und Schüler, die aus ihrer eigenen Entwicklung und Erfahrung entstanden sind, sollten Gehör finden, auch wenn manche dieser Haltungen zunächst auf die Lehrkraft irritierend wirken mögen. Die Jugendlichen sollen das Gefühl vermittelt bekommen, dass sie im Religionsunterricht willkommen sind, auch mit Vorstellungen und Erfahrungen, die (zunächst) nicht in den christlichen Horizont zu passen scheinen. Dabei ist es natürlich auch von Bedeutung, dass Missverständnisse in Bezug auf den christlichen Glauben aufgedeckt werden. Der Religionsunterricht sollte nicht nur ein Ort sein, in dem verschiedene Geschichten und Einstellungen Raum bekommen dürfen. Es ist also nicht damit getan, bloß zuzuhören. Es muss im Gespräch auch eine Reflexivität entstehen, die dann ermöglicht, dass etwas Neues entsteht, so dass der Religionsunterricht im Idealfall persönlich „etwas bringt".

3. Konkretion: Wie kann man die persönliche Glaubensentwicklung zum Thema machen?

Das „biographische Lernen" wurde bereits als ein etabliertes Verfahren genannt (zum Überblick: Sajak & von Eiff, 2017), das eine gute Annäherung an das Thema darstellen kann. Im Folgenden wird nun aber der Umgang mit der *eigenen* „Glaubensentwicklung" hervorgehoben. Dabei ist es, wie bereits erwähnt, wichtig, nicht zu direkt und persönlich zu fragen, sondern den Jugendlichen möglichst selbst die Wahl zu lassen, wie viel sie von sich aus mitteilen möchten. Verschiedene und kreative Methoden sind hilfreich, wenn man Schülerinnen und Schüler anregen möchte, sich mit ihrer religiösen Biographie auseinanderzusetzen.

Die Befunde der Studie „Jugend – Glaube – Religion" geben Anregungen, wie man mit den Jugendlichen ins Gespräch kommen kann:

- Beispielsweise können verschiedene Schüleräußerungen (siehe auch Bohner et al., 2018) als Gesprächsimpulse dienen, um sich über verschiedene religiöse Entwicklungen auszutauschen.
- Daneben können die in der qualitativen Analyse der Freitextantworten herausgearbeiteten Themenbereiche (bestimmte Erfahrungen – insbes. Tod, wahrge-

nommene Spannungen zwischen „der Religion“ und naturwissenschaftlichen Theorien, Kirchenkritik und positive Erfahrungen mit Kirche (vgl. Schweitzer et al., 2018)) in einen Zusammenhang mit der Lebensgeschichte der Schülerinnen und Schüler gebracht werden. Dabei kann diskutiert werden, ob diese Themen für sie ebenfalls relevant sind und ob sie eventuell sogar „Einbruchstellen“ des Glaubens für sie darstellen oder aber einen Impuls dafür, sich intensiver mit religiösen Fragen zu beschäftigen.
- Der Unterschied zwischen „religiös“ und „gläubig“ in der Wahrnehmung der Befragten (siehe auch S. 219–228) kann zudem ein interessanter Einstieg sein, um sich dem anzunähern, was die Schülerinnen und Schüler für sich unter Religion und Glaube verstehen und wie sich dies eventuell seit der Kindheit gewandelt hat.

Bewährte Methoden sind daneben unter anderem:

- persönliche Briefe an Gott schreiben in Bezug auf eigene Fragen und Erlebtes
- eigene Glaubensbekenntnisse verfassen (z. B.: Hauser & Hermann, 2014)
- Linien zur eigenen Glaubensentwicklung zeichnen (Freudenberger-Lötz, 2012).

Unter der Kapitelüberschrift: „‚Es ist schon so, dass mein Glaube sich verändert hat‘. Die eigene religiöse Entwicklung reflektieren“ beschreibt Petra Freudenberger-Lötz drei Fallbeispiele von Jugendlichen, die ihre religiöse Entwicklung anhand von selbst gezeichneten Glaubenslinien reflektieren. Im Gruppengespräch erläuterten die Jugendlichen im Anschluss daran ihre Zeichnungen. Das Resümee: „Welche Fundgrube diese Schüleräußerungen für den Religionsunterricht sind, ahnen die Jugendlichen zu diesem Zeitpunkt sicher nicht. Eine ganze Landschaft unterschiedlicher Wege und Begebenheiten tut sich vor uns auf. Es ist so, als säßen wir gemeinsam auf einem Aussichtsplateau, um den bis jetzt gegangenen Weg zu betrachten und uns über weitere Wege Gedanken zu machen. Zu wünschen wäre, dass der Religionsunterricht hier und da diese Funktion des Aussichtsplateaus erfüllen kann.“ (Freudenberger-Lötz, 2012, S. 70). Diese Erkenntnis führt vor Augen, wie produktiv es sein kann, über die eigene religiöse Entwicklung und Veränderungen im Glauben gemeinsam nachzudenken. Sowohl für den Unterricht ergeben sich vielfältige Anknüpfungspunkte als auch für die Jugendlichen und ihre persönliche Entwicklung.

Anhang

Fragebogen t_3

EBERHARD KARLS
UNIVERSITÄT
TÜBINGEN

Umfrage: Wie denken Sie über Religion?

Während Ihrer Schulzeit haben Sie bereits an unserer Umfrage zur Einstellung Jugendlicher und junger Erwachsener zu Religion teilgenommen. Vielen Dank, dass wir Sie heute noch einmal kontaktieren dürfen!

Sicher hat sich in den letzten Jahren Einiges in Ihrem Leben verändert. Wir sind gespannt darauf, wie sich Ihre Einstellungen zu diesen Themen verändert haben und wie Sie Ihren Religions- oder Ethikunterricht im Rückblick beurteilen.

Wir verlosen unter allen Teilnehmenden drei Amazon Gutscheine im Wert von 25 Euro und drücken die Daumen!

Sie brauchen ungefähr 10 Minuten, um den Fragebogen auszufüllen.

Es gilt:

1. Das Ausfüllen des Fragebogens ist freiwillig.

2. Ihre Daten werden absolut vertraulich behandelt. Sie bleiben für uns anonym.

3. Beantworten Sie bitte alle Fragen alleine. Es geht uns um Ihre ganz persönliche Meinung! Falls Sie einer Aussage nicht zustimmen können, kreuzen Sie bitte "trifft gar nicht zu" an.

4. Uns interessieren die Ansichten von Vertretern jeder Religion und Glaubensrichtung – und auch besonders die von Nicht-Gläubigen!

5. Im Folgenden sprechen wir nur von "Gott", auch wenn andere Religionen andere Namen verwenden.

Ihr Code

Beispiel:

Ein Schüler heißt Mark.
Seine Mutter heißt Gudrun.

Mark hat am **5.** Juni Geburtstag.
→ sein Code: **AU 05**

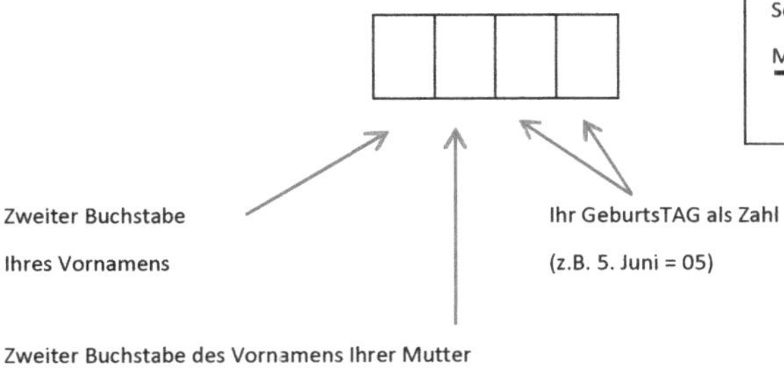

1. Inwieweit treffen Ihrer Meinung nach folgende Aussagen zu?

	Trifft gar nicht zu						Trifft voll zu
Gott liebt jeden Menschen und kümmert sich um uns.	☐	☐	☐	☐	☐	☐	☐
Jesus ist auferstanden.	☐	☐	☐	☐	☐	☐	☐
Mohammed ist der wichtigste Prophet.	☐	☐	☐	☐	☐	☐	☐
Die Bibel ist wortwörtlich wahr.	☐	☐	☐	☐	☐	☐	☐
Der Koran ist wortwörtlich wahr.	☐	☐	☐	☐	☐	☐	☐

2. Was meinen Sie: Was kommt nach dem Tod?

	Trifft gar nicht zu						Trifft voll zu
Es gibt ein Leben nach dem Tod.	☐	☐	☐	☐	☐	☐	☐
Ich werde wiedergeboren.	☐	☐	☐	☐	☐	☐	☐
Mich gibt es dann nicht mehr.	☐	☐	☐	☐	☐	☐	☐
Ich bin im Paradies.	☐	☐	☐	☐	☐	☐	☐
Ich begegne Gott.	☐	☐	☐	☐	☐	☐	☐
Gläubige kommen in den Himmel.	☐	☐	☐	☐	☐	☐	☐
Ungläubige kommen in die Hölle.	☐	☐	☐	☐	☐	☐	☐
Meine Seele lebt weiter.	☐	☐	☐	☐	☐	☐	☐
Ich sehe alle wieder, die ich kenne.	☐	☐	☐	☐	☐	☐	☐
Das kann man nicht wissen.	☐	☐	☐	☐	☐	☐	☐
Das ist mir egal.	☐	☐	☐	☐	☐	☐	☐

3. Was meinen Sie: Gott oder das Göttliche ist für mich persönlich...

	Trifft gar nicht zu						Trifft voll zu
... eine Energie.	☐	☐	☐	☐	☐	☐	☐
... etwas, das Sicherheit gibt.	☐	☐	☐	☐	☐	☐	☐
... nur von Menschen ausgedacht.	☐	☐	☐	☐	☐	☐	☐
... eine höhere Macht.	☐	☐	☐	☐	☐	☐	☐
... etwas, auf das ich mich verlassen kann.	☐	☐	☐	☐	☐	☐	☐
... die Natur.	☐	☐	☐	☐	☐	☐	☐
... jemand, zu dem man sprechen kann.	☐	☐	☐	☐	☐	☐	☐
... damit kann ich nichts anfangen.	☐	☐	☐	☐	☐	☐	☐

4. Was meinen Sie: Wie ist die Welt entstanden?

	Trifft gar nicht zu						Trifft voll zu
Die Welt ist durch den Urknall entstanden.	☐	☐	☐	☐	☐	☐	☐
Die Welt ist von Gott erschaffen.	☐	☐	☐	☐	☐	☐	☐
Die Welt ist nur das Ergebnis von Zufallsprozessen.	☐	☐	☐	☐	☐	☐	☐
Das kann man nicht wissen.	☐	☐	☐	☐	☐	☐	☐
Das ist mir egal.	☐	☐	☐	☐	☐	☐	☐

5. Wie stehen Sie zur christlichen Kirche? Inwieweit treffen folgende Aussagen zu?

	Trifft gar nicht zu						Trifft voll zu
Ich sehe kritisch, was die Kirche sagt.	☐	☐	☐	☐	☐	☐	☐
Die Kirche tut viel Gutes für die Menschen.	☐	☐	☐	☐	☐	☐	☐
Auf die Fragen, die mich wirklich bewegen, hat die Kirche keine Antwort.	☐	☐	☐	☐	☐	☐	☐
Die Kirche muss sich ändern, wenn sie eine Zukunft haben will.	☐	☐	☐	☐	☐	☐	☐
Ich finde es gut, dass es die Kirche gibt.	☐	☐	☐	☐	☐	☐	☐
Gottesdienste sind meistens langweilig.	☐	☐	☐	☐	☐	☐	☐
Mein Glaube hat nichts mit der Kirche zu tun.	☐	☐	☐	☐	☐	☐	☐
Wenn ich einmal heiraten sollte, möchte ich in einer Kirche heiraten.	☐	☐	☐	☐	☐	☐	☐
Die Kirchensteuer hat einen guten Zweck.	☐	☐	☐	☐	☐	☐	☐

6. Sind Sie Mitglied einer Kirche? Ja ☐ Nein ☐

Falls "Ja" :

	Trifft gar nicht zu						Trifft voll zu
Ich möchte aus der Kirche austreten.	☐	☐	☐	☐	☐	☐	☐
Es ist für mich wichtig, zur Kirche zu gehören.	☐	☐	☐	☐	☐	☐	☐

7. Religion und Glaube in Ihrem Umfeld. Inwieweit treffen folgende Aussagen zu?

	Trifft gar nicht zu						Trifft voll zu
Ich habe mich vom Glauben meiner Eltern entfernt.	☐	☐	☐	☐	☐	☐	☐
Ich habe einen eigenen Glauben gefunden.	☐	☐	☐	☐	☐	☐	☐
Ich bin auf der Suche nach einem Glauben.	☐	☐	☐	☐	☐	☐	☐
Ich spreche mit meinen Eltern über Glaubensfragen.	☐	☐	☐	☐	☐	☐	☐
Ich spreche mit meinen Freunden über Glaubensfragen.	☐	☐	☐	☐	☐	☐	☐
Ich spreche mit meinen Kollegen/ Kommilitonen über Glaubensfragen.	☐	☐	☐	☐	☐	☐	☐

Wenn man über seinen Glauben spricht, wird man bloß ausgelacht.	☐	☐	☐	☐	☐	☐	☐

8. Glaube für Sie persönlich. Inwieweit treffen folgende Aussagen zu?

	Trifft gar nicht zu						Trifft voll zu
Ich kann mit dem Glauben an Gott nichts anfangen.	☐	☐	☐	☐	☐	☐	☐
Ich glaube an Gott.	☐	☐	☐	☐	☐	☐	☐
Die Beziehung zu Gott ist mir wichtig.	☐	☐	☐	☐	☐	☐	☐
Über das, was ich glaube, entscheide ich selbst.	☐	☐	☐	☐	☐	☐	☐
In meinem Alltag spielt Glaube keine Rolle.	☐	☐	☐	☐	☐	☐	☐
Ich versuche, mich an die Regeln meiner Religionsgemeinschaft zu halten.	☐	☐	☐	☐	☐	☐	☐
In schwierigen Situationen hilft mir mein Glaube an Gott.	☐	☐	☐	☐	☐	☐	☐
Ich glaube nur, was wissenschaftlich bewiesen ist.	☐	☐	☐	☐	☐	☐	☐
Ich stehe zu meinem Glauben.	☐	☐	☐	☐	☐	☐	☐
Ich glaube, was mir als Kind beigebracht wurde.	☐	☐	☐	☐	☐	☐	☐

9. Bitte schätzen Sie sich ein...

	gar nicht						sehr
Für wie "religiös" halten Sie sich?	☐	☐	☐	☐	☐	☐	☐
Für wie "gläubig" halten Sie sich?	☐	☐	☐	☐	☐	☐	☐

10. Wie oft denken Sie über...

	nie						Sehr häufig
... den Sinn des Lebens nach?	☐	☐	☐	☐	☐	☐	☐
... Gott nach?	☐	☐	☐	☐	☐	☐	☐

11. Wie häufig beten Sie?

nie	einmal im Jahr	mehrmals im Jahr	ein bis dreimal im Monat	einmal in der Woche	mehrmals in der Woche	einmal am Tag	mehrmals am Tag
☐	☐	☐	☐	☐	☐	☐	☐

Falls "Nie", überspringen Sie den nächsten Fragenblock!

12. Warum beten Sie?

	Trifft gar nicht zu						Trifft voll zu
... weil es mir besonders gut geht.	☐	☐	☐	☐	☐	☐	☐
... weil es mir besonders schlecht geht.	☐	☐	☐	☐	☐	☐	☐

... weil ich dankbar bin.	☐	☐	☐	☐	☐	☐	☐
... weil ich auf Gott vertraue.	☐	☐	☐	☐	☐	☐	☐

13. Ich engagiere mich ehrenamtlich: Ja ☐ Nein ☐

14. Ich habe mich früher ehrenamtlich engagiert: Ja ☐ Nein ☐

15. Falls "Ja": Ich engagiere/engagierte mich ehrenamtlich...

☐ ... in einem Verein

☐ ... in einer Kirchengemeinde (Jugendwerk, Kinderkirche, ...)

☐ Sonstiges

16. In den letzten beiden Jahren meiner Schulzeit besuchte ich

den Religionsunterricht ☐

den Ethikunterricht ☐

beides ☐

keines der beiden Fächer ☐

17. Die folgenden Fragen beziehen sich auf diesen Unterricht. Inwieweit stimmen Sie diesen Aussagen zu?

	Trifft gar nicht zu						Trifft voll zu
Im Religions-/Ethikunterricht gab es spannende Themen.	☐	☐	☐	☐	☐	☐	☐
Der Religions-/Ethikunterricht hat mir persönlich wenig gebracht.	☐	☐	☐	☐	☐	☐	☐
Das, was ich im Religions-/Ethikunterricht erfahren habe, hilft mir bei schwierigen Lebensfragen. Es ist gut, dass es den Religions-/Ethikunterricht gibt.	☐	☐	☐	☐	☐	☐	☐
Der Religions-/Ethikunterricht gab mir Denkanstöße.	☐	☐	☐	☐	☐	☐	☐
Im Religions-/Ethikunterricht lernt man etwas für den Beruf.	☐	☐	☐	☐	☐	☐	☐

18. Welches Thema fanden Sie besonders gut, wenn sie sich an Ihren Religions-/Ethikunterricht erinnern?

Bitte schreiben Sie ein paar Stichworte in das freie Feld!

19. Was hat der Ethik-/Religionsunterricht Ihnen gebracht?

Bitte schreiben Sie ein paar Stichworte in das freie Feld!

20. Welche der folgenden Aussagen über andere Kulturen und Religionen treffen Ihrer Meinung nach zu?

	Trifft gar nicht zu						Trifft voll zu
Nur eine Religion ist wahr.	☐	☐	☐	☐	☐	☐	☐
Mehrere Religionen können wahr sein.	☐	☐	☐	☐	☐	☐	☐
In jeder Religion liegt Wahrheit.	☐	☐	☐	☐	☐	☐	☐
Man sollte sich aus jeder Religion das Passende heraussuchen.	☐	☐	☐	☐	☐	☐	☐
Keine Religion ist wahr.	☐	☐	☐	☐	☐	☐	☐
Ich finde es spannend, mich mit anderen Kulturen zu beschäftigen.	☐	☐	☐	☐	☐	☐	☐
Mich interessiert, was Kollegen/Kommilitonen einer anderen Religion denken.	☐	☐	☐	☐	☐	☐	☐
Es gibt zu viele Muslime in Deutschland.	☐	☐	☐	☐	☐	☐	☐
Es gibt zu viele Juden in Deutschland.	☐	☐	☐	☐	☐	☐	☐
In meinem Freundeskreis gibt es auch Angehörige anderer Religionen.	☐	☐	☐	☐	☐	☐	☐
Manche muslimische Gruppen machen mir Angst.	☐	☐	☐	☐	☐	☐	☐
Manche christliche Gruppen machen mir Angst.	☐	☐	☐	☐	☐	☐	☐
Man sollte andere nicht überreden, an etwas zu glauben.	☐	☐	☐	☐	☐	☐	☐
Die vielen Religionen in Deutschland machen mir Angst.	☐	☐	☐	☐	☐	☐	☐
Religion führt zwangsläufig zu Gewalt.	☐	☐	☐	☐	☐	☐	☐
Ohne Religionen wäre die Welt friedlicher.	☐	☐	☐	☐	☐	☐	☐

21. Angaben zu Ihrer Person

Geschlecht: männlich ☐ weiblich ☐

Alter: Jahre ☐☐

Die Schule, die ich besuchte, war ...

Ein Berufliches Gymnasium ☐

Eine Berufliche Schule ☐

Ein Allgemeinbildendes Gymnasium ☐

Ihre Religionszugehörigkeit/Konfession:

☐ römisch-katholisch ☐ muslimisch
☐ evangelisch ☐ ohne Religionszugehörigkeit / Konfession
☐ Evangelisch-freikirchlich ☐ andere (z.B.: jüdisch, buddhistisch, hinduistisch):

☐ christlich-orthodox ________________________

☐ Ich will am Gewinnspiel teilnehmen. Ich willige ein, dass meine E-Mail-Adresse bis zur Ziehung der Gewinner gespeichert wird. Diese Einwilligung kann ich jederzeit widerrufen.

☐ Meine Angaben in dieser Befragung bleiben weiterhin anonym, meine E-Mail-Adresse wird nicht an Dritte weitergegeben.

☐ Ich interessiere mich für die Ergebnisse dieser Studie und hätte gerne eine Zusammenfassung per E-Mail.

Vielen Dank für die Teilnahme!

Deskriptive Daten t_1 bis t_3

Itemformulierung	N t1	M t1	SD t1	TZ t1	N t2	M t2	SD t2	TZ t2	N t3	M t3	SD t3	TZ t3
Inwieweit treffen Ihrer Meinung nach folgende Aussagen zu? (1 = trifft gar nicht zu, 7 = trifft voll zu)												
Gott liebt jeden Menschen und kümmert sich um uns.	557	4.72	2.07	61%	557	4.46	2.02	55%	558	4.42	2.04	53%
Jesus ist auferstanden.	558	4.05	2.21	44%	557	3.76	2.12	37%	558	3.69	2.17	37%
Mohammed ist der wichtigste Prophet.	555	2.01	1.40	5%	555	1.92	1.27	3%	555	1.98	1.37	4%
Die Bibel ist wortwörtlich wahr.	558	2.21	1.66	11%	557	1.97	1.56	8%	556	1.92	1.53	8%
Der Koran ist wortwörtlich wahr.	556	1.6	1.14	3%	554	1.49	1.05	2%	558	1.52	1.07	2%

Was meinen Sie: Gott oder das Göttliche ist für mich persönlich… (1 = trifft gar nicht zu, 7 = trifft voll zu)	N t1	M t1	SD t1	TZ t1	N t2	M t2	SD t2	TZ t2	N t3	M t3	SD t3	TZ t3
… eine Energie.	556	3.46	1.94	34%	557	3.65	1.94	40%	558	4.28	1.98	55%
… etwas, das Sicherheit gibt.	558	4.67	2.03	60%	557	4.73	1.96	62%	557	4.77	2.06	65%
… nur von Menschen ausgedacht.	556	3.2	2.02	27%	557	3.5	2.02	32%	557	3.66	2.04	36%
… eine höhere Macht.	555	3.81	2.01	39%	555	4.12	1.98	48%	557	4.59	1.98	68%
… etwas, auf das ich mich verlassen kann.	557	4	2.15	43%	556	3.89	2.05	40%	558	3.98	2.09	43%
… die Natur	547	3.47	1.90	32%	552	3.67	1.89	37%	558	4.23	1.91	50%
… jemand, zu dem man sprechen kann.	549	4.56	2.11	56%	552	4.57	2.08	58%	558	4.87	2.10	65%
… – damit kann ich nichts anfangen.	548	2.64	2.08	21%	551	2.79	2.06	24%	557	2.84	2.03	22%

Itemformulierung	**N t1**	**M t1**	**SD t1**	**TZ t1**	**N t2**	**M t2**	**SD t2**	**TZ t2**	**N t3**	**M t3**	**SD t3**	**TZ t3**
Was meinen Sie: Wie ist die Welt entstanden? (1 = trifft gar nicht zu, 7 = trifft voll zu)	**N t1**	**M t1**	**SD t1**	**TZ t1**	**N t2**	**M t2**	**SD t2**	**TZ t2**	**N t3**	**M t3**	**SD t3**	**TZ t3**
Die Welt ist durch den Urknall entstanden.	557	5.46	1.87	75%	555	5.53	1.78	79%	557	5.69	1.65	79%
Die Welt ist von Gott erschaffen.	557	3.53	2.22	37%	555	3.36	2.14	32%	558	3.47	2.17	34%
Die Welt ist nur das Ergebnis von Zufallsprozessen.	557	3.85	2.15	42%	553	4.29	2.11	52%	557	4.36	2.06	53%
Das kann man nicht wissen.	556	3.7	2	35%	555	4	2.07	41%	557	3.79	2.1	36%
Das ist mir egal.	557	1.83	1.5	8%	555	1.89	1.5	7%	556	1.74	1.34	6%

Was meinen Sie: Was kommt nach dem Tod? (1 = trifft gar nicht zu, 7 = trifft voll zu)	**N t1**	**M t1**	**SD t1**	**TZ t1**	**N t2**	**M t2**	**SD t2**	**TZ t2**	**N t3**	**M t3**	**SD t3**	**TZ t3**
Es gibt ein Leben nach dem Tod.	557	4.85	1.88	61%	554	4.65	1.91	57%	558	4.81	1.8	62%
Ich werde wiedergeboren.	555	2.75	1.76	17%	554	2.69	1.7	16%	558	2.99	1.8	23%
Mich gibt es dann nicht mehr.	551	3.62	2.12	35%	553	3.83	2.13	41%	558	3.79	2.08	39%
Ich bin im Paradies.	554	3.74	1.93	36%	555	3.54	1.93	32%	556	3.51	1.87	30%
Ich begegne Gott.	556	3.6	2.08	33%	555	3.5	2.06	32%	558	3.67	2.02	36%
Gläubige kommen in den Himmel.	553	3.18	2.14	29%	552	3.07	2.12	28%	557	3.04	2.1	25%
Ungläubige kommen in die Hölle.	553	1.96	1.61	8%	555	1.89	1.49	7%	556	1.83	1.46	6%
Meine Seele lebt weiter.	555	4.72	1.96	58%	554	4.71	1.89	58%	556	4.89	1.88	64%
Ich sehe alle wieder, die ich kenne.	555	4.11	1.96	53%	550	3.92	1.93	40%	557	3.95	1.86	40%
Das kann man nicht wissen.	558	5.5	1.95	70%	556	5.65	1.84	77%	555	5.78	1.7	78%
Das ist mir egal.	558	1.81	1.44	7%	555	1.87	1.5	7%	556	2.12	1.57	10%

Itemformulierung	N t1	M t1	SD t1	TZ t1	N t2	M t2	SD t2	TZ t2	N t3	M t3	SD t3	TZ t3
Wie stehen Sie zur christlichen Kirche? Inwieweit treffen folgende Aussagen zu? (1 = trifft gar nicht zu, 7 = trifft voll zu)	**N t1**	**M t1**	**SD t1**	**TZ t1**	**N t2**	**M t2**	**SD t2**	**TZ t2**	**N t3**	**M t3**	**SD t3**	**TZ t3**
Ich sehe kritisch, was die Kirche sagt.	553	4.9	1.68	61%	554	4.98	1.55	65%	558	5.28	1.49	72%
Die Kirche tut viel Gutes für die Menschen.	554	4.95	1.32	67%	553	5.06	1.35	70%	558	4.98	1.32	67%
Auf die Fragen, die mich wirklich bewegen, hat die Kirche keine Antwort.	551	4.44	1.77	49%	554	4.47	1.65	51%	555	4.44	1.72	50%
Die Kirche muss sich ändern, wenn sie eine Zukunft haben will.	553	5.16	1.75	66%	553	5.47	1.5	76%	558	5.72	1.38	84%
Ich finde es gut, dass es die Kirche gibt.	554	5.03	1.69	64%	553	5.11	1.6	68%	558	5.09	1.62	68%
Gottesdienste sind meistens langweilig.	553	4.61	1.77	54%	551	4.68	1.73	57%	556	4.72	1.72	58%
Mein Glaube hat nichts mit der Kirche zu tun.	549	4.22	2.16	46%	552	4.65	2.03	57%	558	5.01	1.87	66%
Die Kirchensteuer hat einen guten Zweck.	551	3.6	1.77	30%	552	3.75	1.78	36%	557	3.54	1.63	28%

Sind Sie Mitglied einer Kirche? Falls „Ja": (1 = trifft gar nicht zu, 7 = trifft voll zu)	N t1	M t1	SD t1	TZ t1	N t2	M t2	SD t2	TZ t2	N t3	M t3	SD t3	TZ t3
Ich möchte aus der Kirche austreten.	493	2.7	1.9	20%	493	2.87	2.02	24%	492	3.2	2.04	29%
Es ist für mich wichtig, zur Kirche zu gehören.	492	4.32	2	51%	492	4.13	1.96	45%	510	3.76	2.02	40%

Religion und Glaube in Ihrem Umfeld: Inwieweit treffen folgende Aussagen zu? (1 = trifft gar nicht zu, 7 = trifft voll zu)	N t1	M t1	SD t1	TZ t1	N t2	M t2	SD t2	TZ t2	N t3	M t3	SD t3	TZ t3
Ich habe mich vom Glauben meiner Eltern entfernt.	553	2.28	1.79	15%	553	2.67	1.85	19%	558	2.97	1.87	25%
Ich habe einen eigenen Glauben gefunden.	553	3.25	2.18	32%	553	3.71	2.1	40%	557	3.93	2.06	44%

Itemformulierung	N t1	M t1	SD t1	TZ t1	N t2	M t2	SD t2	TZ t2	N t3	M t3	SD t3	TZ t3
Ich bin auf der Suche nach meinem Glauben.	554	2.43	1.81	17%	554	2.77	1.88	21%	557	2.81	1.86	22%
Ich spreche mit meinen Eltern über Glaubensfragen.	554	3.62	2.25	40%	553	3.74	2.21	42%	557	3.9	2.12	43%
Ich spreche mit meinen Freunden über Glaubensfragen.	551	3.6	2.1	38%	554	3.87	2.11	46%	558	4.19	2.04	52%
Ich spreche mit meinen Kollegen über Glaubensfragen.									556	3.12	1.98	29%
Wenn man über Glauben spricht, wird man bloß ausgelacht.	553	2.49	1.61	16%	554	2.4	1.51	11%	555	2.33	1.42	10%

Glaube für Sie persönlich. Inwieweit treffen folgende Aussagen zu? (1 = trifft gar nicht zu, 7 = trifft voll zu)	N t1	M t1	SD t1	TZ t1	N t2	M t2	SD t2	TZ t2	N t3	M t3	SD t3	TZ t3
Ich kann mit dem Glauben an Gott nichts anfangen.	553	2.89	2.01	23%	552	3.02	1.99	24%	558	3.09	2.04	28%
Ich glaube an Gott.	555	4.84	2.1	65%	553	4.59	2.15	58%	556	4.51	2.14	58%
Die Beziehung zu Gott ist mir wichtig.	555	4.17	2.05	48%	554	4	2.07	45%	558	3.97	2.11	44%
Über das, was ich glaube, entscheide ich selbst.	553	6.44	0.96	95%	553	6.4	1	95%	557	6.48	0.91	95%
In meinem Alltag spielt Glaube keine Rolle.	554	3.76	2.08	38%	554	3.85	2.03	39%	558	3.91	2.05	43%
Ich versuche, mich an die Regeln meiner Religionsgemeinschaft zu halten.	553	3.45	1.86	33%	551	3.47	1.86	29%	556	3.37	1.81	30%
In schwierigen Situationen hilft mir mein Glaube an Gott.	552	4.09	2.18	48%	554	3.96	2.15	44%	557	4.08	2.24	49%
Ich glaube nur, was wissenschaftlich bewiesen ist.	551	3.4	2.01	29%	554	3.48	1.89	33%	558	3.51	1.92	35%
Ich stehe zu meinem Glauben.	549	5.69	1.52	81%	552	5.72	1.4	83%	557	5.63	1.47	77%

Itemformulierung	N t1	M t1	SD t1	TZ t1	N t2	M t2	SD t2	TZ t2	N t3	M t3	SD t3	TZ t3
Bitte schätzen Sie sich ein… (1 = gar nicht, 7 = sehr)	**N t1**	**M t1**	**SD t1**	**TZ t1**	**N t2**	**M t2**	**SD t2**	**TZ t2**	**N t3**	**M t3**	**SD t3**	**TZ t3**
Für wie „religiös“ halten Sie sich?	552	3.36	1.56	29%	552	3.24	1.62	28%	557	2.95	1.52	18%
Für wie „gläubig“ halten Sie sich?	553	4.2	1.72	48%	553	4.17	1.75	49%	557	4.1	1.76	49%
Wie oft denken Sie über… (1 = nie, 7 = sehr häufig)	**N t1**	**M t1**	**SD t1**	**TZ t1**	**N t2**	**M t2**	**SD t2**	**TZ t2**	**N t3**	**M t3**	**SD t3**	**TZ t3**
… den Sinn des Lebens nach?	554	5.11	1.52	71%	554	5.13	1.51	71%	557	5.26	1.46	77%
… Gott nach?	552	2.09	0.91	0%	554	4.01	1.76	42%	557	3.99	1.73	41%
Warum beten Sie? (1 = trifft gar nicht zu, 7 = trifft voll zu)	**N t1**	**M t1**	**SD t1**	**TZ t1**	**N t2**	**M t2**	**SD t2**	**TZ t2**	**N t3**	**M t3**	**SD t3**	**TZ t3**
…, weil es mir besonders gut geht.	469	3.8	1.94	39%	444	4.06	1.88	45%	450	3.93	1.99	44%
…, weil es mir besonders schlecht geht.	470	4.66	1.97	63%	446	4.64	1.83	60%	442	5.01	1.81	72%
…, weil ich dankbar bin.	475	4.87	1.85	65%	444	4.98	1.69	69%	443	4.87	1.83	68%
…, weil ich auf Gott vertraue.	470	4.47	1.95	50%	444	4.48	1.94	54%	441	4.28	1.96	48%
…, weil ich Gott um etwas bitte.									443	5.26	1.75	75%

Itemformulierung	**N t1**	**M t1**	**SD t1**	**TZ t1**	**N t2**	**M t2**	**SD t2**	**TZ t2**	**N t3**	**M t3**	**SD t3**	**TZ t3**
Sie besuchen entweder den Religionsunterricht oder den Ethikunterricht. Die folgenden Fragen beziehen sich auf diesen Unterricht. Inwieweit stimmen Sie diesen Aussagen zu? (1 = trifft gar nicht zu, 7 = trifft voll zu)	**N t1**	**M t1**	**SD t1**	**TZ t1**	**N t2**	**M t2**	**SD t2**	**TZ t2**	**N t3**	**M t3**	**SD t3**	**TZ t3**
Im Religions-/ Ethikunterricht gibt es spannende Themen. t_3: Im Religions-/ Ethikunterricht gab es spannende Themen.	557	4.8	1.61	62%	556	5.13	1.56	72%	556	5.44	1.47	79%
Der Religions-/ Ethikunterricht bringt mir persönlich wenig. t_3: Der Religions-/ Ethikunterricht hat mir persönlich wenig gebracht.	556	3.95	1.79	39%	556	3.64	1.83	35%	555	3.29	1.84	28%
Der Religions-/ Ethikunterricht hilft mir bei schwierigen Lebensfragen. t_3: Das, was ich im Religions-/ Ethikunterricht erfahren habe, hilft mir bei schwierigen Lebensfragen.	555	2.89	1.55	19%	556	2.96	1.57	18%	555	3.29	1.7	27%
Es ist gut, dass es den RU/EU gibt.									556	5.53	1.58	79%
Der Religions-/ Ethikunterricht gibt mir Denkanstöße./ t_3: Der Religions-/ Ethikunterricht gab mir Denkanstöße.	555	4.63	1.66	61%	556	4.97	1.6	68%	555	5.36	1.58	77%
Für meinen (späteren) Beruf lerne ich etwas im Religions-/ Ethikunterricht. t_3: Im Religions-/ Ethikunterricht lernt man etwas für den Beruf.	555	2.74	1.68	18%	556	3	1.79	23%	556	3.26	1.81	28%

Itemformulierung	N t1	M t1	SD t1	TZ t1	N t2	M t2	SD t2	TZ t2	N t3	M t3	SD t3	TZ t3
Welche der folgenden Aussagen über andere Kulturen und Religionen treffen Ihrer Meinung nach zu? (1 = trifft gar nicht zu, 7 = trifft voll zu)	**N t1**	**M t1**	**SD t1**	**TZ t1**	**N t2**	**M t2**	**SD t2**	**TZ t2**	**N t3**	**M t3**	**SD t3**	**TZ t3**
Nur eine Religion ist wahr.	556	2	1.75	12%	556	1.99	1.77	11%	558	1.95	1.7	10%
Mehrere Religionen können wahr sein.	557	5.46	1.94	75%	556	5.41	1.99	76%	558	5.31	1.99	73%
In jeder Religion liegt Wahrheit.	555	5.28	1.79	71%	556	5.16	1.85	69%	558	5.26	1.8	72%
Man sollte sich aus jeder Religion das Passende heraussuchen.	556	3.56	1.92	32%	557	3.55	1.92	22%	558	3.74	1.99	37%
Keine Religion ist wahr.	553	2.48	1.93	16%	555	2.74	2.03	21%	554	2.92	2	23
Ich finde es spannend, mich mit anderen Kulturen zu beschäftigen.	556	5.24	1.63	72%	557	5.61	1.46	81%	557	5.87	1.33	85%
Mich interessiert, was Mitschüler einer anderen Religion denken.	554	5.19	1.72	73%	557	5.39	1.6	75%	558	5.46	1.61	79%
Es gibt zu viele Muslime in Deutschland.	554	2.61	1.9	20%	556	2.3	1.69	15%	554	2.36	1.76	16%
Es gibt zu viele Juden in Deutschland.	555	1.64	1.08	2%	556	1.53	0.98	1%	555	1.54	1.1	2%
In meinem Freundeskreis gibt es auch Angehörige anderer Religionen.	557	5.12	2.15	68%	556	5.02	2.12	66%	557	5.31	1.98	74%
Manche muslimische Gruppen machen mir Angst.	554	4.89	2.03	65%	557	5.04	1.92	68%	558	5.08	1.82	71%
Mache christliche Gruppen machen mir Angst.	555	3.74	2.08	41%	557	4.01	1.96	45%	556	4.34	1.96	54%
Man sollte andere nicht überreden, an etwas zu glauben.	554	6.39	1.34	91%	556	6.43	1.21	92%	556	6.47	1.13	93%
Die vielen Religionen in Deutschland machen mir Angst.	551	2.26	1.58	12%	555	2.26	1.51	10%	556	2.27	1.62	12%
Religion führt zwangsläufig zu Gewalt.	554	3.31	2.03	31%	555	3.25	1.95	30%	557	3.15	1.91	26%
Ohne Religionen wäre die Welt friedlicher.	554	3.51	2.13	34%	555	3.66	2.06	36%	557	3.65	2.04	35%

Skalen und Faktorenanalyse

Erklärung und Vorentscheidungen

Ziel der (explorativen) Faktorenanalyse ist es, eine größere Anzahl von Variablen anhand der gegebenen Fälle (bei t1: N = 7246) auf eine kleinere Anzahl von unterschiedlichen latenten Faktoren zurückzuführen. Dabei werden die Variablen bzw. Items, die untereinander stark korrelieren, zu einem Faktor zusammengefasst und dann inhaltlich interpretiert.

Da angenommen wurde, dass die durch den Fragebogen identifizierbaren Faktoren, *nicht* unabhängig voneinander sind, sondern mehr oder weniger zusammen hängen, wurde bei der Berechnung durchgängig eine schiefwinklinge Rotation gewählt (Promax). Die Berechnungen wurden mit dem Statistikprogramm IBM SPSS 22 durchgeführt.

Ermittlung der Anzahl der Faktoren

Im ersten Schritt wurden die Daten der Befragten des ersten Befragungszeitpunktes zu allen quantitativen Items, außer den demographischen Angaben und den Angaben zur Art des Ehrenamtes (aufgrund ungeeigneter Skalierung) einbezogen, so dass 118 Items in die Analyse eingingen.

Es wurde in der ersten Berechnung keine Faktorenzahl vorgegeben, sondern mit dem klassischen Kaiser-Guttmann-Kriterium (Eigenwert größer 1) die Faktorenanzahl ermittelt. Auf diese Weise wurden 22 Faktoren angegeben. Mit Hilfe der sog. „ScreePlot-Methode" wurde in einem zweiten Schritt nahegelegt, die Grenze bei neun bis elf Faktoren zu ziehen. In einem nächsten Schritt wurde eine Faktorenanalyse mit elf vorgegebenen Faktoren berechnet und dann die einzelnen Faktoren inhaltlich auf Plausibilität geprüft. Zudem wurde die Varianzaufklärung der einzelnen Faktoren berücksichtigt, ebenso wie die Faktorladungen der korrelierenden Items. Neun bzw. zehn der so ermittelten Faktoren machten inhaltlich Sinn und konnten in die weitere Analyse eingehen. Für jeden Faktor wurde Cronbachs α berechnet, um anhand der Reliabilität seine Anwendbarkeit zu testen.

Mit den Daten der Befragten des zweiten Befragungszeitpunktes wurde eine weitere Faktorenanalyse gerechnet und die Reliabilität der Skalen erneut geprüft. Zwei der Faktoren (Glaubenssuche und muslimisches Bekenntnis) hielten dieser Prüfung mit den t_2-Daten nicht stand. Die übrigen Faktoren konnten repliziert werden und daher auch in die Veränderungsmessungen einbezogen werden.

Auch mit den Daten der dritten Erhebung wurde konfirmatorisch überprüft, welche Faktoren in einer erneuten Analyse repliziert werden konnten. Die Skalen „Gottesglaube", „kirchliche Verbundenheit", „Unterichtsinteresse", „Religionspluralität", „Xenophobie" und „Jenseitsglaube" wurden dabei mit guten Reliabilitätswerten wieder gefunden (auch wenn in den Skalen bei der dritten Version des Fragebogens aus bestimmten Gründen einige Items weg fielen) und konnten so in die weitere Auswertung einbezogen werden.

Auflistung der Faktoren bzw. Skalen

Im Folgenden werden die einzelnen Faktoren mit ihren zugehörigen Items in der Reihenfolge ihrer Varianzaufklärung der ersten Faktorenanalyse aufgelistet. Zu beachten ist, dass Faktorladungen unter 0.3 aus Gründen der Übersichtlichkeit unterdrückt wurden. Um die Skalen und ihre Zusammenhänge noch besser zu verstehen, wird auch die zweithöchste Ladung für jedes Item angegeben (sofern es eine solche Ladung über 0.3 gibt) und mit welchem Faktor diese zweithöchste Ladung zusammenhängt. Items, die grau unterlegt sind, korrelieren negativ, das heißt ihre Bedeutung muss inhaltlich umgekehrt werden. Sie wurden für die Berechnung der Skalenwerte (Mittelwerte über alle zugehörigen Items) umkodiert.

1. Gottesglaube

Der erste Faktor ist eindeutig in Bezug auf die 43 Items, die mit ihm korrelieren, der größte Faktor. Die Varianzaufklärung dieses Faktors ist dadurch erwartungsgemäß mit 24.38% hoch. Wie durch die Fragestellung der Studie und das vorgegebene Instrument anzunehmen, beschreibt er eine bestimmte Religiosität. Auffallend ist, neben einer positiven Haltung zu einigen christlichen Glaubensinhalten und zur Kirche, inhaltlich vor allem der hohe persönliche Bezug und der Beziehungsaspekt im Glauben an Gott. Daher kann der Faktor näher so beschrieben werden: „persönlicher Glaube als vertrauensvolle Gott-Beziehung“. Die Reliabilitätsanalyse ergibt für diese Skala bei allen Erhebungszeitpunkten einen sehr guten Wert (t_1: $\alpha = .949$, t_2: $\alpha = .969$ t_3: $\alpha = .951$).

Item im Wortlaut	**Faktorladung Faktor 1**	Zweithöchste Faktorladung
Warum beten sie ... weil ich auf Gott vertraue.	**.994**	
Die Beziehung zu Gott ist mir wichtig.	**.922**	
In schwierigen Situationen hilft mir mein Glaube an Gott.	**.914**	
Ich glaube an Gott.	**.900**	
Gott ist ... etwas, auf das ich mich verlassen kann.	**.865**	
Wer bestimmt Ihr Leben? ... Gott.	**.836**	
Warum beten Sie? ... weil ich dankbar bin.	**.836**	
Gott ist ... etwas, das Sicherheit gibt.	**.826**	
Gott ist ... jemand, zu dem man sprechen kann.	**.801**	

Für wie „gläubig“ halten Sie sich?	**.795**	
Mein Glaube wurde… (… stärker).	**.791**	
Gott liebt jeden Menschen und kümmert sich um uns.	**.789**	
Ich kann mit dem Glauben an Gott nichts anfangen.	**–.780**	
Häufigkeit Gebet	**.753**	
Ich bete …, weil es mir besonders gut geht.	**.752**	
Gott … – damit kann ich nichts anfangen.	**–.709**	
Wie oft denken Sie über Gott nach?	**.708**	
Die Welt ist von Gott erschaffen.	**.694**	
Was kommt nach dem Tod? …Ich begegne Gott.	**.690**	
Gott ist für mich persönlich … eine höhere Macht.	**.681**	
Der Krankheitsverlauf kann durch Beten beeinflusst werden.	**.643**	
Gott ist … nur von Menschen ausgedacht.	**–.624**	
Ich engagiere mich ehrenamtlich … weil es zu meinem Glauben gehört.	**.620**	
Jesus ist auferstanden.	**.613**	.302 (Faktor 2)
In meinem Alltag spielt Glaube keine Rolle.	**–.589**	
Ich glaube nur, was wissenschaftlich bewiesen ist.	**–.581**	
Für wie „religiös“ halten Sie sich?	**.572**	
Gott ist … … eine Energie.	**.531**	
Ich stehe zu meinem Glauben.	**.527**	
Ich bete …, weil es mir besonders schlecht geht.	**.520**	
Es ist für mich wichtig, zur Kirche zu gehören.	**.498**	.491 (! Auch in Faktor 2)
Was kommt nach dem Tod: Gläubige kommen in den Himmel.	**.489**	
Für mich persönlich ist es wichtig, in den Gottesdienst zu gehen.	**.484**	
Was kommt nach dem Tod: Ich bin im Paradies.	**.468**	
Was bestimmt Ihr Leben: Eine höhere Macht.	**.434**	.354 (Faktor 9)
Ich versuche, mich an die Regeln meiner Religionsgemeinschaft zu halten.	**.392**	
Die Bibel ist wortwörtlich wahr.	**.362**	
Keine Religion ist wahr.	**–.357**	
Die Welt ist nur das Ergebnis von Zufallsprozessen.	**–.348**	
	.341	.307 (Faktor 10)
Ich würde mich fragen: Wie kann Gott das zulassen?	**.308**	
Ich spreche mit meinen Eltern über Glaubensfragen.	**.308**	
Nur eine Religion ist wahr.	**.358**	–.556 (Faktor 4)

2. Kirchenbindung

Der zweite Faktor „kirchliche Verbundenheit" ist deutlich durch eine positive Einstellung zur Institution Kirche charakterisiert und umfasst 11 Items, die am höchsten mit diesem Faktor korrelieren. Ein weiteres Item, das nur geringfügig höher mit Faktor 1 korreliert (*Es ist für mich wichtig, zur Kirche zu gehören*) wird aufgrund seiner inhaltlichen Bedeutung auch zu diesem Faktor gezählt. Die Reliabilität ist bei allen drei Befragungen als gut zu bezeichnen (t_1: $\alpha = .885$, t_2: $\alpha = .885$, t_3: $\alpha = .868$).

Item im Wortlaut	**Faktorladung Faktor 2**	Zweithöchste Faktorladung
Mein Glaube hat nichts mit der Kirche zu tun.	**–.612**	
Wie viel Vertrauen haben Sie zu folgenden Gruppen oder Organisationen?	**.607**	.330 (Faktor 1)
Ich sehe kritisch, was die Kirche sagt.	**–.551**	
Die Kirchensteuer hat einen guten Zweck.	**.538**	
Wenn ich einmal heiraten sollte, möchte ich in einer Kirche heiraten.	**.518**	
Ich möchte aus der Kirche austreten.	**–.514**	–.447 (Faktor 1)
Auf die Fragen, die mich wirklich bewegen, hat die Kirche keine Antwort.	**–.490**	
Ich finde es gut, dass es die Kirche gibt.	**.468**	.447 (Faktor 1)
Die Kirche muss sich ändern, wenn sie eine Zukunft haben will.	**–.453**	
Die Kirche tut viel Gutes für die Menschen.	**.448**	
Gottesdienste sind meistens langweilig.	**–.379**	
Es ist für mich wichtig, zur Kirche zu gehören.	**.491**	.498 (! Auch in Faktor 1)

3. Unterrichtsinteresse

Der dritte Faktor hat mit einer positiven Haltung und Interesse an Religion und am Religions- bzw. Ethikunterricht zu tun. Keines der Items, die auf diesen Faktor laden, korreliert mit einem anderen Faktor, was für seine Unabhängigkeit von den anderen Skalen spricht. Die Reliabilität liegt durchgehend bei einem guten Wert (t_1: $\alpha = .804$, t_2: $\alpha = .821$, t_3: $\alpha = .823$).

Item im Wortlaut	**Faktorladung Faktor 3**	Zweithöchste Faktorladung
Der Religions-/Ethikunterricht bringt mir persönlich wenig.	**–.790**	
Im Religions-/Ethikunterricht gibt es spannende Themen.	**.770**	
Der Religions-/Ethikunterricht gibt mir Denkanstöße.	**.752**	
Der Religions-/Ethikunterricht hilft mir bei schwierigen Lebensfragen.	**.739**	
Für meinen (späteren) Beruf lerne ich etwas im Religions-/ Ethikunterricht.	**.612**	
Es ist wichtig, dass die Lehrkraft in Religion/Ethik weiß, was uns beschäftigt.	**.444**	
Es ist wichtig, dass die Lehrkraft in Religion/Ethik nach unserer Meinung fragt.	**.432**	
Mich interessiert, was Mitschüler einer anderen Religion denken.	**.326**	

4. Religionspluralität

Der vierte Faktor drückt mit sieben korrelierenden Items eine offene Haltung gegenüber verschiedenen Religionen aus, gleichzeitig ein „nicht fest legen wollen" auf eine Religion oder einzelne Glaubensinhalte und eine Abwehr gegen ein „fest gelegt werden" von außen zu einer Position. Die Reliabilität ist jeweils akzeptabel (t_1: $\alpha = .645$ noch, t_2: $\alpha = .647$, t_3: $\alpha = 688$).

Item im Wortlaut	**Faktorladung Faktor 4**	Zweithöchste Faktorladung
Mehrere Religionen können wahr sein.	**.768**	
In jeder Religion liegt Wahrheit.	**.652**	
Nur eine Religion ist wahr.	**–.556**	.358 (Faktor 1)
Man sollte sich aus jeder Religion das Passende heraussuchen.	**.456**	
Das kann man nicht wissen. (Nach dem Tod)	**.453**	–.306 (Faktor 7)
Das kann man nicht wissen. (Weltentstehung)	**.424**	
Man sollte andere nicht überreden, an etwas zu glauben.	**.359**	

5. Xenophobie

Faktor 5 korreliert mit fünf Items und umfasst xenophobische Haltungen und die Einstellung, dass Religion mit Gewalt zusammenhängt. Die Reliabilität liegt bei einem akzeptablen Wert (t_1: $\alpha = .693$, t_2: $\alpha = .682$, t_3: $\alpha = .662$).

Item im Wortlaut	**Faktorladung Faktor 5**	Zweithöchste Faktorladung
Es gibt zu viele Muslime in Deutschland.	**.762**	
Die vielen Religionen in Deutschland machen mir Angst.	**.731**	
Es gibt zu viele Juden in Deutschland.	**.596**	
Manche muslimische Gruppen machen mir Angst.	**.580**	
Religion führt zwangsläufig zu Gewalt.	**.534**	
Ohne Religionen wäre die Welt friedlicher.	**.347**	

6. Soziales Kapital

Der sechste Faktor „Soziales Kapital" korreliert mit sieben Items und hat mit Gruppen, Organisationen und Institutionen zu tun, die Einfluss auf das Leben haben bzw. zu denen Vertrauen besteht. Auffallend ist, dass die „christlichen Kirchen" hier nicht vorkommen. Die akzeptable Reliabilität liegt bei der ersten Befragung bei $\alpha = .685$ und bei t_2 bei $\alpha = .686$. Bei der dritten Befragung konnte dieser Faktor aufgrund fehlender Items nicht repliziert werden.

Item im Wortlaut	**Faktorladung Faktor 6**	Zweithöchste Faktorladung
Wer oder was bestimmt ihr Leben? Gesellschaft.	**.747**	
Wer oder was bestimmt ihr Leben? Freunde.	**.721**	
Wer oder was bestimmt ihr Leben? Schule.	**.713**	
Wer oder was bestimmt ihr Leben? Familie.	**.692**	–.318 (Faktor 8)
Wie viel Vertrauen haben Sie zu folgenden Gruppen oder Organisationen? Bundesregierung.	**.518**	
Wie viel Vertrauen haben Sie zu folgenden Gruppen oder Organisationen? Banken.	**.402**	
Wie viel Vertrauen haben Sie zu folgenden Gruppen oder Organisationen? Umweltorganisationen.	**.342**	

7. Jenseitsglaube

Der siebte Faktor beschreibt Jenseitsvorstellungen, wobei der Glaube an ein Leben nach dem Tod (in irgendeiner Form) bejaht wird. Bemerkenswert ist, dass die beiden Items *„Es gibt ein Leben nach dem Tod."* und *„Meine Seele lebt weiter."* ebenfalls relativ hoch auf Faktor 1 laden. Die Reliabilität liegt jeweils bei einem guten Wert (t_1: α=.769, t_2: α=.793, t_3: α=.811).

Item im Wortlaut	**Faktorladung Faktor 7**	Zweithöchste Faktorladung
Mich gibt es dann nicht mehr.	**–.563**	
Ich werde wiedergeboren.	**.527**	
Das ist mir egal. (Tod)	**–.524**	
Es gibt ein Leben nach dem Tod.	**.521**	.423 (Faktor 1)
Meine Seele lebt weiter.	**.507**	.310 (Faktor 1)
Ich sehe alle wieder, die ich kenne.	**.495**	
Wenn jemand so früh sterben muss, ist das eben Zufall.	**–.376**	

8. Muslimisches Bekenntnis

Der achte Faktor „Muslimisches Bekenntnis" korreliert positiv mit fünf Aussagen, die mehr oder weniger mit dem Islam in Verbindung gebracht werden können. Insbesondere die ersten beiden Items zu Koran und Mohammed korrelieren sehr hoch. Die Reliabilität liegt bei einem guten Wert mit α=.715. Dennoch wurde diese Skala *nicht* in die Auswertung der Gruppenvergleiche u. a. einbezogen, da sie sich inhaltlich deutlich auf die muslimische Subgruppe fokussiert und für andere Gruppen nicht sinnvoll anwendbar ist. In t_2 und t_3 kam diese Skala nicht zustande – wohl aufgrund des deutlich niedrigeren Anteils von muslimischen Befragten.

Item im Wortlaut	**Faktorladung Faktor 8**	Zweithöchste Faktorladung
Der Koran ist wortwörtlich wahr.	**.758**	
Mohammed ist der wichtigste Prophet.	**.751**	
Wie viel Vertrauen haben Sie zu folgenden Gruppen oder Organisationen? (Muslim. Verbände)	**.521**	–.480 (Faktor 5)
Ungläubige kommen in die Hölle.	**.382**	–.321 (Faktor 4)

9. Glaubenssuche

Beim neunten Faktor geht es um eine unabhängige suchende Haltung in Bezug auf den Glauben, wobei die Abgrenzung zum Elternhaus und zu der Kindheit von Bedeutung ist. Interessanterweise nimmt die „Stärke" des Glaubens dabei in den Jugendjahren ab, wenn man die negative Korrelation des Items *„Mein Glaube wurde … stärker"* so deuten mag. Die Reliabilität dieser Skala liegt bei t_1 bei einem gerade noch akzeptablen Wert von $\alpha = .560$. Bei t_2 und t_3 wurde keine zufriedenstellende Reliabilität berechnet.

Item im Wortlaut	**Faktorladung Faktor 9**	Zweithöchste Faktorladung
Ich bin auf der Suche nach meinem Glauben.	.587	
Ich habe einen eigenen Glauben gefunden.	.531	
Ich habe mich vom Glauben meiner Eltern entfernt.	.510	
Mein Glaube wurde … stärker.	–.474	
Wer oder was bestimmt Ihr Leben? Ich selbst.	–.364	
Ich glaube, was mir als Kind beigebracht wurde.	–.338	
Wer oder was bestimmt Ihr Leben? Meine Familie.	–.318	.692 (Faktor 6)

10. Familiäre religiöse Sozialisation

Mit Faktor 10 korrelieren vier Items, die die religiöse Sozialisation zu Hause beschreiben. Interessant ist, dass die beiden Items zum Gebet in der Kindheit höher korrelieren als das allgemeiner formulierte Item *„Ich wurde religiös erzogen"*. Mit $\alpha = .822$ bei t_1 und $\alpha = .820$ bei t_2 ein guter Reliabilitätswert. Bei t_3 konnte dieser Faktor aufgrund fehlender Items nicht repliziert werden.

Item im Wortlaut	**Faktorladung Faktor 9**	Zweithöchste Faktorladung
Meine Eltern haben in meiner Kindheit mit mir gebetet.	.750	
Meine Großeltern haben in meiner Kindheit mit mir gebetet.	.721	
Ich wurde religiös erzogen.	.677	.315 (Faktor 1)
Religion ist bei uns zu Hause nicht wichtig.	–.525	

Weitere Tabellen zur Auswertung

X2: Korrelation der Theodizee-Items mit verschiedenen Gottesvorstellungen

		Seine Erkrankung ist Schicksal.	*Ich würde mich fragen: Wie kann Gott das zulassen?*	*Der Krankheitsverlauf kann durch Beten beeinflusst werden.*	*Wenn jemand so früh sterben muss, ist das eben Zufall.*
Gott oder das Göttliche ist für mich persönlich …					
… eine Energie.	Pearson-Korrelation r	.094**	.228**	.407**	–.188**
	Sig. (2-seitig)	.000	.000	.000	.000
	N	7099	7095	7086	7072
… etwas, das Sicherheit gibt.	Pearson-Korrelation r	.063**	.326**	.576**	–.324**
	Sig. (2-seitig)	.000	.000	.000	.000
	N	7117	7111	7104	7087
… nur von Menschen ausgedacht.	Pearson-Korrelation	–.038**	–.264**	–.486**	.405**
	Sig. (2-seitig)	.001	.000	.000	.000
	N	7093	7090	7084	7071
… eine höhere Macht.	Pearson-Korrelation r	.108**	.276**	.482**	–.255**
	Sig. (2-seitig)	.000	.000	.000	.000
	N	7078	7074	7065	7053
… etwas, auf das ich mich verlassen kann.	Pearson-Korrelation r	.073**	.303**	.650**	–.368**
	Sig. (2-seitig)	.000	.000	.000	.000
	N	7117	7114	7104	7088
… die Natur.	Pearson-Korrelation r	.049**	.178**	.199**	–.100**
	Sig. (2-seitig)	.000	.000	.000	.000
	N	6696	6697	6690	6679
… jemand, zu dem man sprechen kann.	Pearson-Korrelation r	.073**	.346**	.582**	–.332**
	Sig. (2-seitig)	.000	.000	.000	.000
	N	6716	6717	6709	6698
… – damit kann ich nichts anfangen.	Pearson-Korrelation	–.043**	–.313**	–.493**	.342**
	Sig. (2-seitig)	.000	.000	.000	.000
	N	6700	6704	6697	6685

X3: Gottesvorstellungen (Natur und Gesprächspartner) von Personen ohne Religionszugehörigkeit (Kreuztabelle)

Skala: 1 = trifft gar nicht zu; 7 = trifft voll zu		*Gott oder das Göttliche ist für mich persönlich … jemand, zu dem man sprechen kann*							
		1,0	2,0	3,0	4,0	5,0	6,0	7,0	Gesamt-summe
Gott oder das Göttliche ist für mich persönlich … die Natur.	1,0	197	16	12	11	4	4	8	252
	2,0	28	13	13	8	4	2	3	71
	3,0	9	9	8	4	6	4	0	40
	4,0	18	10	2	11	11	6	5	63
	5,0	15	10	6	0	3	4	7	45
	6,0	14	4	2	7	11	10	5	53
	7,0	11	5	1	6	1	4	5	33
Gesamtsumme		292	67	44	47	40	34	33	557

In den Zellen steht die absolute Häufigkeit, d. h. die Personenanzahl, die die jeweiligen Antwortkategorien (Skala: 1 = trifft gar nicht zu; 7 = trifft voll zu) angekreuzt hat. Insgesamt haben N = 557 Befragte ohne Religionszugehörigkeit bei t_1 bei beiden Items Angaben gemacht.

X4: Personen ohne Religionszugehörigkeit im Ethik-und Religionsunterricht – Unterschiede auf Faktorenebene

Faktoren	RU = 1 EU = 2	N	M	SD	Standard-fehler
Kirchliche Verbundenheit	1.0	270	2.92	1.00	0.06
	2.0	336	2.55	0.88	0.05
Gottvertrauen	1.0	270	2.63	1.21	0.07
	2.0	336	2.11	0.90	0.05
RU_Ethik Interesse	1.0	268	4.05	1.19	0.07
	2.0	334	4.54	1.17	0.06
Patchwork	1.0	270	4.99	1.13	0.07
	2.0	336	5.11	0.96	0.05
Xenophobie/Religion und Gewalt	1.0	268	3.09	1.29	0.08
	2.0	333	3.09	1.29	0.07
soziales Kapital	1.0	270	4.19	0.93	0.06
	2.0	335	4.35	0.89	0.05
Jenseitsglaube	1.0	268	3.94	1.39	0.09
	2.0	333	3.61	1.40	0.08
Eigenständige Glaubenssuche	1.0	270	3.60	0.83	0.05
	2.0	336	3.41	0.81	0.04
Familäre religiöse Sozialisation	1.0	266	2.53	1.68	0.10
	2.0	334	1.94	1.18	0.06

Tabellenverzeichnis

Tabelle 1: Korrelationen zwischen den Faktoren (t_1- und t_3- Daten) 34
Tabelle 2: Aussagen zum Gottesglauben (t_1 bis t_3) 49
Tabelle 3: Anlass für Gebet (t_1 bis t_3) 54
Tabelle 4: Jenseitsvorstellungen (t_1 bis t_3) 56
Tabelle 5: Gottesvorstellungen (t_1 bis t_3) 59
Tabelle 6: Korrelationen zwischen verschiedenen Gottesvorstellungen 62
Tabelle 7: Aussagen zur Weltentstehung (t_1 bis t_3) 65
Tabelle 8: Aussagen zur Kirche (t_1 bis t_3) 67
Tabelle 9: Auseinandersetzung mit anderen Personen (t_1 bis t_3) 74
Tabelle 10: Einstellung zu anderen Religionen (t_1 bis t_3) 77
Tabelle 11: Beurteilung des Unterrichtes (t_1 bis t_3) 80
Tabelle 12: Schülerinnen und Schüler ohne Religionszugehörigkeit im Vergleich mit dem Gesamtsample 97
Tabelle 13: Einfluss der Familie und Autonomie in Glaubensfragen 99
Tabelle 14: „Gläubig" und „religiös" – Zustimmung und Ablehnung gekreuzt 105
Tabelle 15: Selbsteinschätzung „religiös" und „gläubig" – Korrelationen mit verschiedenen Faktoren 106
Tabelle 16: „Gläubig" vs. „religiös" – Beschreibung der „Extremgruppen" . 107
Tabelle 17: „Gläubig" vs. „religiös" – Gottes- und Jenseitsvorstellungen ... 108
Tabelle 18: „Gläubig" vs. „religiös" – Einstellungen zur Kirche 108
Tabelle 19: „Gläubig" vs. „religiös" – Religion und soziales Umfeld 109
Tabelle 20: „Gläubig" vs. „religiös" – Bedeutung von Glaube und Gott 109
Tabelle 21: An Gott glaubende Schülerinnen und Schüler im Ethik- und Religionsunterricht im Vergleich 112
Tabelle 22: Muslimisches Subsample – Kreuztabelle: Antisemitismus und Islamophobie 117
Tabelle 23: Befragte, die die Theodizee-Frage stellen und Befragte, die sie nicht stellen, im Vergleich 122
Tabelle 24: Theodizee-Items – Korrelationen 125
X2: Korrelation der Theodizee-Items mit verschiedenen Gottesvorstellungen 317
X3: Gottesvorstellungen (Natur und Gesprächspartner) von Personen ohne Religionszugehörigkeit (Kreuztabelle) 318
X4: Personen ohne Religionszugehörigkeit im Ethik-und Religionsunterricht – Unterschiede auf Faktorenebene 318

Abbildungsverzeichnis

Abbildung 1: Darstellung des Forschungsprojekts im zeitlichen Verlauf ... 31
Abbildung 2: Items mit großer Zustimmungsabnahme (t_1–t_3) 37
Abbildung 3: Items mit großer Zustimmungszunahme (t_1–t_3) 37
Abbildung 4: Items mit wenig Zustimmungszunahme oder -rückgang 38
Abbildung 5: Befragungszeitraum und Samples t_1, t_2 und t_3 in der quantitativen Erhebung (Fragebogenstudie) 44
Abbildung 6: Das Sample t_1, t_2 und t_3 im Vergleich: Eigenschaften und Zustimmungswerte 44
Abbildung 7: Zustimmung zu zentralen „Glaubens-Items" im zeitlichen Verlauf 46
Abbildung 8: Faktor Gottesglaube (t_1 bis t_3) – Personen mit hoher und niedriger religiöser Sozialisation 47
Abbildung 9: Zustimmung zu der Aussage *„Ich glaube an Gott"* – Individualverschiebung t_1–t_3 48
Abbildung 10: Zustimmung zu der Aussage *„Gott liebt jeden Menschen und kümmert sich um uns"* Individualverschiebung t_1–t_3 50
Abbildung 11: „Gläubig" und „religiös" (t_1 bis t_3) 50
Abbildung 12: Zustimmung zu der Aussage *„Für wie „religiös" halten Sie sich?"* – Individualverschiebung t_1–t_3 51
Abbildung 13: „Religiös" und „gläubig" – Vergleich der Befragten mit hoher und niedriger religiöser Sozialisation (t_1 bis t_3) 52
Abbildung 14: Häufigkeit Gebet (t_1 bis t_3) 53
Abbildung 15: Zustimmung zu der Aussage *„Ich bete, weil es mir besonders schlecht geht."* – Individualverschiebung t_1–t_3 54
Abbildung 16: Entwicklung Jenseitsglaube bei hoher und niedriger religiöser Sozialisation (t_1 bis t_3) 55
Abbildung 17: Zustimmung zu der Aussage *„Es gibt ein Leben nach dem Tod"* – Individualverschiebung t_1–t_3 57
Abbildung 18: Zustimmung zu der Aussage *„Meine Seele lebt weiter"* – Individualverschiebung t_1–t_3 58
Abbildung 19: Entwicklung der Zustimmung zu Gottesvorstellungen (t_1 bis t_3) 59
Abbildung 20: Zustimmung zu der Aussage *„Gott oder das Göttliche ist für mich persönlich eine Energie"* – Individualverschiebung t_1–t_3 ... 60
Abbildung 21: Zustimmung zu der Aussage *„Gott oder das Göttliche ist für mich persönlich eine höhere Macht"* – Individualverschiebung t_1–t_3 61

Abbildung 22: Zustimmung zu der Aussage *„Gott oder das Göttliche ist für mich persönlich jemand, zu dem man sprechen kann."* – Individualverschiebung t_1–t_3 62
Abbildung 23: Zustimmung zu der Aussage *„Gott oder das Göttliche ist für mich persönlich etwas, auf das ich mich verlassen kann"* – Individualverschiebung t_1–t_3 63
Abbildung 24: Zustimmung zu der Aussage *„Gott oder das Göttliche ist für mich persönlich etwas, das Sicherheit gibt"* – Individualverschiebung t_1–t_3 64
Abbildung 25: Zustimmung zu der Aussage *„Die Welt ist von Gott erschaffen"* – Individualverschiebung t_1–t_3 65
Abbildung 26: Einstellungen zur Kirche (t_1 bis t_3) 68
Abbildung 27: Zustimmung zu der Aussage *„Ich sehe kritisch, was die Kirche sagt"* – Individualverschiebung t_1–t_3 68
Abbildung 28: Zustimmung zu der Aussage *„Die Kirche muss sich ändern, wenn sie eine Zukunft haben will"* – Individualverschiebung t_1–t_3 69
Abbildung 29: Zustimmung zu der Aussage *„Mein Glaube hat nichts mit der Kirche zu tun"* – Individualverschiebung t_1–t_3 70
Abbildung 30: Zustimmung zu der Aussage *„Die Kirche muss sich ändern, wenn sie eine Zukunft haben will."* – Individualverschiebung (t_1–t_3) bei Personen mit niedrigerer und höherer religiöser Sozialisation im Vergleich 71
Abbildung 31: Auseinandersetzung mit anderen – Vergleich Gruppe mit höherem und niedrigerem Gottesglauben (t_1 bis t_3) 73
Abbildung 32: Zustimmung zu der Aussage *„Ich spreche mit meinen Freunden über Glaubensfragen"* – Individualverschiebung t_1–t_3 73
Abbildung 33: Nachdenken über Gott und Sinn (t_1 bis t_3) 75
Abbildung 34: Zustimmung zu der Aussage *„Ich habe einen eigenen Glauben gefunden"* – Individualverschiebung t_1–t_3 75
Abbildung 35: Zustimmung zu der Aussage *„Ohne Religionen wäre die Welt friedlicher."* – Individualverschiebung t_1–t_3 78
Abbildung 36: Xenophobe Aussage nach Schularten (t_1 und t_3) 79
Abbildung 37: Bewertung des Unterrichts – RU und EU im Vergleich (t_1 und t_3) 81
Abbildung 38: Mehrwert des Unterrichtes für den Beruf nach Schulart getrennt (t_1 und t_3) 82
Abbildung 39: *„Ich glaube an Gott"* – Ethik- vs. Religionsschülerinnen und -schüler (t_1 bis t_3) 83
Abbildung 40: „Gläubig" und „religiös" (t_1 bis t_3) – Ethik- und Religionsschülerinnen und -schüler im Vergleich 84
Abbildung 41: Gottesvorstellungen (t_1–t_3) – Ethik- und Religionsschülerinnen und -schüler im Vergleich 85

Abbildung 42: „Gläubig“ und „religiös“ – Personen ohne Religionszugehörigkeit und Gesamtsample . . . 100
Abbildung 43: „*Ich glaube an Gott*“ – Zustimmung der Personen ohne Religionszugehörigkeit . . . 100
Abbildung 44: Gottesvorstellungen – Personen ohne Religionszugehörigkeit und Gesamtsample . . . 101
Abbildung 45: Häufigkeit Gebet – Personen ohne Religionszugehörigkeit und Gesamtsample . . . 102
Abbildung 46: Interesse am Religionsunterricht – Personen mit und ohne Religionszugehörigkeit . . . 103
Abbildung 47: Ethik- und Religionsschülerinnen und -schüler bewerten ihren Unterricht . . . 113
Abbildung 48: Zentrale Glaubensaussagen – Evangelische und katholische Schülerinnen und Schüler im Ethik- oder Religionsunterricht 115
Abbildung 49: Antisemitismus und Schulart – muslimisches Subsample . . . 119
Abbildung 50: Theodizee-Items bei Personen mit hohem und niedrigem Gottesglauben . . . 123
Abbildung 51: Glaubensaussagen – Personen mit hoher und niedriger Theodizee-Tendenz . . . 124

Dank

Das vorliegende Forschungsprojekt begann im Jahr 2013 mit ersten Überlegungen, den Zusammenhang von Jugend und Religion zu untersuchen. Von Anfang an war dabei im Blick, eine groß angelegte und schulartenübergreifende bzw. vergleichende Studie zu diesem Thema durchzuführen. Wir danken den Verantwortlichen im Ministerium für Kultus, Jugend und Sport und im Ministerium für Wissenschaft, Forschung und Kunst des Landes Baden-Württemberg für deren Förderung genauso wie den Verantwortlichen in den Evangelischen Landeskirchen in Württemberg und Baden (EIBOR) sowie in der Diözese Rottenburg-Stuttgart bzw. der Deutschen Bischofskonferenz (KIBOR) für ihre nachhaltige Unterstützung, ohne die die Umsetzung des vorliegenden Forschungsprojektes über mehrere Jahre den Tübinger Instituten für berufsorientierte Religionspädagogik (EIBOR und KIBOR) nicht möglich gewesen wäre!

Die Durchführung der Studie wäre ohne die tatkräftige und verlässliche Unterstützung von Studentinnen und Studenten der evangelischen und katholischen Theologie nicht möglich gewesen. Zu nennen sind insbesondere Markus Dumberger, Lorena Fritz, Elena Groß, Julia Hofmann, Laura Mößle, Georg Reinelt, Lisa Röhrenbach, Lisa-Marie Ruess, Ann-Kristin Scheuermann und Patrick Spitzenberger. Eine stets hilfreiche Unterstützung in methodologischen und bei komplexeren statistischen Fragen fanden wir bei Martin Losert, Psychologe am EIBOR.

Die kollegiale Bereitschaft der Kolleginnen und Kollegen in den Schulen, der Schulleitungen und der Religions- und Ethiklehrkräfte, die ihren Unterricht für die Befragung geöffnet und durch ihre Begleitung eine strukturierte Erhebung bei den ersten beiden Befragungen unterstützten, war eine besondere Hilfe, ohne die die Studie nicht möglich gewesen wäre.

Nicht zuletzt sei auch den Jugendlichen und jungen Erwachsenen gedankt, die durch ihre Bereitschaft und mehrmalige Teilnahme die Studie erst möglich gemacht haben.

Ihnen allen sei unser ganz herzlicher Dank ausgesprochen.

Verzeichnis der Autorinnen und Autoren

Reinhold Boschki, Dr. theol. Dipl. Päd., ist Professor für Religionspädagogik an der Katholisch-Theologischen Fakultät der Universität Tübingen und Leiter des Katholischen Instituts für berufsorientierte Religionspädagogik.

Matthias Gronover, StD PD Dr. theol. Lic. Theol., ist Co-Leiter des Katholischen Instituts für berufsorientierte Religionspädagogik.

Uta Martina Hauf, StD, Dipl. Theol., ist Bereichsleiterin für Evangelische und Katholische Religionslehre, Ethik/Philosophie und Musik am Seminar für Ausbildung und Fortbildung der Lehrkräfte Tübingen (Gymnasium) und Lehrerin am Johannes-Kepler-Gymnasium in Reutlingen.

Werner Helsper, Dr. em., ist Professor für Schulforschung und Allgemeine Didaktik an der Martin-Luther-Universität Halle-Wittenberg.

Peter Kliemann, Dr. theol., war bis zu seinem Ruhestand Professor am Staatlichen Seminar für Didaktik und Lehrerbildung (Gymnasien) in Tübingen und leitete dort den Fachbereich Religion – Ethik – Philosophie & Musik.

Ulrich Kropač, Dr. theol., ist Professor für Didaktik der Religionslehre, für Katechetik und Religionspädagogik der Katholischen Fakultät der KU Eichstätt-Ingolstadt.

Elisabeth Naurath, Dr. phil., ist Professorin für Religionspädagogik und Didaktik des Religionsunterrichts des Instituts für Evangelische Theologie der Universität Augsburg.

Rebecca Nowack, M.A., Studium der Soziologie sowie Empirischen Politik- und Sozialforschung; wissenschaftliche Mitarbeiterin am Katholischen Institut für berufsorientierte Religionspädagogik.

Ulrich Riegel, Dr. theol. habil., Dipl. Math., ist Professor für Praktische Theologie/Religionspädagogik an der Universität Siegen.

Bernhard Riesch-Clausecker, StD i. K., Referent für berufliche Schulen der evangelischen Landeskirche in Württemberg.

Christof Schilling, Dr. StD, Fachleiter für Philosophie/Ethik am Seminar für Ausbildung und Fortbildung der Lehrkräfte Tübingen (Gymnasium) und Lehrer für Philosophie und Ethik am Eugen-Bolz-Gymnasium in Rottenburg.

Friedrich Schweitzer, Dr. rer. soc., Dr. h. c., ist Professor für Religionspädagogik an der Evangelisch-Theologischen Fakultät der Universität Tübingen und Leiter des Evangelischen Instituts für berufsorientierte Religionspädagogik.

Fahimah Ulfat, Dr., ist Juniorprofessorin für Islamische Religionspädagogik am Zentrum für Islamische Theologie der Universität Tübingen.

Golde Wissner, Dipl. Psych., Pfarrerin der evangelischen Landeskirche (Württemberg), wissenschaftliche Mitarbeiterin am Evangelischen Institut für berufsorientierte Religionspädagogik.

Literatur

Altmeyer, S., Englert, R., Kohler-Spiegel, H., Naurath, E., Schröder, B. & Schweitzer, F. (2018). *Schöpfung. Jahrbuch der Religionspädagogik* (Band 34). Göttingen: Vandenhoeck & Ruprecht.

Altmeyer, S., Grümme, B., Kohler-Spiegel, H., Naurath, E., Schröder, B. & Schweitzer, F. (Hrsg.) (2019). *Reli – keine Lust und keine Ahnung? Jahrbuch der Religionspädagogik* (Band 35). Göttingen: Vandenhoeck & Ruprecht.

Angel, F. (Hrsg.) (2006). *Religiosität. Anthropologische, theologische und sozialwissenschaftliche Klärungen.* Stuttgart: Kohlhammer.

Augst, K., Hahn, M., Obermann, A., Reiß, A., Ruopp, J., Stiel, K. & Ziemer, A. (Hrsg.) (2017). *reli plus. Berufliche Schulen.* Stuttgart/Leipzig: Ernst Klett Verlag.

Aygün, A. (2013). *Religiöse Sozialisation und Entwicklung bei islamischen Jugendlichen in Deutschland und in der Türkei. Empirische Analysen und religionspädagogische Herausforderungen.* Münster: Waxmann.

Bauer, J. (2019). *Religionsunterricht für alle. Eine multitheologische Fachdidaktik.* Stuttgart: Kohlhammer.

Bauer, T. (2011). *Die Kultur der Ambiguität* (1. Aufl.). Berlin: Verl. der Weltreligionen.

Baumert, J. & Tillmann, K.-J. (Hrsg.) (2016). *Empirische Bildungsforschung. Der kritische Blick und die Antwort der Kritiker.* Wiesbaden: Springer VS.

Berger, P. (1988). *Die Dialektik von Religion und Gesellschaft.* Frankfurt a. M.: Fischer.

Bergmann, W. (2016). *Geschichte des Antisemitismus* (5. Aufl.). München: Beck.

Bertelsmann Stiftung (Hrsg.) (2013). *Religionsmonitor – verstehen was verbindet. Religiosität und Zusammenhalt in Deutschland.* Gütersloh: Bertelsmann Stiftung.

Beyer, P. (2007). Religion and Globalization. In G. Ritzer (Hrsg.), *The Blackwell Companion to Globalization* (S. 444–461). Singapore: Blackwell Publishing Ltd.

Biewald, R., Obermann, A., Schröder, B. & Schwendemann, W. (Hrsg.) (2018). *Religionsunterricht an berufsbildenden Schulen. Ein Handbuch.* Göttingen: Vandenhoeck & Ruprecht.

Bleich, E. (2011). What Is Islamophobia and How Much Is There? Theorizing and Measuring an Emerging Comparative Concept. *American Behavioral Scientist, 55*(12), 1581–1600.

Blume, M. (2019). *Warum der Antisemitismus uns alle bedroht. Wie neue Medien alte Verschwörungsmythen befeuern.* Ostfildern: Patmos.

Böhm, G. & Bosold, B. (2010). *Kontroverse Dialoge. Theologische Miniaturen zur Konfessionalität.* https://schulen.drs.de/fileadmin/user_files/164/Dokumente/Veroeffentlichungen__Downloads__Formulare/KoKo/Kontroverse-Dialoge_2010.pdf [14.06.2019]

Böhnke, M., Neuhaus, G., Schambeck, M., Schwienhorst-Schönberger, L., Stögbauer, E. & Söding, T. (Hrsg.) (2007). *Leid erfahren – Sinn suchen: Das Problem der Theodizee.* Freiburg: Herder Verlag.

Bohner, A., Nowack, R. & Wissner, G. (2019). *Jugend – Glaube – Religion – was Jugendliche dazu sagen – Schüleräußerungen für die Praxis im Religions- und Ethikunterricht sowie in der Jugendarbeit.* Tübingen: EIBOR & KIBOR.

Boschki, R. (2019). Antijudaismus, Antisemitismus. https://www.bibelwissenschaft.de/stichwort/200563/ [18.11.2019]

Boschki, R. (2019). Zeiten der Ambivalenz. Religiöse Bildung zwischen Unterbrechung und Erneuerung. *Theologische Quartalsschrift* (196), 195–212.

Bosold, B., Bosold, I. & Schweitzer, F. (2002). Religion wahrnehmen – Identität finden – Unterricht gestalten. Religionsdidaktische Aus- und Fortbildung. Erfahrungen und Aufgaben. In M. Steinhäuser & W. Ratzmann (Hrsg.), *Didaktische Modelle Praktischer Theologie* (S. 280–322). Leipzig: Evangelische Verlagsanstalt.

Bourdieu, P. (1993). *Sozialer Sinn. Kritik der theoretischen Vernunft.* Frankfurt a. M.: Suhrkamp.

Bourdieu, P. (2011). *Religion. Schriften zur Kultursoziologie 5.* Frankfurt a. M.: Suhrkamp.

BRU-Magazin (2010). *Unterrichtsentwurf zum Thema „Wie kann ich trotz Leid an Gott glauben?"* http://www.bru-magazin.de/bru/2010-53_Downloads/BRU53_Theodizee.pdf [22.11.2019]

Bucher, A. A. (2010). Religiosität und Spiritualität bei jungen Erwachsenen. In Bertelsmann Stiftung (Hrsg.), *Woran glaubt die Welt? Analysen und Kommentare zum Religionsmonitor 2008* (S. 633–654). Gütersloh: Bertelsmann.

Bundesministerium für Bildung und Forschung (Hrsg.) (2019). *Berufsbildungsbericht 2019.* https://www.bmbf.de/upload_filestore/pub/Berufsbildungsbericht_2019.pdf [21.11.2019]

Bundeszentrale für politische Bildung (2019). Islamfeindlichkeit, Islamophobie, Islamkritik – ein Wegweiser durch den Begriffsdschungel. Bonn: bpb. https://www.bpb.de/politik/extremismus/rechtsextremismus/180774/ islamfeindlichkeit-islamophobie-islamkritik-ein-wegweiser-durch-den-begriffsdschungel [12.09.2019]

Calmbach, M., Thomas, P., Borchard, I. & Flaig, B. (2012). *Wie ticken Jugendliche? Lebenswelten von Jugendlichen im Alter von 14 bis 17 Jahren in Deutschland.* Düsseldorf: Haus Altenberg.

Calmbach, M., Borgstedt, S., Borchard, I., Thomas, P. & Flaig, B. (2016). *Wie ticken Jugendliche 2016? Lebenswelten von Jugendlichen im Alter von 14 bis 17 Jahren in Deutschland.* Wiesbaden: Springer.

Coelho, P. (2008). *Brida.* Zürich: Diogenes.

Dahinden, J., Duemmler, K. & Moret, J. (2010). *Religion und Ethnizität: Welche Praktiken, Identitäten und Grenzziehungen? Eine Untersuchung mit jungen Erwachsenen.* Schlussbericht. https://serval.unil.ch/resource/serval:BIB_E01A56BF199B.P001/REF.pdf [13.11.2019]

Dammer, K.-H. (2015). *Vermessene Bildungsforschung. Wissenschaftsgeschichtliche Hintergründe zu einem neoliberalen Herrschaftsinstrument.* Baltmannsweiler: Schneider Verlag.

Dieterich, V.-J. (2018). Wie steht es mit der Kompetenzorientierung in den Lehr- und Bildungsplänen für den Religionsunterricht? Eine Standortbestimmung nach eineinhalb Jahrzehnten Curriculumrevision. *Zeitschrift für Pädagogik und Theologie, 70*(4), 347–359.

Dietrich, N. (2017). Das Konzept Islamophobie. In W. Frindte & N. Dietrich (Hrsg.), *Muslime, Flüchtlinge und Pegida. Sozialpsychologische und kommunikationswissenschaftliche Studien in Zeiten globaler Bedrohungen* (S. 29–42). Wiesbaden: Springer VS.

Dietz, A. (2011). Die Bedeutung der Ausgangsfrage für die Bearbeitung des Theodizeeproblems. *Neue Zeitschrift für Systematische Theologie und Religionsphilosophie* (53), 285–302.

Diözese Rottenburg-Stuttgart (2005). *Kirchliches Amtsblatt für die Diözese Rottenburg-Stuttgart, 13,* Art. 3.

Diözese Rottenburg-Stuttgart, Evangelische Landeskirche Württemberg & Pädagogisch-Theologisches Zentrum Birkach und Oberkirchenrat (2016). *Ökumenische Schulseelsorge/Schulpastoral an beruflichen Schulen.* https://schulpastoral.drs.de/fileadmin/user_files/165/Dokumente/Service/Arbeitshilfen/20170128_oekumenische_schulseelsorge_schulpastoral_an_beruflichen_schulen_1_.pdf [14. 11. 2019]

Dressler, B. (2006). *Unterscheidungen. Religion und Bildung.* Leipzig: EVA.

Dressler, B. (2012). Muss die „Frage nach Gott" im Mittelpunkt des Religionsunterrichts stehen? *Zeitschrift für Pädagogik und Theologie*, (64), 311–325.

Eisenhardt, S., Kürzinger, K., Naurath, E. & Pohl-Patalong, U. (Hrsg.) (2019). *Religion unterrichten in Vielfalt. Konfessionell – religiös – weltanschaulich.* Göttingen: V&R.

El-Menouar, Y. (2019). Religiöse Toleranz weit verbreitet – aber der Islam wird nicht einbezogen. https://www.bertelsmann-stiftung.de/de/themen/aktuelle-meldungen/2019/juli/religioese-toleranz-weit-verbreitet-aber-der-islam-wird-nicht-einbezogen/ [05. 09. 2019]

Embacher, H., Edtmaier, B. & Preitschopf, A. (2019). *Antisemitismus in Europa: Fallbeispiele eines globalen Phänomens im 21. Jahrhundert.* Wien/Köln/Weimar: Böhlau Verlag.

Englert, R. u. a. (Hrsg.) (2009). *Gott im Religionsunterricht. Jahrbuch der Religionspädagogik* (Band 25). Neukirchen-Vluyn: Neukirchener.

Englert, R., Hennecke, E. & Kämmerling, M. (2014). *Innenansichten des Religionsunterrichts. Fallbeispiele – Analysen – Konsequenzen.* München: Kösel-Verlag.

Englert, R., Kohler-Spiegel, H., Naurath, E., Schröder, B. & Schweitzer, F. (Hrsg.) (2014). *Religionspädagogik in der Transformationskrise. Ausblicke auf die Zukunft religiöser Bildung. Jahrbuch der Religionspädagogik* (Band 30). Neukirchen-Vlyun: Neukirchener Verlag.

Englert, R., Kohler-Spiegel, H., Naurath, E., Schröder, B. & Schweitzer, F. (Hrsg.) (2015). *Ethisches Lernen. Jahrbuch der Religionspädagogik* (Band 31). Neukirchen: Neukirchener Verlag.

Englert, R. & Schweitzer, F. (Hrsg.) (2017). *Jesus als Christus – im Religionsunterricht. Experimentelle Zugänge zu einer Didaktik der Christologie.* Göttingen: Vandenhoeck & Ruprecht.

Erdmann, P. (2017). *Jugend und Jenseits.* Münster: Aschendorff.

Evangelische Kirche Deutschland (EKD) (Hrsg.) (1994). *Identität und Verständigung. Standort und Perspektiven des Religionsunterrichts in der Pluralität. Eine Denkschrift der Evangelischen Kirche in Deutschland.* Gütersloh: Gütersloher Verlagshaus.

Evangelische Kirche Deutschland (EKD) (Hrsg.) (2011). Kompetenzen und Standards für den Evangelischen Religionsunterricht in der Sekundarstufe I. Ein Orientierungsrahmen. *EKD-Texte 111.* https://www.ekd.de/ekd_de/ds_doc/ekd_texte_111.pdf [14. 11. 2019]

Evangelische Kirche Deutschland (EKD) (Hrsg.) (2014). *Religiöse Orientierung gewinnen. Evangelischer Religionsunterricht als Beitrag zu einer pluralitätsfähigen Schule. Eine*

Denkschrift des Rates der Evangelischen Kirche in Deutschland. Gütersloh: Gütersloher Verlagshaus.

Evangelische Kirche Deutschland (EKD) (Hrsg.) (2018). Kompetenzen und Standards für den evangelischen Religionsunterricht an berufsbildenden Schulen. Ein Orientierungsrahmen. *EKD-Texte 129.* https://www.ekd.de/ekd_de/ds_doc/ekd_texte_129_2018.pdf [14.11.2019]

Evangelische Landeskirche in Württemberg (2010). *Kirchliche Verordnung über die Bevollmächtigung zur Erteilung von Religionsunterricht an den Schulen (Vokationsordnung). Vom 20. November 1990 (Abl. 54 S. 589), geändert durch Kirchl. Verordnung vom 23. November 2010 (Abl. 64 S. 280).* https://www.kirchenrecht-ekwue.de/document/17849 [21.08.2019]

Erwin, C. (2001). *Verfassungsrechtliche Anforderungen an das Schulfach Ethik/Philosophie. Schriften zum öffentlichen Recht, Band 847.* Berlin: Duncker & Humboldt.

Faix, T. & Künkler, T. (2018). *Generation Lobpreis und die Zukunft der Kirche. Das Buch zur empirica Jugendstudie 2018.* Neukirchen-Vluyn: Neukirchener Aussaat.

Feige, A. (2012). Die „Religiosität" von Jugendlichen. Was eigentlich ist die Frage? Eine wissenssoziologische Analyse prototypischer empirischer Arbeiten und eine Skizze für ein theoretisch fundiertes Konzept empirischer Forschung. *Theo-Web. Zeitschrift für Religionspädagogik, 11*(1), 95–127.

Feige, A., Gennerich, C. & Friedrichs, N. (2008). *Lebensorientierungen Jugendlicher. Alltagsethik, Moral und Religion in der Wahrnehmung von Berufsschülerinnen und -schülern in Deutschland.* Münster: Waxmann.

Fend, H. (2000). *Entwicklungspsychologie des Jugendalters.* Opladen: Leske und Budrich.

Ferrer, E., Balluerka, N. & Widaman, K. F. (2008). Factorial Invariance and The Specification of Second-Order Latent Growth Models. *Methodology. European journal of research methods for the behavioral & social sciences, 4*(1), 22–36.

Fetz, R. L., Reich, K. H. & Valentin, P. (2001). *Weltbildentwicklung und Schöpfungsverständnis. Eine strukturgenetische Untersuchung bei Kindern und Jugendlichen.* Stuttgart u. a.: Kohlhammer.

Foroutan, N. (Hrsg.) (2012). Muslimbilder in Deutschland. Wahrnehmungen und Ausgrenzungen in der Integrationsdebatte. *WISO Diskurs.* https://library.fes.de/pdf-files/wiso/09438.pdf [18.11.2019]

Forschungsgruppe „Religion und Gesellschaft" (2015). *Werte – Religion – Glaubenskommunikation. Eine Evaluationsstudie zur Erstkommunionkatechese.* Wiesbaden: Springer VS.

Forschungsgruppe Weltanschauungen in Deutschland (fowid) (2019). *Religionszugehörigkeiten 2018.* https://fowid.de/meldung/religionszugehoerigkeiten-2018 [06.08.2019]

Fowler, J. W. (1991). *Stages of Faith and Religious Development.* New York: Crossroad.

Friedrich Verlag GmbH (2012). *Entwurf. Dem Leid begegnen – Theodizee, 43*(4). Hannover: Friedrich Verlag GmbH.

Friedrich Verlag GmbH (2019). *Entwurf. Kirche(n) entdecken. Kirchenräume – Kirchengeschichte – Gotteshäuser, 50*(2). Hannover: Friedrich Verlag GmbH.

Freudenberger-Lötz, P. (2012). *Theologische Gespräche mit Jugendlichen, Erfahrungen – Beispiele – Anleitungen. Ein Werkstattbuch für die Sekundarstufe.* Stuttgart: Calwer.

Freudenberger-Lötz, P. (2013). „Einbruchstellen" oder „Herausforderungen des Glaubens"? Studierende erwerben professionelle Kompetenzen in Theologischen Gesprächen mit Jugendlichen. In P. Freudenberger-Lötz, F. Kraft & T. Schlag (Hrsg.), *„Wenn man daran noch glauben kann, ist das gut"* (S. 85–96). Stuttgart: Calwer Verlag.

Frindte, W. & Dietrich, N. (Hrsg.) (2017). *Muslime, Flüchtlinge und Pegida. Sozialpsychologische und kommunikationswissenschaftliche Studien in Zeiten globaler Bedrohungen.* Wiesbaden: Springer VS.

Fuchs, O. (2007). *Das Jüngste Gericht. Hoffnung auf Gerechtigkeit.* Regensburg: Friedrich Pustet Verlag.

Gebhardt, W. (2009). Abenteuer Religion. Über gegenwärtige Jugendreligiosität im Allgemeinen und die Bedeutung des Weltjugendtages im Besonderen. In H. Schöttler (Hrsg.), *Quo vadis, theologia? Neue Perspektiven auf „Religion" in der späten Moderne* (S. 13–29). Berlin: LIT.

Gemballa, S. & Schweitzer, F. (2010). Was können Biologieunterricht und Religionsunterricht voneinander erwarten? In B. Janowski, F. Schweitzer & C. Schwöbel (Hrsg.), *Schöpfungsglaube vor der Herausforderung des Kreationismus* (S. 172–191). Neukirchen-Vluyn: Neukirchener Theologie.

Gennerich, C. (2015). Endzeitvorstellungen Jugendlicher. In T. Faix, U. Riegel, & T. Künkler (Hrsg.), *Theologien von Jugendlichen. Empirische Erkundungen zu theologisch relevanten Konstruktionen Jugendlicher* (S. 123–156). Berlin: LIT.

Gerlach, J. (2006). *Zwischen Pop und Dschihad. Muslimische Jugendliche in Deutschland.* Berlin: Ch. Links Verlag.

Gronover, M., Märkt, C. & Schnabel-Henke, H. (2015). Der Religionsunterricht an berufsbildenden Schulen (RUabS) – lebensnah und evangeliumsgemäß. In L. Rendle (Hrsg.), *Religiöse Bildung in pluraler Schule. Herausforderungen – Perspektiven* (S. 100–109). München: Deutscher Katecheten-Verein e. V.

Gronover, M. & Obermann, A. (2014). Von der Konfessionalität des Religionsunterrichts an berufsbildenden Schulen zur Pluralität im Religionsunterricht an berufsbildenden Schulen? *Theo-Web. Zeitschrift für Religionspädagogik, 13*(2), 218–234.

Grötzinger, A. & Luther, H. (Hrsg.) (1987). *Religion und Biographie. Perspektiven zur gelebten Religion.* München: Kaiser Verlag.

Grümme, B. (2016). Der Berufsschulreligionsunterricht als Laboratorium heterogenitätsfähiger Religionspädagogik. Schulformbezogene Überlegungen zur Konfessionalität des Religionsunterrichts. *Theo-Web. Zeitschrift für Religionspädagogik, 15*(1), 141–152.

Grümme, B. (2017). *Heterogenität in der Religionspädagogik. Grundlagen und konkrete Bausteine.* Freiburg: Herder.

Grümme, B. (2019). Religionsunterricht als Beitrag zur Bildung in der Demokratie. *Zeitschrift für Pädagogik und Theologie, 71*(2), 159–172.

Härle, W. (2019). *Religionsunterricht unter pluralistischen Bedingungen. Eine kritische Sichtung des Hamburger Modells.* Leipzig: Evangelische Verlagsanstalt.

Hauser, U. & Hermann, S. (Hrsg.) (2014). *Unterrichtsideen Religion neu. 9./10. Schuljahr, 2. Halbband: im Auftrag der Religionspädagogischen Projektentwicklung in Baden und Württemberg (RPE).* Stuttgart: Calwer Verlag.

Heim, A.B., Weinhardt, J. & Weinhardt, M. (2013). Kirchliche Begleitung von Lehramtsstudierenden im Fach Evangelische Theologie/Religionspädagogik – Die Evaluation eines

Projektes der badischen Landeskirche 2009–2013. In H. Rupp & S. Hermann (Hrsg.), *Religionsunterricht 2020. Diagnosen – Prognosen – Empfehlungen* (S. 235–284). Stuttgart: Calwer Verlag.

Heitmeyer, W. & Olk, T. (Hrsg.) (1990). *Individualisierung von Jugend. Gesellschaftliche Prozesse, subjektive Verarbeitungsformen und jugendpolitische Konsequenzen.* München: Juventa.

Heitmeyer, W., Mansel, J. & Olk, T. (Hrsg.) (2011). *Individualisierung von Jugend. Zwischen kreativer Innovation, Gerechtigkeitssuche und gesellschaftlichen Reaktionen.* Weinheim und Basel: Beltz Juventa.

Helsper, W. (2000). *Jugend und Religion.* In U. Sander & R. Vollbrecht (Hrsg.), *Jugend im 20. Jahrhundert* (S. 212–236). Neuwied: Luchterhand.

Helsper, W. (2014). Habitusbildung, Krise, Ontogenese und die Bedeutung der Schule – Strukturtheoretische Überlegungen. In W. Helsper, R. T. Kramer & S. Thiersch (Hrsg.), *Schülerhabitus – Theoretische und empirische Analysen zum Bourdieuschen Theorem der kulturellen Passung* (S. 125–158). Wiesbaden: Springer VS.

Helsper, W. (2019). Vom Schüler- zum Lehrerhabitus – Reproduktions- und Transformationspfade. In R. T. Kramer & H. Pallesen (Hrsg.), *Lehrerhabitus. Theoretische und empirische Beiträge zu einer Praxeologie des Lehrerberufs* (S. 49–73). Bad Heilbrunn: Klinkhardt.

Helsper, W., Gibson, A., Kotzyba, K., Niemann, M. & Kilius, W. (2020). *Veränderungen im Schülerhabitus? Schüler exklusiver Gymnasien von der 8. Klasse bis zum Abitur.* Wiesbaden: Springer VS.

Hemel, U. (2002). Die Bedeutung des Verständnisses von Religiosität für die heutige Religionspädagogik. *Theo-Web. Zeitschrift für Religionspädagogik, 1*(1), 6–11.

Höger, C. (2011). Kein Pauschalabschied vom Schöpfergott: Welterklärungen von Abiturientinnen und Abiturienten. Eine qualitativ-empirische Studie. In H.-G. Ziebertz (Hrsg.), *Praktische Theologie – empirisch. Methoden, Ergebnisse und Nutzen* (S. 99–126). Berlin: LIT.

Höger, C. (2016). Der Längsschnitt – vom „vernachlässigten" zum Lieblingskind der empirischen Religionspädagogik? Charakteristik, Beurteilung und faktische Anwendung eines anspruchsvollen Forschungsdesigns. In C. Höger, & S. Arzt (Hrsg.), *Empirische Religionspädagogik und Praktische Theologie. Metareflexionen, innovative Forschungsmethoden und aktuelle Befunde aus Projekten der Sektion „Empirische Religionspädagogik" der AKRK* (S. 61–77). Freiburg: Pädagogische Hochschule Freiburg.

Husmann, B. (2008). *Das Eigene finden. Eine qualitative Studie zur Religiosität Jugendlicher.* Göttingen: V&R Unipress.

Ilg, W., Pohlers, M., Gräbs Santiago, A. & Schweitzer, F. (2018). *Jung – Evangelisch – Engagiert. Langzeiteffekte der Konfirmandenarbeit und Übergänge in ehrenamtliches Engagement. Empirische Studien im biografischen Horizont.* Gütersloh: Gütersloher Verlagshaus.

Ilg, W., Schweitzer, F. & Elsenbast, V. (2009). *Konfirmandenarbeit in Deutschland. Empirische Einblicke – Herausforderungen – Perspektiven.* Gütersloh: Gütersloher Verlagshaus.

Jackson, R. (2014). *Signposts – Policy and practice for teaching about religions and non-religious world-views in intercultural education.* Strasbourg: Council of Europe Publishing.

Jäggle, M., Krobath, T., Stockinger, H. & Schelander, R. (Hrsg.) (2013). *Kultur der Anerkennung. Würde, Gerechtigkeit, Partizipation für Schulkultur, Schulentwicklung und Religion.* Baltmannsweiler: Schneider.

Jugendwerk der Deutschen Shell (Hrsg.) (1985). *Jugendliche und Erwachsenen '85. Generationen im Vergleich. Band 1: Biographien, Orientierungsmuster, Perspektiven.* Opladen: Leske und Budrich.

Kalloch, C., Leimgruber, S. & Schwab, U. (2014). *Lehrbuch der Religionsdidaktik. Für Studium und Praxis in ökumenischer Perspektive* (3. überarb. Aufl.). Freiburg/Basel/Wien: Herder.

Kant, I. (1798/1982). *Metaphysik der Sitten. Tugendlehre.* Werkausgabe Band VIII. Hrsg. v. W. Weischedel (Hrsg.) (5. Aufl.). Frankfurt am Main: Suhrkamp.

Kant, I. (1798/1982). *Der Streit der Fakultäten.* Werkausgabe Bd. XI. Hrsg. von W. Weischedel (Hrsg.) (4. Aufl.). Frankfurt am Main: Suhrkamp.

Karakaşoğlu, Y. & Öztürk, H. (2007). Erziehung und Aufwachsen Junger Muslime in Deutschland. Islamisches Erziehungsideal und Empirische Wirklichkeit in der Migrationsgesellschaft. In H. von Wensierski & C. Lübcke (Hrsg.), *Junge Muslime in Deutschland. Lebenslagen, Aufwachsprozesse und Jugendkulturen* (S. 157–172). Opladen et al.: Budrich.

Kierkegaard, S. (1843/2004). *Furcht und Zittern.* Gesammelte Werke und Tagebücher. Simmerath: Grevenberg Verlag Dr. Ruff & Co.

King, V. (2013). *Die Entstehung des Neuen in der Adoleszenz. Individuation, Generativität und Geschlecht.* Wiesbaden: VS Verlag.

Kliemann, P. (2019). *Tübingen, Europa und zurück. Religionsunterricht im internationalen Kontext.* Stuttgart: Calwer Verlag.

Kliemann, P. & Kasper, W. (2016). *Curriculum. Wohin führt der Weg? Anmerkungen zur Bildungsplanarbeit im Fach Evangelische Religionslehre.* Stuttgart: Calwer Verlag.

Kliemann, P. & Schweitzer, F. (2018). Schöpfung aus curricularer Sicht. Was lernen Schülerinnen und Schüler im Religionsunterricht laut Bildungsplan und was sollten sie lernen? In S. Altmeyer, R. Englert, H. Kohler-Spiegel, E. Naurath, B. Schröder & F. Schweitzer (Hrsg.), *Schöpfung. Jahrbuch der Religionspädagogik (Bd. 34)* (S. 136–147). Göttingen: Vandenhoeck & Ruprecht.

Klinkhammer, G. (2000). *Moderne Formen islamischer Lebensführung. Eine qualitativ-empirische Untersuchung zur Religiosität sunnitisch geprägter Türkinnen der zweiten Generation in Deutschland.* Marburg: Diagonal-Verlag.

Klinkhammer, G. (2003). Moderne Formen islamischer Lebensführung. Musliminnen der zweiten Generation in Deutschland. In M. Rumpf, U. Gerhard & M. Jansen (Hrsg.), *Facetten islamischer Welten. Geschlechterordnungen, Frauen- und Menschenrechte in der Diskussion* (S. 257–271). Bielefeld: transcript Verlag.

Könemann, J. (2002). *„Ich wünschte, ich wäre gläubig, glaub' ich." Zugänge zu Religion und Religiosität in der Lebensführung der späten Moderne.* Wiesbaden: VS Verlag für Sozialwissenschaften.

König, K. (2012). Mehr Religion. Die Bedeutung der Religionskultur für den Religionsunterricht. In U. Kropač & G. Langenhorst (Hrsg.), *Religionsunterricht und der Bildungsauftrag der öffentlichen Schulen. Begründung und Perspektiven des Schulfaches Religionslehre* (S. 98–112). Babenhausen: LUSA.

Kramer, R. T. & Pallesen, H. (2019). Der Lehrerhabitus zwischen sozialer Herkunft, Schule als Handlungsfeld und der Idee der Professionalisierung. In R. T. Kramer & H. Pallesen (Hrsg.), *Lehrerhabitus. Theoretische und empirische Beiträge zu einer Praxeologie des Lehrerberufs* (S. 73–101). Bad Heilbrunn: Klinkhardt.

Kropač, U. (2019). *Religion – Religiosität – Religionskultur. Ein Grundriss religiöser Bildung in der Schule.* Stuttgart: Kohlhammer.

Kropač, U., Meier, U. & König, K. (Hrsg.) (2012). *Jugend, Religion, Religiosität. Resultate, Probleme und Perspektiven der aktuellen Religiositätsforschung.* Regensburg: Pustet.

Kropač, U., Meier, U. & König, K. (2015). *Zwischen Religion und Religiosität. Ungebundene Religionskulturen in Religionsunterricht und kirchlicher Jugendarbeit – Erkundungen und Praxis.* Würzburg: Echter.

Kubik, A. (2017). Eine „Periode des Experiments". Für mehr Realismus in der Debatte um die Zukunft des Religionsunterrichts. *Zeitschrift für Pädagogik und Theologie, 69*(1), 70–81.

Kultusministerkonferenz (2015). *Rahmenvereinbarung über die Berufsschule.* https://www.kmk.org/fileadmin/Dateien/veroeffentlichungen_beschluesse/2015/2015_03_12-RV-Berufsschule.pdf [14. 11. 2019]

Kutschera v., F. (1991). *Vernunft und Glaube.* Berlin/New York: De Gruyter.

Kutschera v., F. (2008). *Was vom Christentum bleibt.* Paderborn: Mentis.

Langenhorst, G. & Naurath, E. (2019). Zur Bedeutung (inter-)religiöser Bildung in pluralen Kontexten. In S. Eisenhardt, K. Kürzinger, E. Naurath & U. Pohl-Patalong (Hrsg.) (2019). *Religion unterrichten in Vielfalt. Konfessionell – religiös – weltanschaulich* (S. 28–36). Göttingen: V&R.

Lehmann, C. & Schmidt-Kortenbusch, M. (2017). Der RU braucht eine Korrelationsdidaktik entlang kontrastierenden Grunderfahrungen – ein Beitrag zur Diskussion und Erprobung. *Braunschweiger Beiträge zur Religionspädagogik, 150*(1), 4–25.

Lehmann, C. & Schmidt-Kortenbusch, M. (2018). Brücken zwischen den Fächern „Religion" und „Werte und Normen" bauen! Konturen eines Begegnungslernens im dialogorientierten Religionsunterricht. In B. Schröder & M. Emmelmann (Hrsg.), *Religions- und Ethikunterricht zwischen Konkurrenz und Kooperation* (S. 333–354). Göttingen: Vandenhoeck & Ruprecht.

Leimgruber, S. (2017). *Interreligiöses Lernen.* München: Kösel.

Leppin, V. (2019). *Franziskus von Assisi.* Darmstadt: wbg THEISS.

Lohaus, A. (Hrsg.) (2018). *Entwicklungspsychologie des Jugendalters.* Berlin: Springer.

Marose, M., Verzhbovska, N., El Baghdadi, E., Fay, K. & Nolden, N. (2017). *Jenseitsvorstellungen in Judentum, Christentum und Islam. Unterrichtsbausteine für berufsbildende Schulen.* Göttingen: V&R.

Maschke, S., Stecher, L., Coelen, T., Ecarius, J. & Gusinde, F. (2013). *Appsolutely smart! Ergebnisse der Studie Jugend.Leben.* Bielefeld: Bertelsmann.

McArdle, J. (2007). Five steps in the structural factor analysis of longitudinal data. In R. Cudeck & R. C. MacCallum (Hrsg.), *Factor analysis at 100. Historical developments and future directions* (S. 99–139). Mahwah, N.J.: Lawrence Erlbaum Associates.

Medienprojekt Wuppertal (Hrsg.) (2011). *Was glaubst Du? Eine Filmreihe über junge Christen, Muslime, Juden, Hindus, Buddhisten und Nicht-Religiöse in Deutschland* (7 Doppel-DVDs). Wuppertal: Medienprojekt.

Meyer-Blanck, M. (2014). Konfessionslosigkeit und die konfessorische Dimension des Religionsunterrichts. Systematische Perspektiven. *Zeitschrift für Pädagogik und Theologie, 66*(3), 215–223.

Michel, N. & Eckelt, J.-P. (2014). Zensus 2011: Was uns der Zensus über die Religion in Baden-Württemberg verrät. *Statistisches Monatsheft Baden-Württemberg,* (5), 12–15. https://www.statistik-bw.de/Service/Veroeff/Monatshefte/PDF/Beitrag14_05_03.pdf [18.11.2019].

Ministerium für Kultus, Jugend und Sport Baden-Württemberg (2008). Gemeinsame Informationen des Kultusministeriums und der evangelischen Landeskirchen und katholischen (Erz-)Diözesen in Baden Württemberg zum evangelischen und katholischen Religionsunterricht an öffentlichen Schulen. *Kultus und Unterricht, Amtsblatt des Ministeriums für Kultus, Jugend und Sport Baden-Württemberg, (21)*, 200.

Ministerium für Kultus, Jugend und Sport Baden-Württemberg (2016). *Bildungsplan 2016 Altkatholische Religionslehre.* http://www.bildungsplaene-bw.de/site/bildungsplan /get/documents/lsbw/export-pdf/depot-pdf/ALLG/BP2016BW_ALLG_GYM_RAK.pdf [14.11.2019]

Ministerium für Kultus, Jugend und Sport Baden-Württemberg (2019). *Qualitätskonzept für das Bildungssystem Baden-Württemberg.* https://km-bw.de/,Lde/Startseite/Schule/ Qualitaetskonzept [14.11.2019]

Mokrosch, R., Held, T. & Czada, R. (Hrsg.) (2013). *Religionen und Weltfrieden. Friedens- und Konfliktlösungspotenziale von Religionsgemeinschaften.* Stuttgart: Kohlhammer.

Möller, K. & Neuscheler, F. (Hrsg.) (2018). *„Wer will die hier schon haben?“ Ablehnungshaltungen und Diskriminierung in Deutschland.* Stuttgart: Kohlhammer.

Montero Lange, M. & Ziegler, J. (2017). Muslimfeindlichkeit als gesamteuropäisches Phänomen. In C. Pfeffer-Hoffmann & J. Ziegler (Hrsg.), *Muslimfeindlichkeit in Europa* (S. 17–72). Berlin: Mensch und Buch Verlag.

Moser, T. (1980). *Gottesvergiftung* (Erstaufl. 1976). Frankfurt a. M.: Suhrkamp.

Müller, C. (2007). *Zur Bedeutung von Religion für jüdische Jugendliche in Deutschland.* Münster: Waxmann.

Naurath, E. (2010). *Mit Gefühl gegen Gewalt. Mitgefühl als Schlüssel ethischer Bildung in der Religionspädagogik* (3. überarb. Aufl). Neukirchen: Neukirchener Verlag.

Naurath, E. (2017). *Emotionale Bildung.* https://www.bibelwissenschaft.de/stichwort/ 100187/ [18.11.2019]

Naurath, E. (2019). Zusatzqualifikation Interreligiöse Mediation – ein Angebot für alle Lehramtsstudierenden an der Universität Augsburg. In S. Eisenhardt, K. Kürzinger, E. Naurath, U. Pohl-Patalong (Hrsg.) (2019), *Religion unterrichten in Vielfalt. Konfessionell – religiös – weltanschaulich* (S. 330–333). Göttingen: V&R.

Neruda, S. (2012). *Theodizee – Einbruchstelle bei Jugendlichen?* Kassel: Kassel Univ. Press.

Nipkow, K.E. (1987). *Erwachsen werden ohne Gott – Gotteserfahrung im Lebenslauf.* München: Kaiser Verlag.

Nipkow, K.E. (2000). Wahrheitsfrage und Schule. Zur kategorialen Klärung zerbrechender Zusammenhänge. In W. Härle, M. Heesch & R. Preul (Hrsg.), *Befreiende Wahrheit. Festschrift für Eilert Herms zum 60. Geburtstag* (S. 577–590). Marburg: Elwert.

Nipkow, K.E. (2005). *Bildungsverständnis im Umbruch – Religionspädagogik im Lebenslauf – Elementarisierung, Pädagogik und Religionspädagogik zum neuen Jahrhundert* (Band 1). Gütersloh: Gütersloher Vertragshaus.

Nökel, S. (2007). „Neo-Muslimas" – Alltags- und Geschlechterpolitiken junger muslimischer Frauen zwischen Religion, Tradition und Moderne. In H. von Wensierski & C. Lübcke (Hrsg.), *Junge Muslime in Deutschland: Lebenslagen, Aufwachsprozesse und Jugendkulturen* (S. 135–154). Opladen: Verlag Barbara Budrich.

Obermann, A. (2018). *Religion trifft Beruf. Zur Didaktik des Berufsschulreligionsunterrichts.* Münster: Waxmann.

Obermann, A. & Gronover, B. (2017). Konfessionell-kooperativer Religionsunterricht als Einladung an alle. Ein Vorschlag. *Religionsunterricht an berufsbildenden Schulen (rabs),* (02), 2–8.

Obermann, A. & Ziemer, A. (2014). *Woran Du Dein Herz hängst. Ein Crossmediaprojekt für den Religionsunterricht an berufsbildenden Schulen.* http://woran-du-dein-herz-haengst.de/ [22.11.2019]

Oertel, H. (2004). *„Gesucht wird: Gott?". Jugend, Identität und Religion in der Spätmoderne.* Gütersloh: Kaiser Gütersloher Verlagshaus.

Oevermann, U. (1995). Ein Modell der Struktur von Religiosität. Zugleich ein Strukturmodell von Lebenspraxis und sozialer Zeit. In M. Wohlrab-Sahr (Hrsg.), *Biographie und Religion. Zwischen Ritual und Selbstsuche* (S. 127-102). Frankfurt a. M.: Campus.

Oevermann, U. (2004). Sozialisation als Prozess der Krisenbewältigung. In D. Geulen & H. Veith (Hrsg.), *Sozialisationstheorie interdisziplinär. Aktuelle Perspektiven* (S. 155–183). Bad Heilbrunn: Kohlhammer.

Palfrey, J. G. (2017). *Safe Spaces, Brave Spaces: Diversity and Free Expression in Education.* Cambridge: The MIT Press. https://muse.jhu.edu/chapter/2175109 [21.08.2019]

Pearce, L. D., & Lundquist Denton, M. (2011). *A faith of their own: Stability and change in the religiosity of America's adolescents.* Oxford/New York: Oxford University Press.

Petzold, K. (2003). *Religion und Ethik hoch im Kurs – repräsentative Befragung und innovative Didaktik.* Leipzig: EVA.

Pfahl-Traugber, A. (2019). *Islamfeindlichkeit, Islamophobie, Islamkritik – ein Wegweiser durch den Begriffsdschungel.* Bonn: bpb. https://www.bpb.de/politik/extremismus/rechtsextremismus/180774/ islamfeindlichkeit-islamophobie-islamkritik-ein-wegweiser-durch-den-begriffsdschungel [14.11.2019]

Pickel, G. (2013). Konfessionslose – das ‚Residual' des Christentums oder Stütze des neuen Atheismus? *Theo-Web. Zeitschrift für Religionspädagogik, 12*(1), 22–24.

Pohl-Patalong, U., Woyke, J., Boll, S., Dittrich, T. & Lüdtke, E. (2016). *Konfessioneller Religionsunterricht in religiöser Vielfalt. Eine empirische Studie zum evangelischen Religionsunterricht in Schleswig-Holstein.* Stuttgart: Kohlhammer.

Prokopf, A. (2008). *Religiosität Jugendlicher. Eine qualitativ-empirische Untersuchung auf den Spuren korrelativer Konzeptionen.* Stuttgart: Kohlhammer.

Rebenstorf, H. (2017). Die Generation U30 – wie hält sie's mit der Religion? Signifikante empirische Befunde in der V. KMU. In B. Schröder, J. Hermelink & S. Leonhard (Hrsg.), *Jugendliche und Religion. Analysen zur V. Kirchenmitgliedschaftsuntersuchung der EKD* (S. 45–74). Stuttgart: Kohlhammer.

Reckwitz, A. (2017). *Die Gesellschaft der Singularitäten.* Frankfurt a. M.: Suhrkamp.

Religionspädagogisches Institut Loccum (Hrsg.) (2011). *Lernen an Biografien.* Loccumer Pelikan, (2). https://www.rpi-loccum.de/damfiles/default/rpi_loccum/Materialpool/Pelikan/Pelikanhefte/pelikan2_11-b72cbe54e538d557fd76252034517674.pdf [22.11.2019]

Riegel, U. (2018). *Wie Religion in Zukunft unterrichten? Zum Konfessionsbezug des Religionsunterrichts von (über-)morgen.* Stuttgart: Kohlhammer Verlag.

Riegel, U. & Hallwaß, A. (2017). Zur Reichweite konfessioneller Positionen im individuellen Glauben Jugendlicher und junger Erwachsener. Eine clusteranalytische Auswertung der Daten der V. KMU auf dem Teilsample U30. In B. Schröder, J. Hermelink & S. Leonhard (Hrsg.). *Jugendliche und Religion. Analysen zur V. Kirchenmitgliedschaftsuntersuchung der EKD* (S. 75–94). Stuttgart: Kohlhammer.

Riegel, U. & Kindermann, K. (2017). *Field Trips to the Church. Theoretical Framework, Empirical Findings, Didactic Perspectives.* Münster: Waxmann.

Ritter, W.H., Hanisch, H., Nestler, E. & Gramzow, C. (2006). *Leid und Gott: aus der Perspektive von Kindern und Jugendlichen.* Göttingen: Vandenhoeck & Ruprecht.

Roew, R. & Kriesel, P. (2017). *Einführung in die Fachdidaktik des Ethikunterrichts.* Bad Heilbrunn: Verlag Julius Klinkhardt.

Rohs, P. (2013). *Der Platz zum Glauben.* Münster: Mentis.

Roof, W.C. (1999). *Spiritual marketplace. Baby Boomers and the Remaking of American Religion.* Princeton/Oxford: Princeton University Press.

Rothgangel, M. (1999). *Naturwissenschaft und Theologie. Wissenschaftstheoretische Gesichtspunkte im Horizont religionspädagogischer Überlegungen.* Göttingen: Vandenhoeck & Ruprecht.

Rothgangel, M. (2012). Schülerinnen und Schüler wahrnehmen – zur diagnostischen Wahrnehmungskompetenz. In R. Burrichter, B. Grümme, H. Mendl, M. Pirner, M. Rothgangel & T. Schlag (Hrsg.), *Professionell Religion unterrichten. Ein Arbeitsbuch* (S. 157–172). Stuttgart: Kohlhammer.

Rothgangel, M., Lück, C. & Klutz, P. (2017). *Praxis Religionsunterricht. Einstellungen, Wahrnehmungen und Präferenzen von ReligionslehrerInnen.* Stuttgart: Kohlhammer.

Roy, O. (2006). *Der islamische Weg nach Westen: Globalisierung, Entwurzelung und Radikalisierung.* München: Pantheon.

Ruf, U., Keller, S. & Winter, F. (Hrsg.) (2008). *Besser lernen im Dialog.* Hannover: Kallmeyer Verlag.

Ruf, U. & Gallin, P. (1998). *Dialogisches Lernen in Sprache und Mathematik.* Seelze-Velber: Kallmeyer.

Rupp, H. (Hrsg.) (2016). *Handbuch der Kirchenpädagogik. Kirchenräume wahrnehmen, deuten und erschließen* (3. überarb. Aufl.). Stuttgart: Calwer Verlag.

Sajak, C. P. & von Eiff, M. S. (2017). Biografisches Lernen. https://www.bibelwissenschaft.de/stichwort/100230/ [22.11.2019]

Salzborn, S. & Kurth, A. (2019). Antisemitismus in der Schule. Erkenntnisstand und Handlungsperspektiven. https://www.tu-berlin.de/fileadmin/i65/Dokumente/Antisemitismus-Schule.pdf [19.11.2019]

Sandring, S., Helsper, W. & Krüger, H. H. (Hrsg.) (2015). *Jugend. Theoriediskurse und Forschungsfelder.* Wiesbaden: Springer VS.

Sandt, F.-O. (1996). *Religiosität von Jugendlichen in der multikulturellen Gesellschaft. Eine qualitative Untersuchung zu atheistischen, christlichen, spiritualistischen und muslimischen Orientierungen*. Münster: Waxmann.

Schambeck, M. (2013). *Interreligiöse Kompetenz. Basiswissen für Studium, Ausbildung und Beruf*. Göttingen: Vandenhoeck & Ruprecht.

Schambeck, M. (2015). Von Siedlern und Suchern. Ordensleben zwischen Sesshaftigkeit und Ausschauhalten. *Glauben und Leben* (88), 344–352.

Schlag, T. & Schweitzer, F. (2012). *Brauchen Jugendliche Theologie? Jugendtheologie als Herausforderung und didaktische Perspektive*. Neukirchen-Vluyn: Neukirchener Theologie.

Schmidt, G. R. (1997). Fachdidaktischer Umgang mit ethischen Inhalten. In G. Adam & R. Lachmann (Hrsg.), *Religionspädagogisches Kompendium* (5. überarb. Aufl.) (S. 381–426). Göttingen: Vandenhoeck & Ruprecht.

Schmid, K. (Hrsg.) (2012). *Schöpfung*. Tübingen: Mohr Siebeck.

Schmoll, H. (2017). Periode des Experiments. Zur Zukunft des Religionsunterrichts. *Die Politische Meinung*, (62), 32–34.

Schöll, A. & H. Streib (2000). *Wege der Entzauberung. Jugendliche Sinnsuche und Okkultfaszination – Kontexte und Analysen*. Münster: LIT.

Schröder, B. (2015). Was macht es für einen Unterschied, ob ethische Fragen im Ethik- oder evangelischen / katholischen / jüdischen / islamischen Religionsunterricht behandelt werden? In R. Englert, H. Kohler-Spiegel, E. Naurath, B. Schröder & F. Schweitzer (Hrsg.) (2015), *Ethisches Lernen. Jahrbuch der Religionspädagogik* (Band 31) (S. 41–63). Neukirchen: Neukirchener Verlag.

Schröder, B. (2017). Konfessionalität und konfessioneller Religionsunterricht aus evangelischer Perspektive. In J. Woppowa, T. Isik, K. Kammeyer & B. Peters (Hrsg.), *Kooperativer Religionsunterricht. Fragen – Optionen – Wege* (Religionspädagogik innovativ Bd. 20) (S. 26–44). Stuttgart: Kohlhammer.

Schröder, B. (2018a). Die Schülerinnen und Schüler im BRU. In A. Obermann, B. Schröder & W. Schwendemann (Hrsg.), *Religionsunterricht an berufsbildenden Schulen. Ein Handbuch*. Göttingen: Vandenhoeck & Ruprecht.

Schröder, B. (2018b). Religions- und Ethikunterricht – eine Fächergruppe? Ein Plädoyer. In B. Schröder & M. Emmelmann (Hrsg.), *Religions- und Ethikunterricht zwischen Konkurrenz und Kooperation* (S. 355–376). Göttingen: Vandenhoeck & Ruprecht.

Schröder, B. & Emmelmann, M. (Hrsg.) (2018). *Religions- und Ethikunterricht zwischen Konkurrenz und Kooperation*. Göttingen: Vandenhoeck & Ruprecht.

Schulz, P. (2008). Religion unterrichten in Mecklenburg-Vorpommern. *Theo-Web. Zeitschrift für Religionspädagogik, 5*(2), 162–178.

Schubert, F. (2019). *Antisemitismus im Fußball. Tradition und Tabubruch*. Göttingen: Wallstein Verlag.

Schule ohne Rassismus – Schule mit Courage (2019). https://m.schule-ohne-rassismus.org/startseite/ [14.11.2019]

Schuster, R. (Hrsg.) (1984). *Was sie glauben. Texte von Jugendlichen*. Stuttgart: Steinkopf.

Schwarz-Friesel, M. (2018). *Antisemitismus 2.0 und die Netzkultur des Hasses. Judenfeindschaft als kulturelle Konstante und kollektiver Gefühlswert im digitalen Zeitalter*. Berlin:

Technische Universität. https://www.linguistik.tu-berlin.de/menue/antisemitismus_2_0/ [11.09.2019]

Schwarz-Friesel, M. (2019). *Judenhass im Internet. Antisemitismus als kulturelle Konstante und kollektives Gefühl.* Leipzig: Hentrich & Hentrich.

Schweitzer, F. (1996). *Die Suche nach eigenem Glauben. Einführung in die Religionspädagogik des Jugendalters.* Gütersloh: Kaiser & Gütersloher Verlag.

Schweitzer, F. (2000). Bildung und Wahrheit. In W. Härle, M. Heesch & R. Preul (Hrsg.), *Befreiende Wahrheit. Festschrift für Eilert Herms zum 60. Geburtstag* (S. 563–575). Marburg: Elwert.

Schweitzer, F. (2003a). *Elementarisierung im Religionsunterricht. Erfahrungen, Perspektiven, Beispiele.* Neukirchen-Vluyn: Neukirchener Theologie.

Schweitzer, F. (2003b). *Pädagogik und Religion. Eine Einführung.* Stuttgart: Kohlhammer.

Schweitzer, F. (2010). *Lebensgeschichte und Religion – Religiöse Entwicklung und Erziehung im Kindes- und Jugendalter.* Gütersloh: Kaiser, Gütersloher Verlagshaus.

Schweitzer, F. (2012). *Schöpfungsglaube – nur für Kinder? Zum Streit zwischen Schöpfungsglaube, Evolutionstheorie und Kreationismus.* Neukirchen-Vluyn: Neukirchener Theologie.

Schweitzer, F. (2013). *Fachdidaktik, Kompetenzorientierung und „guter Religionsunterricht".* Präsentation. https://static.uni-graz.at/fileadmin/kath-zentren/rfdz-religion/Vortrag_Schweitzer.pdf [14.11.2019]

Schweitzer, F. (2014a). *Bildung.* Neukirchen-Vluyn: Neukirchener Theologie.

Schweitzer, F. (2014b). *Interreligiöse Bildung. Religiöse Vielfalt als Herausforderung und Chance.* Gütersloh: Gütersloher Verlagshaus.

Schweitzer, F. (2015). Religiöse Bildung ohne Ethik? Zur ethischen Dimension des Religionsunterrichts. In R. Englert, H. Kohler-Spiegel, E. Naurath, B. Schröder & F. Schweitzer (Hrsg.) (2015). *Ethisches Lernen. Jahrbuch der Religionspädagogik* (Band 31) (S. 13–23). Neukirchen: Neukirchener Verlag.

Schweitzer, F. (2016). *Lebensgeschichte und Religion. Religiöse Entwicklung und Erziehung im Kindes- und Jugendalter.* Gütersloh: Gütersloher Verlagshaus.

Schweitzer, F. (2018). Religionsunterricht und Ethikunterricht: Gegen-, Neben- oder Miteinander? In B. Schröder & M. Emmelmann (Hrsg.), *Religions- und Ethikunterricht zwischen Konkurrenz und Kooperation* (S. 301–316). Göttingen: Vandenhoeck & Ruprecht.

Schweitzer, F. (2019). Gottebenbildlichkeit, Menschenwürde und verantwortliche Freiheit. Bildung aus evangelisch-theologischer Perspektive. *Theologische Quartalsschrift, 199*(2), 133–148.

Schweitzer, F., Biesinger, A., Boschki, R., Schlenker, C., Edelbrock, A., Kliss, O. & Scheidler, M. (2002). *Gemeinsamkeiten stärken – Unterschieden gerecht werden. Erfahrungen und Perspektiven zum konfessionell-kooperativen Religionsunterricht.* Freiburg: Herder Verlag.

Schweitzer, F., Bräuer, M. & Boschki, R (Hrsg.) (2017). *Interreligiöses Lernen durch Perspektivenübernahme. Eine empirische Untersuchung religionsdidaktischer Ansätze.* Münster: Waxmann.

Schweitzer, F., Hardecker, G., Maaß, C. H., Ilg, W. & Lißmann, K., in Verbindung mit Schreiner, P. & Sendler-Koschel, B. (2016). *Jugendliche nach der Konfirmation. Glaube,*

Kirche und eigenes Engagement – eine Längsschnittstudie. Gütersloh: Gütersloher Verlagshaus.

Schweitzer, F., Maaß, C. H., Lißmann, K., Hardecker, G. & Ilg, W. (2015). *Konfirmandenarbeit im Wandel – Neue Herausforderungen und Chancen. Perspektiven aus der zweiten bundesweiten Studie.* Gütersloh: Gütersloher.

Schweitzer, F., Schlag, T., Simojoki, H. & Tervo-Niemelä, K. (Hrsg.) (2017). *Confirmation, Faith and Volunteerism. A Longitudinal Study on Protestant Adolescents in the Transition towards Adulthood. European Perspectives.* Gütersloh: Gütersloher Verlagshaus.

Schweitzer, F., Tervo-Niemelä K. Schlag, T. & Simojoki, H. (Hrsg.) (2015). *Youth, religion and confirmation work in Europe. The second study.* Gütersloh: Gütersloher Verlagshaus.

Schweitzer, F., Wissner, G., Bohner, A., Nowack, R., Gronover M. & Boschki, R. (2018). *Jugend – Glaube – Religion. Eine Repräsentativstudie zu Jugendlichen im Religions- und Ethikunterricht.* Münster, New York: Waxmann.

Sekretariat der Deutschen Bischofskonferenz (Hrsg.) (2005). Der Religionsunterricht vor neuen Herausforderungen. *Die deutschen Bischöfe* (80). Bonn. https://www.uni-regensburg.de/theologie/religionspaedagogik-didaktik/medien/rp-leitdokumente/ru_vor_neuen_herausforderungen.pdf [14.11.2019]

Sekretariat der Deutschen Bischofskonferenz (Hrsg.) (2016). Die Zukunft des konfessionellen Religionsunterrichts. Empfehlungen für die Kooperation des katholischen mit dem evangelischen Religionsunterricht. *Die deutschen Bischöfe*, (103). Bonn.

Selg, H. & Weinert, S. (2015). Entwicklungspsychologie. In A. Schütz, M. Brand, H. Selg & S. Lautenbacher (Hrsg.), *Psychologie. Eine Einführung in ihre Grundlagen und Anwendungsfelder* (5. Aufl.). Stuttgart: Kohlhammer.

Seminar für Ausbildung und Fortbildung der Lehrkräfte Tübingen (Gymnasium) (2019). *BioEthik.* http://seminar-tuebingen.de/,Lde/Startseite/Projekte/BioEthik [14.11.2019]

Shell Deutschland Holding (Hrsg.) (2002). *Jugend 2002. Zwischen pragmatischem Idealismus und robustem Materialismus.* Frankfurt am Main: Fischer.

Shell Deutschland Holding (Hrsg.) (2006). *Jugend 2006. Eine pragmatische Generation unter Druck.* Frankfurt am Main: Fischer.

Shell Deutschland Holding (Hrsg.) (2010). *Jugend 2010. Eine pragmatische Generation behauptet sich.* Frankfurt am Main: Fischer.

Shell Deutschland Holding (Hrsg.) (2015). *Jugend 2015. Eine pragmatische Generation im Aufbruch.* Frankfurt am Main: Fischer.

Shell Deutschland Holding (Hrsg.) (2019). *Jugend 2019. Eine Generation meldet sich zu Wort.* Weinheim: Beltz.

Siegers, P. (2012). *Alternative Spiritualitäten. Neue Formen des Glaubens in Europa.* Frankfurt am Main: Campus.

Simojoki, H. (2009). Ist die Theodizeefrage heute noch eine „Einbruchstelle" für den Verlust des Gottesglaubens im Jugendalter? In R. Englert, H. Kohler-Spiegel, N. Mette, F. Rickers & F. Schweitzer (Hrsg.), *Gott im Religionsunterricht. Jahrbuch der Religionspädagogik* (Band 25) (S. 63–72). Göttingen: Neunkirchner.

Smith, C. & Denton, M.L. (2005). *Soul Searching. The Religious and Spiritual Lives of American Teenagers.* New York: Oxford University Press.

Smith, C. & Snell, P. (2009). *Souls in Transition. The Religious Lives of Emerging Adults in America.* New York: Oxford University Press.

Sozialwissenschaftliches Institut der Evangelischen Kirche in Deutschland (2018), *„Was mein Leben bestimmt? Ich!“. Lebens- und Glaubenswelten junger Menschen heute*. Hannover: creo-media.

Stögbauer, E. M., (2010). *Die Frage nach Gott und dem Leid bei Jugendlichen wahrnehmen. Eine qualitativ-empirische Spurensuche*. Bad Heilbrunn: Julius Klinkhardt.

Stögbauer-Elsner, E. (2015). Zweifeln, Sympathisieren, Relativieren. Das Verhältnis von Gott und Leid bei Jugendlichen. In T. Faix, U. Riegel & T. Künkler (Hrsg.), *Theologien von Jugendlichen. Empirische Erkundungen zu theologisch relevanten Konstruktionen Jugendlicher* (S. 179–190). Berlin: LIT.

Stögbauer-Elsner, E.-M. (2019). Theodizee. https://www.bibelwissenschaft.de/stichwort/200651/ [19.11.2019].

Streib, H. & Gennerich, C. (2011). *Jugend und Religion. Bestandsaufnahmen, Analysen und Fallstudien zur Religiosität Jugendlicher*. Weinheim: Juventa.

Tesche, T. (2017). *Der Tod und was dann? Jenseitsvorstellungen heute*. Paderborn: Schöningh.

Theißen, G. (2012). *Glaubenssätze. Ein kritischer Katechismus*. Gütersloh: Gütersloher Verlagshaus.

Tiedemann, M. (2015). Ethische Orientierung in der Moderne – Was kann philosophische Bildung leisten? In J. Nida-Rümelin, I. Spiegel & M. Tiedemann (Hrsg.), *Handbuch der Philosophie und Ethik. Bd. 1: Didaktik und Methodik* (S. 23–29). Paderborn: Schöningh.

Tillich, P. (1964). Die Frage nach dem Unbedingten. Schriften zur Religionsphilosophie (Gesammelte Werke Band 5). Stuttgart: Evangelisches Verlagswerk.

Tietze, N. (2008). Muslimische Religiosität und Allgemeinwohlvorstellungen unter Männern in Deutschland und Frankreich: Der Umgang mit Negativzuschreibungen in zwei verschiedenen nationalen Kontexten. In L. Potts & J. Kühnemund (Hrsg.), *Mann wird man: Geschlechtliche Identitäten im Spannungsfeld von Migration und Islam* (S. 133–176). Bielefeld: transcript Verlag.

Toprak, A. (2019). *Muslimisch, männlich, desintegriert. Was bei der Erziehung muslimischer Jungen schiefläuft*. Berlin: Econ.

Trautwein, U., Bertram, C., von Borries, B., Brauch, N., Hirsch, M., Klausmeier, K., Körber, A., Kühberger, C., Meyer-Hamme, J., Merkt, M., Neureiter, H., Schwan, S., Schreiber, W., Wagner, W., Waldis, M., Werner, M. Ziegler, B. & Zuckowski, A. (2017). *Kompetenzen historischen Denkens erfassen. Konzeption, Operationalisierung und Befunde des Projekts „Historical Thinking – Competencies in History“ (HiTCH)*. Münster: Waxmann.

Tressat, M. (2011). *Muslimische Adoleszenz?* Frankfurt am Main [u. a.]: Lang.

Troeltsch, E. (1919). Der Religionsunterricht und die Trennung von Staat und Kirchen. In F. Thimme, E. Rolffs & O. Baumgarten (Hrsg.), *Revolution und Kirche. Zur Neuordnung des Kirchenwesens im deutschen Volksstaat* (S. 310–325). Berlin: Verlag von Georg Reimer.

Uçar, B. & Kassis, W. (Hrsg.) (2019). *Antimuslimischer Rassismus und Islamfeindlichkeit*. Göttingen: V&R unipress.

Ulfat, F. (2017). *Die Selbstrelationierung muslimischer Kinder zu Gott. Eine empirische Studie über die Gottesbeziehungen muslimischer Kinder als reflexiver Beitrag zur Didaktik des Islamischen Religionsunterrichts*. Paderborn: Verlag Ferdinand Schöningh.

Unabhängiger Expertenkreis Antisemitismus (Hrsg.) (2017). *Antisemitismus in Deutschland – aktuelle Entwicklungen.* https://www.bmi.bund.de/DE/themen/heimat-integration/gesellschaftlicher-zusammenhalt/expertenkreis-antisemitismus/expertenkreis-antisemitismus-artikel.html [11.09.2019].

Universität Tübingen (2019). *Studierendenstatistik 2019.* https://uni-tuebingen.de/einrichtungen/verwaltung/iv-studierende/studierendenabteilung/statistiken/ [14.11.2019]

Unser, A. (2019). *Social Inequality and interreligious learning. An empirical analysis of students' agency to cope with interreligious learning tasks.* Wien: LIT.

Verburg, W. (Hrsg.) (2017). *Welche Positionierung braucht religiöse Bildung?* München: dkv.

Viertelhaus, W. & Weidinger, N. (1980). *„Jugendreligionen" und neue Formen religiösen Lebens.* München: Deutscher Katechetenverein e. V.

Wehling, E. (2016). *Politisches Framing. Wie eine Nation sich ihr Denken einredet – und daraus Politik macht.* Köln: Herbert von Halem Verlag.

Wippermann, C. (1998). *Religion, Identität und Lebensführung. Typische Konfigurationen in der fortgeschrittenen Moderne.* Opladen: Leske + Budrich.

Wippermann, C. & Calmbach, M. (2008). *Wie ticken Jugendliche? Sinus-Milieustudie U27.* Düsseldorf: Haus Altenberg.

Wissner, G. & Schweitzer, F. (2019). Wen der Religionsunterricht nicht erreicht und wie er sich darum ändern müsste – Schülerwahrnehmungen zum Religions- und Ethikunterricht im Vergleich. In S. Altmeyer, B. Grümme, H. Kohler-Spiegel, E. Naurath, B. Schröder & F. Schweitzer (Hrsg.), *Reli – keine Lust und keine Ahnung? Jahrbuch der Religionspädagogik* (Band 35) (S. 46–61). Göttingen: Vandenhoeck & Ruprecht.

Wohlrab-Saar, M. (1995). *Biographie und Religion – Zwischen Ritual und Selbstsuche.* Frankfurt: Campus Verlag.

Woppowa, J. (2017). Perspektivenverschränkung als zentrale Figur konfessioneller Kooperation. In K. Lindner, M. Schambeck, H. Simojoki & E. Naurath (Hrsg.), *Zukunftsfähiger Religionsunterricht: Konfessionell – kooperativ – kontextuell* (S. 174–192). Freiburg: Herder.

Woppowa, J. (2018). *Religionsdidaktik.* Paderborn: Schöningh.

Wuthnow, R. (1998). *After Heaven: Spirituality in America Since the 1950s.* Berkeley: University of California Press.

Zehnder Grob, S. (2013). Jugendliche in der Deutschschweiz und ihre Religiosität. In C. Käppler, C. Morgenthaler & K. Brodbeck (Hrsg.), *Werteorientierung, Religiosität, Identität und die psychische Gesundheit Jugendlicher* (S. 51–79). Stuttgart: Kohlhammer.

Zick, A. & Klein, A. (2014). *Fragile Mitte – Feindselige Zustande. Rechtsextreme Einstellungen in Deutschland.* Bonn: Verlag J. H. W. Dietz.

Ziebertz, H.-G. (2006). Germany: Belief in the Idea of a higher Reality. In H-G. Ziebertz & W. K. Kay (Hrsg.), *An international empirical study about religiosity* (S. 58–80). Berlin: LIT.

Ziebertz, H.-G. (2017). Gesellschaftliche und jugendsoziologische Herausforderungen für die Religionsdidaktik. In G. Hilger, S. Leimgruber, & H.-G. Ziebertz (Hrsg.), *Religionsdidaktik. Ein Leitfaden für Studium, Ausbildung und Beruf* (10. Aufl.) (S. 76–105). München: Kösel.

Ziebertz, H.-G. & Riegel U. (2008). *Letzte Sicherheiten. Eine empirische Studie zu Weltbildern Jugendlicher.* Gütersloh / Freiburg im Breisgau: Kaiser Gütersloher Verlagshaus Haus/Herder.

Ziebertz, H.-G. & Kay, W. K. (Hrsg.) (2005). *Youth in Europe. An international empirical study about life perspectives.* Münster: LIT.

Ziebertz, H.-G. & Kay, W. K. (Hrsg.) (2006). *An international empirical study about religiosity.* Berlin: LIT.

Ziebertz, H.-G., Kalbheim, B., Riegel, U. & Prokopf, A. (2003). *Religiöse Signaturen heute. Ein religionspädagogischer Beitrag zur empirischen Jugendforschung.* Gütersloh / Freiburg im Breisgau: Kaiser Gütersloher Verlagshaus Haus/Herder.

Zimmermann, E. (2013). Religiosität im Selbstverständnis Jugendlicher: Glaube, Skepsis und wohltemperiertes Interesse. In C. Käppler, C. Morgenthaler & K. Brodbeck (Hrsg.), *Werteorientierung, Religiosität, Identität und die psychische Gesundheit Jugendlicher* (S. 27–49). Stuttgart: Kohlhammer.

Glaube – Wertebildung – Interreligiosität, Band 14

Andreas Obermann

Religion trifft Beruf

Zur Didaktik des Berufsschulreligionsunterrichts

2018, 192 Seiten, br., 24,90 €,
ISBN 978-3-8309-3812-5
E-Book: 21,99 €, ISBN 978-3-8309-8812-0

Der Titel benennt nicht nur die beiden wesentlichen inhaltlichen Bereiche, deren theoretische Verhältnisbestimmung und praktische Operationalisierung im Mittelpunkt dieses Buches stehen, sondern beschreibt ein didaktisches Programm: Die wechselseitige Erschließung von Beruf und Religion ist die Basis für eine Vermessung der didaktischen Landkarte und eröffnet didaktische Profile des BRU. Der hier vorgestellte Unterricht basiert auf der Wahrnehmung, Deutung, Beurteilung, Reflexion und Gestaltung von Erfahrungen in der realen Beruflichkeit (Berufswelt) in Korrelation zu Theologie, Religion und Lebenssinn auf das Selbstkonzept und die berufliche Handlungsfähigkeit der Auszubildenden.